금융시장과 금융상품

정기웅 · 김윤철

탑북스

머리말

우리는 2008년 리먼 브라더스(Lehman Brothers)의 파산 이후 전 세계로 확산된 글로벌 금융위기를 경험하면서 국내외 금융시장의 움직임이 한국을 포함한 세계 각국의 경제에 얼마나 큰 영향을 미치는지를 새삼 느낀 바 있다. 특히 글로벌 금융위기를 계기로 금융시장의 안정과 함께 투자자의 입장에서는 금융상품의 기본 메커니즘에 대한 올바른 이해가 더욱 중요한 과제로 인식되었다. 또한 글로벌 금융환경의 변화와 함께 금리, 주가, 환율 등 금융시장의 주요 가격변수의 연계적 움직임이 심화되었을 뿐만 아니라, 파생금융상품의 증가에 따라 원화 및 외화 자금시장, 원화와 외화간 파생상품의 연계거래도 크게 확대되었다.

이 책은 금융시장과 밀접한 관련이 있는 기관에 근무하면서, 그리고 대학에서 금융, 재무 및 증권투자 관련 강의를 하면서 얻게 된 실제적인 경험과 이론적인 지식을 체계적으로 정리하였다. 즉, 금융시장 및 금융자산의 핵심 이론과 기본 작동 메커니즘, 그리고 급속하게 변화하는 금융시장 환경과 금융시장 관련 주요 이슈 등에 초점을 맞추어 집필하였다. 따라서 금융시장과 관련한 학문을 전공하는 학생은 물론 금융시장 및 금융 투자 상품에 관심을 가지고 있는 독자들이 이를 체계적으로 폭넓게 이해하는데 도움을 주고자 하였다.

이 책을 집필하는 데 있어 필자는 다음과 같은 사항에 특히 유의하였다. 먼저, 금융시장의 전체적인 흐름과 개별 금융시장의 상호 연계성에 중점을 두었다. 이는 국내 금융시장에서뿐만 아니라 외환시장에서 각 금융상품의 연계거래에 대한 설명을 통해 구체화되었다. 다음으로, 금융시장 및 금융상품에 관심을 가지고 있는 독자들의 현실적인 사고능력을 배양하는데 초점을 맞추었다. 즉, 금융시장의 기본 개념과 이론들이 실제 금융시장에서 적용되어 나타나는 과정을 구체적으로 예시함으로써 독자들의 효율적인 이해를 도모하였다. 마지막으로, 금융시장의 움직임에 중요한 영향을 미치는 거시경제정책에 대해서도 이를 가급적 반영하는 방향으로 서술하였다. 특히 국내외 통화정책과 환율정책의 수행 과정에서 이들 정책의 효과가 개별 금융시장의 움직임과 금융상품에 미치는 영향을 통해 전체 금융시장으로 파급되어 나타난다는 것을 염두에 두고 논의를 전개하였다.

아무쪼록 이 책이 금융시장을 전공하는 학생들과 금융시장 및 금융상품에 관심을 가지고 있는 독자들에게 이론 및 실제적인 측면에서 많은 도움이 되기를 기대한다. 또한 금융상품의 투자에 관심을 가지고 있는 독자들에게 이 책이 조금이나마 기여할 수 있다면 더 큰 보람이 없겠다. 아울러 이 책이 증권투자를 위한 기본 안내서가 되기를 기대해 본다.

이 책을 출간하는 데 있어서 많은 분들의 도움이 있었다는 사실을 지적하지 않을 수 없다. 먼저 「한국의 금융시장」, 「한국의 통화정책」, 「한국의 외환제도와 외환시장」 등 한국은행 관계자 여러분들이 작성한 금융시장과 외환시장 관련 책자, 보고서 등은 이 책을 출간하는데 많은 도움이 되었다. 그리고 필자의 동료, 후배들, 특히 필자가 한국은행에 근무할 당시의 후배들로부터 관련 자료의 사실 확인과 유익한 조언 등을 포함한 값진 도움을 받았다. 우선 지면을 빌어 깊은 감사의 마음을 전한다. 끝으로 이 책을 집필하는 동안 도움을 아끼지 않은 도서출판 탑북스의 김광식 사장님과 직원 여러분들에게도 감사를 드린다.

2018년 3월

정기웅 · 김윤철

차 례

제1장 개 관

제2장 예금 · 대출 · 보험 상품시장

제3장 자본시장

제5장 파생금융상품시장

제1장 개　관

Chapter 01 개관

제1절 금융시장의 기능

금융시장(financial market)은 자금의 공급자와 수요자간에 금융거래가 조직적으로 이루어지는 장소를 의미한다. 여기서 장소는 재화시장과 같이 특정한 지역이나 건물 등의 구체적인 공간뿐만 아니라 금융거래가 정보시스템 등에 의해 유기적으로 이루어지는 추상적인 공간을 포함한다.

금융거래가 이루어지기 위해서는 이를 매개하는 수단(financial instruments)이 필요한데 이를 금융상품 또는 금융자산이라고 한다. 금융상품은 이로부터 발생하는 현재 또는 미래의 현금흐름에 대한 청구권을 나타내는 증서이다. 대표적인 금융상품으로는 예금, 채권, 주식, 외환 등이 있다.

금융거래는 중개기관의 개입 여부에 따라 직접 금융거래와 간접 금융거래로 나눌 수 있다. 직접 금융거래는 자금 수요자가 발행한 증권을 자금 공급자가 매입하는 형식으로 자금이 수요자와 공급자 사이에 직접 거래되는 것을 의미한다. 반면 간접 금융거래는 은행과 같은 금융 중개기관(financial intermediaries)을 통하여 자금 공급자로부터 자금 수요자로 자금이 이동하는 거래이다. 직접 금융거래의 수단으로는 주식, 채권 등이 있으며, 간접 금융거래의 수단에는 예금, 대출 등이 있다.

금융시장의 기능을 구체적으로 살펴보면 다음과 같다. 먼저 금융시장은 국민경제 내의 자금의 공급부문과 수요부문을 직·간접적으로 연결함으로써 생산활동이 원활하게 이루어지도록 지원하는 한편, 효율적인 자원 배분을 통하여 각 경제 주체의 후생을 증진하는 데에도 기여한다. 국민경제 전체로 보면 가계는 소득이 지출보다 많아 자금의 흑자 주체인 것이 일반적이며, 투자를 위해 많은 자금을 필요로 하는 기업은 자금의 적자 주체이다. 금융시장은 가계에 여유 자금을 운용할 수 있는 수단을 제공하고 이러한 여유자금을 생산 및 투자를 담당하는 기업 등으로 이동시킴으로써 국가경제의 생산 활동을 지원한다. 또한 금융시장은 소비 주체인 가계에 적절한 자산 운용 및 차입 기회를 제공하여 가계가 적절한 소비 시점을 선택하는 것을 가능하게 함으로써 동태적 측면에서 소비자 효용을 증진시킨다. [그림 1-1]은 직접 및 간접 금융시장을 통해 자금이 공급 부문에서 수요 부문으로 이동하는 모습을 보여준다.

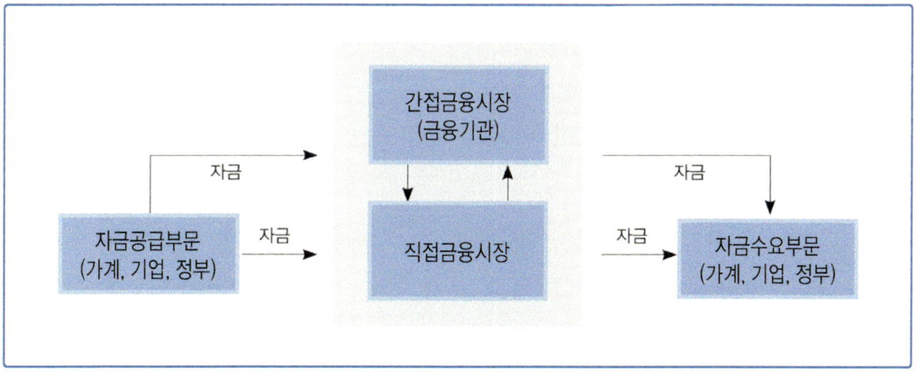

[그림 1-1] 금융시장과 자금 흐름

다음으로 금융시장은 시장 참가자들이 투자 위험을 분산시킬 수 있는 수단을 제공한다. 즉 투자자들은 금융시장에 존재하는 다양한 금융상품에 분산하여 투자하거나 파생금융상품과 같은 위험 회피(hedge) 수단을 활용함으로써 투자에 따른 위험을 줄일 수 있다.

또한 금융시장은 부동산 등 실물 자산과 달리 현금화가 쉬운 유동성(liquidity) 수단을 제공한다. 일반적으로 금융상품의 가격은 유동성의 크기를 반영하여 결정된다. 예를 들어 투자자는 유동성이 떨어지는 금융상품을 매입할 경우 현금으로 전환하는 데 따른 손실을 예상하여 일정한 보상, 즉 유동성 프리미엄(liquidity premium)을 요구하게 된다. 따라서 금융시장이 발달하면 다양한 금융상품의 거래가 활발하게 이루어지면서 현금으로 전환하는 것이 용이해지고, 그 결과 금융상품의 유동성 프리미엄이 낮아짐으로써 자금수요자의 차입비용이 줄어들게 된다.

한편 금융시장은 금융거래 당사자로 하여금 금융거래에 필요한 정보를 수집하는 데 소요되는 비용과 시간을 줄여준다. 금융거래 당사자가 거래 상대방의 신용도, 재무상황 등에 관한 정보를 직접 파악하는 것은 비용과 시간이 많이 들 뿐만 아니라 경우에 따라서는 불가능할 수도 있다. 그런데 금융시장에서는 이러한 정보들이 주가나 금리 등의 가격변수에 반영되므로 투자자들은 이들 가격변수의 움직임을 통해 투자에 필요한 기본적인 정보를 손쉽게 파악할 수 있다. 금융시장의 시장기능이 효율적으로 작동할수록 투자자는 더욱 더 합리적인 의사결정이 가능하게 되고 차입자도 자신의 리스크에 대해 정당한 평가를 받으면서 소요자금을 원활하게 조달할 수 있게 된다. 또한 금융시장이 발달할수록 금융상품 가격에 반영되는 정보의 범위가 확대되고 정보의 전파속도도 빨라지는 것이 일반적이다.[1)]

마지막으로 금융시장은 시장규율(market discipline)의 기능을 수행한다. 시장규율이란 시장 참가자가 주식이나 채권 가격 등에 나타난 시장신호(market signal)를 활용하여 차입자의 건전성에 대한 감시기능을 수행하는 것이다. 예를 들면, 어떤 기업이 신규 사업을 하기 위해 인수·합병 계획을 발표하였는데 그러한 계획이 기업의 재무건전성을 악화시킬 가능성이 있는 것으로 평가된다면 금융시장에서 거래되는 이 기업의 주식이나 회사채 가격은 하락하게 된다. 즉 시장 참가자들의 인수·합병 계획에 대한 부정적인 시각이 금융상품 가격에 반영되어 그 기업의 자금조달 비용이 높아져 인수·합병을 통한 무리한 사업 확장이 어려워질 수 있는 것이다.

---

1) 효율적 시장가설(efficient market hypothesis)에 따르면, 효율적인 시장은 이용 가능한 모든 정보가 금융상품 가격에 완전히 반영되는 시장을 의미한다. 그리고 정보가 반영되는 정도에 따라 약형(weak form), 준강형(semi-strong form), 강형(strong form)의 효율적 시장가설 등 3가지로 구분된다. 약형의 효율적 시장가설은 과거의 정보가, 준강형의 효율적 시장가설은 일반에게 공개된 모든 정보가, 강형의 효율적 시장가설은 일반에게 공개된 정보뿐만 아니라 내부 정보 등 모든 정보가 현재의 금융상품 가격에 반영되는 것으로 본다.

제2절 금융시장의 구조

금융시장은 크게 직접 금융시장과 간접 금융시장으로 나눌 수 있으며, 직접 금융시장은 다시 거래되는 금융상품의 만기(보통 1년)를 기준으로 단기 금융시장과 자본시장으로 구분된다.[2] 여기에 금융상품의 특성을 고려하여 외환시장과 파생금융상품시장을 별도로 구분한다.

단기 금융시장은 만기 1년 이내의 금융상품이 거래되는 시장으로서 참가자들이 일시적인 자금수급의 불균형을 조정하는 시장이다. 콜시장, 환매조건부매매시장, 양도성예금증서시장, 기업어음시장, 전자단기사채시장 등이 이에 해당된다. 자본시장은 장기 금융시장이라고도 하며 주로 금융기관, 기업 등이 만기 1년 이상의 장기자금을 조달하는 시장으로서 주식시장과 채권시장이 이에 속한다.

외환시장은 서로 다른 종류의 통화가 거래되는 시장으로서 거래 당사자에 따라 외국환은행들 사이에 외환매매가 이루어지는 은행간시장과 은행과 비은행 고객간에 외환매매가 이루어지는 대고객시장으로 구분할 수 있다. 은행간시장은 금융기관, 외국환중개기관, 중앙은행 등이 참가하는 시장으로서 외환거래가 대량으로 이루어지는 도매시장의 성격을 가지며 일반적으로 외환시장은 은행간시장을 의미한다.

파생금융상품시장은 금융상품의 가격변동 위험과 신용위험 등의 위험을 관리하기 위해 고안된 파생금융상품이 거래되는 시장이다. 우리나라의 경우, 파생금융상품시장은 외환파생상품을 중심으로 발전되어 왔으나, 1990년대 중반 이후 주가지수 선물 및 옵션, 채권선물 등이 도입되면서 상품의 종류가 다양해지고 거래규모도 크게 확대되는 추세에 있다. 파생금융상품을 활용할 경우 각종 금융거래에 따르는 위험을 회피(hedge)할 수 있을 뿐만 아니라 추가적인 수익을 얻을 수도 있지만, 다른 한편으로는 레버리지 효과(leverage effect)가 매우 커서

---

2) 여기서는 예금 · 대출 등이 취급되는 간접 금융시장은 생략하고 직접 금융시장을 중심으로 설명하였다.

대규모의 손실을 입을 위험성도 있다.

이러한 분류 이외에도 금융시장을 거래 규칙의 표준화 여부에 따라 장내시장인 거래소시장(exchange)과 장외시장(OTC; over-the-counter market)으로, 금융상품의 신규 발행 여부에 따라 발행시장(primary market)과 유통시장(secondary market)으로 구분하기도 한다.

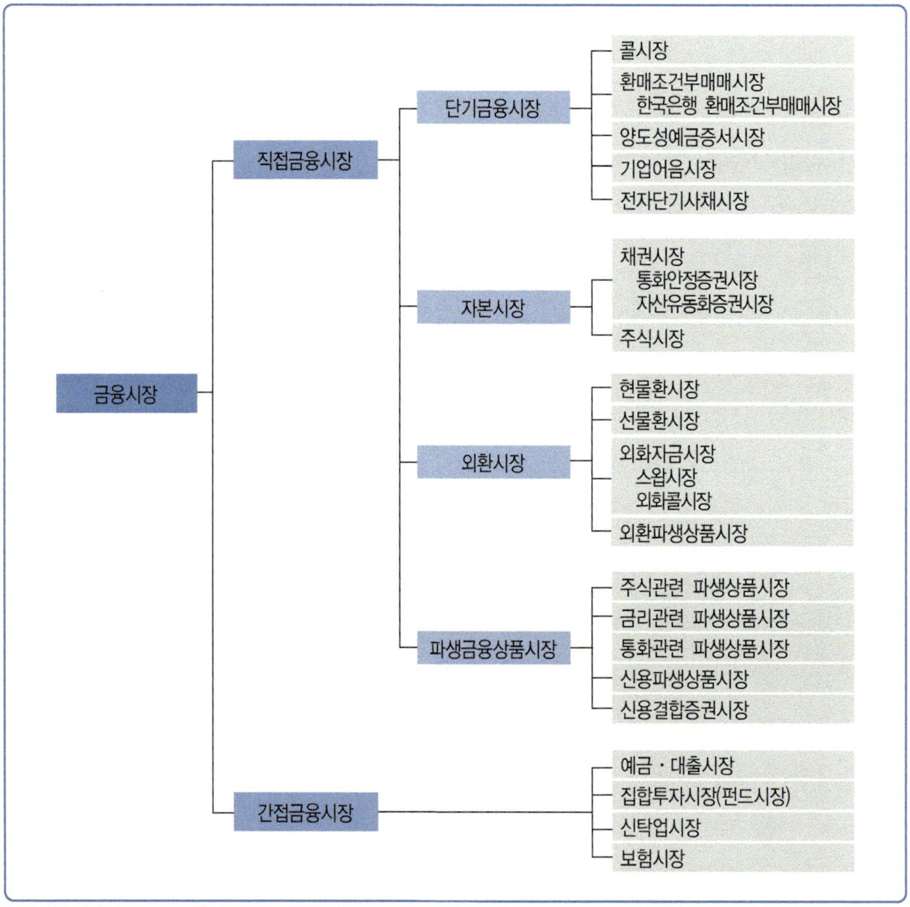

[그림 1-2] 금융시장의 구조

제3절 거시경제정책과 금융시장

금융시장은 재정정책이나 통화정책 등 거시경제정책의 변화와 불가분의 관계를 가지고 움직인다고 할 수 있다. 예를 들어, 정부가 경제의 활성화를 도모하기 위해 재정 지출을 늘리는 재정 확대 정책을 실시할 경우 이에 소요되는 자금은 국채의 발행을 통해서 조달하는 것이 일반적이다. 이처럼 정부가 재정정책을 수행하는 과정에서 국채를 발행하게 되면 채권시장에서 채권의 공급이 증가함에 따라 채권가격이 하락하고 금융시장의 주요 가격변수인 금리(채권 수익률)는 상승하게 될 것이다. 또한 중앙은행이 물가의 안정을 위해 정책금리를 인상하는 통화 긴축 정책을 실시하면 이는 금융시장에 파급되어 시장금리의 상승을 초래하게 된다. 즉 통화정책은 금융시장 참가자들의 투자를 위한 의사결정에 중요한 영향을 미칠 뿐만 아니라, 이러한 영향을 통해서 그 정책효과가 나타나게 되는 것이다. 이하에서는 금융시장이 통화정책의 변화에 보다 더 밀접한 관계를 가지고 움직이는 점을 고려하여, 통화정책과 금융시장의 연계성을 구체적으로 파악해 본 다음, 통화정책의 운영체계에 대해 우리나라를 예로 들어 살펴보기로 한다.

먼저 금융시장은 중앙은행의 통화정책이 파급되는 중요한 통로가 된다. 중앙은행이 단기금융시장에서 콜금리 등 운용목표를 직접적으로 제어 · 조정하면 그에 따른 영향이 자본시장 등 금융시장 전반으로 파급되어 소비, 투자 등 실물경제에 대한 영향으로 이어지기 때문이다. 이러한 통화정책의 파급경로가 원활하게 작동하기 위해서는 금융거래가 활발히 이루어지면서 금융시장의 기능이 효율적으로 작동할 필요가 있다.

통화정책은 기본적으로 중앙은행이 통화량이나 금리에 영향을 미쳐 물가안정, 금융안정 등 최종목표를 달성함으로써 경제가 지속 가능한 성장(sustainable growth)을 이룰 수 있도록 하는 정책을 말한다. 중앙은행은 통화정책의 최종목표와 밀접한 관계가 있는 통화량, 환율, 물가상승률 등과 같은 지표 중에서 하나를 선택하여 그 지표의 목표 수준을 결정한 다음, 이를 달성할 수 있도록 통화정책을 수행한다.[3] 그러나 이러한 지표들은 일반적으로 중앙은행이 직접적으로 제어하기가 쉽지 않다. 따라서 중앙은행이 다른 변수의 영향을 받지 않고 직접 제어하여 원하는 수준을 유지할 수 있는 지표가 필요한데, 이를 중간목표(intermediate target)와 구별하여 운용목표(operating target)라고 한다. 중앙은행이 직접 통제할 수 있는 운용목표로는 일반적으로 단기 시장금리나 지급준비금이 이용된다. 중앙은행은 이러한 운용목표의 적정 수준을 설정하고 공개시장 운영, 지급준비 제도, 중앙은행 여수신(대출 및 예금) 제도 등의 정책수단을 활용하여 이를 유지함으로써 궁극적으로 최종목표를 달성하기 위해 노력한다.

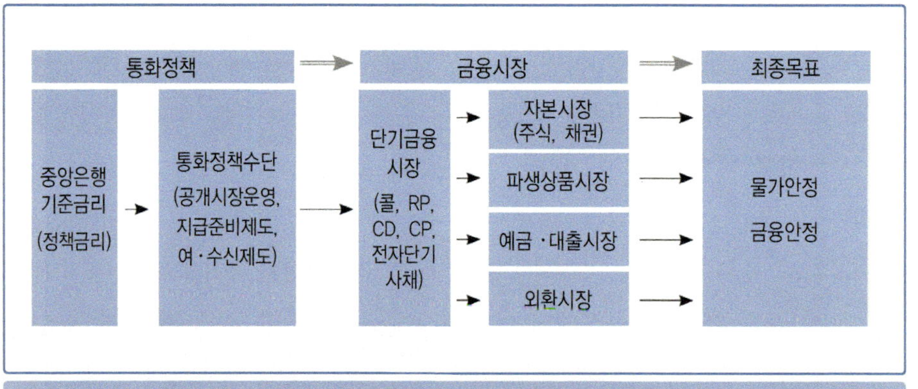

[그림 1-3] 금융시장과 통화정책의 파급경로

중앙은행과 금융시장 사이의 커뮤니케이션은 통화정책이 효과적으로 파급되는 데 매우 중요하다고 할 수 있다. 금융시장의 참가자들은 통화정책을 주요 요소로 고려하여 금융거래를 하기 위한 의사결정을 하며, 금리와 같은 금융시장의 가격변수에는 미래의 통화정책에 대한 기대가 반영되어 있다. 따라서 중앙은행과 금융시장의 커뮤니케이션이 원활하지 못할 경우에는 시장의 기대와

---

3) 통화량, 환율, 물가상승률 등과 같이 통화정책의 수행을 위해 선택된 지표를 명목 기준지표(nominal anchor)라고 하며, 이 중에서 물가상승률을 제외한 통화량이나 환율 등은 최종목표를 달성하기 위한 중간목표(intermediate target)로 활용된다.

통화정책 방향 간의 괴리가 발생하면서 금융시장의 변동성이 확대되고 통화정책의 유효성이 저하될 수 있다. 반면 중앙은행과 금융시장의 커뮤니케이션이 원활한 경우에는 금융시장의 변동성이 줄어드는 가운데 통화정책이 금융시장의 가격변수에 대한 영향을 통해 실물경제에 파급되면서 통화정책의 유효성이 높아진다. 따라서 금융시장 참가자를 비롯한 각 경제주체들에게 정책의 내용과 방향을 효과적으로 전달할 필요가 있는 중앙은행의 입장에서, 금융시장은 통화정책의 중요한 파급경로로서 중앙은행이 정책을 수행하는데 매우 중요한 의미를 가지고 있다.

최근에는 투자자 등 금융시장 참가자가 금융시장 가격변수의 움직임에 따른 위험을 회피하기 위해 활용하는 선물, 스왑, 옵션 등의 파생금융상품 거래가 금융시장에서 차지하는 비중이 커지고 있는데, 이는 통화정책의 유효성을 제약하는 요인으로 작용할 수 있다는 점에 유의할 필요가 있다. 예를 들어, 중앙은행이 기준금리를 인하하더라도 외국인 투자자가 대외적인 요인으로 인해 국채선물을 대규모로 매도할 경우 '국채선물 가격 하락 → 국채 현물가격 하락 → 국채금리 상승'으로 이어지면서 시장금리가 상승함으로써 기준금리 인하의 효과가 제약될 수 있다.

한편 우리나라의 경우 통화정책 운영체계(monetary policy regime)는 기준금리(base rate)의 조정 등을 통해 정부와의 협의 하에 설정된 물가안정목표를 달성하는 물가안정목표제(inflation targeting)이다. 한국은행은 금리, 환율 등 다양한 정보변수를 활용하여 장래의 인플레이션을 예측하는 한편, 실제 물가상승률이 목표수준으로 수렴하도록 통화정책을 운영하고 있다. 그러나 글로벌 금융위기 이후에는 주요 선진국을 중심으로 금융시스템의 안정 없이는 경제의 지속적이고 안정적인 성장이 어렵다는 인식이 확산됨에 따라, 한국은행은 금융안정에도 유의하는 가운데 물가안정을 달성하는 방향으로 통화정책을 수행하고 있다.

한국은행 금융통화위원회는 국내외의 금융 및 경제 여건을 종합적으로 고려하여 정책금리[4]인 한국은행 기준금리를 결정하며, 공개시장 운영, 지급준비 제

4) 한국은행은 2008년 3월 정책금리를 '콜금리 목표(정확하게는 '무담보 익익물 기준 콜금리 목표')'에서 한국은행과 금융기관간 거래의 기준이 되는 '한국은행 기준금리(약칭 기준금리)'로 변

도, 중앙은행 여수신 제도 등과 같은 통화정책 수단들을 활용하여 콜금리가 기준금리 수준에서 크게 벗어나지 않도록 관리한다. 이를 위한 시중 유동성 조절은 주로 공개시장 운영을 통해 지급준비금 예치의무가 있는 금융기관들의 지급준비 규모를 변경하는 방식으로 이루어진다.

〈표 1-1〉 통화정책의 수단

통화정책 수단	세부 수단
공개시장 운영	통화안정증권 발행・환매, 국공채 단순매매, RP매매, 통화안정계정 예치
지급준비제도	지급준비율 조정, 지준적립대상채무의 조정, 지급준비금 부리
여수신제도	금융중개지원대출, 자금조정 대출 및 예금, 일중당좌대출, 특별대출

중앙은행은 통화정책 수단으로 공개시장 운영(open market operation)을 주로 활용하고 있다. 이는 공개시장 운영이 단기금융시장이나 채권시장과 같은 공개시장에서 금융기관을 상대로 하여 시장 친화적인 방법으로 이루어짐에 따라 시장 왜곡이 적은 정책수단인 데다 운영의 시기 및 규모도 비교적 신축적으로 조정할 수 있어 정책효과가 잘 나타날 수 있기 때문이다. 한국은행의 경우 기조적인 유동성 흡수(공급)를 위해서는 장기물 통화안정증권 발행(환매) 또는 증권의 단순매각(단순매입)[5]을, 일시적인 유동성 흡수(공급)를 위해서는 RP 매각(매입), 단기물 통화안정증권 발행(환매)을 주로 활용한다.

〈표 1-2〉 공개시장 운영을 통한 유동성 조절

		조절 방법
기조적 유동성조절	환수	장기물 통화안정증권 발행, 증권 단순매각
	공급	잔존만기가 장기인 통화안정증권 중도 환매, 증권 단순매입
일시적 유동성조절	환수	RP매각, 통화안정계정 예치, 단기물 통화안정증권 발행
	공급	RP매입, 잔존만기가 단기인 통화안정증권 중도 환매

경하였다. 기존 '콜금리 목표' 방식 하에서는 콜금리가 금융시장의 수급상황에 관계없이 한국은행이 정한 목표 수준에 거의 고정되어 콜금리의 자금배분 기능이 크게 약화되고 단기금융시장의 발달이 저해되면서 통화정책 파급경로의 원활한 작동이 제약될 수 있다는 문제가 있었다. 이에 따라 한국은행은 콜금리의 시장성을 제고하는 방향으로 통화정책 운영체계를 개편하였다.

5) 중앙은행이 공개시장에서 증권을 직접 매각 또는 매입하는 거래로서, 'RP(Repurchase Agreement, 환매조건부)' 매매와 구분하기 위하여 '단순' 매각・매입(outright sales and purchases)이라고 한다.

제4절 금융안정과 금융시장

금융안정(financial stability)은 금융시스템을 구성하고 있는 금융기관의 안정과 금융시장의 안정으로 구분해 볼 수 있다.[6] 여기서 금융기관의 안정이란 개별 금융기관이 외부의 개입 또는 지원 없이 자체의 능력으로 정상적인 영업활동을 할 수 있고 이에 대해 시장 참가자들이 높은 수준의 신뢰를 주고 있는 상태를 의미한다고 할 수 있다. 그리고 금융시장의 안정은 금융시장에서 형성되는 금리, 주가, 환율 등의 가격변수가 경제의 기초 여건을 반영하고 있고, 그 기초 여건이 크게 변하지 않는 한 단기적 시계에서 이들 가격변수가 안정적으로 움직일 것이라는 신뢰를 시장 참가자들이 갖고 있는 상태로 정의할 수 있다.

과거에는 금융안정과 관련하여 금융기관의 경영 안정 또는 금융시장의 가격변수의 안정 등과 같은 미시건전성(micro-prudential) 측면이 강조되었으나, 글로벌 금융위기 이후에는 금융시스템 전체의 관점에서 시스템적 리스크(systemic risk)를 체계적으로 관리하는 거시건전성(macro-prudential) 개념이 중요한 것으로 인식되고 있다. 여기서 시스템적 리스크란 금융 서비스의 제공 과정에서 광범위한 혼란을 발생시켜 경제 전반에 심각한 악영향을 미칠 수 있는 리스크를 말하며, 금융의 상호 연계성(interconnectedness)에 의한 리스크와 경기순응성(pro-cyclicality)에 의한 리스크로 구분해 볼 수 있다. 이 경우 경기순응성에 의한 리스크는 거시경제의 순환과정에서 경제주체의 쏠림현상(herd behavior)으로 인해 신용이 과잉 공급되거나 급격히 축소되면서 나타난다고 할 수 있다. 특히 시스템적 리스크가 금융시장을 통해 누적되고 현재화된다는 점에 비추어 볼 때, 금융시장은 금융안정과 나아가 거시경제의 안정과 관련하여 중요한 기능을 담당한다고 할 수 있다.

---

6) Crockett, A., "The Theory and Practice of Financial Stability," GEI Newsletter, No.6, 1997을 참조하라.

먼저 금융시장은 대내외의 충격이 금융시스템 및 경제 전반으로 파급되는 주요 전달경로라고 할 수 있다. 대내외 충격이 금융시스템에 미치는 영향은 금융시장의 충격흡수 능력과 자생적 복원력(resilience)에 따라 달라질 수 있으며, 이들 충격흡수 능력과 자생적 복원력은 금융시장의 심도(depth of financial market)에 따라 달라진다고 할 수 있다. 예를 들어, 금융시장의 심도가 높을수록 금융시장의 충격흡수 능력이 제고되어 충격에 대한 시장의 변동성과 시스템적 리스크로의 확산 가능성도 줄어들 수 있을 것이다. 따라서 금융안정을 위해서는 금융시장 규모 확대와 금융시장의 중층화 등을 통해 금융시장의 심도를 높여나갈 필요가 있다.

금융부문과 실물부문간 연계성(macro-finance linkage)이 강화되고 있는 상황에서 경제 전체의 안정을 위해서는 금융시장의 역할이 매우 중요하다고 할 수 있다. 금융활동이 실물경기의 진폭을 확대하고 실물부문이 다시 금융부문에 영향을 미치는 과정을 통해서, 금융시장의 변동성 증가는 거시경제의 불안정을 초래할 수 있기 때문이다. 따라서 금융시장의 안정을 도모하는 것은 금융안정뿐만 아니라 거시경제의 안정을 위해서도 매우 중요하다고 할 수 있다.

또한 금융시장은 경제 · 금융 상황에 대한 정보를 시장 참가자에게 신속히 제공하는 역할을 수행한다. 이는 기초 경제여건의 변화, 경제의 불확실성 등이 금융시장의 가격변수와 거래량에 즉시 반영되어 나타나기 때문이다. 따라서 금융시장이 효율적으로 기능한다면 경제주체들이 여러 가지 불안요인을 적시에 인식하고 이에 대응함으로써 금융 불안이 증폭되는 것을 차단할 수 있다. 이러한 차원에서 각 경제주체는 금융시장의 가격변수와 거래량에 반영된 정보를 보다 정확하고 신속하게 분석할 수 있는 능력을 제고하기 위해 적극 노력하고 있다.

이처럼 금융시장이 금융안정과 거시경제의 안정 측면에서 중요한 위치를 차지하고 있기 때문에 세계 주요국은 금융시장에 대한 모니터링 및 분석을 강화하고 있다. 세계 주요국은 금융안정을 평가하는 데 활용하고 있는 금융안정지도(financial stability map)에 금융시장 상황을 중요한 구성 요소로 포함하고 있다.

한편 금융시장의 발전은 금융시스템의 안정에 기여하지만 이를 제약할 가능성도 있다. 금융시장은 거래비용의 절감과 자금의 효율적 배분을 위해 끊임없이 진화하는데, 이러한 과정에서 새로운 유형의 위험 요소가 현재화될 수 있기 때문이다. 즉 금융혁신에 따른 새로운 금융상품 출현 및 거래기법 개발과 장외 파생상품 거래규모의 확대는 시장 참가자들의 자금조달 및 운용의 효율성 제고에 기여하지만, 다른 한편으로는 금융 불안의 원인을 제공하고 이를 확산시키는 통로로 작용하기도 한다. 대표적인 사례로는 2008년 미국에서 시작된 글로벌 금융위기를 들 수 있다. 글로벌 금융위기가 발생하기 이전에는 모기지론(mortgage loan) 등의 대출상품이 자산유동화증권뿐만 아니라 신종 금융상품인 신용파생상품과 직·간접적으로 연계되어 빠르게 늘어났으며, 이러한 현상은 금융시장의 자금중개 기능이 크게 향상된 것으로 인식되었다. 그러나 이와 같은 금융상품 간의 연계성 심화로 인해 모기지 론 등 대출상품의 부실이 자산유동화증권 및 신용파생상품의 부실화로 이어지면서 글로벌 금융위기가 발생하였다. 금융혁신에 의해 개발된 새로운 금융수단들이 글로벌 금융위기의 원인인 신용팽창을 유발하고 글로벌 금융위기를 전파하는 과정에서 중심적인 역할을 한 것으로 볼 수 있는 것이다. 우리나라의 경우에도 글로벌 금융위기 직후 부동산 PF(project financing) 대출의 부실화가 이를 기초자산으로 하여 발행된 PF ABCP (asset-backed commercial paper) 등의 자산유동화증권으로 전이되면서 금융시장의 불안요인으로 작용하였다.

따라서 금융시장의 발전과 함께 금융안정을 유지하기 위해서는 금융하부구조(financial market infrastructure)를 효율적으로 구축하여 운영하는 한편, 금융기법의 발전으로 인해 야기되는 새로운 위험을 적절하게 관리할 수 있는 시스템을 갖출 필요가 있다.[7] 특히 신용 및 거래정보 공시 강화 등 금융거래에 대한 적절한 감독과 규제는 금융시장의 투명성을 제고할 뿐만 아니라 과도한 쏠림현상이나 레버리지 확대 등과 같은 위험요인이 누적되지 않도록 예방하는 데에도 기여한다. BIS(Bank of International Settlements), FSB(Financial Stability Board) 등의 국제기구는 금융혁신을 통해 금융상품과 금융거래 기법이 획기적으로 변화하였음에도 불구하고 이에 발맞추어 금융하부구조가 개선·정비되지 못한 것이 글로벌

7) 금융하부구조(financial market infrastructure)는 시장 참가자들이 금융거래를 수행하는 데 필요한 모든 규칙이나 제도, 감독, 공적 금융안전망, 결제시스템 등을 포괄하는 개념이다.

금융위기를 초래한 원인으로 인식하고 있다. 글로벌 금융위기 이후 FSB를 중심으로 논의되고 있는 금융규제 개혁도 금융하부구조의 개선을 통한 위험관리 노력의 일환으로 이해될 수 있다. 이들 국제기구가 추진하고 있는 글로벌 금융규제는 은행에 대한 자본 및 유동성 규제, 시스템적으로 중요한 금융기관(SIFI; systemically important financial institution)에 대한 규제, 그림자 금융(shadow banking)의 규제 및 장외파생상품시장의 개혁 등을 주요 내용으로 하고 있다.

제5절 글로벌 금융환경의 변화와 금융시장

2008년 글로벌 금융위기 발생 이후, 그리고 2020년 코로나 팬데믹 이후 미국을 비롯한 주요국에서는 금융안정을 유지하는 가운데 실물경제의 성장세 확대를 위해 적극적인 금융완화 및 재정확대 정책을 추진하였다. 그럼에도 불구하고 아직까지 세계경제가 글로벌 금융위기 이전의 성장경로로 복귀하지 못함에 따라 저성장의 지속에 대한 우려가 이어지고 있다. 이러한 경제 상황에 대응하여 주요국들은 정책금리를 제로(zero) 수준으로 인하한 데 이어 양적완화정책(QE; quantitative easing)을 시행하였다.[8] 그리고 유럽중앙은행(ECB; European Central Bank)을 비롯한 덴마크, 스웨덴, 스위스, 일본 등의 중앙은행의 경우 마이너스(minus) 금리를 도입하였는데, 이는 마이너스 금리가 실질금리 하락을 통해 소비와 투자를 증대시킬 뿐만 아니라 통화가치 하락(환율 절하)을 초래하여 수출을 증대시키는 효과 등이 기대되기 때문이다.

미국 등 주요국의 양적완화의 확대, 마이너스 정책금리 도입 등의 비전통적인 통화정책 대응과 이 과정에서 크게 늘어난 글로벌 유동성은 주요국의 국채금리가 마이너스를 나타내게 하는 데 주된 요인으로 작용하였다. 또한 장기간 지속된 저금리 상태와 풍부한 글로벌 유동성은 금융시장 참가자들로 하여금 주식이나 신흥시장국 금융자산처럼 수익률은 높지만 상대적으로 위험이 큰 상품에 대한 투자를 지속적으로 확대하는 요인으로 작용하였다. 이처럼 금융시장 참가자들의 위험선호 경향이 지나치게 높아질 경우에는 급격한 쏠림현상을 통해 작은 충격에도 과도한 반응을 보이면서 금융시장의 변동성이 크게 확대될

8) 양적완화정책(quantitative easing)은 기준금리가 이미 제로(zero) 수준으로 인하되어서 금리 인하를 통한 경기부양 효과를 기대할 수 없을 경우 중앙은행이 금융기관으로부터 금융자산을 사들여 시중에 통화 공급을 늘리는 비전통적인 통화정책(unconventional monetary policy)이다. 중앙은행이 매입하는 자산은 국채, 주택저당증권(MBS) 등이 있다. 글로벌 금융위기 이후 미국, 영국, 유럽, 일본 등 주요 선진국은 양적완화정책을 시행하였다. 양적완화정책의 시행으로 통화 공급이 늘어나면 이들 선진국의 통화가치는 하락한다. 반면 이들 유동성이 신흥국으로 유입되는 경우 신흥국의 통화가치는 상승(환율 하락)한다.

수 있다. 실제로 주요 금융시장 전문가들은 2013년 5월 테이퍼 탠트럼(taper tantrum)[9] 등의 사례를 들면서 주요국 중앙은행의 통화정책과 관련한 불확실성 등이 채권금리가 급등하거나 신흥시장국내 외국인 증권투자자금의 유출입 변동성이 확대되는 요인으로 작용할 수 있음을 지적하고 있다.

한편 글로벌 금융위기 이후 주요 선진국 경기가 미약한 회복세를 보이고 있는 가운데 중국 경제는 양호한 성장세를 이어감에 따라, 국제금융시장에 대한 중국의 금융 및 외환시장의 영향력이 이전에 비해 크게 확대되고 있다. 특히 2016년 초에는 중국 경제의 경착륙이 우려되는 가운데 자본 유출이 확대되고 위안화가 큰 폭 절하되자 중국뿐만 아니라 주요 선진국 및 신흥시장국의 주가가 급락하고 환율과 국채금리가 급변동하는 등 금융시장 가격변수의 변동성이 크게 확대된 바 있다. 이처럼 중국의 실물경제와 금융시장 상황은 글로벌 경제의 향방에 큰 영향을 미칠 수 있는 중요한 변수로 자리를 잡고 있다.

이러한 주요국들의 거시경제정책 환경의 변화와 중국경제의 부상 등 글로벌 금융·경제의 환경의 변화는 앞으로도 상당기간 국내외 금융시장의 불확실성을 높이는 요인으로 작용할 것으로 예상된다.

먼저 미국 연준(Fed) 등 주요국 중앙은행이 통화정책을 정상화하는 과정에서 시장참가자들의 정책금리 인상 기대는 국내 시장금리의 상승압력을 증대시키는 요인으로 작용할 수 있다. 글로벌 금융위기 이후 국내외 금융시장간 연계성이 심화되면서 국내 채권금리 변동에 대한 국제금융시장의 상황 변화, 주요국의 경기여건 등 대외적 요인의 영향력이 이전에 비해 크게 확대되었기 때문이다. 특히 국내외 금융시장간 연계성이 높아진 상황에서 미국을 비롯한 주요국의 통화정책 기조가 전환될 경우 그동안 크게 늘어났던 글로벌 유동성의 되돌림 현상이 강화되면서 국제금융시장뿐만 아니라 국내 금융시장의 변동성도 크게 확대될 가능성에 유의할 필요가 있다.

또한 주요국의 완화적 통화정책 지속 등의 영향으로 투자자들의 수익률 추구

9) 테이퍼 탠트럼(taper tantrum)은 긴축 발작으로 번역되는데, 2013년 5월 미 연준의 Bernanke 의장이 양적완화 축소(QET; quantitative easing tapering) 등 통화정책의 정상화 가능성을 언급한 이후 국채금리가 급등하고 외국인 증권투자자금이 신흥시장국으로부터 급격히 유출된 사례를 말한다.

경향이 강화되면서 외국인 투자자금이 상당 규모로 국내에 유입되었는데, 국제금융시장이 급변할 경우 이들 투자자금이 유출되면서 국내 금융시장의 변동성이 확대될 가능성이 있다. 예를 들어, 2015년에 자원수출국을 중심으로 일부 신흥국 경제의 취약성이 크게 부각되었을 때, 국제금융시장의 불안심리가 국내 금융시장으로 파급되면서, 우리나라의 양호한 기초경제여건에도 불구하고 외국인의 국내 증권투자자금이 상당 규모 유출된 바 있다.

아울러 중국 경제의 영향력이 높아진 상황에서 중국경제의 불안은 외국인 투자자들의 주식 및 채권 투자 축소와 같은 포트폴리오 경로뿐만 아니라 중국에 대한 수출 위축에 따른 수출기업의 주가 하락이나 원화가치의 하락(환율 상승) 등과 같은 간접적인 경로를 통해서도 국내 금융시장에 부정적인 영향을 미칠 수 있다.

우리나라 경제의 기초여건이 상대적으로 양호한 점을 감안하면, 글로벌 금융환경의 변화가 국내 금융시장에 파급되는 부정적 효과는 다른 신흥시장국에 비해 제한적일 것으로 기대된다. 그러나 국제금융시장이 예기치 못한 방향으로 변화화하거나 북핵 문제 등 지정학적 리스크가 부각될 경우에는 금융시장 가격변수의 변동성이 커지고 시장의 쏠림현상이 나타나면서 국내 금융시장의 안정성이 저해될 가능성에 유의할 필요가 있다.

한편 금융규제의 완화 및 IT 기술의 발달과 이에 따른 글로벌 자금이동의 급속한 증가 등으로 전세계 금융시장이 상호 밀접하게 연계되어 움직이고 있다. 우리나라 금융시장도 1997년 외환위기 이후 해외 금융시장과의 연계성이 크게 높아졌다. 이는 자본이동의 자유화, IT 기술의 발달 등에 힘입어 외국자본의 국내 유입이 큰 폭으로 확대되면서 글로벌 시장 정보가 국내 금융시장으로 빠르게 파급된 데에 주로 기인한다.

외국자본의 국내 유입 증가는 글로벌 유동성 증가, 투자 다변화의 진전 등 해외요인(push factor)과 자본자유화 확대, 양호한 투자 여건 등 국내요인(pull factor)이 복합적으로 작용한 결과로 볼 수 있다. 이처럼 국내 금융시장에서 글로벌 투자자의 역할이 커지면서 국제금융시장의 정보가 국내에 빠르게 파급됨에 따라 국내외 금융시장의 가격변수가 상호 밀접하게 움직이는 동조화(coupling)

현상이 강화되었다.

국내 파생상품시장의 급성장도 외국자본 유입을 촉진하여 국내외 금융시장의 연계성을 높이는 요인으로 작용하였다. 특히 외환 관련 파생상품시장의 성장은 외국인의 국내 증권투자에 필요한 헤지(hedge) 수요를 충족시킬 뿐만 아니라 외국인의 차익거래 활동을 촉진함으로써 국내 원화시장과 외화시장간 연계거래를 확대시키는 요인으로 작용하였다.

국내외 금융시장 사이의 연계성 심화는 국내외 정보에 대한 가격변수의 반응속도를 높여 금융시장의 효율성을 제고할 뿐만 아니라 중장기적으로는 금융제도의 발전과 거시정책의 규율 개선 등을 통해 경제발전에 기여하는 등 순기능이 크다고 할 수 있다. 그러나 국내외 금융시장의 연계성 심화로 자본유출입의 확대와 금융시장 가격변수의 변동성이 증가하면서 금융시스템이 취약해지고 나아가 거시경제의 불확실성이 증대되는 등의 부작용이 수반되기도 한다. 국내외 금융시장의 연계성 심화에 따른 문제점을 구체적으로 살펴보면 다음과 같다.

먼저 국내외 금융시장의 연계성 심화에 따른 외국인 투자자본의 유출입 확대는 금융 불안 요인으로 작용할 수 있다. 우리나라에서는 1990년대 이후 경기확장기에 자본 순유입 규모가 상대적으로 커지고, 이는 다시 경기확장을 심화시키는 등 자본유출입의 경기 순응적(procyclical) 특징이 뚜렷하게 나타났다. 이러한 외국인 투자자본의 유출입 행태는 금융시장 참가자의 군집행동(herd behavior) 및 금융기관의 경기순응적 대출 행태와 함께 시스템적 리스크(systemic risk)를 야기하여 금융안정을 저해할 수 있는 것이다.

그리고 외국인 투자자금의 유출입이 국내 경제 상황보다는 글로벌 금융·경제 여건의 변화에 더 민감하게 반응할 경우 국내에서는 금융부문과 실물부문의 상호 연관성이 저하되는 실물·금융부문간 괴리현상이 심화될 수 있다. 실제로 우리나라를 포함한 아시아 신흥시장국에서는 주가와 금리 등 금융시장의 가격변수가 자국의 실물경제 여건과 무관하게 글로벌 금융 변화의 영향을 더 크게 받는 경우가 빈번하게 나타나고 있다. 이러한 국내 실물부문과 금융부문간 부조화 현상은 자산가격의 변동성 확대, 자원배분의 효율성 저하 등 금융·경제의 안정성을 저해하는 요인으로 작용할 수 있다.

또한 국내외 금융시장간 연계성이 심화되면 거시경제정책의 운영이 어려워지는 상황이 발생할 수 있다. 자본 자유화(financial integration)로 자본이동이 자유로운 개방경제에서는 삼원체제 불가능 원칙(impossible trinity 또는 trilemma)에 따라 통화정책의 자율성(monetary independence), 환율 안정(exchange rate stability)을 동시에 달성하기가 어렵기 때문이다. 예를 들어, 변동환율제도 하에서 외국인 채권투자가 급증할 경우 환율 하락을 용인하지 않으면 환율절상 기대에 따른 자본 유입이 가세함으로써 장기 시장금리의 하락압력이 커질 수 있다. 이 경우 장기 시장금리의 움직임이 기초경제여건과 괴리되면서 통화정책의 유효성을 제약하는 요인으로 작용할 수 있다. 또한 단기 시장금리는 주로 국내 거시경제 여건의 영향을 받는 반면 장기 시장금리는 글로벌 시장과의 동조화 현상으로 인해 해외요인의 영향을 크게 받으면서 장・단기 시장간 분할(market segmentation) 현상이 나타날 수 있다. 이 경우 단기금리에서 장기금리로의 통화정책 파급경로가 훼손될 수 있으므로 통화정책의 효과가 제약될 수 있는 것이다.

우리나라와 같은 소규모 개방경제의 경우 외국인 투자자금 유입의 편익을 극대화하기 위해서는 금융시장의 효율적인 자금배분 기능을 저해하지 않으면서도 외국인 투자자금 유출입의 급변동 위험을 적절히 제어하는 대응체계를 구축하는 것이 무엇보다도 중요하다고 하겠다. 이와 관련하여 우리나라는 글로벌 금융위기 이후 국제 자본이동의 변동성으로 인한 충격을 완화하기 위해 외환건전성 부담금 제도 등 금융시장의 안정을 위한 거시건전성 정책수단을 확충하였으며, 국내 금융부문의 경기순응성을 완화하도록 규제체계를 개선하는 등 다양한 조치를 취하였다.

제2장 예금·대출·보험 상품시장

Chapter 02 예금 · 대출 · 보험 상품시장

제1절 예금 상품시장

1. 예금의 특징

예금은 그 형태에 따라 수시로 입금 및 출금을 자유롭게 할 수 있는 요구불예금(입 · 출금이 자유로운 예금)과 예치 후 일정기간이 경과한 후 지급하는 거치식예금, 그리고 매월 또는 매분기 등 일정기간 단위로 적립한 후 일정기간이 경과하면 원리금을 지급받는 적립식예금 등 크게 세 가지 형태로 나눌 수 있다. 이외에 특수한 목적부 예금으로서 입주자저축으로 통칭되는 주택청약 관련 예금이 있다.

예금은 그 종류에 따라서 각각의 특징을 가지고 있는데 금융상품을 선택하는 기준으로서 제시되는 투자의 3요소인 수익성, 안전성, 유동성 측면에서 비교해 보면 요구불예금의 경우 유동성은 높으나 상대적으로 수익성이 낮고, 적립식예금이나 거치식예금의 경우 수익성은 상대적으로 높으나 유동성이 낮다는 특징을 가지고 있다.

금융상품의 수익성을 판담함에 있어서 그 기준은 단순 표면금리로 판단하는 것이 아니고 실질적인 수익률인 실효수익률을 기준으로 판단하여야 하는데, 동일한 금리를 지급하는 단리상품과 복리상품이 있는 경우 실효수익률은 복리상품이 높고, 일반과세상품과 세금우대 또는 비과세상품이 있는 경우 실효수익률은 세금우대 또는 비과세 상품이 높다.

참고로 금리의 종류에서 '단리'는 단순하게 원금에 대한 이자를 계산하는 방법으로서 예금의 만기 시에 이를 1회만 계산하는 방식이며, '복리'는 이자에 대한 이자도 함께 계산하는 방법으로 일정기간별로 이자를 원금에 가산하여 가산된 원리금을 다시 원금으로 하여 이자를 계산하는 방식을 말한다.

예를 들어, 100만원의 예금을 연 10% 금리로 금융기관에 2년간 예치하였다고 하자. 단리상품일 경우에는 2년 후 원리금이 1,200,000원[100만원×(1 + 0.1×2)]이 되지만, 복리상품일 경우에는 2년 후 원리금이 1,221,000원[100만원×$(1 + 0.1)^2$]이 된다.

2. 예금의 종류

가. 요구불예금

(1) 요구불예금의 의의

요구불예금이란 예금의 만기나 예치기간 등을 정하지 않고 아무 때나 자유롭게 입금과 출금을 할 수 있는 예금으로서, '입출금이 자유로운 예금'이라고도 한다. 요구불예금은 입출금이 자유롭기 때문에 유동성이 높은 반면에, 이자가 없거나 매우 낮은 이자를 적용 받게 되므로 수익성은 낮은 것이 특징이다.

입출금이 자유로운 예금의 이자는 통상 결산기준일을 6개월 또는 3개월 단위로 정하여 매일의 최종잔액으로 평균하여 계산하며, 결산기준일에 계산하여 다음날 원금에 가산된다. 요구불예금은 금리가 낮기 때문에 적극적인 자산증식의 목적으로 이용되기 보다는 투자를 위한 여유자금의 보유나 또는 송금거래, 계좌이체, 자동이체, 결제자금 등을 지급할 목적으로 이용된다.

최근 금융기관에서 취급하는 대표적인 요구불예금의 종류에는 보통예금, 저축예금, 시장금리부 수시입출금식예금(MMDA), 당좌예금, 가계당좌예금, 별단예금, CMA 등이 있다.

(2) 요구불예금의 종류

1) 보통예금

보통예금은 가입대상이나 예치금액에 제한을 두지 않는 가장 전통적인 요구불예금이다. 과거에는 금융기관 요구불예금의 대부분을 차지하였으나 가계우대성 저축예금의 등장으로 인하여 최근에는 특별한 목적의 계정으로 이용되는 경우 이외에는 거의 거래가 없는 상품이다.

보통예금은 예금자보호법에 의하여 보호되는 예금으로서 예치금액이 일정금액 이하인 경우에는 이자를 지급하지 않거나 연 0.1% 내외의 매우 낮은 금리를 지급한다. 통상 6개월에 한 번씩 연 2회 결산일에 이자를 계산하여 이자계산기준일 다음날 세금 공제 후 해당 계좌를 통하여 입금함으로써 지급하게 된다.

2) 저축예금

저축예금은 보통예금과 마찬가지로 가입대상이나 예치한도에 제한을 두고 있지는 않으나 보통예금과 비교하여 상대적으로 고금리를 지급하는 가계우대성 요구불예금이다. 저축예금도 보통예금과 마찬가지로 예치금액이 일정금액 이하인 경우 이자를 지급하지 않거나 연 0.5% 내외의 매우 낮은 금리를 지급하기 때문에 단기적으로 목돈을 운용하기에는 적합하지 않은 상품이다.

금리측면에서 보자면 저축예금과 유사한 형태의 요구불상품인 시장금리부 수시입출금식예금(우대저축예금 또는 MMDA)이 보다 유리하다. 그러나 시장금리부 수시입출금식예금의 경우에는 최초 예금시 최저 예치금액의 제한이 있기 때문에 소액의 자금으로는 이용할 수 없으므로 저축예금이 현재 가장 널리 이용되는 요구불상품이라고 할 수 있다.

저축예금은 주로 직장인들의 급여이체계좌, 신용카드 결제계좌, 공과금 자동이체계좌, 펀드 및 적금관련 연결계좌, 인터넷뱅킹 · 폰뱅킹 · 모바일뱅킹 등의 연결모계좌, 증권회사 제휴계좌 등으로 다양하게 이용되고 있다. 또한 금융기관별로 고객층을 연령별(어린이, 대학생 등), 직업별(선생님, 군인 등)로 세분화하여 해당 고객에 대하여는 금리우대, 수수료 면제 등의 각종 부가서비스를 제공하고 있다.

저축예금은 예금자보호법에 의하여 보호되는 예금으로서 예치금액에 따라 이자가 차등지급된다. 통상 3개월에 한 번씩 연 4회 결산일에 이자를 계산하여 이자계산 기준일 다음날 세금공제 후 해당 계좌를 통하여 입금함으로써 지급하게 된다.

3) 시장금리부 수시입출금식예금(MMDA; money market deposit account)

MMDA는 시장실세금리를 적용하는 고금리 수시입출금식 저축예금으로서, 1997년 제4단계 금리자유화 이후 국내에서 새롭게 도입된 요구불예금 상품이다.

MMDA는 신규 예금시 통상 500만원(금융기관별 상이) 이상 최저 예치금액의 제한이 있으며, 예치금액에 따라 최고 연 2.5% 내외의 고금리를 받을 수 있으므로 목돈을 1개월 이내에 초단기자금으로 운용하기에 적합한 상품이다. 또한 일반 저축예금과 마찬가지로 급여이체계좌, 신용카드 결제계좌, 공과금 자동이체계좌, 펀드 및 적금관련 연결계좌, 인터넷뱅킹·폰뱅킹·모바일뱅킹 등 연결모계좌 등 다양한 용도로도 이용할 수 있다.

MMDA는 예금자보호법에 의하여 보호되는 예금으로서 예치금액에 따라 이자가 차등지급된다. 통상 3개월에 한 번씩 연 4회 결산일에 이자를 계산하여 이자계산 기준일 다음날 세금공제 후 해당 계좌를 통하여 입금함으로써 지급하게 된다.

4) 당좌예금

당좌예금은 수표나 어음을 통하여 거래되는 수시입출금이 가능한 요구불예금으로서, 가입자격은 금융기관이 정한 일정한 자격을 갖춘 법인 또는 사업자등록증을 소지한 개인이다. 다른 요구불예금과 달리 당좌예금 개설에 따른 일정액의 거래보증금을 납부하여야 하고 해당 예금에 대해 이자를 지급하지 않는다는 특징을 가지고 있다.

당좌예금은 은행과 당좌계약을 체결하고 당좌예금을 개설한 고객이 일상의 상거래에서 발생하는 대금을 결제하기 위하여 은행으로부터 교부받은 당좌수표나 약속어음을 발행한 후 해당 결제대금을 당좌예금계좌에 입금하면, 은행이 해당 수표나 어음의 소지인으로부터 지급제시가 있을 때에 해당 대금을 당좌예금계좌에서 인출하여 결제하는 형태의 요구불예금이다.

당좌예금은 예금자보호법에 의하여 보호되는 예금으로서, 기본적으로 수표나 어음에 의하여 지급되는 것이 원칙이다. 그러나 당좌예금통장에 의한 지급도 가능하며, 당좌거래와 관련하여 일정한도 범위 내에서 당좌예금의 잔액 범위를 초과하여 결제하여 주는 당좌대출약정도 가능하다. 만약 당좌예금계좌에 잔고가 부족하거나 당좌대출 한도를 초과하여 수표 또는 어음을 발행하여 결제대금이 부족한 경우에는 예금부족으로 부도처리된다. 부도 발생 다음 영업일의 영업시간 이내에 결제대금이 입금되지 않는 경우에는 거래정지처분을 받게 된다.

이외에도 어음 및 수표의 부도반환 사유를 보면 무거래, 형식불비, 사고신고서접수, 위조 또는 변조, 제시기간 경과 또는 미도래, 인감서명 상이, 지급지 상위, 법적으로 가해진 지급제한 등이 있는데 부도사유 중에서 부정수표단속법에서 정한 부정수표에 해당되면 고발조치 된다. 부정수표로 처리하는 사유는 다음과 같다.

① 가설인의 명의로 발행된 수표
② 금융기관과의 수표계약 없이 발행한 수표
③ 거래정지처분을 받은 후에 발행한 수표
④ 금융기관에 등록된 것과 상이한 서명 또는 기명날인으로 발행한 수표
⑤ 위조 또는 변조된 수표
⑥ 수표를 발행한 후에 예금부족, 거래정지처분이나 수표계약의 해지로 인하여 제시기일에 지급되지 않은 수표

5) 가계당좌예금

가계당좌예금은 가계수표를 통해서 거래되는 수시입출금이 가능한 요구불예금으로서, 가입자격은 금융기관에서 정한 일정한 자격을 갖춘 개인 또는 개인사업자이다. 당좌예금과 달리 가계당좌예금 개설에는 따로 개설보증금이 없고, 해당 예금에 대하여 통상 보통예금 정도의 이자를 지급한다.

가계당좌예금은 신용사회 구축을 위하여 정책적으로 도입된 저축제도이나 가계수표부도 발생시 「부정수표단속법」에 의하여 처벌을 받을 수 있다. 신용카드나 마이너스 통장 등의 대중화로 인하여 그 필요성이 점차 감소함에 따라 최근에 와서는 개인의 경우에는 거의 사용하지 않고 있으며, 일부 개인사업자 등이 사업상의 목적으로 이용하고 있는 실정이다.

가계당좌예금은 가계수표를 발행하여 지급수단으로 사용하고 동 계좌를 이용하여 지급결제를 하는 개인(개인사업자)용 당좌예금이라고 할 수 있다. 지급수단으로 사용하는 가계수표의 종류에는 500만원권, 300만원권, 100만원권 세 가지 종류가 있다.

가계당좌예금은 예금자보호법에 의하여 보호되는 예금으로서, 기본적으로 가계수표에 의하여 지급되는 것이 원칙이지만 통장에 의한 지급도 가능하다. 당좌예금과 달리 전 금융기관에 걸쳐 1인 1계좌만 개설이 가능하며, 가계당좌예금도 일정한도 범위 내에서 가계당좌대출의 한도 약정이 가능하다.

가계당좌예금의 법적 성격이나 부도관련 처리방법은 당좌예금과 유사하나 당좌수표와 달리 가계수표는 위에서 언급한 바와 같이 수표액면의 권종이 정해져 있기 때문에 가계수표에만 해당되는 부도사유로서 '장당 발행한도 초과'가 있다.

6) 별단예금

별단예금은 요구불예금에 속하나 다른 예금상품과 달리 통장 또는 증서를 발행하는 일반예금의 형태가 아니라, 은행과 고객과의 거래에 있어서 다른 예금과목으로 처리하기 곤란한 자금 등을 처리하기 위하여 일시적으로 보유하는 과도기적 성격의 예금계정이다. 별단예금의 가장 일반적인 형태는 자기앞수표 발행대전이라고 할 수 있다. 은행이 고객으로부터 자기앞수표의 발행을 의뢰받게 되면 해당 수표대금을 미리 받아 별단예금에 입금한 후 자기앞수표를 발행하게 되는데, 이때 이용되는 계정이 바로 자기앞수표 발행대전계정이다. 뿐만 아니라 은행의 업무수행과 관련하여 발생하는 미정리·미결제 자금의 처리에도 별단예금이 이용된다. 그 밖에 당좌거래개설보증금, 사고신고담보금, 부도제재금, 기타 일시예수금 등도 별단예금으로 처리된다.

별단예금은 과도기적 예금의 성격을 가지므로 예금거래약관이 없고, 통장이나 증서를 발행하지도 않으며, 원칙적으로 예금이자를 지급하지 않는다. 다만, 일부 항목에 대하여는 예치증 또는 확인증 등을 발행하며 소정의 예금이자를 지급할 수도 있다.

자기앞수표란 고객이 금융기관에 미리 수표발행대금을 예치하고 수표발행을 의뢰하면 금융기관이 자신을 발행인 겸 지급인으로 하여 발행하는 수표를 말하는데, 정액 자기앞수표와 일반자기앞수표로 구분된다. 정액자기앞수표에는 10만원권, 50만원권, 100만원권 등 세 가지 종류가 있다. 일반자기앞수표는 발행 시 임의의 금액을 인쇄하여 발행하는 수표를 말하는데, 100만원 미만 소액 일반자기앞수표의 경우에는 금융사고의 우려가 높아서 금융기관에서 특별한 경우를 제외하고는 잘 발행하지 않는다.

7) CMA(cash management account)

CMA는 증권사 또는 종금사에서 취급하는 단기자금 운용을 위한 고수익상품으로서, 종금사 CMA는 '어음관리계좌'라고 하고, 증권사 CMA는 '증권관리계좌'라고 한다.

CMA는 고객의 예탁금을 어음 및 국공채 등 단기금융상품에 직접 투자하여 운용한 후 그 수익을 고객에게 돌려주는 실적배당형 상품으로서, 가입대상이나 최고 예치금액에 제한이 없다. 예탁기간은 1년으로 하되 만기 후 인출을 하지 않으면 원리금이 자동으로 재예탁되는 방식으로 연장되며, 이자는 인출시 원금과 함께 지급된다.

CMA는 최저 예치금액을 일반적으로 1백만원 이상(금융기관별 상이)으로 제한하고 있는데, 입 · 출금이 자유로우면서도 시장 실세수준의 수익을 올릴 수 있으므로 1개월에서 3개월 정도의 단기 목돈운용에 적합하다. 은행의 MMDA나 집합투자업자의 MMF와 경쟁상품으로서 은행의 연계계좌를 이용하여 신용카드 대금 결제나, 공과금 자동이체 등도 가능하다.

나. 적립식예금

(1) 적립식예금의 의의

적립식예금이란 매월 일정금액을 적립한 후 만기시 목돈을 마련할 목적으로 이용되는 금융상품으로서 통상 '적금' 또는 '부금'으로 통칭되고 있다. 만기가 있는 상품이기 때문에 요구불예금에 비하여 상대적으로 유동성은 낮으나 수익성은 높은 금융상품이다.

적립식예금은 신규 예금시 예금주가 매월 적립할 금액과 납입일·기간 등을 정한 후 사전에 정해진 바에 따라 월부금을 납입하면, 은행은 만기시 사전에 정한 이자를 계산하여 원리금을 지급하는 형태의 금융상품이다.

적립식예금은 신규시 계약금액을 정하게 되는데, 계약금액이란 만기시 고객이 수령할 원금과 이자를 합산한 총액을 말하며, 고객이 매월 납부하여야 할 월부금 산출의 기준이 된다.

적립식예금은 정액적립식 형태와 자유적립식 형태의 두 가지 종류가 있다. 정액적립식은 매월 일정일에 일정금액을 적립하는 형태를 말하고, 자유적립식은 예금주가 납입일·납입금액을 자유롭게 적립하는 형태를 말한다.

정액 적립식예금의 경우 만기 이자계산에 있어서 만기이자 지급시에 월 저축금의 납입지연이 있는 경우에는 납입지연이자를 만기지급이자에서 차감하게 되는데, 납입지연이자는 총납입지연일수에서 총납입선납일수를 차감하여 계산한다. 여기서 선납일수란 월부금을 약정납입일보다 미리 납입한 일수를 말하고, 지연일수란 월부금을 약정납입일보다 뒤에 납입한 일수를 말한다.

(2) 적립식예금의 종류

최근 금융기관에서 취급하는 대표적인 적립식예금의 종류에는 정기적금, 상호부금, 장기주택마련저축, 농어가목돈마련저축 등이 있다.

1) 정기적금

정기적금은 금융기관에서 취급하는 목돈마련을 위한 적립식예금의 대표적인 상품으로서, 신규시 저축의 계약금액과 저축기간 그리고 월부금과 약정 납입일을 정한 후, 저축기간 동안 매월 약정납입일에 월부금을 납입하고 만기일에 원리금을 목돈으로 지급받는 저축상품이다.

정기적금은 예금자보호법에 의하여 보호받을 수 있는 상품으로 가입대상 및 예치금액에 제한이 없다. 예치기간은 6개월 이상 5년 이내에서 1개월 단위로 정할 수 있으며, 개인별 한도 범위내에서 세금우대종합저축 및 생계형비과세저축으로도 가입이 가능하다.

정기적금은 일정 회차를 납입한 후 계약금액 범위 내에서 적금대출을 받을 수 있을 뿐만 아니라 이미 납입한 저축원금 범위내의 적금담보대출도 가능하다. 계약기간 내에 대출을 받지 않을 경우 우대금리를 적용하는 정기적금을 가계우대정기적금이라고 한다.

정기적금을 만기 이전에 중도해지 할 경우 약정금리보다 낮은 기간에 따른 중도해지 이율을 적용받게 되며, 만기가 경과한 후에 해지하는 경우에는 당초 약정이율의 1/2 내외의 만기 후 이자를 추가로 지급한다.

최근 금융기관에서는 여성이나 어린이 또는 청소년, 대학생, 직장인 등 일정한 조건을 갖춘 예금주에 대하여 우대금리를 주거나 부가서비스를 제공하는 등 다양한 형태의 정기적금을 출시하고 있으므로 조건을 꼼꼼하게 살펴 볼 필요가 있다.

2) 상호부금

상호부금이란 예금주가 일정한 기간을 정하여 부금을 납입하면 금융기관이 예금주에게 사전에 약정한 금액을 급부하여 줄 것을 약정하는 목적부 적립식예금이다. 대출을 받기 위해서 예금주가 의무적으로 납부해야 하는 월부금의 회차는 총납입회차의 1/4 또는 1/3 기간이 되며, 예금주가 이에 해당하는 월부금을 정상적으로 납입한 경우 금융기관은 사전에 약정한 대출금을 예금주에게 지원할 의무를 진다.

상호부금은 예금자보호법에 의하여 보호받을 수 있는 상품으로 가입대상 및 예치금액에 제한이 없다. 정기적금과 마찬가지로 예치기간은 6개월 이상 5년 이내에서 1개월 단위로 정할 수 있으며, 개인별 한도 범위내에서 세금우대종합저축 및 생계형비과세저축으로도 가입이 가능하다.

상호부금은 사금융인 계가 변천하여 금융권에 도입된 금융상품으로서, 과거 금융기관에서 대출을 받기 어려웠던 시절에는 상호부금을 이용하면 일반 서민들이 가계 소액자금 대출을 받기가 용이하여 대출을 목적으로 한 금융상품으로 많이 이용되었다. 하지만, 최근에 와서는 대출용도보다는 일반적인 목돈마련을 위한 적립식저축인 정기적금과 동일하게 이용되고 있으며, 정기적립식과 자유적립식 두 가지 형태의 상품이 있다.

3) 장기주택마련저축

장기주택마련저축은 서민 및 무주택자의 주택마련을 돕기 위하여 정부에서 조세특례제한법에 따라 비과세 혜택 및 소득공제 등 다양한 세제지원을 하는 7년 이상 장기적립식 저축상품을 말한다.

장기주택마련저축의 가입자격은 만 18세 이상의 무주택세대주이거나, 주택의 기준시가가 5천만원 이하인 주택 또는 국민주택규모의 주택으로서 가입 당시 주택의 기준 시가가 3억원 이하인 주택을 한 채만 소유한 세대의 세대주이다. 여기서 국민주택규모라 함은 전용면적 85m^2 이하의 주택을 말하는데, 수도권을 제외한 도시지역이 아닌 읍 또는 면지역은 전용면적 100m^2 이하도 포함된다.

장기주택마련저축은 분기당 1만원 이상 300만원 이내에서 자유롭게 납입할 수 있으며, 2009년 12월 31일 이전 가입자가 총 급여 8,800만원 이하인 경우에는 연간 납입액의 40% 범위 내에서 최고 300만원까지 소득공제 혜택을 받을 수 있으나, 5년 이내에 중도해지 할 경우에는 소득공제분을 추징당하게 된다.

장기주택마련저축은 예금자보호법에 의하여 보호되는 금융상품으로서, 분기별 저축한도 범위 내에서 다수의 금융기관에 중복가입이 가능하다. 만기이자에 대하여 비과세 되나 만기 후 이자에 대해서는 과세됨에 유의하여야 한다. 금융기관별로 7년 또는 10년 만기 상품으로 취급되고 있는데, 최초 가입 시의 예금이자가 만기까지 적용되는 것이 아니라 통상 가입 당시 이자는 최초 3년까지만 적용되고 3년 이후에는 당시 변경된 이율을 적용받게 된다.

장기주택마련저축을 만기 이전에 중도해지하는 경우 비과세 혜택을 볼 수 없고, 소득공제를 받은 금액에 대하여 추징을 하는 등 불이익을 당하게 된다. 그러나 다음과 같은 특별중도해지 사유에 해당하는 경우에는 예외로 한다.

① 저축자의 사망 또는 해외이주

② 천재지변

③ 저축자의 퇴직이나 사업장의 폐업

④ 저축자의 3월 이상의 입원치료 또는 요양을 요하는 상해 · 질병의 발생

⑤ 저축취급기관의 영업정지, 인가(허가)취소, 해산결의 또는 파산선고

⑥ 저축해지 전 3개월 이내의 주택 취득 등

4) 농어가목돈마련저축

농어가목돈마련저축은 농어민의 생활안정과 재산형성을 지원하기 위해 1985년에 도입된 특별우대 비과세저축으로서, 농 · 어민의 목돈마련에 유리한 3년 이상의 장기 적립식저축을 말한다. 가입자에게는 만기시 기본금리 이외에 법정장려금리를 가산하여 원리금을 지급하며, 저축이자에 대하여는 비과세 혜택이 주어진다.

농어가목돈마련저축의 가입대상자는 일정한 자격을 갖춘 일반 농어민 또는 저소득 농어민으로서, 저소득 농어민의 경우에는 6~9% 내외의 높은 법정장려금리를 지급한다. 농어촌의 계절적인 자금사정을 고려하여 분기 또는 반기 납부도 가능하며, 납입한도를 가구단위로 계산하되 한도내에서는 여러 계좌로 나누어 가입할 수 있다. 농어가 목돈마련저축은 지역농협(단위농협) 또는 지구별 · 업종별 수협에서 취급하며, 예금자보호법에 의한 보호대상 상품에 해당되지 않으나 상호금융 자체 기금에 의하여 보호된다. 저축기간은 3년 또는 5년제 두 가지 종류가 있고, 납입방법은 월납 · 분기납 · 반기납 세 가지 형태가 있다.

농어가목돈마련저축의 가입한도는 일반저축의 경우 월 5,000원 이상 최고 12만원까지 연간 144만원을 한도로 하며, 저소득의 경우에는 월 5,000원 이상 최고 10만원까지 연간 120만원을 한도로 한다.

다. 거치식예금

(1) 거치식예금의 의의

거치식예금이란 예금주는 최초 예금시 일정한 금액을 약정기한(만기)까지 예치하기로 약정한 후 자금을 예치하고, 은행은 약정기간이 만료되면 원금과 약정이자를 지급해 주는 목돈운용을 위한 저축성예금이다. 정기예금 또는 정기예탁금이 가장 일반적인 형태라고 할 수 있다. 거치식예금은 만기가 있는 상품이기 때문에 요구불예금에 비하여 상대적으로 유동성은 낮으나 수익성은 높은 금융상품에 속한다.

거치식예금에는 이자지급방법에 따라서 기간중 이자를 지급하는 이자지급식과 만기시 지급하는 만기이자지급식, 매월 이자를 원금에 가산하여 원가하는 이자복리식 등 세 가지 종류가 있다. 만기까지 예금을 유지할 경우에는 당초 약정한 이자를 지급받을 수 있으나 중도 해지시에는 약정이자보다 낮은 경과기간에 따른 중도해지이율로 지급받게 된다. 만기가 경과한 이후 해지하는 경우에는 만기일부터 예금지급일 전일까지 각각의 경과기간에 대하여 만기 후 이율을 적용하여 지급받게 된다. 통상 만기후 이자는 당초 약정이자의 1/2 수준 이하에서 결정되므로, 가급적 만기일에 이자를 수령하고 다시 재예치하는 것이 유리하다.

(2) 거치식예금의 종류

최근 금융기관에서 취급하는 대표적인 거치식예금의 종류에는 정기예금, 정기예탁금, 양도성예금증서, 환매조건부채권, 표지어음, 기업어음 등이 있다.

1) 정기예금

정기예금은 금융기관이 취급하는 가장 일반적이고 전통적인 형태의 목돈운용을 위한 거치식예금으로서, 가입대상이나 예치한도에 제한을 두고 있지 않다. 정기예금은 이자지급방법에 따라서 월이자지급식, 만기이자지급식, 이자복리식 등이 있는데, 최근에는 금융기관에 따라서 이자와 원금을 일정기간 동안 매월 나누어 지급하는 연금형태의 정기예금도 개발하여 판매하고 있다.

정기예금은 예금자보호법에 의하여 보호받을 수 있고, 저축기간은 1개월 이상 60개월 이내에서 월 또는 연단위로 계약할 수 있다. 세금우대종합저축이나 생계형비과세저축으로 가입할 수 있으며, 운용형태에 따라서 금리연동 회전식 정기예금이나 지수연동 정기예금 등 다양한 형태가 있다. 참고로 특판정기예금이란 별도의 정기예금 종류가 아니라 금융기관이 자신들의 내부적인 사유에 의하여 예수금을 유치할 필요가 있거나 또는 신상품 출시, 창립기념일 등 특별한 이벤트가 있는 경우 기간 등을 특별히 정하여 일반 정기예금금리에 특별우대금리를 더하여 판매하는 한시적 형태의 정기예금을 말한다.

① 금리연동 회전식 정기예금

금리연동 회전식 정기예금이란 정기예금 가입 당시 만기와 만기 범위내에서 회전기간을 사전에 정하여 가입하게 되면 매 회전기간별로 시장 실세금리에 연동하여 정기예금의 금리가 변동되는 변동금리형 정기예금 상품을 말한다.

예를 들어, 가입기간을 2년으로 하고 회전기간을 3개월로 하였다면 매 3개월(회전기간 종료 시)마다 당시의 시장 실세금리가 적용되게 된다. 회전기간은 1개월 · 2개월 · 3개월 · 6개월 등이 있으며, 금융기관에 따라서 2회전이나 3회전 이상 단위기간이 경과한 계좌에 대해서는 보너스 금리를 제공하기도 한다.

금리연동 회전식 정기예금은 단위기간별로 이자를 계산하게 되므로 복리운용이 가능하며, 이자지급방법에 따라 단위기간 이자지급식과 단위기간 이자복리식으로 나누어진다. 그리고 정기예금의 금리가 매 단위기간별로 당시의 시장 실세금리에 의하여 연동되므로 금리가 상승하거나 또는 보합수준을 유지하는 경우에는 일반 정기예금에 비하여 유리하지만, 금리가 지속적으로 하락하는 경우에는 일반 정기예금에 비하여 불리한 결과를 초래하게 되므로 금리의 방향성을 잘 예측하여 가입하는 것이 중요하다.

② 주가지수연동 정기예금(ELD: equity linked deposit)

주가지수연동 정기예금이란 정기예금과 주가지수옵션(워런트) 등을 결합하여 만든 구조화된 상품으로, 원금의 일부 또는 정기예금에서 발생하는 이자를 코스피200 등과 연계된 주가지수옵션 또는 워런트(warrant) 등에 투자하는 정기예금을 말한다.

주가지수연동 정기예금의 수익률은 주가지수가 상승하거나 또는 하락하는 경우 사전에 약정된 수익구조에 의하여 결정된다. 최근 금융기관에서 판매하고 있는 주가지수연동 정기예금의 주요 수익구조는 녹-아웃(knock out) 옵션을 이용한 형태가 일반적이다. 녹-아웃(knock out)이란 기초자산의 가격이 일정수준(barrier)에 도달하면 기존의 수익구조가 사라지는 것을 말한다.

예를 들어, 상승수익 추구형의 경우 주가가 30% 이내에서 상승하게 되면 상승에 따른 참여율로 수익률을 받게 되나, 기간 중 한 번이라도 30% 이상 상승하게 되면 기존의 수익구조가 없어지게 된다. 이러한 녹-아웃 구조는 일반적인 옵션가격보다 상대적으로 가격이 저렴하기 때문에 금융기관에서 지수연동 정기예금의 참여율을 높이기 위한 구조로 많이 이용하고 있다.

지수연동 정기예금의 수익구조에 있어서 중요한 것은 참여율(PR: Participation Rate)과 베리어(barrier), 그리고 리베이트(rebate)라고 할 수 있다. 참여율이란 주가지수의 상승 또는 하락에 대하여 정기예금의 수익이 얼마만큼의 비율로 참여하는가를 나타내는 것으로서, 참여율이 높을수록 동일한 주가변동에 따른 지수연동 정기예금의 수익률도 높아지게 된다(수익률=주가지수변동률×참여율).

베리어(barrier)는 녹-아웃(knock out)이 되는 경계를 의미한다. 예를 들어, 상승베리어가 30%라고 하면 주가지수가 30% 이상 상승하는 경우 사전 수익구조에 의하여 약정된 수익률을 지급하지 않는다는 의미이다.

녹-아웃 구조에서 베리어를 터치한 경우 수익구조가 사라져 수익을 지급하지 않게 되는 것이지만, 이때 일정정도의 수익을 보상해 주는 경우가 있다. 이렇게 일정정도의 수익을 보상해 주는 것을 리베이트(rebate) 또는 보상수익이라 한다.

〈표 2-1〉 주가지수연동 정기예금의 수익구조

수익구조	설 명
상승수익 추구형 (녹-아웃 콜형) (knock-out-Call)	주가지수 하락 시 원금을 보장하면서 주가지수 상승 시 참여율을 적용하여 수익률이 정해지지만, 주가지수가 사전에 정해진 일정지수(barrier) 이상을 터치할 경우 옵션의 효력(참여율)이 무효화 되거나, 사전에 정한 소정의 리베이트만을 받게 되는 수익구조를 말한다.
하락수익 추구형 (녹-아웃 풋형) (knock-out-Put)	주가지수 상승 시 원금을 보장하면서 주가지수 하락 시 참여율을 적용하여 수익률이 정해지지만, 주가지수가 사전에 정해진 일정지수 이하를 터치할 경우 옵션의 효력(참여율)이 무효화 되거나, 사전에 정한 소정의 리베이트만을 받게 되는 수익구조를 말한다.
양방향수익 추구형 (녹-아웃 콜 · 풋형) (knock-out-Call&Put)	주가지수가 일정지수 범위 내에서 상승하거나(상승참여율) 하락할 경우(하락참여율) 사전에 정해진 참여율을 적용하여 수익률이 정해지지만, 주가지수가 사전에 정해진 일정지수 이상을 터치하거나 또는 일정지수 이하를 터치할 경우 옵션의 효력(상승 · 하락 참여율)이 무효화 되거나, 사전에 정한 리베이트만을 받게 되는 수익구조를 말한다.
디지털형	주가지수가 미리 정한 조건이 충족되면 수익을 지급하고, 그렇지 않으면 수익을 지급하지 않는 경우로서, 예를 들어 코스피200지수가 기준지수 대비 5% 이상 상승하면 연 10%를 지급하고 그렇지 않으면 원금만 지급하는 형태를 말한다.

2) 정기예탁금

정기예탁금은 신용협동기구(상호금융, 새마을금고, 신용협동조합)에서 취급하는 거치식예금으로서 은행의 정기예금과 유사한 형태의 금융상품이다. 정기예탁금의 가입대상은 신용협동기구의 조합원 및 회원이며 일반적으로 은행에서 취급하는 정기예금에 비하여 다소 높은 금리를 적용하고, 세금우대종합저축과 별도로 1인당 3천만원 한도 내에서 별도의 세금우대 혜택을 부여하고 있다. 예금자보호법에 의하여 보호받을 수 없다는 차이점(새마을금고법 등 각 신용협동기구법에 의해 보호받음)을 제외하고는 대부분 은행의 정기예금과 동일하다.

3) 양도성예금증서(CD: certificate of deposit)

양도성예금증서(CD)란 금융기관이 양도성을 부여한 무기명 할인식 정기예금 증서로서, 만기일 이전이라도 유통시장에서 양도가 가능한 거치식예금이다. 할인식이란 예치기간 동안의 이자를 액면금액에서 할인하여 발행한 후 만기시 증서소지인에게 액면금액을 지급하는 형태로서 선이자지급식으로 이해할 수 있다.

양도성예금증서는 시중의 유휴자금을 흡수할 목적으로 발행되는데 당초에는 실물형태의 양도성예금만 발행되어 오다가, 2006년 7월부터 CD등록발행제도를 병행하여 실시되고 있다. 'CD등록발행제도'란 양도성예금증서의 위・변조, 도난 등과 관련한 금융사고를 예방하기 위하여 양도성예금증서를 실물증서의 발행없이 공사채등록부상 등록기재만으로 소유권・담보(질권)권 등의 권리가 보장되는 증권발행제도를 말한다. 실무적으로는 금융기관에서 CD등록발행제도로 양도성예금증서를 발행하는 경우에는 실물증서가 아닌 통장을 이용하여 발행하게 된다.

양도성예금증서는 시장 실세금리를 적용받는 상품으로서 가입대상 및 최고예치한도의 제한은 없으나, 최저 예치한도는 통상 5백만원 또는 1천만원 이상으로 제한하고 있다. 일반적으로 정기예금에 비하여 약간의 고금리를 적용받게 되며, 3개월에서 1년 이내의 목돈운용에 적합한 상품이다.

양도성예금증서는 예금자보호법에 의하여 보호받을 수 없는 금융상품으로서 중도해지가 불가능하고, 만기 후 이자를 지급하지 않으므로 만기일이 공휴일이 되지 않도록 하여야 한다. 정기예금과 달리 세금우대종합저축이나 생계형비과세저축으로 가입이 불가능하다는 특징을 가지고 있다.

4) 환매조건부채권

환매조건부채권이란 금융기관이 보유하고 있는 국채, 지방채, 공사채, 특별법에 의해 설립된 법인이 발행한 채권, 상장법인 등이 발행한 채권 등의 유가증권을 일정기간 경과 후 일정가액으로 다시 환매수할 것을 조건으로 고객에게 매도하는 금융상품을 말한다.

환매조건부채권에서 매도할 수 있는 조건부 매도 대상증권은 시장성이 있고 금융위에 등록된 채권평가회사 등이 일별로 시가평가를 할 수 있는 증권으로서 신용평가업자로부터 투자적격(회사채 BBB 이상) 판정을 받은 증권이거나, 금융감독원장이 정하는 적격금융기관이 발행 또는 보증한 채권이거나, 또는 정부 또는 지방자치단체가 보증한 증권이어야 한다.

환매조건부채권은 시장 실세금리를 반영하는 만기이자지급식 금융상품으로서, 양도성예금증서와 마찬가지로 예금자보호법에 의하여 보호되지 않는 금융상품이지만, 대부분 국채 · 지방채 · 금융채 등 우량채권을 대상으로 하므로 안정성이 매우 높다. 가입대상 및 최고 예치한도의 제한은 없으나, 최저 예치한도는 통상 5백만원 또는 1천만원 이상으로 제한하고 있는데 일반적으로 정기예금에 비하여 약간의 고금리를 적용받게 되며, 30일에서 1년 이내의 목돈 운용에 적합한 상품이다.

환매조건부채권은 만기후 이자는 지급하지 않으나 양도성예금증서와는 달리 중도해지가 가능하며, 세금우대저축으로 가입은 불가능하지만 생계형비과세저축으로는 가입이 가능하며, 양도는 불가능하다.

5) 표지어음

표지어음이란 금융기관이 기업으로부터 매입(할인)해 보유하고 있는 상업어음이나 외상매출채권을 다시 여러 장으로 쪼개거나 한 데 묶어 액면금액과 이자율을 새로이 설정해 발행하는 어음으로서, 금융기관이 발행하는 약속어음을 말한다.

표지어음의 가입대상 및 최고 예치한도에 제한은 없으나 최저 예치한도는 통상 5백만원 또는 1천만원 이상으로 제한하고 있다. 또한 시장 실세금리를 적용받는 금융상품으로서 1개월에서 6개월 정도의 목돈을 운용하기에 적합하다. 표지어음은 선이자지급식(할인식)으로 발행하며, 발행기간은 30일 이상으로 하되 원어음의 최장 만기일을 초과하여 발행할 수는 없고, 중도해지는 불가능하지만 어음의 특성상 배서에 의한 양도는 가능하다.

표지어음은 양도성예금증서나 환매조건부채권과 같이 시장 실세금리를 적용받는 금융상품이지만 예금자보호법에 의하여 보호받을 수 있고, 정기예금과 달리 세금우대종합저축 및 생계형비과세저축으로는 가입할 수는 없다는 데 특징이 있다.

6) 기업어음(CP: commercial paper)

기업어음이란 일반기업이 자금융통을 위하여 발행한 단기어음을 종합금융회사, 증권회사가 할인매입한 후 이를 고객에게 다시 매출하는 1년 이내 단기 금융상품이다.

기업어음은 금융기관이 발행하는 어음이 아니라 단순하게 일반기업의 어음을 매입하여 다시 매출하는 것에 불과하므로 원칙적으로 매출금융기관에서 원리금 상환에 대한 책임을 지지 않는다는 것에 유의하여야 한다. 기업어음의 금리는 발행기업의 신용도에 따라서 달라지게 되는데, 신용등급이 낮은 등급의 기업어음일수록 고금리가 적용된다.

기업어음은 예금자보호법에 의하여 보호받을 수 없는 상품으로서, 이자지급 방식은 선이자지급식(할인식) 또는 만기이자지급식(원가식) 두 가지 종류가 있다. 일반적인 금융기관의 거치식예금에 비하여 높은 금리를 적용받게 되므로 거액자금을 1개월에서 3개월 미만 단기 운용하는 데 많이 이용된다. 그리고 중도해지는 불가능하지만 배서에 의하여 양도는 가능하다.

라. 주택청약 관련 금융상품

(1) 개요

주택청약상품은 무주택 서민들에게 주택공급을 촉진하기 위해 도입된 금융상품으로서 '입주자저축'이라고 하는데, 주택청약예금 · 주택청약부금 · 주택청약저축 · 주택청약종합저축 등 네 가지 종류가 있다.

청약예금과 청약부금은 민영주택 또는 주거전용면적 85m² 이하의 민간건설 중형국민주택에 대한 청약 우선순위를 부여하는 금융상품이고, 청약저축은 국민주택이나 민간건설 중형국민주택(85m² 이하의 주택)에 대한 청약 우선순위를 부여하는 금융상품이다. 2009년 5월 새로 출시된 주택청약종합저축은 국민주택과 민영주택을 가리지 않고 모든 신규 분양주택에 사용할 수 있는 금융상품이다.

주택청약종합저축 출시 이전에 가입한 기존의 청약관련통장(청약예금, 청약부금, 청약저축)의 제도와 자격 및 순위 등은 그대로 유지되며, 전 금융기관에 걸쳐 1인

1계좌만 가입할 수 있다. 주택청약예금 및 주택청약부금은 전 은행에서 취급하고 있고 주택청약저축 및 주택청약종합저축은 신한은행, 우리은행, 하나은행, 기업은행, 농업협동조합중앙회 등 5개 금융기관에서만 취급하고 있다.

참고 주택의 개념 이해

1. 국민주택: 국민주택기금으로부터 자금을 지원받아 건설되거나 개량되는 주택으로서 주거전용면적이 85m² 이하인 주택을 말한다. 국민주택기금이란 정부가 주택건설종합계획을 효율적으로 실시하기 위하여 필요한 자금을 확보하고 이를 원활하게 공급하기 위하여 조성한 기금을 말한다.
2. 국민주택 등: 국민주택 및 국가 · 지방자치단체 · 한국토지주택공사 또는 지방공사가 건설하는 주택 및 공공건설임대주택 중 주거전용면적이 85m² 이하인 주택을 말한다.
3. 민간건설 중형국민주택: 국민주택 중 국가 · 지방자치단체 · 한국토지주택공사 또는 지방공사 이외의 사업주체가 건설하는 주거전용면적이 60m² 초과 85m² 이하인 주택을 말한다.
4. 민영주택: 국민주택 등을 제외한 주택으로서 국민주택기금의 지원없이 민간건설업체가 건설하는 주택과 국가 · 지방자치단체 · 대한주택공사 또는 지방공사가 건설하는 주거전용면적이 85m² 초과 주택을 말한다.

(2) 상품의 종류

1) 주택청약예금

① 의의: 주택청약예금은 민영주택 또는 전용면적 60m² 초과~85m² 이하의 민간건설 중형국민주택의 청약자격이 주어지는 금융상품으로서, 1년 단위로 자동 재예치되는 정기예금 형태의 청약상품이다. 가입 당시 희망평형을 정하여 평형에 해당하는 금액을 예치하여야 한다.

② 가입자격: 만 20세 이상의 개인 또는 외국인 거주자(단, 주민등록상 배우자 또는 직계존비속이 있는 세대주는 만 20세 미만도 가입 가능)

③ 청약순위 발생자격

㉠ 1순위: 청약예금 가입 후 2년 이상 경과한 자

㉡ 2순위: 청약예금 가입 후 6개월 이상 경과한 자

㉢ 3순위: 1, 2순위 이외의 자

④ 주택청약예금의 지역별 · 평형별 예치금액

〈표 2-2〉 지역별 보증금

(단위: 만원)

구 분	청약가능 면적(전용면적 기준)			
	$85m^2$ 이하	$102m^2$ 이하	$102m^2$ 초과 $135m^2$ 이하	$135m^2$ 초과
서울 · 부산	300	600	1,000	1,500
기타광역시	250	400	700	1,000
기타 시 · 군	200	300	400	500
비 고	민간건설 중형 국민주택도 청약 가능	-$85m^2$ 이하 민영주택도 청약 가능 -민간건설 중형국민주택은 청약 불가	해당 평형만 청약 가능	해당 평형만 청약 가능

주) 서울 · 부산 거주자의 경우 300만원 저축자는 $85m^2$ 이하의 주택을 청약할 수 있으며, 600만원 저축자는 $102m^2$ 이하의 주택 중에서 본인이 원하는 면적의 주택을 청약할 수 있다. 그러나 1,000만원 저축자는 102~$135m^2$ 사이의 주택만을 청약할 수 있고, 1,500만원 저축자도 마찬가지로 $135m^2$ 초과 주택만을 청약할 수가 있다.

2) 주택청약부금

① 의의: 주택청약부금은 전용면적 $85m^2$ 이하의 민영주택 또는 $60m^2$ 초과 $85m^2$ 이하의 민간건설 중형국민주택 청약권을 부여받는 청약상품으로서, 계약기간이 있는 정기적금 형태의 청약상품이다. 매월 일정한 금액을 정하여 납입하는 정액적립식과 자유롭게 납입하는 자유적립식 형태가 있다.

② 가입자격: 만 20세 이상의 개인 또는 외국인 거주자(단, 주민등록상 배우자 또는 직계존비속이 있는 세대주는 만 20세 미만도 가입 가능)

③ 청약순위 발생자격(주택청약종합저축 민영주택 청약자격과 동일함)

㉠ 1순위: 월 납입금의 지연 없이 가입 후 2년이 경과하고, 납입금액 합계액이 지역별 청약금액 이상인 자

㉡ 2순위: 월 납입금의 지연 없이 가입 후 6개월이 경과하고, 납입금액 합계액이 지역별 청약금액 이상인 자

㉢ 3순위: 1, 2순위 이외의 자

④ 계약기간: 2년~5년(금융기관별 상이)

3) 주택청약저축

① 의의: 주택청약저축은 국민주택이나 전용면적 60m² 초과 85m² 이하의 민간건설 중형국민 주택을 분양 또는 임대받을 수 있는 청약권이 주어지는 정기적금 형태의 청약상품이다.

청약저축 가입 신청시에 가입자로부터 주민등록등본을 제출받아 세대주임을 확인하여야 하며, 청약저축의 가입일부터 1개월 이내에 청약저축을 해지하는 경우에는 이자를 지급하지 아니한다. 청약저축의 이자는 우대세율을 적용하며 당해연도 납입액의 40% 범위 내에서 소득공제가 가능하다.

② 가입자격: 20세 미만의 단독세대주를 제외한 무주택 세대주(무주택 세대주란 배우자 및 동일한 세대를 이루고 있는 세대원 전원이 주택을 소유하고 있지 않은 세대주를 의미함)

③ 납입방법: 저축금액의 단위는 5천원이며, 매월 2만원 이상 10만원 범위 내에서 자유롭게 납입할 수 있다.

④ 청약순위 발생지격(주택청약종합저축 국민주택 청약자격과 동일함)

㉠ 1순위: 월 납입금의 지연없이 가입후 2년 이상 경과한 자

㉡ 2순위: 월 납입금의 지연없이 가입후 6개월 이상 경과한 자

㉢ 3순위: 1,2순위 이외의 자

⑤ 계약기간 및 소득공제: 별도의 만기가 없고 가입한 날로부터 입주자로 선정된 날까지로 하며, 당해연도 납입액의 40% 범위 내에서 소득공제가 가능하다.

⑥ 청약저축의 청약예금 전환

㉠ 전환대상: 청약저축의 납입인정금액이 지역별 해당 청약예금 예치금 이상인 자는 해약과 동시에 납입한 금액 범위내에서 청약예금으로 전환이 가능한데, 이 경우 1순위 기준일은 청약저축의 가입일이 된다.

㉡ 청약자격 발생: 청약예금으로 전환 즉시 청약자격이 발생하며, 청약예금으로 전환 후 다시 주택청약저축으로의 전환은 불가능하다.

4) 주택청약종합저축

① 의의: 주택청약종합저축은 2009년 5월 새롭게 출시된 입주자저축으로서 공공 및 민영주택에 모두 청약할 수 있는 적금식 형태의 청약상품이며, 주택청약부금과 주택청약저축의 특징을 함께 가지고 있다.

② 가입자격: 실명의 개인

③ 청약순위 발생자격: 청약하는 주택의 종류에 따라서 주택청약저축 또는 주택청약부금의 자격기준을 따른다.

④ 납입방법: 매월 2만원 이상 50만원 범위 내에서 5천원 단위로 자유롭게 납입이 가능하다(단, 납입누계액이 1,500만원 미만일 경우에는 1,500만원에 이르는 시점까지는 2만원 ~ 1,500만원 범위내에서 5천원 단위로 자유납입 가능).

⑤ 특이사항: 주택형 선택에 있어서 납입인정금액 범위내에서 원하는 주택형을 청약일까지 선택하면 되며, 국민주택 등의 청약시에는 당첨기준인 납입인정금액으로 회차별 10만원까지만 인정한다.

3. 절세형 금융상품

가. 개요

절세형 금융상품이란 관련법에 근거하여 이자소득에 대하여 비과세되거나 아니면 우대세율이 적용되는 금융상품을 말한다. '세금우대종합저축'과 '생계형비과세저축'은 별도의 금융상품을 의미하는 것이 아니라 「조세특례제한법」에 근거하여 저축에서 발생하는 이자소득 및 배당소득에 대하여 우대세율 또는 비과세혜택을 부여하는 제도를 말한다.

따라서 세금우대종합저축이나 생계형비과세저축이 별개로 존재하는 것이 아니라 금융기관에서 취급하는 금융상품 중에서 동 제도의 적용을 받을 수 있는 금융상품에 해당하는 경우 저축자가 신규가입 당시에 세금우대 또는 생계형비과세의 적용을 신청하면 된다.

나. 절세형 금융상품의 종류

(1) 세금우대종합저축

세금우대종합저축이란 「조세특례제한법」 제89조에 근거하여 저축에서 발생하는 이자소득 및 배당소득에 대한 원천징수세율을 9%(농어촌특별세 포함 9.5%)를 적용하는 저축을 말한다. 세금우대종합저축에서 발생한 이자 및 배당소득은 금융소득종합과세 계산시 금융소득에서 제외된다.

세금우대종합저축은 금융기관이 취급하는 계약기간이 1년 이상인 적립식예금 또는 거치식예금에 대해 저축가입 당시 만 20세 이상인 저축자가 신규가입시 세금우대 적용을 신청하여야 한다.

세금우대저축의 한도는 일반인의 경우에는 모든 금융기관에 가입한 계약금액 총액이 1인당 1천만원이고, 대통령령이 정하는 노인 및 장애인 등은 1인당 3천만원까지 가능하며, 세금우대종합저축으로 가입한 후 1년 이내에 중도해지시에는 세금우대 혜택을 받을 수 없다(단, 세금우대종합저축으로 가입한 후 1년이 경과한 후에 중도해지할 경우 예금이자는 중도해지이자가 적용되지만 세금우대혜택은 가능하다.)

참고 대통령령이 정하는 노인 및 장애인 등

① 만 60세 이상인 노인
② 장애인복지법 제29조의 규정에 의하여 등록한 장애인
③ 국가유공자 등 예우 및 지원에 관한 법률 제6조의 규정에 의하여 등록한 상이자
④ 고엽제후유증 환자 지원 등에 관한 법률 제2조 제3호의 규정에 의한 고엽제후유증 환자
⑤ 5 · 18민주유공자 예우에 관한 법률 제4조 제2호의 규정에 의한 5 · 18민주화운동 부상자
⑥ 독립유공자 예우에 관한 법률 제6조의 규정에 의하여 등록한 독립유공자와 그 유족 또는 가족
⑦ 국민기초생활보장법 제2조 제2호의 규정에 의한 수급자

(2) 생계형비과세저축

생계형비과세저축이란 「조세특례제한법」 제88조의 2에 근거하여 가계의 저축증대와 노후 및 저소득층의 안락한 생활을 지원하고자 경로자, 장애인, 상이자, 수급자 등에게 1인당 3천만원까지 비과세 한도를 부여하는 저축제도를 말한다. 생계형비과세저축에서 발생한 이자 및 배당소득은 금융소득종합과세 계산 시 금융소득에서 제외된다.

생계형비과세저축은 세금우대종합저축과 달리 금융기관이 취급하는 거치식예금과 적립식예금 뿐만 아니라 요구불예금도 대상이 된다. 다만 양도성예금증서, 표지어음, 당좌예금, 가계당좌예금, 외화예금, 장기주택마련저축, 연금신탁, 타익신탁 등 유통이 가능한 상품이나, 어음・수표 등을 이용하여 거래되는 상품, 그리고 조세특례제한법상 별도의 비과세 혜택이 부여되는 금융상품은 제외된다.

생계형비과세저축의 가입자격은 세금우대종합저축에서 기술한 '대통령령이 정하는 노인 및 장애인 등'과 동일하며, 최저 1일부터 생계형비과세저축으로 가입이 가능하고 최고 기간은 제한이 없다. 뿐만 아니라 생계형비과세저축은 중도해지시에도 비과세혜택이 부여되고, 만기후 이자에 대해서도 비과세된다.

4. 외환관련상품

가. 개요

'외환관련상품'이라 함은 외국환업무와 관련하여 발생하는 업무를 총칭하는 의미로서, 외국통화의 매매, 외화수표 등의 추심, 외국환 지급과 영수거래, 외국환 자본거래, 해외직접투자, 무역금융, 외화대출, 외화예금 등 다양한 업무분야가 있다. 여기서는 외환업무와 관련하여 가장 일반적으로 발생하는 당발송금, 타발송금, 외화수표의 추심, 외화예금을 중심으로 살펴보기로 한다.

나. 외국환거래법과 거주성의 구분

'외국환거래법'이란 국내 및 대외거래에 수반되는 외국환 거래에 관한 사항에 대해서 시장기능의 활성화 및 대외거래의 원활화를 저해하지 않도록 그 제한을 필요로 하는 최소한의 범위를 정한 것이다. 「외국환거래법」·「외국환거래법시행령」·「외국환거래규정」·「외국환거래업무 취급지침」으로 구성되어 있으며, 모든 외환거래에 있어서 기준이 된다. 또한 외국환거래법에서 규정하는 '대외지급수단'이란 외국통화 또는 외국에서 사용할 수 있는 정부지폐, 주화, 수표, 환어음, 약속어음, 신용장, 우편 또는 전신에 의한 지급지시서, 여행자카드, 선불카드, 전자화폐 등을 말하며, '내국지급수단'이란 대외지급수단 외의 지급수단을 말한다.

외국환을 이해하기 위해서는 기본적으로 외국환거래법에서 정하고 있는 거주성에 대하여 학습할 필요가 있는데 그 이유는 외국환거래에 있어서 거래하는 상대방이 거주자인지 아니면 비거주자인지 여부에 따라서 적용하는 기준이 다르기 때문이다.

외국환거래법에서는 거주성을 구분함에 있어서 우선 거주자와 비거주자로 크게 구분하고 있다. '거주자'란 대한민국 내에 주소 또는 거소를 둔 개인과 대한민국 내에 주된 사무소를 둔 법인을 말하고, '비거주자'란 거주자 이외의 개인 및 법인을 말한다. 또한 국적에 따라서 '국민인 거주자', '외국인 거주자', '국민인 비거주자', '외국인 비거주자' 등 크게 네 가지 형태로 분류하고 있다. 거주자 또는 비거주자에 의하여 주로 생계를 유지하는 동거가족은 당해 거주자 또는 비거주자의 구분에 따라 거주자 또는 비거주자로 구분한다.

다. 당발송금과 타발송금

(1) 당발송금

1) 의의

당발송금이란 국내에 있는 송금인이 외국의 수취인에게 지급할 목적으로 외국환은행에게 송금대전을 원화 또는 외화로 지급하면 은행이 외국에 있는 수취인에게 송금하여 보내는 것을 말한다. 주로 일반경비의 송금, 해외유학자금의 송금, 해외이주비의 송금, 증여성(증빙서류 미제출)송금 등이 있다. 해외송금은 외국환거래법령에서 정하는 '인정된 거래'에서만 가능하며, '거래외국환은행 지정거래' 대상인 경우에는 지정거래외국환은행을 통해서만 송금이 가능하다.

2) 종류

① 전신송금(T/T: Telegraphic Transfer)

국내 거래은행이 지급은행 앞으로 수취인에게 송금대전을 지급하여 줄 것을 위임하는 지급지시서(P/O: Payment Order)를 전신(SWIFT 또는 telex)으로 발송하는 방법으로서, 거액송금 또는 긴급송금에 많이 이용되는 가장 보편적인 송금방법이다.

② 송금수표(D/D: Demand Draft)

송금의뢰인이 은행에 송금대금을 지급하고 송금은행으로부터 교부받은 송금수표를 직접 수취인에게 발송하면 이를 받은 수취인이 송금수표에 기재되어 있는 지급은행에 수표를 제시하여 송금대금을 수취하는 송금방법으로서, 수취인이 해외에 수취계좌를 가지고 있지 않거나, 긴급을 요하지 않는 소액송금인 경우 많이 사용된다.

③ 우편송금(M/T: Mail Transfer)

수취인에게 송금대금을 지급하여 줄 것을 위탁하는 지급지시서(P/O)를 우편으로 송부하는 방법으로, 현재는 거의 이용되고 있지 않다.

(2) 타발송금

1) 의의

타발송금이란 해외지점 또는 외국의 환거래은행이 국내은행을 지급은행으로 하여 국내의 수취인에게 송금해 오는 것을 말한다. 타발송금은 송금방식의 수출대금 영수, 외국의 친지 등에 의한 경조사비 송금, 단순 생활보조비의 송금, 기업의 용역대가 송금 등에 쓰인다. 타발송금의 종류에는 당발송금과 마찬가지로 전신환송금(T/T), 우편환송금(M/T) 및 송금수표(D/D) 등이 있다.

타발송금업무에서 전신환송금(T/T) 방식의 경우에는 타발송금 자체로 업무처리가 완료되며, 우편환송금(M/T) 및 송금수표(D/D) 방식의 경우에는 외화수표

매입 및 추심을 통하여 업무가 완료된다. 외화수표의 매입 및 추심이란 지급지가 외국으로 되어 있는 외화표시 수표를 고객으로부터 매입(추심)의뢰를 받아 이를 매입하거나 외화수표를 지급은행에 수표의 실물과 함께 수표대금을 청구하여 대금을 회수하는 업무를 말한다.

2) 방식

외화수표의 매입 및 추심은 대금지급의 시점에 따라서 '추심전매입'과 '추심후지급'으로 구분되며, 외화수표 추심은 추심후지급을 원칙으로 한다.

① 추심전매입(BP: Bills Purchased)

추심전매입이란 외국환은행이 고객에게 외화수표의 대금을 먼저 지급하고, 해외 지급은행에 수표대금을 추심하여 회수하는 방법을 말한다. 이는 일종의 여신행위에 속한다고 할 수 있으므로 의뢰인의 신용상태, 외화수표의 종류, 거래실적, 수표의 취득경위 등을 면밀히 검토한 후 처리한다.

② 추심후지급(BC: Bills Collected)

추심후지급이란 외국환은행이 고객에게 외화수표의 매입(추심)의뢰를 받아서 외화수표의 대금을 해외의 지급은행에 추심하여 수표대금을 회수한 후 고객에게 지급하는 것을 말한다. 추심의뢰인의 신용부족 등으로 추심전매입을 할 수 없는 경우, 또는 하자 있는 수표의 추심에 이용되는 방식이다.

라. 외화예금

(1) 외화예금의 의의

외화예금이란 외국환은행이 외국환거래법령 등에서 정하는 바에 따라 거주자 또는 비거주자가 영수 · 취득한 외국환(예: 외화현찰 · 외화수표 등의 매입대전, 타발송금대전 등)을 외화예금계정에 예치하는 것을 말한다. 외화예금은 외국환거래법 등에서 인정된 거래만 가능하며, 예금자보호법에 의하여 1인당 5천만 원까지 보호된다. 외화예금은 원화가 아닌 외국통화로 취급하는 예금을 말하는데, 모든 외국통화의 예금이 가능한 것이 아니고 금융기관이 인정하는 외국통화의 예금만이 가능하다. 통상 미국(USD), 유로(EUR), 일본(JPY), 파운드(GBP), 캐나다(CAD), 호주(AUD), 스위스(CHF), 홍콩(HKD), 싱가폴(SGD) 등 주요 선진국 통화의 경우에는 대부분의 금융기관에서 외화예금을 취급하고 있으나 이외 기타 통화의 경우에는 외화예금을 취급하지 않고 있으며, 취급통화의 종류는 금융기관별로 상이하다.

외화예금을 취급함에 있어서 원화를 대가로 외화예금 거래시 적용되는 환율이 전신환매매율이다. 외화예금 입금 및 신규 시에는 전신환매도율이 적용되고 지급 및 해약 시는 전신환매입율이 적용된다. 그리고 외화현금을 대가로 외화예금에 입금 또는 지급을 할 경우에는 금융기관이 정한 소정의 외화현금수수료를 받는다는 것에 유의하여야 한다. 외화예금의 이자는 동일한 예금과목이라고 하더라도 예치되는 외화의 종류에 따라서 다르게 적용된다. 외화예금 원리금 계산의 지급단위는 해당 외국통화의 보조단위까지 하고, 이자계산은 원금에 연이율과 예치일수를 곱하고 360일로 나누어 계산한다.

(2) 외화예금의 계정

외화예금은 가입자의 자격에 따라서 크게 거주자계정, 대외계정, 해외이주자계정으로 구분되며, 해당 계정의 가입자격, 예치 및 처분사유는 다음과 같다.

〈표 2-3〉 외화예금 계정의 가입자격, 예치 및 처분사유

<table>
<tr><th>계정구분</th><th colspan="2">개설자의 자격</th></tr>
<tr><td rowspan="3">대외
계정</td><td colspan="2">-비거주자
-개인인 외국인 거주자
-대한민국 정부의 재외공관 근무자 및 그 동거가족</td></tr>
<tr><td>예치사유</td><td>처분사유</td></tr>
<tr><td>-외국으로부터 송금되어 온 대외지급수단
-취득 또는 보유가 인정된 대외지급수단</td><td>-외국에 대한 송금
-다른 외화예금계정 및 외화신탁계정에의 이체
-대외지급수단으로의 인출 또는 외국환은행 등으로부터의 다른 대외지급수단의 매입
-외국환은행 등에 내국지급수단을 대가로 한 매각
-기타 인정된 거래에 따른 지급</td></tr>
</table>

<table>
<tr><th>계정구분</th><th colspan="2">개설자의 자격</th></tr>
<tr><td rowspan="3">거주자 계정</td><td colspan="2">거주자(대외계정 자격에 해당하는 '개인인 외국인 거주자'와 '대한민국 정부의 재외공관 및 그 동거가족'은 제외)</td></tr>
<tr><td>예치사유</td><td>처분사유</td></tr>
<tr><td>-취득 또는 보유가 인정된 대외지급수단
-내국지급수단을 대가로 하여 외국환은행 등으로부터 매입한 대외지급수단</td><td>제한 없음(단, 대외지급의 경우에는 외국환거래 규정에 의하여 인정된 거래에 한함)</td></tr>
<tr><td rowspan="3">해외 이주자 계정</td><td colspan="2">-해외이주법에 의한 해외이주자
-재외동포</td></tr>
<tr><td>예치사유</td><td>처분사유</td></tr>
<tr><td>-해외이주자의 자기명의 재산
-재외동포의 자기명의 부동산, 국내예금, 신탁계정 원리금</td><td>-인정된 해외이주비 송금 및 재외동포 국내재산 반출을 위한 송금
-외국환은행 등에 내국지급수단을 대가로 한 매각</td></tr>
</table>

(3) 외화예금의 종류

1) 외화보통예금

수시입출금이 가능한 요구불예금으로서, 외국환거래법령에 의거 인정된 거래에 따라 외국통화를 자유롭게 예치 및 처분할 수 있는 예금이다.

2) 외화통지예금

자금의 사용이 불확실한 경우에 기간을 정하지 않고 예치할 수 있는 예금으로서, 보통예금과 정기예금의 중간적 성격을 갖는다. 외화통지예금의 인출시에는 2영업일 전에 은행에 통지하여야 한다.

3) 외화정기예금

일정한 금액의 외국통화를 일정기간까지 예치하고 그 기한이 만료될 때 환급해 주는 기한부 거치식예금으로서, 이자율이 가장 높은 외화예금에 속한다.

4) 적립식외화예금

외화 또는 원화로 적립일 · 적립금액 등을 정한 후 적금형태로 납입하는 외화예금으로서, 적립되는 외화의 예치기간별로 외화정기예금 금리를 지급받을 수 있다.

제2절 대출 상품시장

1. 대출의 필요성과 상환능력

대출은 현재의 구매력과 소득을 확장시키며 예기치 못한 비상자금에 대처할 수 있는 유용한 수단이라고 할 수 있다. 그러나 장래 이자부담 및 원금상환으로 인하여 미래의 가처분소득을 감소시키게 되며 연체시에는 신용상태의 악화로 인하여 파산에 이르는 부작용을 초래할 수도 있으므로 여러 가지 상황을 종합적으로 고려하여 대출을 사용할 것인지, 아닌지를 신중하게 선택하여야 한다.

대출 이용시 가장 먼저 고려하여야 할 것은 '대출의 용도는 적정한 것이며, 대출로 인하여 미래소득을 확장할 수 있는지 여부'라고 할 수 있는데, 이는 쉽게 설명해서 사업성이 있는지 여부에 대한 판단이라고 할 수 있다. 다음으로 채무상환능력을 고려하여야 하는데, '채무상환능력'이란 자신의 현재 및 미래 예상소득으로 감당할 수 있는 최대 대출금액은 얼마인지 여부를 판단하는 것으로서, 아무리 사업성이 있다고 하더라도 자신의 상환능력을 초과하여 대출을 받아서는 아니 된다.

마지막으로 대출금액의 적정성을 판단하여야 하는데, 이는 대출로 인하여 얻을 수 있는 수익과 이로 인하여 발생하는 비용을 종합적으로 고려하여 최대의 효과를 볼 수 있는 대출금액이 얼마인지를 판단하는 것이다. 아무리 채무상환능력이 충분하다고 하더라도 무조건 많은 금액을 이용할 것이 아니라 그 범위 내에서 최고의 레버리지 효과를 거두기 위한 가장 적정한 대출금액은 얼마인지 판단하여 가장 적정한 금액을 이용해야 한다.

2. 대출의 금리구조

가. 프라임레이트(prime rate)

금융기관 대출금리의 구조를 보면 프라임레이트(기본금리, 우대금리)에 대출의 개별조건(예: 대출기간, 담보여부, 상환방식, 금리방식 등)에 따른 가산금리를 더한 후, 고객의 개별조건(예: 신용도, 거래기여도, 기타조건)에 따른 할인(가산)금리를 차감하는 방식으로 최종적인 고객 적용금리가 산출된다. 일반적으로 금융기관이 대외적으로 발표하는 최저금리는 프라임레이트(prime rate)이며, 실질적으로 대출을 받을 경우 고객에게 적용되는 실질 적용금리는 특별한 경우를 제외하고는 프라임레이트(prime rate)보다 높게 산정되는 것이 일반적이다.

프라임레이트(prime rate)는 대출금리 산정에 있어서 기본이 되는 금리이므로 금융기관의 프라임레이트가 변동되면 기존 대출자의 금리도 변동되지만, 가산금리나 할인금리의 변동은 기존 대출자의 금리에 영향을 미치지 않는다.

나. 고정금리와 변동금리

(1) 고정금리

고정금리부 대출은 차입일로부터 상환일까지 금리가 일정하게 적용되는 대출이다. 채무자 입장에서 보면 미래의 금리상승위험에 노출되지 않게 되므로 상대적으로 안정적인 급여소득이나, 고정적인 소득이 있는 가계에서 이용하기 적합한 금리조건이라고 할 수 있다. 국내에서는 장기주택자금대출의 일종인 모기지론이나 주택연금으로 통칭되는 역모기지론 등이 고정금리부 대출에 속한다.

(2) 변동금리

변동금리부 대출은 차입일 이후 일정기간 단위로 대출금리가 미리 정한 일정한 금리지수(CD, COFIX 등)와 연동하여 변동되는 대출이다. 채무자 입장에서 보면 미래의 금리변동위험에 노출되는 것으로서 상대적으로 경기변동과 가계소득의 관련성이 높은 자영업자 등 소득이 일정하지 않은 가계에 더 적합한 금리조건이라고 할 수 있다.

과거 국내에서 변동금리의 대표적인 연동금리지수로 3개월 CD(양도성예금증서) 금리가 사용되었으나 최근에 와서는 새로운 금리지수인 COFIX(cost of funds index)연동대출이 증가하고 있다. COFIX는 국내 9개 은행(KB국민은행, 신한은행, 우리은행, 하나은행, SC제일은행, 외환은행, 한국CITI은행, 농협중앙회, 기업은행)이 제공한 자금조달 관련정보를 기초로 하여 산출되는 '자금조달비용지수'로서, 은행권에서 주택담보대출의 주된 기준금리로 사용하기 위하여 2010년 2월부터 새롭게 도입한 금리지수를 말한다.

COFIX의 도입배경을 보면 기존 은행권에서 주택담보대출시 주된 기준금리로 활용하던 CD금리가 은행의 자금조달 총액에서 차지하는 비중이 낮고 은행의 자금조달비용을 제대로 반영하지 못하는 가운데 2009년 CD금리 급락에 따른 주택담보대출 신규가산금리 확대가 사회적 이슈화되었다. 그에 따라 은행권의 자금조달비용을 제대로 반영할 수 있는 새로운 대출기준금리의 필요성이 제기되어 2010년 2월 전국은행연합회에서 새로운 기준금리인 COFIX를 도입하게 되었다.

COFIX의 종류에는 신규취급액기준과 잔액기준 등 두 가지 종류가 있다. 신규취급액기준은 정보제공은행들의 월중 신규조달 지수산출 대상 자금에 적용된 금리를 가중 평균한 금리지수를 말하며, 잔액기준은 정보제공은행들의 월말 지수산출 대상 조달자금잔액에 적용된 금리를 가중평균한 금리지수를 말한다.

COFIX는 전국은행연합회가 각 정보제공은행으로부터 제공받은 자료를 종합하여 산출한 기준금리를 소수점 이하 둘째 자리(셋째 자리에서 반올림)까지로 하여 매월 15일 (공휴일인 경우 익영업일) 15시 이후 홈페이지에 공시한다. 금융기관에서 COFIX연동 대출의 취급은 6개월 주기 변동대출과 12개월 주기 변동대출 등 두 가지 종류가 있다.

3. 대출관련비용

대출을 이용하는 데에는 대출과 직접 관련된 이자비용 이외에도 다양한 부대비용이 발생하게 된다. 대출기관을 선정하기 위해 대출관련 총비용을 비교할 경우 단순하게 표면금리만 가지고 계산해서는 아니되며, 금리와 함께 담보설정비용, 담보조사수수료, 신용조사수수료, 조기상환수수료 등 모든 부대비용을 감안한 연이자율(APR) 개념을 이용하는 것이 필요하다.

가. 대출이자

대출이자는 대출을 이용함에 있어서 가장 직접적으로 발생하는 비용이다. 일반적으로 기업대출 중에서 어음대출이나 어음할인의 경우에는 이자를 미리 받는 선취이자방식이 적용되며, 기업대출 중에서 증서대출이나 가계대출의 경우에는 이자를 뒤에 받는 후취이자방식이 적용된다.

다른 조건이 동일하다면 적용 대출금리가 낮은 대출이 유리하겠지만 단순하게 표면금리만으로 유 · 불리를 판단하여서는 아니된다. 고정금리와 변동금리의 조건, 담보대출과 신용대출의 조건, 선취와 후취의 조건, 조기상환수수료 조건 등을 종합적으로 고려하여 판단하여야 한다. 예를 들어서, 동일한 금리의 대출이라면 담보대출보다는 신용대출이 저렴하다고 할 수 있는데, 이는 담보대출시에는 담보설정비용이나 담보조사수수료 등이 추가적으로 소요되어 대출관련 총비용을 감안한 실질금리는 담보대출이 신용대출보다 높기 때문이다.

나. 담보설정비용

부동산 등 담보대출을 받기 위하여는 해당 담보물건에 대하여 담보권을 설정하게 되는데, 이에 수반되는 비용이 바로 담보설정비용이다. 가장 일반적인 담보설정비용인 근저당권 설정비용을 기준으로 비용을 산정해 보면, 근저당권 설정비용은 대출금액이 아닌 채권최고액(대출금액의 120~130% 내외)을 기준으로 부담하게 되는데, 대략 대출금액의 1%~1.5% 정도가 소요된다.

다. 담보조사수수료

담보조사수수료는 금융기관이 담보부동산을 감정평가하기 위하여 소요된 비용을 부과하는 수수료이다. 공인감정평가기관의 감정평가서를 첨부하는 경우에는 별도의 담보조사수수료를 징수하지 않는다. 그러나 공인감정평가기관의 감정수수료가 금융기관의 담보조사수수료에 비하여 훨씬 더 비싸기 때문에 특별히 금융기관에서 요구하거나 필요한 경우가 아니라면, 금융기관의 자체 담보조사수수료를 부담하는 것이 비용을 절감할 수 있는 좋은 방법이다.

라. 신용조사수수료

대출의 취급과 관련하여 차주 및 보증인 등에 대하여 신용조사가 필요한 경우에는 금융기관에서 신용조사를 실시하고 이에 대한 별도의 신용조사수수료를 징구한다.

마. 화재보험료

금융기관에서 부동산 및 동산 담보대출을 취급함에 있어서 일정한 기준에 해당하는 대출의 경우에는 담보물에 대하여 화재보험에 가입하도록 하고 있는데, 이때 보험료를 채무자가 부담하게 된다. 화재보험의 부보가 모든 담보대출에 적용되는 것은 아니며, 주로 기업대출 중에서 일정금액 이상의 부동산 및 동산 담보대출에 한하여 적용된다.

바. 수입인지대금

금융기관에서 대출을 받기 위하여는 일정금액 이하의 대출을 제외하고는 대출금액에 따라서 인지세법(제 3조 1항)에서 정한 수입인지대를 부담하여야 한다.

〈표 2-4〉 대출약정금액별 수입인지 대금

대출 약정금액	인지금액
4 천만원 이하	면제(비과세)
4천만원 초과 ~ 5천만원 이하	40,000원
5천만원 초과 ~ 1억원 이하	70,000원
1억원 초과 ~ 10억원 이하	150,000원
10억원 초과	350,000원

4. 대출상품의 종류

대출은 차주(채무자)의 자격에 따라서 기업대출과 가계대출로 크게 나눌 수 있으며, 이는 다시 대출의 사용용도, 상환조건, 담보의 종류 등에 따라서 다양한 형태의 대출로 구분할 수 있다.

가. 채무자의 구분에 따른 분류

(1) 가계대출

1) 의의

가계대출이란 개인을 채무자로 한 가계자금 용도의 대출을 말한다. 가계대출의 경우에는 소요자금에 대한 대출비율과 담보물에 대한 대출비율 범위내에서 운용하되 동일인당 여신최고한도를 초과할 수 없도록 하고 있다. 자금용도에 따라서 크게 주택자금대출과 일반자금대출로 구분된다.

2) 종류

① 주택자금대출

주택자금대출이란 주택신축자금대출, 주택구입자금대출(중도금대출 포함), 주택증축(수선 · 개량)자금대출, 주택전세자금대출 등 주택의 취득이나 전세와 관련된 용도의 대출금을 의미한다.

② 일반자금대출

일반자금대출이란 가계생활안정자금대출, 학자금대출, 결혼자금대출, 전문직신용대출, 직장인신용대출, 여행자금대출, 기타 용도의 대출 등 주택자금대출 이외의 용도의 대출을 말한다.

〈표 2-5〉 주택자금대출 / 일반자금대출의 특징 비교

구분	주택자금대출	일반자금대출
자금용도	구입자금, 중도금납입자금, 신축자금, 증축・개축・수선자금, 전세자금 등	가계생활안정자금, 학자금, 결혼자금, 부채상환, 부업자금, 기타용도 등
담보구분	주로 담보 / 일부신용	주로 신용 / 일부 담보
대출기간	상대적 장기(1년 ~ 30년)	상대적 단기(1년 ~ 5년)

(2) 기업대출

1) 의의

기업대출은 개인사업자, 법인, 정부기관, 지방자치단체, 학교법인, 비영리단체 등을 채무자로 하는 기업자금, 공공 및 기타자금대출을 말한다. 기업자금이란 영리를 목적으로 하는 법인, 정부출자기업체, 정부투자기관, 개인사업자에 대한 대출을 말하며, 공공 및 기타자금이란 지방자치단체 등 공공기관과 학교법인 등 비영리단체에 대한 대출을 말한다.

2) 종류

기업대출은 자금용도에 따라서 크게 운전자금, 시설자금, 주택자금 등 세 가지로 분류할 수 있다.

① 운전자금대출

운전자금대출이란 기업의 영업 및 운영에 소요되는 자금으로서 원재료 구입, 임금지급, 생산 및 판매활동 등에 필요한 자금용도의 대출을 말한다. 일반적으로 운전자금대출은 1년이내 단기대출로 취급하면서 필요시 기한연장을 하게 된다.

② 시설자금대출

시설자금대출이란 공장이나 건물, 기계기구 등 기업의 고정설비의 취득이나 개・보수 등에 소요되는 자금과 이에 수반되는 자금용도의 대출을 말한다. 일반적으로 운전자금대출에 비하여 장기대출에 속한다.

③ 주택자금대출

가계의 주택자금대출과 달리 기업이 분양 또는 임대사업 목적의 주택을 건축

하기 위하여 소요되는 건축비와 이에 수반되는 운전자금용도의 대출을 말하는데, 운전자금과 건축자금이 모두 해당된다.

나. 대출 취급형식에 따른 분류

(1) 의의

대출은 그 취급형식에 따라 증서대출, 어음대출, 어음할인, 당좌대출, 지급보증, 사모사채인수, 유가증권대여 등의 방법이 있다. 가계대출은 통상 증서대출로 취급하고, 기업대출은 대출종류에 따라 다양한 형식으로 취급한다.

(2) 종류

1) 증서대출

대출취급시 대출실행의 증거 및 상환확보의 수단으로 여신거래약정서를 작성하는 형식의 대출을 말한다. 가계대출이나 기업운전자금대출, 기업시설자금대출 등 은행 대출의 대부분이 증서대출 형식이라고 할 수 있다.

2) 어음대출

대출취급시 대출실행의 증거 및 상환확보의 수단으로 여신거래약정서와 백지어음(금액 및 지급일을 백지로 한 약속어음)을 채무자에게 징구하는 형식의 대출을 말하며, 주로 기업대출에 이용되고 있다.

3) 어음할인

기업이 상거래에서 취득한 만기가 도래하지 않은 어음을 가지고 자금을 융통하기 위하여 소지한 어음에 대하여 은행에 어음할인을 신청하면 은행이 동 어음금액에서 만기일까지의 이자상당액을 차감한 후 할인된 금액으로 매입하여 주는 방식의 대출을 말한다. 만기에 어음이 결제되지 않거나 만기 전이라도 어음의 부도가능성이 있는 경우에는 채무자(할인의뢰인)가 할인한 가액을 상환하고 그 어음을 다시 사가기로 하는 조건으로 취급하게 된다.

4) 당좌대출

은행과 당좌거래약정을 체결하고 당좌예금을 거래하는 고객이 당좌예금 잔액을 초과하여 발행한 수표 또는 어음에 대하여 미리 은행과 약정한 일정한도까지는 은행이 대신 결제하여 주고, 채무자(거래처)는 그 결제금액에 약정이자를 더하여 변제하는 형식의 대출로서, 한도대출의 형태로 취급된다.

5) 지급보증

채무자인 기업이 제3자에게 현재 부담하고 있는 채무나 장래에 부담하게 될지도 모르는 채무에 대하여 은행이 지급 또는 이행보증을 하여주고 그에 대한 대가를 받는 형식의 대출을 말한다. 지급보증의 종류에는 융자담보지급보증, 상업어음보증, 사채발행지급보증, 계약이행보증, 납세보증, 입찰보증, 외화표시대내지급보증 등이 있다.

6) 사모사채인수

기업이 발행한 회사채를 공개모집방식 이외의 방식으로 총액을 인수하고 그 대가를 지급하는 형태의 여신을 말한다.

7) 유가증권대여

기업에게 은행이 보유하고 있는 국채, 공채 등의 유가증권을 대여하거나 물상보증을 하여 주고 그 대가로 대여료를 받는 형태의 여신을 말한다.

다. 대출금 상환방식에 따른 분류

(1) 의의

대출금의 상환방식은 크게 일시상환과 분할상환, 그리고 한도대출로 나누어 볼 수 있다. 일반적으로 가계대출이나 기업운전자금대출의 경우에는 일시상환방식이 많이 이용되고, 가계주택자금대출이나 기업의 시설자금대출, 기업의 주택건설자금 용도의 대출 등에는 분할상환방식이 많이 이용된다.

(2) 종류

1) 일시상환대출

일시상환대출이란 대출기간 만료 전까지는 이자만 납입하다가 대출기간 만료 시 원금을 한꺼번에 일시불로 상환하는 대출이다. 대출의 종류에 따라 1년 또는 6개월 단위로 기한연장이 가능하다.

2) 분할상환대출

분할상환대출이란 대출원금을 상환기간 동안 나누어 매월 이자와 함께 갚는 형식을 말한다. 분할상환대출에는 원금의 상환방법에 따라서 원금균등분할상환방식, 원리금균등분할상환방식, 체증식분할상환방식 등 다양한 분할상환방법이 있다.

원금균등분할상환이란 대출기간 동안 원금을 균등하게 나누어 상환하는 방식을 말하며, 원리금균등분할상환이란 대출기간 동안 원금과 이자를 계산하여 동 원리금을 균등하게 나누어 상환하는 방식으로 처음부터 만기까지 매월 납입하는 원리금이 동일하다. 체증식상환이란 시간이 경과함에 따라 상환액이 점차 증가하는 형태의 분할상환 방법을 말한다.

3) 한도대출

한도대출이란 미리 대출한도를 정해놓고 정해진 대출한도 범위내에서 자유롭게 입출금할 수 있는 대출방식이다. 가계대출의 마이너스 통장이나, 카드론, 그리고 기업의 당좌대출 등이 대표적인 한도대출에 속한다.

라. 담보에 따른 분류

(1) 의의

대출은 담보의 제공여부에 따라서 크게 담보대출과 신용대출로 구분할 수 있다. 법률상 담보는 크게 인적담보(보증인)와 물적담보로 나눌 수 있다. 엄격한 법률적 의미에서 보면 인적담보를 제공한 형태인 보증인을 입보하고 취급한 대출도 담보대출로 볼 수 있으나, 금융기관 실무에 있어서는 물적담보를 취득한 경우의 대출만을 담보대출로 분류하고 있다.

신용대출이란 채무자의 신용을 바탕으로 하여 취급하는 대출을 말하며, 담보대출이란 부동산, 채권, 주식, 예금, 동산, 자동차, 전세권이나 수익권 등의 권리, 기타 물적 담보물을 제공하고 받는 대출을 의미한다. 일반적으로 담보대출은 신용대출에 비하여 대출금리가 저렴하다고 할 수 있다.

(2) 종류

1) 신용대출

① 가계신용대출

가계신용대출이란 대출을 취급함에 있어서 채무자의 신용도를 바탕으로 취급하는 대출을 말한다. 개인신용평가시스템(CSS: credit scoring system)을 이용한 신용평가등급을 바탕으로 취급하는 CSS신용대출이 대표적인 형태라고 할 수 있다.

개인신용평가시스템에서는 개인의 신용도를 평가하기 위하여 개인 및 가족정보(연령, 결혼여부, 가족 수 등), 주거정보(소유현황, 거주기간, 거주형태 등), 직업정보(직업종류, 근무연수, 직장규모 등), 소득정보(연 소득규모, 배우자 소득규모 등), 재산정보(부동산 등 자산보유 내용, 재산세 납부실적 등), 금융기관 거래정보(연체, 채무금액 등), 기타 은행거래기여도(예금거래기여도, 수익기여도, 거래기간 등) 등을 이용하는데, 이 중에서 가장 큰 영향을 미치는 것은 채무금액 과다 여부와 연체 등 금융기관 거래정보이다.

이 밖에도 급여이체 거래자에 대한 소액신용대출이나, 전문직종에 대한 전문직 신용대출, 일정직위 이상의 공무원·군인·직장인 등을 대상으로 하는 직장인 신용대출 등이 있다.

② 기업신용대출

기업신용대출이란 대출을 취급함에 있어서 기업의 신용도와 채무상환능력을 바탕으로 취급하는 대출을 말한다. 기업의 신용여신 취급에 있어서도 개인과 마찬가지로 기업신용평가시스템(CRS: credit rating system)을 이용한 신용등급이 바탕이 된다. 기업신용평가시스템은 평가대상기업으로부터 관련서류를 제출받아 서류심사와 현장조사를 통하여 해당 기업의 재무위험, 채무상환능력, 비재무적 위험, 경영위험, 기업외환 리스크, 법적 위험 등을 종합적으로 고려하여 신용등급을 평가하는데, 평가한 신용등급의 유효기간은 통상 1년 이내로 한다.

2) 담보대출

① 부동산담보대출

부동산담보대출이란 금융기관 담보대출의 가장 일반적인 형태로서 아파트, 주택, 상가, 토지 등 부동산을 담보로 제공하고 받는 담보대출을 말한다. 금융기관에서 부동산담보대출을 취급함에 있어서 담보를 취득하는 방법은 근저당권을 설정하는 것이 일반적이다.

② 보증서담보대출

보증서담보대출이란 신용보증기금의 신용보증서나 주택금융신용보증서, 금융기관의 지급보증서, 또는 서울보증보험의 보증보험서 등을 담보로 하여 취급하는 담보대출이다. 보증서담보대출은 부동산담보대출과 달리 담보권설정비용을 부담하지는 않지만, 보증서를 발급하기 위하여 보증기관에 소정의 보증료 또는 보험료를 부담하여야 한다.

③ 예 · 적금담보대출

예 · 적금담보대출이란 고객이 금융기관에 예치하고 있는 정기예금 등 거치식 예금상품이나, 정기적금 등 적립식 예금을 담보로 하여 취급하는 담보대출이다. 예 · 적금의 예치금액 대비 대출한도(담보비율)는 금융기관에 따라서 다소 차이는 있으나, 일반적으로 예치된 예 · 적금의 90%~100%까지 대출이 가능하며, 대출금리는 담보된 수신금리와 연동하여 지급하는 수신금리에 1% 내외의 가산금리를 더하는 수준에서 결정된다. 금융기관에서 예 · 적금담보대출을 취급함에 있어서 담보를 취득하는 방법은 질권을 설정하는 것이 일반적이다.

④ 수익권 담보대출

수익권담보대출이란 고객이 금융기관에 가입한 신탁이나 투자신탁(펀드) 등의 수익권을 담보로 하여 취급하는 담보대출이다. 투자신탁의 수익권은 금융기관의 예・적금과는 차이가 있으므로 담보비율 및 대출금리에 있어서도 다르게 적용된다. 수익권담보대출에 적용되는 담보비율은 수익권의 종류에 따라서 다르며, 대출금리는 시장금리부(CD연동) 연동대출방식이 일반적이다. 금융기관에서 수익권담보대출을 취급함에 있어서 담보를 취득하는 방법은 질권을 설정하는 것이 일반적이다.

〈표 2-6〉 수익권종류에 따른 담보 인정비율

구 분	담보인정비율
주식형	최초원금 또는 평가금액의 50% 내외
혼합형	최초원금 또는 평가금액의 60% 내외
채권형	최초원금 또는 평가금액의 70% 내외

주: 담보인정비율은 금융기관별로 다소 차이가 있음.

⑤ 유가증권담보대출

거래소에 상장된 주식, 국공채, 지방채, 회사채 등을 담보로 하여 취급하는 대출이다. 유가증권담보대출의 경우 담보물에 대하여 시가평가를 적용하기 때문에 담보가치평가 및 담보물관리에 어려움이 많아서 가계대출로는 거의 취급하지 않으며, 일부 기업대출에 이용되고 있다. 금융기관에서 유가증권담보대출을 취급함에 있어서 담보를 취득하는 방법은 질권을 설정하는 것이 일반적이다.

⑥ 기타 담보대출

선박이나 항공기 등 동산이나, 자동차, 채권, 저당권, 전세권 등의 권리를 담보로 하는 담보대출도 취급이 가능하나, 평가 및 담보물 관리 등의 어려움으로 인하여 일부 금융기관에서만 제한적으로 취급하고 있다. 기타 담보대출 취급시 담보취득의 방법으로는 저당권이 가능한 담보물은 저당권을 설정하고, 질권설정이 가능한 담보물은 질권을 설정한다. 저당권이나 질권설정이 곤란한 경우에는 양도담보의 형태로 담보를 취득하게 된다.

제3절 보험 상품시장

1. 개요

가. 보험의 정의

보험이란 인간의 생명과 신체의 상해 또는 재산상의 손해 등 미래의 불확실한 사고에 대비하기 위하여 보험급부를 제공하는 자(보험회사)와 이를 이용하는 자(보험계약) 사이에 서로의 권리와 의무를 약정하는 금융상품을 말한다.

나. 보험의 종류

「보험계약법」상에서는 인(人)보험과 손해보험으로 분류한다. 인보험은 다시 생명보험과 상해보험으로 구분하고 있으며, 손해보험은 화재보험 · 운송보험 · 해상보험 · 책임보험 · 자동차보험 등 다섯 가지로 구분하고 있다.

한편, 「보험업법」상에서는 보험을 생명보험 · 손해보험 · 제3보험으로 분류하면서 제3보험에 상해 · 간병 · 질병보험을 포함시키고 있다. 제3보험은 생명보험과 손해보험이 공동으로 취급할 수 있는 생 · 손보 겸영영역(gray-sector)에 속한다.

다. 보험의 계약관계자

보험계약을 함에 있어서 다수의 계약관계자가 참여하게 되는데 계약관계자는 다시 계약당사자와 이해관계자, 그리고 보험보조자로 구분할 수 있다. 또한 보험의 계약당사자는 보험계약을 체결하는 계약의 주체로서 보험자와 보험계약자를 말한다.

1) 보험자

보험자란 보험사고가 발생할 경우 보험금을 지급할 책임을 지는 보험회사를 말한다.

2) 보험계약자

보험계약자는 자기의 이름으로 보험자와 계약을 체결하고, 계약이 성립되면 보험료 납입의무를 지는 자이다. 보험계약자의 자격에는 별도의 제한이 없으나 계약의 당사자이므로 민법상 행위능력이 있어야 한다. 따라서 미성년자, 한정치산자, 금치산자는 단독으로 계약을 체결할 수 없고 법정대리인의 동의나 대리로 계약을 체결할 수 있다.

3) 보험의 이해관계자

보험의 이해관계자란 계약의 당사자는 아니지만 보험계약과 관련하여 이해관계를 가지고 있는 자로서 피보험자와 보험수익자가 있다. 피보험자의 경우에는 생명보험과 손해보험이 서로 다른 의미를 가지고 있음에 유의해야 하며, 보험수익자는 손해보험에는 없고 생명보험에만 존재하는 개념이다.

① 피보험자

피보험자는 생명보험과 손해보험에서의 개념이 서로 다르다. 인(人)보험에 있어서는 그 사람의 생사가 보험대상이 되는 자를 말하며, 손해보험에 있어서는 피보험이익의 주체로서 손해보상청구권자를 말한다. 인(人)보험에서 피보험자는 보험의 목적이 되는 자연인으로서 자신의 생명 또는 신체가 보험에 붙여진 사람을 말하는데, 보험계약의 도덕적 위험을 방지하기 위하여 사망보험의 피보험자 자격에는 엄격한 제한이 있다. 만15세 미만의 자, 심신박약자나 심신상실자를 피보험자로 하는 사망보험계약은 무효로 하며, 타인의 생명에 관한 사망보험계약의 경우에는 반드시 피보험자의 서면에 의한 동의가 있어야 보험계약의 효력이 발생한다.

② 보험수익자

보험수익자는 인(人)보험에만 있는 개념으로서, 보험계약자로부터 보험금청구권을 지정받은 사람, 즉 보험금청구권을 가지고 있는 자를 말한다.

4) 보험보조자

보험보조자란 보험계약에서 보조적인 역할을 담당하는 자로서 보험모집인, 보험중개인, 보험대리점, 보험의 등을 말한다.

라. 보험계약의 일반 원칙

보험계약을 체결하기 위해서는 위험에 대한 특정과 이에 따른 보험료 및 보험금 산정이 중요한데, 이때 적용되는 보험계약의 일반원칙에는 대수의 법칙, 수지상등의 원칙, 급부 · 반대급부 균등의 원칙, 이득금지의 원칙이 있다.

(1) 대수의 법칙

대수의 법칙이란 측정대상의 숫자 또는 측정횟수가 많아질수록 실제의 결과가 예상된 결과에 가까워진다는 원칙이다. 대수의 법칙은 미래 손실발생에 대한 빈도 및 강도를 예측하기 위하여 사용되는데, 이를 통하여 위험발생율이 측정되고 위험이 수치화되므로 보험의 기술적 · 수리적 기초가 된다.

(2) 수지상등의 원칙

수지상등의 원칙이란 보험집단이 총 지급하는 보험금과 총 납입받는 보험료는 동일하여야 한다는 것을 말한다. 보험집단의 사고발생확률과 1회 사고의 예상손해액으로 지급보험금의 총액을 예측하고 그것에 상응하는 수입보험료를 징수함으로써 보험집단의 보험금총액과 보험료총액이 수지균형을 이루게 된다. 수지상등의 원칙은 거시적인 보험집단의 자족의 원칙으로서, 보험료와 보험금이 균형을 이루게 하는 보험경영의 원칙이라고 할 수 있다.

(3) 급부-반대급부 균등의 원칙

급부-반대급부 균등의 원칙이란 보험계약자가 납입하는 보험료는 적정한 것이어야 한다는 원칙으로, 사고확률이 높은 계약자는 많은 보험료를 부담하고 낮은 계약자는 적은 보험료를 부담하는 보험료 공평의 원칙이다. 수지상등의 원칙이 보험회사의 전체수지에 관한 원칙이라면, 급부-반대급부 균등의 원칙은 보험계약자의 개별수지에 관한 미시적인 원칙으로서, '렉시스(Lexis)의 원칙'이라고도 한다.

(4) 이득금지의 원칙

이득금지의 원칙이란 우연한 사고가 발생한 경우에 지급하는 손실의 보상은 경제적 손실의 범위내이며, 보험금은 보험금액을 한도로 한다는 원칙이다. 보험은 원상태를 회복하는 것으로 보험계약자는 지급보험금에서 이익을 얻는 것이 아니다. 특히 손해보험에서 이득금지의 원칙은 보험운영상의 기본원칙이다. 보험계약은 도박이나 복권과 같은 사행계약의 성격을 가지고 있다. 그러나 도박이나 복권은 이익을 얻는 경우도 있으나 보험은 사고발생시 경제적 손해액을 보상받는 의미로서 보험을 통하여 이익이 발생하지 않는다는 점에서 근본적인 차이가 있다.

마. 언더라이팅 업무

언더라이팅(underwriting)이란 보험회사가 위험을 선택하는 업무를 말하는데, 이는 보험회사가 역선택(adverse selection)을 방지하기 위한 보험회사의 필수적인 고유업무라고 할 수 있다. '역선택'이란 손해발생위험이 높은 종목이거나 또는 위험이 높은 사람일수록 보험가입을 원하는 것을 말하는데, 이러한 위험을 보험회사가 선택할 것인지 아니면 거절할 것인지를 심사하는 업무를 언더라이팅이라 한다.

2. 생명보험

가. 개요

생명보험이란 보험의 대상이 되는 사고가 사람의 생사에 관한 것으로서, 사람의 생사에 관한 사고로 인하여 초래되는 경제적 손실을 보전하기 위한 보험상품이라고 할 수 있다. 생명보험은 주보험의 보험사고를 기준으로 분류하여 보면 생존보험(피보험자가 일정한 보험기간 만료일까지 생존하고 있을 경우에 한하여 보험금

지급), 사망보험(피보험자가 사망한 때에 보험금 지급), 그리고 생사혼합보험(피보험자가 보험기간 중 사망시는 사망보험금을 지급하고, 만기까지 생존시는 만기보험금을 지급하는 형태로 생존보험+사망보험)으로 구분하여 볼 수 있다. 우리나라에서는 교육보험, 연금보험, 보장성보험을 제외한 보험은 생사혼합보험으로 분류하고 있다.

생명보험은 상부상조의 정신을 기본으로 하는 제도로서, 공평한 위험분담을 위하여 대수의 법칙을 기초로 한 생명표와 사망률에 의하여 보험료가 산출된다는 특징을 가지고 있으며, 보험료를 결정함에 있어서 수지상등의 원칙을 기본으로 하고 있다.

나. 생명보험의 보험료 산출요소

(1) 예정위험률

개인이 사망하거나 질병에 걸리는 등의 보험사고가 발생할 확률을 대수의 법칙에 의하여 측정한 확률을 말한다. 예정위험률이 높아지면 보험료도 높아지고, 예정위험률이 낮아지면 그 만큼 보험료도 낮아지게 된다.

(2) 예정이율

보험회사는 보험료를 납입받는 시점과 보험금을 지급하는 시점에 시간적 차이가 발생하게 되므로 보험사고에 대비하여 장래의 보험금 지급을 위한 보험료를 적립해 두는데 동 기간 동안 적립금을 운용할 수 있게 된다. 예정이율이란 이런 적립금의 운용에 따른 기대수익률을 말한다. 보험회사는 예정이율 만큼 보험료를 할인해 주게 되는데, 예정이율이 높아지면 보험료는 낮아지고, 예정이율이 낮아지면 그 만큼 보험료는 높아지게 된다.

(3) 예정사업비율

보험회사가 보험계약을 유지 · 관리해 나가기 위하여 소요되는 사업비용을 말하는 것으로, 운영경비에 대한 비율을 예정사업비율이라고 한다. 예정사업비율은 비용의 성격이므로 예정사업비율이 높아지면 보험료도 높아지고, 예정사업비율이 낮아지면 보험료도 그 만큼 낮아지게 된다.

(4) 보험급여

보험급여란 보험사고시 받게 되는 보험금을 말하는데, 보험금이 높으면 보험료도 높아지고, 보험금이 낮으면 보험료도 낮아지게 된다.

다. 보험료의 구성

생명보험의 영업보험료는 순보험료와 부가보험료로 구성되어 있다. 순보험료는 다시 위험보험료와 저축보험료로 구성되고 부가보험료는 신계약비 · 유지비 · 수금비로 구성된다.

(1) 영업보험료

보험계약자가 보험회사에 납입하여야 할 보험료를 말하며, 순보험료와 부가보험료의 합계액이 된다.

(2) 순보험료

순보험료는 장래에 보험회사에서 지급할 보험금의 지급재원이 되는 보험료로서 위험보험료와 저축보험료로 구성된다.

① 위험보험료: 예정위험률을 기초로 산출하며, 사망보험금, 장해급여금 등 보험 고유의 지급재원이 된다.
② 저축보험료: 예정이율을 기초로 산출하며, 만기보험금, 중도급부금 등의 지급재원이 된다.

(3) 부가보험료

부가보험료는 보험회사가 보험계약을 체결하고 유지 · 관리하는 데 필요한 경비를 위해 부과되는 보험료를 말하며, 해당 경비의 요소는 신계약비 · 유지비 · 수금비 등으로 구분된다.

① 신계약비: 신계약수당 지급, 증권발행비 등 신계약 체결에 필요한 경비를 말한다.

② 유지비: 계약체결 후 계약의 유지, 전산운영, 내근직원 급여 및 자산운용에 필요한 경비를 말한다.

③ 수금비: 보험료 수금에 필요한 경비를 말한다.

라. 생명보험의 종류

(1) 정기보험

정기보험이란 일정기간을 정하고 그 기간 중의 사망자에 대하여만 보험금을 지급하는 것으로서, 한정된 기간 동안 보장을 제공하는 생명보험이다. 통상 정기보험은 해약환급금이 없고 계약기간 만료시에 소멸되기 때문에 노후보장의 목적으로는 적합하지 않고 본인의 사망 후 가족의 생활보장 등을 목적으로 할 경우에 적합한 보험이라고 할 수 있다.

(2) 종신보험

종신보험은 보장기간이 종신인 사망보험의 대표적인 형태로서, 피보험자의 일생을 통하여 언제라도 피보험자가 사망하여야만 보험금이 지급되지만, 종신보험은 사망시기에 관계없이 보험금이 지급된다는 데 차이점이 있다.

종신보험 또한 피보험자 본인을 위한 보험이라기 보다는 피보험자의 사망 이후 피보험자의 가족이 처하게 될 경제적 곤궁을 대비하기 위한 보험상품이라고 할 수 있는데, 최근에는 종신보험에 여러 가지 특약사항을 추가함으로써 종합보장형 보험형태로 판매되고 있다. 종신보험은 보험료의 납입기간에 따라서 일생동안 보험료를 납입하는 방식과 일정기간만 정하여 보험료를 납입하는 방식, 그리고 보험료를 일시에 한꺼번에 납입하는 방식 등 세 가지 형태가 있다. 참고로 정기부종신보험이란 종신보험과 정기보험을 조합하여 사망부분에 대한 보장을 크게 하는 종신보험을 말한다.

(3) 연금보험

생명보험은 그 기본이 불의의 사고를 대비한 상품의 특징을 가지고 있지만, 연금보험은 생존하는 경우의 노후를 대비하는 생존보험의 대표적인 상품이다.

연금보험의 피보험자가 연금개시 전에 사망했을 경우에는 보험료 납입액에 상당하는 사망보험금을 상속인 등에게 지급하게 된다.

연금보험은 연금보험료 납입기간(제1보험기간)과 연금지급기간(제2보험기간)으로 구성된다. 피보험자 생존시 평생동안 지급되는 종신연금형과 연금지급기간을 확정하여 지급하는 확정연금형, 그리고 생존기간 중에는 적립금의 이자만을 지급하다가 사망 시 상속되는 상속연금형으로 나눌 수 있다.

(4) 양로보험

양로보험은 생존보험과 사망보험을 혼합한 생사혼합보험으로서 노후보장과 사망시 가족의 생활보장을 동시에 목적으로 하는 보험이다. 동일한 보험금과 동일한 보험기간을 가진 사망보험과 생존보험에 둘 다 가입한 것이라고 할 수 있다.

(5) 교육보험

교육보험은 유치원부터 대학원에 이르기까지 자녀의 교육자금을 종합적으로 보장하는 보험상품이다. 교육보험의 구조를 보면 자녀를 피보험자로 하는 생존보험과 부모를 피보험자로 하는 정기보험이 합쳐진 형태로서, 부모 생존시에는 각종 학자금의 형태로 교육자금이 지원되고, 부모 사망시에는 교육자금 및 양육자금이 지원되는 특징을 가지고 있다. 최근에는 기존의 교육보험 기능에다 어린이 범죄피해(예: 유괴 · 납치 등)에 의한 질환과 특정상병, 골절 및 화상에 대한 보장성 기능을 결합한 어린이 종합보험상품이 판매되고 있다.

(6) 저축보험

저축보험은 보장이 아니라 저축을 주된 목적으로 하면서 일정부분 재해사망보험을 조합한 형태의 보험이다. 만기시에 만기보험금이 지급되며, 보험기간 중 불의의 사고나 재해로 인한 사망시에는 사망보험금이 지급된다.

(7) 변액보험

변액보험은 2001년 국내에 도입된 보험제도로서 전통적인 생명보험의 기능과 투자기능을 결합한 형태의 보험이다. 변액보험은 보험계약자가 납입한 보험료 중에서 사업비와 위험보험료를 제외한 적립보험료를 특별계정으로 따로 분리하여 주식이나 채권 등에 투자한 뒤, 그 운용실적을 계약자에게 분배하는 실적배당형 보험상품이다.

변액보험의 사망보험금은 기본보험금과 투자실적에 따라 증감되는 변동보험금으로 구성되며, 그 종류에는 변액연금보험, 변액종신보험, 변액양로보험 등이 있다. 또한 특별계정에 편입된 자산의 운용형태에 따라서 채권으로만 운용하는 채권형과 주식과 채권에 분산투자하는 혼합형, 주식형, 해외투자형 등이 있다.

변액보험은 일반보험과 달리 투자상품의 성격을 가지고 있으므로 고수익을 기대할수도 있지만 경우에 따라서는 투자원금의 손실이 발생할 수도 있다. 하지만 일반적인 펀드(fund)와 달리 일정조건 충족시 최저사망보험금 보장기능(GMDB; guaranteed minimum death benefit)과 최저연금적립금 보장기능(GMAB; guaranteed minimum accumulation benefit)을 가지고 있다. 최저사망보험금 보장기능(GMDB)이란 사망보험금이 이미 납입한 보험료보다 적은 경우 이미 납입한 보험료의 100%를 보장하는 기능을 말한다. 최저연금적립금 보장기능(GMAB)이란 제1보험기간(적립기간)이 끝나고 연금 개시시점의 적립금은 운용실적에 관계없이 기납입 보험료의 100%를 보장하는 것을 의미하는데, 특별계정의 운용실적에 따라서 연금개시적립금과 기납입 보험료의 100% 중 큰 금액을 보장한다.

(8) 변액유니버셜보험

변액유니버셜보험은 변액보험의 특징과 유니버셜보험의 유연성을 결합한 형태의 보험이다. 변액보험의 특징처럼 보험료의 일부가 특별계정으로 분리되어 주식이나 채권 등으로 운용되는 실적배당형 보험상품이다. 고객의 사정에 따라서 보험가입금액 및 기본보험료의 증액 및 감액이 가능하고, 일정기간 보험료를 납입한 이후에는 자유롭게 보험료를 납입할 수 있으며, 일정조건 범위 내에서 중도인출이 가능하다는 유니버셜보험의 특징도 가지고 있다.

3. 손해보험

가. 개요

손해보험이란 특정한 우연적 사고에 관련하는 경제상의 불안정을 제거・경감하기 위하여 도입된 제도로서, 위험이나 재난 등에 대비한 상부상조제도라고 할 수 있다.

손해보험은 인간의 신체에 대하여 발생한 손해뿐만 아니라, 사고나 재난으로 인한 재산상의 손실, 그리고 그로 인하여 타인에게 부담하여야 할 배상책임의 손해까지 보상하는 광범위한 보험제도이다. 손해보험은 보험사고 발생시 일정액을 보상하는 정액보험과, 손해액을 사정(査定)하여 보상하는 부정액보험으로 나누어진다.

손해보험에도 생명보험과 마찬가지로 보험의 일반원칙이 적용된다. 생명보험에서는 사람의 가치를 정확하게 산정한다는 것이 어렵기 때문에 이득금지의 원칙을 정확하게 적용하기에 어려움이 있으나, 손해보험에서는 이득금지의 원칙을 엄격하게 적용한다.

나. 보험금액에 따른 보험의 종류

보험가액이란 손해보험 중에서 물건을 보험의 목적으로 하는 보험계약의 경우에는 피보험 이익을 금전으로 환산하여 평가한 금액을 말하며, 보험금액이란 보험계약 체결시 계약당사자간에 정한 최고의 보상한도를 말한다. 손해보험은 보험가액과 보험금액의 크기에 따라서 전부보험, 초과보험, 일부보험으로 나누어진다.

(1) 전부보험

보험금액과 보험가액이 일치하는 보험계약을 말한다. 이 경우 보험사고 발생시의 손실금액과 계약가입금액이 일치하므로 보험회사는 계약된 보험금액 범위내에서 손실을 보상하면 된다.

(2) 초과보험

보험금액이 보험가액을 초과하는 보험계약을 말한다. 보험기간 중의 보험목적물의 가격변동으로 발생할 수도 있고, 피보험자의 사기적 고의로 발생할 수도 있다. 피보험자의 사기적 고의 등의 사유로 발생된 초과보험은 해당 계약 전부를 무효로 한다.

(3) 일부보험

보험금액이 보험가액보다 작은 보험계약을 말한다. 보험기간 중의 보험목적물의 가격변동으로 발생할 수도 있고, 보험료 절약 등을 위한 계약자 고의에 의해 발생할 수도 있다.

다. 손해보험의 종류

(1) 화재보험

화재보험이란 화재로 인한 손해를 보상하는 보험상품이다. 화재보험은 대상물건에 따라서 주택화재보험과 일반화재보험으로 구분되며, 화재보험에서 보상하는 손해는 재산손해와 비용손해로 구분된다. 재산손해는 다시 화재에 따른 직접손해와 소방손해, 피난손해로 구분할 수 있으며, 비용손해는 잔존물 제거비용, 손해방지비용, 대위권 보존비용, 기타 협력비용으로 나누어진다.

화재보험에 가입하였다고 하더라도 모든 화재로 인한 손해를 보상하는 것은 아니다. 파열 · 폭발로 인한 손해나 화재시의 도난 · 분실 손해 등은 보상하지 않으며, 피보험자 또는 계약자의 고의 또는 중과실이 있거나, 피보험자가 보험금을 받도록 하기 위하여 친족이나 고용인이 고의로 일으킨 손해는 보상하지 않는다.

화재보험의 목적물 중에서 보험증권에 기재를 하여야만 담보를 받을 수 있는 것을 명기물건이라고 한다. 명기물건은 통화 · 유가증권 · 귀금속 · 귀중품 · 글 · 그림 · 골동품 · 증서 · 장부 · 소프트웨어 · 원고 등과 같이 도덕적 위태의 우려가 있거나, 객관적으로 가치를 산정하기 어려워 손해사정상 분쟁의 우려가 있는 것을 주 대상으로 하고 있다.

(2) 자동차보험

1) 의의

자동차보험은 자동차를 소유·사용·관리하는 자가 그 자동차를 소유·사용·관리하는 과정에서 발생한 배상책임손해, 자기신체상해, 자기차량손해 등을 보상하는 보험을 말한다. 자동차보험은 저축 보험료가 없고 만기 시 보험료가 소멸되는 소멸성 보험에 속한다.

자동차사고는 크게 인사사고와 재물사고로 나누어지는데, 인사사고란 사고로 인하여 사람이 사망하거나 다친 사고로서 자손사고와 대인사고로 나누어진다. 재물사고는 사고로 인하여 재물이 손상되는 사고로서 자차(자기차량)사고, 대물사고 및 자기재물사고(자기차량 이외 자기재물의 손상)로 나누어진다.

자동차보험에서 보장하는 배상책임손해란 자동차사고로 인하여 타인을 사망케 하거나 다치게 하여 피보험자가 법률상 손해배상책임을 지게 됨으로써 발생한 손해와 사고로 인하여 타인의 재물을 손괴 또는 오손케 하여 피보험자가 법률상 손해배상책임을 지게 됨으로써 발생한 손해를 말한다. 그리고 자기신체상해란 차량의 주인과 운전자 및 그 가족이 피보험자동차의 사고로 다치거나 사망하는 경우의 손해를 말하며, 자기 차량손해란 피보험자가 자동차를 소유·사용·관리하는 동안에 자동차가 파손되거나 도난당하여 입은 손해를 말한다. 자동차 보험에서 담보하고 있는 주요 항목은 다음과 같다.

2) 종류

① 대인배상 I

대인배상 I은 강제보험으로서 자동차손해배상보장법에 의하여 의무적으로 가입해야하는 담보항목으로서 보험계약자 임의로 해지할 수 없으며 '책임보험'이라고도 한다. 대인배상 I은 피보험자가 피보험자동차의 대인사고로 인하여 제3자에게 법률상 손해배상책임을 짐으로써 입은 손해를 보상하는 담보항목인데, 가해자의 고의로 인한 사고의 경우에도 피해자가 보상을 받을 수 있도록 하고 있으므로 무면책보험이다. 사고에 대하여 피해자 1인당 보상한도는 금액제한이 있으나, 1사고당 보상한도는 제한이 없다.

② 대인배상 II

대인배상 II는 임의보험으로서 피보험자가 피보험자동차의 대인사고로 인하여 제 3자에게 법률상 손해배상책임을 짐으로써 입은 손해에 대하여 대인배상 I을 초과하는 손해를 보상하는 담보항목이다. 대인배상 II에는 피해자 1인당 보상액을 정한 유한보험과 무한보험이 있는데, 1사고 당 보상한도는 제한이 없다.

③ 대물보상

피보험자가 피보험자동차의 대물사고로 인하여 제3자에게 법률상 손해배상책임을 짐으로써 입은 손해를 보상하는 배상책임보험의 일종이다. 사고 당 1천만원까지는 의무적으로 가입하여야 하며, 그 이상의 금액으로 정하여 가입하는 것도 가능하다.

④ 자기신체사고

피보험자가 피보험자동차의 사고로 인하여 입은 손해를 보상하는 항목으로서, 피보험자 1인당 한도는 있으나 1사고 당 한도는 없다. 이 항목은 대인배상 II에 의하여 보상받을 수 없는 기명피보험자, 친족피보험자, 허락피보험자, 기명피보험자의 사용자, 운전자, 이들의 부모, 배우자 및 자녀, 피보험자의 피용자로서 산재법상 재해보싱을 받을 수 있는 사람 등을 포함한다.

⑤ 자기차량손해

피보험자동차를 소유 · 사용 · 관리하는 동안에 충돌, 접촉, 추락, 침수, 화재, 폭발, 낙뢰, 떨어지는 물체 또는 날아온 물체에 의한 손해, 풍력 등에 의하여 차체에 생긴 손해나 전부의 도난(일부 부분품, 부속기계장치만의 도난은 제외) 등에 의한 손해를 보상하는 담보항목으로서, 보험가액 범위내에서 일부 또는 전부금액을 가입할 수 있다.

⑥ 무보험자동차상해

피보험자가 무보험자동차에 의하여 입은 손해를 보상하는 담보항목으로서 피보험자 1인당 2억원이며, 1사고 당 보상한도는 제한이 없다.

⑦ 운전자보험

운전자보험은 사고로 인한 운전자의 생계비보장, 벌금, 방어비용, 변호사비용

등을 담보하는 항목을 말한다.

(3) 해상보험

해상보험은 해상사업에서 수반되는 손해를 보상하는 보험상품으로서, 해상위험뿐만 아니라 해륙혼합위험으로 인한 손해도 포함한다. 해상보험의 종류로는 선박의 선체나 기관·의장품 등을 포함하는 선박 자체의 손해를 보험의 목적으로 하는 선박보험, 해상운송과 관련하여 본선 또는 부속선의 침몰·좌초·화재·폭발로 인한 손해와 물체와의 충돌·접촉으로 인한 손해, 그리고 선적·하역·환적 중의 손해를 담보하는 적하보험(선화보험), 항공기의 비행 중 위험이나 이착륙시의 활주위험, 지상에 머무르는 동안의 제반위험을 담보하는 항공보험, 선주 및 선박을 임대하여 운송업을 하는 용선자들이 가입하는 운임보험, 선주의 법률상 배상책임을 보상하는 선주책임상호보험 등이 있다.

해상보험은 국제성이 강한 보험이며, 해상보험에 가입하는 선박과 화물은 보험가액이 매우 거대하므로 해외 재보험에 대한 의존성이 높다.

(4) 운송보험

육상운송에 관한 사고로 발생하는 손해를 보상하는 보험으로서, 운송보험의 목적물은 운송물에 한한다. 여객의 경우에는 운송의 목적은 될 수 있으나, 물건이 아니므로 운송보험의 목적은 될 수 없다. 운송보험의 운송 중 사고로 인하여 발생하는 운송물의 멸실·훼손뿐만 아니라, 운송 중에 발생한 화재·수해·도난 등도 포함되는 의미이나, 개별 약관에 의하여 일부를 제한하는 경우도 있다.

(5) 장기손해보험

손해보험에 있어서 보험기간이 1년 이내인 것을 일반손해보험으로 분류하고 보험기간이 3년 이상인 것을 장기손해보험이라고 한다. 장기손해보험은 일반손해보험의 보장기능과 만기시 만기환급금을 지급하는 형태의 저축보험의 기능을 혼합한 형태이다. 장기손해보험에는 보험기간이 3년 이상인 화재보험, 상해보험, 운전자보험, 질병보험, 간병보험 등이 있다.

(6) 보증보험

보증보험이란 경제활동을 하는 데 있어서 발생하는 채권 · 채무관계에 있어서 채무자의 채무불이행에 대하여 보상하는 보험으로서 보험의 형식을 빌린 보증 또는 담보제도라고 할 수 있다.

(7) 배상책임보험

배상책임보험은 피보험자가 우연한 사고로 인하여 타인의 신체를 사상케 하거나, 손해를 입힘으로써 법률상의 손해배상책임을 부담하게 되어 발생하는 손해를 보상하는 보험이다. 배상책임보험의 종류에는 영업배상책임보험, 선주배상책임보험, 도로운송업자배상책임보험, 가스사고배상책임보험, 체육시설업자배상책임보험, 임원배상책임보험, 소화물일관수송업자배상책임보험, 의사 및 병원배상책임보험, 생산물배상책임보험 등이 있다. 넓은 의미에서 보자면 자동차보험도 배상책임보험의 범위에 속한다고 할 수 있다.

(8) 여행보험

여행보험이란 국내 및 해외여행과 관련하여 여행 도중에 발생하는 상해사고 및 질병, 배상책임 등에 대하여 보장하는 손해보험을 말한다. 여행보험은 일(日) 단위로 하여 출발일부터 도착일까지 구간보험기간에 발생한 사고에 대하여 보장한다는 특징을 가지고 있다.

(9) 기타 손해보험

기타 손해보험의 종류로서 재물의 멸실 · 파손 · 오손을 보상하는 재물보험, 보험목적물의 도난을 보상하는 도난보험, 사육 중인 동물의 질병 · 부상 등을 보장하는 동물보험 등 다양한 종류의 손해보험이 개발 · 판매되고 있다.

4. 제3보험

가. 제3보험의 정의

제3보험이란 사람의 상해 또는 질병으로 인해 발생할 수 있는 치료비와 소득 상실에 대하여 보상하는 보험을 말한다. 일반적으로 상해보험이라고도 하며, 생명보험과 손해보험이 공동으로 취급할 수 있는 생·손보 겸영영역(gray-sector)에 속한다.

나. 제3보험의 종류

(1) 상해보험

상해보험은 사람의 신체를 대상으로 하는 보험으로서 피보험자가 급격하고도 우연한 외래의 사고에 의하여 상해를 입고, 그 직접적인 결과로서 신체적 기능이 멸실되거나 감소되어 의사의 치료를 필요로 한 때, 또는 이로 인하여 후유장애가 발생하거나, 사망한 때 일정한 보험금을 지급하는 보험이다.

상해보험은 사람의 신체를 보험의 대상으로 하기 때문에 보험가액을 확정할 수 없으며, 보험회사가 가해자에 대하여 손해배상청구권을 대위 취득할 수 없다는 점이 일반 손해보험과의 차이점이다. 또한 급격하고 우연한 외래의 사고를 담보로 하며, 보험사고의 발생시기 뿐만 아니라 발생여부도 불확실하다는 점에서 생명보험과도 차이점이 있다. 상해보험의 종류로서 일반상해보험, 교통상해보험, 단체상해보험, 여행상해보험 등이 있다.

(2) 질병보험

질병보험은 질병의 발생으로 인하여 발생할 수 있는 진단비, 입원비, 요양비, 수술비 등 치료비용과 질병으로 인하여 소득을 상실할 경우 이에 대한 생활자금 등의 재무적 손실을 담보하기 위한 보험이다. 질병보험은 질병으로 인한 사망 또는 질병이 발생한 경우 약정보험금을 지급하는 정액보험, 질병의 정도에 따라 일정한 보험금액을 지급하는 실손형 정액보험, 그리고 질병의 치료로 인하여 손해되는 손해와 비용을 지급하는 실손보험으로 구분할 수 있다.

질병보험은 보험의 목적이 사람의 신체인 점에서는 상해보험과 같으나, 보험사고가 상해보험에서와 같이 급격하고도 우연한 외래의 사고가 아니라 내적인 질병이 보험사고가 된다는 점에서 다르다고 할 수 있다.

질병보험의 종류로서는 암보험, 특정질병보험, 중대질병보험 등이 있다.

(3) 간병보험

간병보험은 신경계통의 기능, 정신 또는 신체의 현저한 장애로 인하여 타인의 간병이 필요한 경우 이를 보험사고로 보아 보험금을 지급하는 형태로서, 장기간병으로 인한 본인 및 가족의 육체적 · 정신적 · 경제적 고통을 보상하는 보험이다.

제3장 자본시장

Chapter 03 자본시장

제1절 개 요

자본시장(capital market)이란 기업, 정부, 지방자치단체, 공공기관 등이 장기자금을 조달하는 시장으로 넓은 의미에서는 은행의 시설자금대출 등 장기대출시장을 포함하기도 하나 통상적으로는 국채, 회사채, 주식 등 중장기 증권이 발행・유통되는 증권시장(securities market)을 의미한다.

자본시장은 다음과 같이 여러 가지 기능을 수행하고 있다. 첫째, 가계 등의 여유자금을 기업 등에 장기투자재원으로 공급함으로써 국민경제의 자금잉여부문과 자금부족부문의 자금수급 불균형을 조절하는 것이다.

둘째, 자금의 배분이 효율적으로 이루어지도록 한다. 미래 수익성이 높고 성장성이 기대되는 기업으로 자본이 집중되도록 하여 이들 기업이 다른 기업보다 낮은 비용으로 필요한 자금을 조달하고 생산능력을 확충할 수 있게 한다. 이에 따라 국민경제는 이들 기업을 중심으로 생산효율이 극대화되고 산업구조의 고도화가 촉진되면서 경제전체의 부(wealth)도 늘어난다.

셋째, 다양한 투자수단을 제공한다. 투자자의 입장에서 주식, 채권 등은 유용한 투자수단이 되며 자본시장 발달과 함께 증권의 종류가 다양화・고도화되면서 투자자는 더욱 다양한 포트폴리오를 구성할 수 있는 기회를 갖게 된다. 자본시장에서 거래되는 금융자산은 금리변동에 따른 자본손실위험 및 신용위험이 비교적 커서 이들 자산의 수익률이 단기금융상품에 비해 높은 것이 일반적이다. 최근 경제주체들의 금리 민감도가 높아진 가운데 위험선호도가 높은 투자자를 중심으로 주식과 채권에 대한 수요가 확대되고 있으며 전체 금융자산 중 이들 장기금융자산의 비중도 높아지는 추세에 있다.

마지막으로, 자본시장은 중앙은행의 통화정책이 실물경제에 영향을 미치는 매개기능을 수행한다. 중앙은행이 정책금리를 변경하면 여러 경로를 통해 자본시장의 장기수익률에 영향을 미치고 기업의 자본조달비용을 변동시킴으로써 궁극적으로 기업의 투자결정에 영향을 미친다. 동시에 채권 및 주식의 자산가치 변동으로 인한 부의 효과(wealth effect)를 통해 가계소비에도 영향을 미치게 된다.

우리나라의 자본시장은 양적·질적으로 비약적인 발전을 이루어 온 가운데 자본시장 육성정책이 주식시장 위주로 이루어짐에 따라 채권시장의 발전이 상대적으로 지체되었다. 채권시장의 경우 1997년 외환위기 이후 정부가 기업구조조정 등을 위한 재정자금 조달을 원활하게 하기 위해 관련 제도를 도입하고 하부구조를 개선하면서 국채시장을 중심으로 발전하게 되었다. 국채발행 원활화와 시장조성을 위해 국채전문딜러제도(1999년 7월), 국채통합발행제도(2000년 5월), 국고채 원금·이자분리제도(STRIPS)(2006년 3월), 국고채선매출제도(2014년 12월), 국고채 발행일전거래제도(2015년 12월)가 도입되었으며 양곡관리기금채권의 국고채권으로의 통합(2000년 1월), 외국환평형기금채권의 국고채권으로의 통합(20003년 11월), 국고채 ETF 허용(2009년 4월), 국채교환제도 시행(2009년 5월) 등 국채시장의 유동성을 높이기 위한 제도도 함께 도입되었다. 또한 재정자금의 안정적 조달과 장기투자수요의 충족을 위해 국고채 최장 발행만기를 10년(2000년 10월), 20년(2006년 1월), 30년(2012년 9월) 및 50년(2016년 9월)으로 순차적으로 늘리는 등 국채만기 장기화를 꾸준히 추진하는 한편 물가연동채(TIPS)(2007년 3월)를 도입하는 등 국채 종류를 다양화하였다. 이와 함께 「자산유동화에 관한 법률」(1998년 9월) 제정, 채권시가평가제도 전면시행(2000년 7월), 담보부 자금대차방식으로 이루어지던 대금융기관 RP거래의 채권매매방식으로의 변경(2006년 4월), 채권장외거래 호가집중제도 도입(2007년 11월), 회사채 발행시 수요예측제도 실시(2012년 4월) 등 채권시장 전반의 활성화와 효율성을 높이기 위한 각종 제도개선 노력이 지속되어 왔다.

한편 우리나라의 주식시장은 1960년대 「증권거래법」의 제정(1962년 1월) 등으로 법률적 토대가 마련된 후 기업공개추진을 위한 각종 제도의 도입 및 정비가 계속 이루어지면서 시장이 꾸준히 발전하고 있다. 먼저 우량법인에 대한 기업공개 및 상장요건이 완화(1983년 7월)된 데이어 「상법」개정(1984년 4월)으로 수권자본의 증액한도가 납입자본의 2배에서 4배로 확대되었다. 시장안정 및 수요기반 확충 등을 위해 기업공개 전 대주주 지분변동 금지 및 기업공개에 대한 실질심사제 도입(1990년 2월), 납입자본금과 자기자본 요건 등 기업공개요건 강화(1991년 8월)가 이루어졌다. 2000년 들어서는 거래소 및 코스닥시장에서 거래되지 않은 주식을 대상으로 한 장외주식호가중개시장(2000년 3월), 거래소와 코스닥시장에서 거래되는 250개 종목을 대상으로 정규시장 종료 후에도 거래가 가능하도록 하는 전자장외증권중개시장(2001년 12월)을 각각 개설하였다. 이후 양 시장 모두 거래부진이 계속되면서 전자장외증권중개시장을 폐쇄(2005년 5월)하였으며 장외주식호가중개시장의 경우 일부 제도를 개선하고 명칭도 프리보드로 변경(2005년 7월)하였다. 프리보드는 설립초기 중소기업의 상장을 위한 코넥스시장이 개설(2013년 7월)되면서 시장운영방식 개선과 함께 K-OTC시장(2014년 8월)으로 다시 변경되었다.

한편 우리나라 자본시장의 대외개방은 1993년 6월 발표된 제3단계 금융자율화 및 시장개방계획과 1996년 9월 OECD 가입시 제시된 자본자유화계획을 통해 체계적으로 추진되었나. 주식투자에 대해서는 개별종목 발행주식 총수의 10%(1인당으로는 3%) 내에서 외국인 직접투자가 허용(1992년 1월)된 후 단계적으로 확대되었다. 외환위기 직후인 1997년 12월 그 한도가 55%(1인당으로는 50%)까지 크게 확대되었다. 이어 1998년 5월에는 공공법인을 제외하고는 상장주식 투자한도가 완전히 폐지(공공법인의 주식에 대해서는 외국인의 전체 투자한도를 30%, 1인당 한도를 3%로 제한)되었으며 그해 7월에는 증권거래소 및 코스닥시장에 상장되지 않은 주식에 대해 외국인의 투자를 자유화하였다. 이에 따라 유가증권시장 상장주식 시가총액에서 차지하는 외국인의 보유비중은 1992년말 4.9%에서 2005년말에는 39.7%로 크게 상승하였다. 그러다가 글로벌 금융위기에 따른 디레버리징(deleveraging)의 영향 등으로 외국인 보유비중이 2008년말 28.7%까지 감소하였으나 이후 국내경기의 빠른 회복, 글로벌 금융시장 안정 등으로 2014년 7월말에는 35.9%까지 상승하였다. 이후 외국인 보유 비중은 35% 내외 수준에서 등락하고 있으며 2016년 6월말 현재 33.0%를 기록하였다.

채권시장의 경우 국내외 금리격차와 국내 채권수요기반 등을 고려하여 주식시장에 비해 개방이 늦춰져 1997년에 들어서야 모든 상장채권에 대한 외국인의 투자한도 규제가 완전히 폐지되었다. 채권시장의 전면 개방에도 불구하고 외국인의 국내채권투자는 한동안 부진을 지속하였다가 2007년 하반기 이후 미 서브프라임 모기지 부실확대 등의 영향으로 통화스왑금리가 하락하는 등 재정거래 유인이 증대되자 외국인의 국내채권투자가 점차 확대되었다. 이후 외국인의 채권투자는 주요국 중앙은행의 양적완화에 따른 풍부한 글로벌 유동성, 우리나라의 신용등급 상승과 같은 국내자산의 대외신인도 제고 등을 배경으로 증가하여 2016년 6월말 현재 외국인의 국내채권 보유비중은 5.6%를 기록하였다.

우리나라의 자본시장 규모는 2016년 6월말 현재 2,997조원으로 1990년말(114조원)에 비해 약 26배 정도 확대되었으며 채권시장이 1,539조원으로 51.3%, 주식시장이 1,458조원으로 48.7%를 각각 차지하고 있다. 채권시장의 경우 경기진작을 위한 재정지출 확대, 특수은행들의 대출재원 조달 및 신종자본증권 발행 등으로 국채 및 금융채 비중이 증가한 반면 특수채 및 회사채 비중은 줄어들었다. 한편 주식시장의 경우 유가증권시장 비중이 2016년 6월말 현재 85.7%로 대부분을 차지한다.

〈표 3-1〉 자본시장 규모[1]

(단위: 조원, %)

	1990		2000		2010		2015		2016.6	
채 권[2)]	35.0	[100.0]	423.6	[100.0]	1,112.9	[100.0]	1,493.0	[100.0]	1,539.0	[100.0]
국 채	3.1	[8.9]	73.3	[17.3]	362.6	[32.6]	566.2	[37.9]	601.6	[39.1]
지 방 채	1.1	[3.0]	9.8	[2.3]	15.8	[1.4]	21.3	[1.4]	21.4	[1.4]
금 융 채	6.6	[18.9]	49.1	[11.6]	217.3	[19.5]	313.9	[21.0]	323.7	[21.0]
통화안정증권	0	[0.0]	66.4	[15.7]	122.4	[11.0]	123.6	[8.3]	127.8	[8.3]
특 수 채	2.1	[6.1]	97.2	[22.9]	204.2	[18.3]	243.0	[16.3]	237.7	[15.4]
회 사 채	22.1	[63.0]	127.9	[30.2]	190.6	[17.1]	225.1	[15.1]	226.9	[14.7]
주 식[3)]	79.0	[100.0]	215.2	[100.0]	1,239.9	[100.0]	1,444.5	[100.0]	1,458.3	[100.0]
유 가 증 권	79.0	[100.0]	186.2	[86.5]	1,141.9	[92.1]	1,242.9	[86.0]	1,250.2	[85.7]
코 스 닥	-	-	29.0	[13.5]	98.0	[7.9]	201.6	[14.0]	208.1	[14.3]
합 계	114.0	-	638.8	-	2,352.7	-	2,937.5	-	2,997.3	-

주: 1) 기말 기준, ( )내는 각각 채권 및 주식 세부항목별 구성비
2) 예탁채권 기준(단 1년물 이하 통화안정증권 및 재정증권은 제외)
3) 유가증권시장 및 코스닥시장 상장주식의 시가총액
자료: 한국예탁결제원, 코스콤

제2절 채권시장

1. 의의

채권이란 일반적으로 정부, 공공기관, 민간기업 등이 비교적 장기로 불특정 다수로부터 거액의 자금을 조달하기 위하여 정해진 이자와 원금의 지급을 약속하면서 발행하는 증권을 말한다. 채권은 매 기간 투자자에게 일정 금액의 이자가 지급된다는 점에서 고정소득증권(fixed-income securities)으로 불린다. 그러나 채권은 만기 전에 매각할 경우 가격변동에 따라 자본이득(capital gain) 또는 손실(loss)이 발생할 뿐만 아니라 발행자가 부도를 내면 원리금 회수가 곤란해지기 때문에 투자시점에서 수익이 확정되는 것은 아니다.

채권의 발행 주체 및 한도는 관련 법률에 의하여 정해진다. 국채의 경우 국회의 동의, 회사채 등은 금융위원회에 증권신고서 제출 등의 절차를 거쳐서 발행된다.

시장은 발행시장(또는 1차시장, primary market)과 유통시장(또는 2차시장, secondary market)으로 나뉜다. 발행시장은 채권이 자금 수요자에 의해 최초로 발행되는 시장이며 유통시장은 이미 발행된 채권이 투자자들 사이에서 매매되는 시장이다. 채권 투자자는 채권을 발행시장에서 인수하거나 유통시장에서 매입할 수 있으며 이자소득 외에 가격변동에 따른 자본이득(capital gain)을 기대할 수 있기 때문에 채권은 자산 포트폴리오를 구성하는 중요한 투자 수단이 된다.

한편 채권의 가격은 수익률로서 나타내며 이는 경제, 물가 등 경제의 기초여건, 발행자의 신용상태, 수급여건, 채권시장 하부구조(market infrastructure)의 효율성 등에 의해 결정된다.

참고 채권의 발행만기와 듀레이션

듀레이션(duration)이란 채권에서 발생하는 현금흐름의 가중평균만기이다. 듀레이션은 채권의 현금흐름 발생기간(t)에 각 시점 현금흐름(CF_t)의 현재가치(PV)가 채권가격에서 차지하는 비중을 가중치로 곱하여 산출하는데 이는 채권투자액의 현재가치 1원이 회수되는데 걸리는 평균회수기간을 의미한다. 채권의 발행만기는 최종 현금지급시점을 나타내는데 비해 듀레이션은 만기 이전에 발생하는 모든 현금흐름을 감안한 평균회수기간이기 때문에 만기 이전에 현금흐름이 발생하는 이표채권의 듀레이션은 항상 채권의 발행만기보다 짧다.

$$듀레이션 = \sum \frac{기간별\ 현금흐름의\ 가치}{채권\ 가격} \cdot (기간)$$

$$= \frac{\sum_{t=1}^{n} CF_t/(1+r)^t \cdot t}{\sum_{t=1}^{n} CF_t/(1+r)^t} = \frac{\sum_{t=1}^{n} PV(CF_t) \cdot t}{\sum_{t=1}^{n} PV(CF_t)}$$

단, r: 시장이자율, n: 발행만기

듀레이션은 채권의 만기, 표면금리, 만기수익률 등에 따라 결정된다. 먼저 듀레이션 역시 일종의 만기 개념이므로 만기에 비례하여 증가한다. 또한 채권의 표면금리가 낮을수록 만기 이전에 회수할 수 있는 현금흐름 비중이 낮기 때문에 듀레이션은 길어진다. 마지막으로 현금흐름의 할인율로 작용하는 만기수익률이 낮아지면 만기에 가까운 현금흐름의 가중치가 상대적으로 더 커 듀레이션은 길어진다.

한편 듀레이션은 채권의 이자율 탄력성과 비례하기 때문에 이자율위험의 척도로도 사용된다. 여기서 이자율위험이란 시장이자율 변동에 따른 채권가격의 변동률로 정의된다. 발행만기가 다른 채권이라도 듀레이션이 동일하면 이자율 변동에 따른 채권가격의 변동률도 동일하다. 따라서 듀레이션은 채권투자자들에게 중요한 리스크 관리수단으로 활용되고 있다.

2. 채권의 종류

채권은 발행주체, 지급보증 여부, 담보제공 여부, 이자지급 방법 등에 따라 종류가 구분된다. 먼저 발행주체에 따라 정부가 발행하는 국고채권(이하 '국고채'), 국민주택채권 등 국채, 한국은행이 발행하는 통화안정증권, 지방자치단체가 발행하는 지방채, 「상법」상의 주식회사가 발행하는 회사채, 은행・금융투자회사・리스회사・신용카드회사 등 금융회사가 발행하는 금융채, 한국전력공사・예금보험공사 등 법률에 의해 직접 설립된 법인이 발행하는 특수채 등으로 구분할 수 있다.

〈표 3-2〉 주요 채권의 발행기관, 근거법 및 발행한도

	발행기관	발행근거법	발행한도
국고채권	정부	「국채법」	국회동의를 받은 한도 이내
국민주택채권	〃	「주택도시기금법」	〃
재정증권	〃	「국고금관리법」	〃
통화안정증권	한국은행	「한국은행 통화안정증권법」	금융통화위원회가 정하는 한도 이내
은행채	은행	「은행법」	자기자본의 5배 이내
회사채	주식회사	「상법」	없음[1]
산업금융채권	한국산업은행	「한국산업은행법」	자본금 및 적립금의 30배 이내
한국전력채권	한국전력공사	「한국전력공사법」	자본금 및 적립금의 2배 이내
예금보험기금채권 상환기금채권	예금보험공사	「예금자보호법」	국회동의[2]를 받은 한도 이내
부실채권정리기금채권	한국자산관리공사	「한국자산관리공사법」[3]	〃

주: 1) 2012년 4월부터 발행한도가 폐지되었음
2) 통상적으로 정부보증에 의해 발행되며 이 경우 국회동의가 필요함
3) 정식명칭은 「금융회사부실자산 등의 효율적 처리 및 한국자산관리공사의 설립에 관한 법률」임

원리금에 대한 제3자의 지급보증 여부에 따라 보증채와 무보증채로 나누어지며 보증채는 보증주체에 의해 정부보증채와 일반보증채로 구분된다. 일반보증채는 신용보증기금, 보증보험회사, 은행 등이 지급을 보증하는 채권이며 무보증채는 발행주체의 자기 신용에 의해서 발행되는 채권을 말한다.

또한 발행자의 담보제공 여부에 따라서는 담보부채권과 무담보채권으로 나눌 수 있다. 담보부채권에는 일반담보부채권과 자산유동화증권이 있는데 전자는 발행주체가 채권을 발행할 때 신용을 보강하기 위해 담보를 제공하는 채권을 말하며, 후자는 유동화전문회사가 대출채권, 카드매출채권 등의 자산을 기초로 발행하는 증권을 말한다.

그리고 이자지급방법에 따라 할인채(discount bond 또는 zero-coupon bond), 이표채(coupon bond), 복리채(compound interest bond) 등으로, 지급이자 변동여부에 따라 고정금리부채권과 변동금리부채권(FRN; Floating Rate Note)으로 구분되기도 한다.

그 밖에 회사채의 경우 발행회사의 주식으로 전환할 수 있는 권리가 부여된 전환사채(CB; Convertible Bond), 발행회사의 신주를 일정한 조건으로 매수할 수 있는 권리가 부여된 신주인수권부사채(BW; Bond with Warrant), 발행회사가 보유한 제3자 발행 유가증권과 교환할 수 있는 교환사채(EB; Exchange Bond) 등으로도 발행된다.

이와 같이 채권은 다양한 형태로 발행될 뿐 아니라, 같은 종류의 채권이라도 잔존만기와 표면금리가 다를 경우 각각 다른 종류의 채권으로 취급된다.

참고 국고채 50년물 발행 의의 및 동향

국고채 50년물은 정부의 안정적인 재정자금 조달, 국채 만기 포트폴리오 다양화를 통한 정부의 채무관리 능력 향상, 장기채 수요 확대에 대한 대응 등의 목적으로 2016년 10월 11일 최초로 발행되었다. 이에 따라 2012년 9월 국고채 30년물 발행을 시작한 이후 4년만에 장기물 발행이 추가되면서 국고채 만기는 6개 종류(3년, 5년, 10년, 20년, 30년, 50년)로 확대되었다. 2016년 9월말 현재 전세계적으로 만기 50년이상 초장기 국채를 발행하는 국가는 10여개국으로 스위스, 캐나다, 프랑스 등이 50년물, 멕시코, 벨기에 등은 100년물 국채를 발행하고 있다.

국고채 50년물은 2016년중 1.1조원이 발행되었으며 발행방식은 30년물 최초 발행시와 같이 인수단 방식을 채택하였다. 기획재정부는 2016년 9월 23일 예비입찰을 실시하여 인수단을 선정한 후 9월 28일 본입찰을 통해 인수금리를 결정하였다. 국고채 50년물 최초 발행금리는 국고채 10년물 기준금리(발행전 3영업일 평균) 대비 +4bp로 결정되었는데 이는 주요국의 50년물과 10년물 국채 간 스프레드(50~ 160bp)보다 크게 낮은 수준이다. 이처럼 50년물 국고채 발행금리가 낮게 결정된 것은 시장금리가 장기간 낮은 수준을 지속하면서 장기채 수요가 크게 증가한 데 주로 기인한다.

3. 발행 및 유통 메커니즘

가. 발행시장

앞에서 언급한대로 채권의 종류는 국채, 지방채, 회사채, 특수채 등 다양하며 그 종류에 따라 발행 방식 및 요건 등에 차이가 있다. 여기서는 국채와 회사채 발행시장에 관하여 살펴보기로 한다.

(1) 국채

● 발행 종목 및 조건

국채는 국고채권, 재정증권, 국민주택채권[1], 보상채권[2] 등 자금 용도에 따라 4가지 종류로 나누어지며 종목에 따라 발행방식 및 이자지급방식 등이 서로 다르다.

우선 발행방식을 보면 국고채권과 재정증권은 경쟁입찰을 통해 발행되며 국민주택채권은 인허가와 관련하여 의무적으로 매입토록 하는 첨가소화방식으로, 보상채권은 당사자 앞 교부방식으로 각각 발행된다.

이자지급방식을 보면 국고채권은 6개월마다 이자가 지급되는 이표채이며 재정증권은 할인채이다. 국민주택채권과 보상채권은 원리금이 만기에 일시 상환되는 복리채이다.

또한 발행만기별로는 국고채권의 경우 3년, 5년, 10년, 20년 및 30년으로 나뉜다. 2016년 6월말 현재 만기별 국고채 발행잔액은 각각 3년물 66조원(13%), 5년물 113조원(22%), 10년물 202조원(39%), 20년물 94조원(18%), 30년물 41조원(8%)이다. 재정증권은 만기가 1년 미만이나 실제로는 통상 3개월 이내로 발행되

---

1) 부동산 등기 및 각종 인허가와 관련하여 매입의무를 부과하는 1종 국민주택채권과 주거전용면적이 85㎡를 초과하는 분양가상한제 적용 주택을 공급받을 경우 매입해야 하는 2종 국민주택채권이 있다. 2종 국민주택채권은 1999년 7월 발행이 중단되었으나 2005년 정부의 8·31 부동산대책으로 2006년 2월 재도입되었다. 3종 국민주택채권은 택지를 공급받는 자로부터 개발이익을 환수할 목적으로 발행되었으나 2종 채권의 재도입으로 2006년 발행이 중단되었다.

2) 2000년 6월 이후 신규발행은 없었으며, 2003년 1월 시행된 「공익사업을 위한 토지 등의 취득 및 보상에 관한 법률」에 의거 공공용지보상채권의 명칭이 보상채권으로 변경되었다.

고 있다. 국민주택채권(1종)은 5년 만기로 발행된다. 아울러 2007년 3월부터는 물가연동국채가 10년물로 발행되고 있는데 2016년 6월말 현재 발행잔액은 10조원이다.

〈표 3-3〉 국채의 종류 및 발행조건

	관련법률	발행목적	발행조건			
			발행방법	표면금리	금리지급	만기
국고채권	「국채법」	회계 · 기금에의 자금 예탁	경쟁입찰	입찰시 결정	이표채 (매6개월)	3~50년
국가채권 (물가연동)	〃	〃	〃	1.00%[1]	〃	10년
재정증권	「국고금관리법」	재정부족자금 일시 보전	〃	낙찰 할인율	할인	1년 이내[2]
국민주택 채권(1종)[3]	「주택도시기금법」	국민주택건설 재원 조달	첨가소화	1.25%[3]	연단위 복리후급	5년
보상채권	「공익사업을위한토지등의 취득및보상에관한법률」	용지보상비	교부발행	실세금리[4]	연단위 복리후급	5년 이내[5]

주: 1) 2016년 6월 기준
2) 실제로는 통상 3개월 이내로 발행
3) 국민주택채권 제2종은 2013년 5월 폐지, 제3종은 2006년 2월 폐지
4) 시중은행 3년 만기 정기예금금리
5) 실제로는 3년 만기로 발행

입찰방식

국채중 국고채권 및 재정증권은 경쟁입찰방식으로 발행된다. 금리결정방식은 2009년 9월 이후 단일금리방식(dutch auction)에서 복수금리방식(conventional auction) 요소를 가미한 방식으로 변경하여 최고낙찰금리이하 응찰금리를 0.03% 간격으로 그룹화한 뒤 그룹별로 각 그룹의 최고 낙찰금리를 적용하고 있다. 국고채의 입찰에는 국고채전문딜러와 일반인[3]이 참가할 수 있는데 일반인의 입찰참가는 국고채전문딜러를 통하는 경우에만 가능하며 입찰금리를 별도로 제출할 수는 없으며 매입금액은 최소 10만원에서 최대 10억원이다. 또한 국고채전문딜러들

3) 국고채전문딜러를 제외한 금융기관, 기타 법인, 개인 등을 의미한다.

은 낙찰된 이후 3영업일까지 낙찰물량에 비례하여 발행 국고채를 매입할 수 있는 권리(call option)도 부여된다. 한편 국고채가 신규 발행되는 경우 표면금리는 낙찰금리를 절사하여 0.125%의 배수가 되도록 결정되며 국채발행에 관한 계획은 연간 및 월간으로 사전에 공표된다.

국채통합발행제도

종전에는 국고채를 발행할 때 만기일이 다르고 표면금리가 낙찰수익률에 따라 달리 결정되어 국채종목이 지나치게 많아지고 개별 종목당 발행금액이 작아져 유동성이 저하되는 문제점이 있었다.

이와 같은 문제점을 해결하기 위해 2000년 5월 국채통합발행(fungible issue)제도를 도입하여 3년이상 만기 국고채의 경우 3개월 범위내 추가 발행시에는 만기일과 표면금리를 직전 발행 국고채와 똑같이 적용하여 발행토록 하였다. 이에 따라 같은 조건의 국채 발행물량이 확대됨으로써 국채의 유동성이 높아지고 지표금리가 보다 안정적으로 형성되게 되었다. 또한 국채통합발행시 세금 때문에 발생하는 국채간의 차이를 해소하기 위하여 국채의 표면금리만을 이자소득으로 과세토록 관련세법을 개정하였다.

또한 2003년 3월 국채 지표채권(만기별로 가장 최근에 발행된 국고채권)의 발행 물량을 늘려 지표채권에 대한 유동성을 제고하기 위하여 통합발행기간을 종전의 3개월에서 6개월로 확대한 데 이어 2004년 5월에는 10년물 국고채의 통합발행기간을 1년으로 확대하였다가 2013년 3월 6개월로 다시 축소하였다. 한편 2006년 1월 최초 발행된 20년물 국고채의 통합발행기간은 1년으로 설정되었다가 2012년 8월에 30년물 발행(2012년 9월)으로 인한 유동성 축소에 대비해 2년으로 확대되었다. 그리고 2007년 3월 최초 발행된 10년물 물가연동국고채의 경우 통합발행기간은 당초 1년이었으나 2008년 9월 2년으로 확대되었다가 2010년 6월 재발행시 1년으로 축소되었다. 2012년 9월 최초 발행된 30년물의 통합발행기간은 20년물과 같은 2년으로 결정되었다. 2014년 12월에는 국고채 만기를 연중 균형 있게 분산하기 위해 20년·30년물 통합발행기간을 2년에서 1년으로 단축하고 발행시기를 20년물은 9월, 30년물은 3월로 분리하였다. 아울러 발행물량이 많은 5년·10년물의 경우 5년물은 3·9월, 10년물은 6·12월로 발행월을 구분하였다.

〈표 3-4〉 국고채 발행종목 및 발행주기[1)2)]

만기	통합발행기간	신규발행월	통합발행 적용기간
3년	6개월	6월, 12월	6월~11월, 12월~익년5월
5년	6개월	3월, 9월	3월~8월, 9월~익년 2월
10년	6개월	6월, 12월	6월~11월, 12월~익년 5월
(물가연동채)	(1년)	(6월)	(6월~익년 5월)
20년	1년	9월	9월~익년 8월
30년	1년	3월	3월~익년 2월

주: 1) 2016년 6월 현재
2) 국고채 50년물은 2016년 10월 시험발행되었으며 통합발행기간 등 세부사항은 현재 논의 중에 있으므로 위의 표에서는 제외

국고채전문딜러제도

1999년 7월 국채의 원활한 소화와 국채시장의 활성화를 위해 국고채전문딜러제도를 도입하여 국채자기매매업무 취급금융기관(은행, 증권회사, 종합금융회사) 중 국채 인수 및 유통실적이 우수한 금융기관을 국고채전문딜러(PD; preliminary dealer)로 선정하였다. 2011년 3월에는 국고채전문딜러의 시장조성 활동을 강화하기 위해 예비국고채전문딜러(PPD; preliminary primary dealer) 제도를 도입하면서 의무이행실적이 부진한 국고채전문딜러는 예비국고채전문딜러로 강등되고 이행실적이 우수한 예비국고채전문딜러는 국고채전문딜러로 승격되도록 하였다. 2016년 6월말 현재 국고채전문딜러는 은행(9), 증권회사(10) 등 19개사이며 4개 은행이 예비국고채전문딜러로 지정되어 있다.

국고채전문딜러는 시장조성을 위하여 지표종목별로 발행물량의 10% 이상 인수 의무, 국고채 지표종목에 대한 매수·매도 호가 제시(10개 이상) 의무 외에 유통 및 보유 등에 관한 의무를 지게되며 이에 대한 급부로 국고채 경쟁입찰 참가, 비경쟁인수권한, 국채금융 등의 혜택을 부여받는다.

2016년 4월부터는 국고채 원금이자분리채권 시장조성 촉진을 위해 원금이자

분리채권전담사로 국고채전문딜러중 15개사를 선정하였다. 원금이자분리채권전담사는 최근 만기가 도래하는 원금분리채권 또는 이자분리채권으로 한국거래소가 지정하는 3개 종목에 대해 종목당 1일 2시간 이상, 액면 30억원 이상의 양방향 호가를 제시해야하나 조건부 비경쟁인수권한의 혜택을 부여받게 된다.

〈표 3-5〉 국고채전문딜러의 의무 및 혜택

구분	항목	내용
의무	인 수	지표종목별로 발행물량의 10% 이상 인수
	호 가	매도 · 매수 양방향 호가 10개 이상 제시[1]
	유 통	은행(증권회사)은 전체 은행계(증권계) 전문딜러의 평균 국고채 거래량의 200% 이상 10년 국채선물 거래실적은 전체 딜러의 평균 10년 국채선물 거래량의 200% 이상
	매 입	정부의 국고채 매입시 총 매입액의 5% 이상을 낙찰 받도록 함
	보 유	매분기별 자기매매(딜링)용 국고채 보유평잔을 1조원 이상 유지
혜택	경쟁입찰	국고채 입찰에 독점적으로 참가할 수 있는 권한 부여 (인수한도는 PD 30%, PPD 15%)
	비경쟁인수	우수PD 20%, 차상위 5개 15%, 차차상위 5개 10%, 기타 5%
	금융지원	평가실적에 따라 저리로 융자 가능

주: 1) 다만 30년 만기 국고채는 5개 이상, 물가연동국고채는 3개 이상으로 한다.

발행 및 상환 메커니즘

국채는 「국채법」에 따라 기획재정부장관이 중앙정부의 각 부처로부터 발행요청을 받아 발행계획안을 작성한 후 국회의 심의 및 의결을 거쳐 발행한다. 또한 국채발행규모는 국회의 동의를 받은 한도 이내에서 정부가 결정하며 공개시장에서의 발행을 원칙으로 하고 있다.

현재 국민주택채권을 제외한 국채의 발행사무는 한국은행이 대행하고 있다. 국고채의 경우 통상 낙찰금액 납입일 1영업일 전에 국고채전문딜러를 대상으로 BOK-Wire+를 통해 경쟁입찰을 실시하여 발행한다. 다만 재정증권의 경우에는 국고채전문딜러, 통화안정증권 경쟁입찰 대상기관, 국고금운용기관 등을 대상으로 발행하고 있다.

국고채 입찰은 월요일에 실시되며 선매출의 경우 오전 9:40~11:00까지, 본매출의 경우 10:40~11:00까지 20분간 진행된다. 다만 30년 만기 국고채의 경우 동일한 시간대의 화요일에 입찰이 진행된다. 국고채의 교부와 낙찰금액 납입은 입찰일 다음 영업일에 주로 이루어지며 낙찰금액이 납입되면 한국은행은 한국예탁결제원에 일괄등록을 통보하고 채권을 계좌대체함으로써 발행절차가 종료된다. 일괄등록이란 채권의 매출 또는 인수시 청약자 또는 인수자의 신청에 의하여 발행 채권을 예탁기관(한국예탁결제원) 명의로 등록하는 것을 말한다.

국고채와 재정증권의 상환은 한국은행이 원리금 지급일에 한국예탁결제원의 한국은행 당좌예금계좌로 원리금 해당금액을 일괄 입금하면 한국예탁결제원은 이를 국채 보유기관의 한국은행 당좌예금계좌 또는 거래은행의 한국은행 당좌예금계좌에 입금함으로써 마무리된다. 반면 국민주택채권의 경우는 동 채권 보유기관이 회사채의 원리금 상환절차와 마찬가지로 만기일(또는 이자지급일)에 상환업무 대행기관인 국민은행 앞으로 채권과 이표를 교환에 회부하여 원리금을 회수하게 된다.

(2) 회사채

발행 방법 및 조건

회사채는 공모발행(public offening)[4]과 사모발행(private placement)으로 구분된다. 공모발행의 경우 인수기관인 증권회사, 한국산업은행 등이 총액을 인수하여 발행하며 사모발행의 경우에는 발행기업이 최종매수자와 발행조건을 직접 협의하여 발행하게 된다.

회사채는 개정 「상법」의 시행(2012년 4월)으로 정관에서 정하는 바에 따라 이사회 결의가 없어도 발행이 가능해졌으며 순자산액의 4배까지였던 발행한도도 폐지되었다. 한편 공모발행을 하는 경우 증권신고서를 금융위원회에 제출해야 한다.

만기를 보면 일반적으로 1, 2, 3, 5, 10년 등으로 발행되는데 대체로 3년 이하

4) 공모란 불특정 일반인에게 신규로 발행되는 증권 취득의 청약을 권유하는 행위를 말한다. 「자본시장과 금융투자업에 관한 법률」상 청약을 권유받는 자가 50명 이상이면 공모(모집)에 해당되고 이에 해당되지 않으면 사모이다.

가 주종을 이루고 있다. 표면금리는 발행기업과 인수기관간 협의에 의해 자율적으로 결정되는데 2003년 이후 시장금리 수준이 낮아지면서 표면금리와 유통수익률간의 괴리가 0.5%p 이내로 좁혀졌으며, 표면금리를 유통수익률에 맞춰 발행하는 경우도 많아졌다. 이 경우 발행가격과 액면가격이 거의 동일하게 된다.

회사채 신용평가제도

신용평가기관이 부여한 회사채 신용등급은 투자자에게 원리금 회수가능성 정도에 대한 정보를 제공함으로써 회사채 발행금리 결정에 결정적인 영향을 미친다. 회사채 발행기업의 입장에서는 신용평가수수료의 부담에도 불구하고 객관적인 신용등급을 획득함으로써 잠재 투자자를 확보할 수 있기 때문에 총 자금조달비용이 낮아지는 효과가 있다.

현재 무보증회사채 발행기업들은 2개 이상의 신용평가회사로부터 기업의 사업성, 수익성, 현금흐름, 재무안정성 등을 기초로 회사채 상환능력을 평가받고 있다.

회사채 평가등급은 AAA~D까지 10개 등급으로 분류되는데 AAA~BBB는 원리금 지급능력이 양호하다고 인정되는 투자등급, BB이하는 지급능력이 상대적으로 의문시되는 투기등급을 나타낸다. 2016년 상반기에 발행된 회사채를 신용등급별로 보면 A등급 이상(20.4조원)이 70%, BBB등급(1.6조원)이 5%, BB이하 투기등급(7.2조원)은 25%이다.

투자자 보호제도

외환위기 이후 회사채 발행은 보증부에서 무보증부로 전환되었는데 이는 회사채 발행회사의 채무불이행 위험이 높아지면서 회사채 보증기관들이 지급보증을 기피한데다 종합금융회사 등 일부 보증기관의 신인도 저하로 투자자도 회사채의 보증 여부보다는 발행기업의 신용도를 더욱 중시하였기 때문이다. 무보증사채의 일반화로 보증사채 발행시 보증기관이 일부수행하였던 투자자보호 기능이 약화되었다. 이에 따라 무보증사채 투자자에 대한 보호장치를 강화할 필요성이 대두되었으며, 무보증사채 발행시 기존 사채모집 위탁계약서 대신 사채권자

〈표 3-6〉 회사채 신용등급 현황 (단위: 개)

	등급	정 의	해당 기업수
투자등급	AAA	원리금 지급능력이 최상급임	64
	AA	원리금 지급능력이 매우 우수하지만 AAA채권보다는 다소 열위임	166
	A	원리금 지급능력은 우수하지만 상위등급보다 경제여건 및 환경악화에 따른 영향을 받기 쉬운 면이 있음	140
	BBB	원리금 지급능력이 양호하지만 상위등급에 비해서 경제여건 및 환경악화에 따라 장래 원리금의 지급능력이 저하될 가능성을 내포하고 있음	34
소 계			404
투기등급	BB	원리금 지급능력이 당장은 문제가 되지 않으나 장래 안전에 대해서는 단언할 수 없는 투기적인 요소를 내포하고 있음	24
	B	원리금 지급능력이 결핍되어 투기적이며 불황시에 이자지급이 확실하지 않음	12
	CCC	원리금 지급에 관하여 현재에도 불안요소가 있으며 채무불이행의 위험이 커 매우 투기적임	4
	CC	상위등급에 비하여 불안요소가 더욱 큼	0
	C	채무불이행의 위험성이 높고 원리금 상환능력이 없음	3
	D	상환불능상태임	0
소 계			43
합 계			447

주: 1) 2016년 6월말 현재
2) 한국신용평가주식회사의 무보증 선순위 회사채(금융채 포함) 신용등급 기준이며 위의 등급 중 AA등급에서 B등급까지는 등급내 상대적 우열에 따라 +, - 기호를 부가

보호를 강화한 표준무보증사채 사채관리계약서 사용이 의무화되었다. 동 계약서는 발행회사의 의무 및 책임, 회사채의 기한이익 상실사유, 수탁회사의 권한 등을 포함하고 있다. 다만 여신전문금융회사, 은행, 증권회사가 발행하는 무보증사채와 「자산유동화에 관한 법률」과 「주택저당채권유동화회사법」에 의해 발행되는 유동화증권 등은 표준무보증사채 사채관리계약서 사용 의무가 면제되어 있다.

또한 2011년 4월 「상법」 개정시 사채권자의 권리보호 강화를 위해 기존 회사채 발행 주관사 등이 주로 담당하던 사채관리사무를 별도의 독립된 기관이 담당하도록 하는 사채관리회사 제도를 도입하였다.

발행 및 상환 메커니즘

발행회사는 발행주관회사(주로 증권회사)를 선정하여 발행사무를 위임하며 인수기관은 발행 회사채를 총액인수한 후 당일 매수자(은행, 자산운용회사, 보험회사 등 기관투자자)에게 매출한다. 발행주관회사는 금융투자협의회 프리본드 시스템을 통하여 수요예측을 진행하게 되고 수요예측의 결과에 따라 발행사채의 수량, 가격, 매수자 등을 발행기업과 협의하여 최종 결정한다. 매수자는 지정된 청약일시에 발행주관회사에 청약서를 제출하고 수탁은행에 청약내용을 통보하여 발행주관회사에 대금지급을 지시하며, 발행주관회사는 청약당일에 발행자금을 발행기업의 주거래은행에 입금한다.

한편 회사채의 인수도는 발행주관회사가 회사채를 매수자 명의로 한국예탁결제원에 개설된 계좌에 등록함으로써 끝난다.

회사채의 원금상환 및 이자지급은 발행기업과 한국예탁결제원, 원리금지급 대행 은행 및 채권교환 대행 은행, 원리금상환 대행 증권회사(예탁자)를 통해 이루어진다. 한국예탁결제원은 원리금 지급 10일 전에 원리금지급 대행 은행에 지급기일 도래를 알리고 지급일 전일에 만기 회사채 또는 이표를 채권교환 대행 은행을 통해 교환 청구한다. 한편 지급일 전일 발행기업이 원리금지급 대행 은행에 입금한 원리금은 채권교환 대행 은행을 통해 원리금상환 대행 증권회사로 입금되고, 회사채 보유자는 증권회사로부터 원리금을 회수한다.

나. 유통시장

채권 유통시장은 장외시장과 장내시장으로 구분된다. 현재 대부분의 채권거래는 장외시장에서 주로 증권회사의 단순중개를 통하여 이루어지고 있다. 장내시장으로는 한국거래소 내에 일반채권시장과 국채전문유통시장이 개설되어 있다. 일반채권시장에서는 전환사채와 소액 국공채의 장내거래가 의무화되어 있어 채권거래가 비교적 활성화되어 있다. 국채전문유통시장에서의 거래는 개설(1999년) 초기 저조하였으나 국고채전문딜러의 국고채 지표채권의 장내거래 의무화 등으로 2003년 크게 증가하였다. 이후 다시 정체하는 모습을 보였으나 2010년 국고채전문딜러의 지속적이고 유효한 호가제시를 통한 시장조성 의무 강화 등의 제도 개선 노력에 힘입어 2011년 이후 크게 늘어났다. 2015년중 거래량이 1,629조원으로 2010년(414조원) 대비 4.1배 수준으로 확대되었다.

〈표 3-7〉 채권 장외시장 및 장내시장 비교

	장외시장		장내시장(한국거래소시장)	
	증권회사 단순중개	IDB중개[1]	일반채권시장	국채전문유통시장
거래참가기관	제한없음	기관투자자, 기금, 자산운용회사, 뮤추얼펀드 등	한국거래소 정회원[2]	국고채전문딜러, 국채일반딜러
거래중개기관	증권회사	IDB	한국거래소	한국거래소
주요 거래종목	모든 채권	좌동	제 1, 2종 국민주택채권, 주식관련사채	국고채권, 통안증권, 예금보험기금채권
매매방식	상대매매	사실상 상대매매[3]	경쟁매매 (자동매매시스템)	좌동
매매시간	제한 없으나 통상 09:00~16:00	좌동	09:00~15:30	좌동
결제시점	T+1~30	좌동	T	T+1
최소 매매단위	제한 없으나 통상 100억원	좌동	일반채권 1,000억원 전단채 1억원	10억원

주: 1) 2003년 2월 「증권거래법 시행령」개정으로 IDB의 중개대상기관이 기관투자자로 확대됨에 따라 사실상 증권회사와 동일하게 채권을 중개하고 있음
2) 일반투자자의 경우 증권회사를 통한 위탁매매 거래가 가능
3) 당초 브로커의 개입 없이 전산스크린에 의한 완전자동매매시스템을 이용한 거래형태를 지향하였으나 현재는 증권회사와 동일하게 단순중개하는 형태로 운용

(1) 장외시장

채권거래는 증권회사[딜러간 채권중개회사(IDB; inter-dealer broker 포함)]를 중개기관으로 하는 장외거래 비중이 높다. 이는 채권의 종목이 다양하고 거래조건이 표준화되어 있지 않아 한국거래소의 자동매매시스템을 통해 거래하기가 곤란하기 때문이다. 현재 증권회사는 전화, 인터넷 메신저 등을 통해 매도 또는 매수를 원하는 투자자의 호가를 받은 후에 반대거래를 원하는 상대방을 찾아 거래를 중개한다. 따라서 매수·매도 호가(bid-ask quotes)를 미리 제시하고 고객의 거래

요청에 반드시 응하여야 하는 시장조성(market making) 의무가 없어 채권 재고를 유지하는 위험을 부담할 필요가 없다.

이와 같이 증권회사들이 단순중개방식(brokerage)으로 채권거래를 중개하는 것은 증권회사들이 자체 채권재고를 보유할 만큼 자금여력이 크지 않고 금리 변동에 따른 위험을 충분히 헤지할 만큼 다양한 파생상품이 많지 않은데다 과거 채권딜링업무 수행과정에서 큰 손실을 경험하였던 데 따른 소극적 자세 등에 주로 기인한다.

한편 장외시장의 경우 거래의 특성상 매매시간의 제한은 없으나 보통 09:00~16:00 중 거래가 일어나며 거래단위는 관행적으로 100억원이다. 일단 거래가 체결되면 매수기관은 자기거래은행에게 매도기관 앞으로 대금 지급을 지시하고 매도기관은 증권회사를 통해 한국예탁결제원에 계좌이체를 요청한다. 자금 및 채권 결제는 통상적으로 거래 익일(T+1)에 이루어진다.

(2) 장내시장

장내시장은 한국거래소에 상장된 채권을 대상으로 표준화된 거래방식에 따라 거래가 이루어지는 조직화된 시장이다. 장내시장은 크게 일반채권시장과 국채전문유통시장으로 구분된다.

일반채권시장

일반채권시장은 불특정 다수의 일반투자자가 참가할 수 있는 시장으로서 국채전문유통시장에서 거래되는 국고채를 제외한 모든 거래소 상장채권이 거래대상이나 현재 소액 국공채와 전환사채 위주로 거래가 이루어지고 있다. 2009년 7월말에는 국고채 ETF가 한국거래소에 상장되었다.

국민주택채권1종, 서울도시철도채권 및 서울특별시지역개발채권, 지역개발공채, 지방도시철도채권 등 첨가매출되는 소액 국공채(액면 5천만원 이하)는 환금성을 제고하기 위하여, 전환사채는 수요기반 확충을 위해 각각 장내거래가 의무화되어 있다.

장내시장 참가자는 한국거래소의 회원 증권회사로 제한된다. 개인, 일반법인,

한국거래소 회원이 아닌 기관투자자, 외국인 등은 회원 증권회사에 위탁계좌를 개설하여 장내시장에 참가할 수 있다.

국채전문유통시장

일반적으로 국채전문유통시장(IDM; Inter-Dealer Market)은 국고채전문딜러(PD) 등 시장조성 활동을 담당하는 금융기관들만 참가하는 시장이다. 우리나라에서는 1999년 3월 한국거래소내에 국고채전문딜러, 예비국고채전문딜러(preliminary PD), 국채일반딜러 등 기관투자자들의 국채 도매거래를 위해 경쟁매매시장인 국채전문유통시장이 개설되었다. 동 시장에서 국고채전문딜러 등이 한국거래소가 운영하는 국채자동매매시스템(KRX Trading System for government securities)을 통해 종목별로 매수・매도호가(two-way quotation)를 입력하면 거래조건이 맞는 주문끼리 자동적으로 거래가 체결된다.

국채전문유통시장(장내시장)에서의 거래실적은 개설 이후 한동안 부진하였는데 이는 채권딜러 등이 채권거래정보의 노출을 꺼려 국채자동매매시스템의 이용을 기피한 데 주로 기인하였다. 이와 같이 국채자동매매시스템 이용부진으로 국고채전문딜러의 매수・매도호가가 실시간으로 제시되지 않으면서 국채자동매매시스템을 통한 가격 발견(price discovery) 기능이 제대로 발휘되지 못하는 문제가 발생하였다. 이 밖에도 국채자동매매시스템은 상대적으로 적은 주문건수에 거액거래가 수반되는 채권거래로 인해 가격복원력(일시적인 거래주문의 변동이 시장가격에 미치는 효과가 소멸되는 속도)이 떨어지는 문제점도 나타났다.

따라서 정부당국은 장내거래 활성화 및 국고채전문딜러의 시장조성 기능제고 등을 위해 국고채의 장내거래 의무부과, 의무제시호가 개수 및 호가갭 설정, 국고채유통시장 조성의무 부과 등 일련의 제도를 도입한 바 있다. 이러한 노력에 힘입어 국고채 지표물의 장내 거래비중(인포맥스 기준)은 2006년 3~12월 기준 16.4%(216.7조원)에서 2016년 상반기 기준 48.1%(1,192.4조원)로 크게 성장하였다.

다. 채권시장의 하부구조

채권유통수익률 공시제도

금융투자협회는 지정한 증권회사로부터 장외시장에서 거래되는 채권수익률을 통보받아 홈페이지를 통해 최종호가수익률을 공시한다. 동 수익률이 현재 채권유통수익률로 이용되고 있다.

〈표 3-8〉 금융투자협회 수익률 보고대상 채권

	종 류	비 고[1]
국채	제 1종 국민주택채권(5년)	4년6월~5년1월
	국고채(1년)	10월~1년
	국고채(3년)	2년6월~3년
	국고채(5년)	4년6월~5년
	국고채(10년)	9년6월~10년
	국고채(20년)	18년~20년
	국고채(30년)	28년~30년
	국고채(50년)	48년~50년
회사채	회사채(무보증 AA-, 3년)	2년9월~3년
	회사채(무보증 BBB-, 3년)	2년9월~3년
통화안정증권	통화안정증권(91일)	85일~91일
	통화안정증권(1년)	10월~1년
	통화안정증권(2년)	1년9월~2년
금융채	산업금융채권(1년)	10월~1년1월
특수채	한국전력공사채권(3년)	2년9월~3년

주: 1) 증권회사들이 금융투자협회에 보고하는 최종호가수익률을 산출하는 데 참조하는 채권의 잔존만기

금융투자협회가 발표하는 최종호가수익률은 보고하는 증권회사가 해당종목 채권의 장외시장 거래내역을 감안하여 대체로 적정하다고 판단하는 유통수익률의 평균수준이며 실제 거래가 가능한 개별 채권의 유통수익률은 아니다. 거래실적이 없거나 미미한 경우에는 증권회사가 적정 유통수익률을 제시하기가 곤란하다는 문제가 있다.

채권시가평가제도

채권시가평가(mark to market)는 금융기관이 보유하고 있는 채권의 가치를 적절한 가격[5])으로 평가하는 것으로 금융기관 자체 보유채권에 대한 시가평가와 자산운용회사 및 은행신탁 등 집합투자업자(2인 이상으로부터 모은 금전 등으로 투자대상자산을 취득 · 처분하여 그 결과를 투자자 등에 배분하는 업을 영위하는 자)의 간접투자상품(집합투자재산)에 대한 시가평가로 구분된다.

금융기관 보유채권의 평가는 단기매매계정의 경우 시가평가 결과를 손익계산서당 당기손익에 반영하도록 하고 있는 반면 매도가능계정은 시가평가대상이나 당기손익에 반영하지 않고 재무상태표상 기타포괄손익누계액으로 처리하고 만기보유계정은 장부가평가를 원칙으로 하고 있다.

이에 따라 은행, 증권회사, 보험회사, 자산운용회사, 상호저축은행 등이 보유하고 있는 시가평가대상 채권은 「금융투자업규정」에 의거 금융투자협회 또는 채권평가회사가 공표하는 수익률을 기초로 평가되고 있다.

한편 집합투자재산에 대한 채권시가평가는 1998년 11월부터 신규펀드에 한정하여 실시되었다가 2000년 7월부터 전면 시행되었다. 「자본시장과 금융투자업에 관한 법률」에 의하면 집합투자업자는 집합투자재산에 대한 평가를 원칙적으로 시가에 의해 하여야 하며 신뢰할 만한 시가가 없는 경우에는 취득가격 등의 공정가액에 의해 할 수 있다.

현재 집합투자재산의 시가평가에 활용되는 수익률은 증권시장에서 거래된 최종수익률 또는 둘 이상의 채권평가회사가 제공하는 수익률정보를 기초로 평가하도록 하고 있다.

---

5) 시장에서 거래가 활발한 채권은 시장가격(market value)으로, 거래부진으로 시장가격의 발견이 어려운 경우에는 보유채권을 시장에 매각할 경우 받을 수 있을 것으로 합리적으로 추정되는 공정가격(fair value)으로 평가한다.

참고 MMF(Money Market Fund)

MMF(Money Market Fund)는 복수의 투자자들로부터 모은 자금의 전부를 채권, 기업어음(CP), 예금, 양도성예금증서(CD), 환매조건부매수(RP매수), 콜론 등 단기금융상품에 투자하는 집합투자기구(펀드)이다. 우리나라에는 1996년 9월 단기금리 급등에 따라 단기형 펀드의 수탁고 감소로 어려움을 겪고 있던 투자신탁회사 상품에 대한 수요확충 및 장단기금리의 안정을 도모하기 위하여 도입되었다. MMF는 콜, RP, CD, CP 및 전자단기사채 시장 등 단기금융시장에서 주요 자금공급주체로서의 역할을 수행하고 있으며, 이로 인해 MMF의 수신규모와 투자방식의 변화는 단기금리에 큰 영향을 미치게 된다. MMF의 운영구조를 보면 펀드 판매는 은행, 증권사 등 판매회사가, 펀드자금의 운용은 자산운용사(집합투자업자)가, 운용지시의 실행 및 자금관리는 은행, 증권금융 등 수탁회사가, 기준가격 산정 등은 사무관리회사가 각각 나누어 수행하고 있다.

MMF는 실적배당형 상품임에도 불구하고 안정적인 수익률 보장 등을 위해 시가평가가 아닌 장부가평가를 허용하는 대신, 신용위험을 최소화하고 안정적인 자산가치 유지를 위해 운용자산의 가중평균잔존만기, 신용등급, 동일인 투자한도 등에 대해 다른 펀드보다 훨씬 엄격한 규제가 적용되고 있다. 이러한 MMF의 장부가평가 방식으로 인해 한국은행 기준금리가 하락(상승)할 경우 MMF 수익률이 다른 단기금융상품에 비해 상대적으로 높은(낮은) 특징을 가진다. 이로 인해 기준금리 인하 달에는 MMF의 수신규모가 증가하는 경향이 있으며 인상되는 달에는 반대로 감소하는 경향이 있다. 또한 다수의 투자자 보호를 위한 각종 규제로 인해 MMF는 상대적으로 안전한 자산으로 인식되어 금융시장이 불안한 상황에서 수신규모가 증가하는 모습을 보인다.

〈표 3-9〉 MMF 규제의 주요 내용

항목	주요 내용
운용자산	▪ 적격자산*: 채권, CP, RP매수, 단기매출, CD, 예금, 전자단기사채 * 채무증권(채권 및 CP) 비중은 40% 이상 유지 ▪ 운용금지자산: 외화표시자산, 증권대차, 주식, 주식 관련 사채, 사모사채, MBS, 구조화상품, 조건부투자증권(옵션 등), RP매도(단, 보유 증권 총액의 5% 이내는 허용)
잔존만기	▪ 가중평균잔존만기: 75일 이내 ▪ 자산종류별: 채무증권(1년, 국채는 5년 이내), 예금 · CD(6개월 이내), 단기대출(30일 이내)
신용등급	▪ 신용등급: 채무증권은 신용평가 상위 2개 등급 이내
동일인 투자한도	▪ 동일인 투자한도 - 채무증권: 최상위 신용등급 채무증권은 전체 자산총액의 5%, 차하위 신용등급 채무증권은 전체 자산총액의 2%(어음은 3% 및 1%) 이내 - 동일인에 대한 거래(채무증권 및 기타) 한도: 전체 자산총액의 10% 이내
유 동 성	▪ 아래 자산의 합산 금액이 전체 자산총액의 10% 이상 - 현금, 국채, 통안증권, RP매수, 단기대출, 수시입출식 예금, 잔존 만기 1영업일 이내 자산(CD, 정기예금, 기타 채무증권) ▪ 아래 자산의 합산 금액이 전체 자산총액의 30% 이상 - 현금, 국채, 통안증권, RP매수, 단기대출, 수시입출식 예금, 잔존 만기 7영업일 이내 자산(CD, 정기예금, 기타 채무증권)
괴리율[1] 제한	▪ 0.5%를 초과하거나 초과할 염려가 있는 경우 자산의 가격을 조정하거나 매각

주: 1) (시가합계−장부가합계)÷장부가합계

자료: 금융감독원 「자산운용 법규 실무안내」(2015)

도입 이후 꾸준히 증가하던 MMF는 2005년 하반기 이후 시장금리 상승, MMF 규제 강화 등으로 감소세로 전환되었다. 2008년 이후에는 국제금융시장 불안에 따른 안전자산 선호심리 강화, 한국은행의 기준금리 인하 등으로 급증하면서 2009년 3월에는 사상 최고치(126.6조원)를 기록하였다. 2009년에서 2011년 상반기까지는 글로벌 금융위기 진정에 따른 안전자산 선호심리 약화, 금리 상승 등으로 대폭 감소하였다. 2011년 하반기 이후 지속적인 증가세를 보이는 가운데, 최근 들어서는 정부의 세수호조 등으로 국고여유자금 및 공공자금관리기금 운용규모가 큰 폭으로 증가한 데다 기준금리 인하 및 시장금리 하락, 수익률곡선의 평탄화 등으로 수익성뿐만 아니라 안정성 측면에서도 MMF의 장점이 부각되면서 증가세를 보이고 있다. 한편 투자자 구성을 보면 2007년 1월말 개인투자 비중이 72.8%에 달할 정도로 개인투자자 중심이었던 MMF는 그 이후 개인투자자 비중이 감소하면서 최근에는 금융기관투자자 중심(2016년 6월 말 57.8%)으로 바뀌었다. 또한 MMF에 편입된 자산의 구성도 그 동안 많은 변화가 있었는데 2008년 글로벌 금융위기 당시에는 예금, CD, 콜론, RP매수 등의 비중이 높았지만 최근에는 국공채, 금융채, 회사채, CP 등 채권의 비중이 높아졌다.

채권 등록 및 예탁제도

채권 등록제도는 「국채법」 또는 「공사채등록법」에 따라 채권 실물을 보유하지 않고 등록기관이 관리하는 채권등록부에 채권자의 성명, 주소, 채권금액 등 권리내역을 등록(book-entry)하도록 하는 제도이다. 채권자는 등록절차를 마침으로써 채권자로서의 권리가 확보되며 채권의 매매, 질권 및 담보권의 설정, 신탁재산의 표시 등은 채권등록부 기재를 통하여 해당 채권의 발행자 및 제 3자에게 대항할 수 있다.

이러한 등록제도는 채권실물을 갖고 있어야만 채권자가 권리를 행사할 수 있는 것으로 규정한 「민법」 및 「상법」에 대한 특례이나 발행자 입장에서는 실물발행비용이 절감되고 원리금을 지급할 때 실물 확인절차를 생략할 수 있는 등 업무처리가 간편해지는 이점이 있다. 채권자의 입장에서도 실물보관에 따른 위험부담이 없고 보관비용이 절감되게 된다. 현재 대부분의 채권은 실물발행(physical issue) 없이 등록발행을 하고 있다. 대부분의 국채와 통화안정증권은 한국은행이, 지방채, 금융채, 회사채 등 공사채는 한국예탁결제원이 각각 등록업무를 담당하고 있다.

한편 채권 예탁제도란 등록 및 실물 발행 여부와 관계없이 채권의 보관 및 관리를 위해 한국예탁결제원이 예탁자로부터 채권을 예탁받고, 예탁자는 예탁계좌부를 통해 예탁채권에 대한 권리를 행사하도록 하여 채권의 매매 또는 원리금 수령 등의 편의를 도모하기 위한 제도이다.

이처럼 채권 등록제도는 채권자의 권리보호 및 발행사무에 있어서의 편의를, 채권 예탁제도는 매매 과정에서의 편의를 목적으로 하고 있는데 이들 두 가지 제도를 연계시킨 것이 바로 채권 일괄등록제도이다. 채권일괄등록제도란 신규 채권 발행시 등록기관의 채권등록부에 한국예탁결제원의 명의로 일괄등록을 하고 한국예탁결제원의 예탁계좌부에는 채권 매수자별 거래계좌에 기재하는 방식으로 채권발행이 이루어지는 제도이다. 즉 한국예탁결제원에 예탁계좌를 갖고 있는 채권 매수자는 별도의 등록절차를 밟지 않아도 되므로, 채권을 매매하기 위해 본인명의로 등록필증을 교부받아 한국예탁결제원에 이를 다시 예탁해야 하는 번거로움을 피할 수 있다.

현재 공사채의 경우 일반적으로 한국예탁결제원이 등록 및 예탁기관이 되는 일괄등록발행방식으로 이루어지고 있다. 국고채 및 통화안정증권의 경우에는 한국은행이 한국예탁결제원 명의로 일괄등록하고, 한국예탁결제원에 인수자별로 예탁하는 방식으로 발행이 이루어진다.

신규채권 발행시 한국예탁결제원 명의로 일괄등록하는 방식을 활용하는 것은 증권회사의 경우 「자본시장과 금융투자업에 관한 법률」 등에 의해 보유채권의 한국예탁결제원 예탁이 의무화되어 있고 이 예탁제도가 유통시장에서의 원활한 채권거래에 유용하여 채권 발행자나 인수자 모두가 선호하기 때문이다. 즉 채권 투자자의 입장에서는 한국예탁결제원에 계좌를 개설하여 채권을 예탁한 후 채권의 매매 등에 따른 채권 및 자금결제를 실물의 이동없이 계좌간 대체로 처리할 수 있다. 채권 발행기관의 입장에서는 원리금을 한국예탁결제원으로 한꺼번에 지급하면 한국예탁결제원이 예탁자 계좌를 통하여 개별 예탁자에게 원리금을 지급하게 되므로 사무처리 절차가 간소화되는 이점이 있다.

4. 발행 및 유통 현황

가. 발행시장

2016년 6월말 현재 전체 채권 발행잔액은 1,596조에 이른다. 채권종류별로는 국채가 602조원으로 전체의 38%를 차지하고 있으며 금융채 324조원(20%), 특수채 238조원(15%), 회사채 227조원(14%), 통화안정증권 185조원(12%) 등의 순이다.

채권 발행잔액은 국고채, 금융채, 특수채, 회사채, 통화안정증권 등 전체 채권의 발행이 2016년 6월 기준으로 2002년말 대비 2.5배 이상 성장하였는데 이는 경기회복 지원을 위한 공공부문의 자금수요 증가, 해외 및 국내 부문 통화 환수 필요성 등에 기인한다.

먼저 국고채 발행에 대해 살펴보면 외환위기 이후 정례적인 국고채 발행 등을 통해 구조조정에 소요된 자금을 조달함에 따라 발행잔액이 지속적으로 증가하였으며 동 자금의 상환은 2007년 중 마무리되었으나 글로벌 금융위기 이후 경기회복을 위한 재정지출 확대 및 추경 편성 등으로 인해 발행액이 다시 크게 증가하였다.

금융채의 경우도 2010년 이후 예대율 규제 시행, 부동산 경기 부진에 따른 시중여유자금의 은행권으로의 유입 지속에 따라 감소세를 나타내었으나 일부 특수은행들의 대출재원 조달, 유동성커버리지비율(LCR; Liquidity Coverage Ratio)규제 강화[6], 유사시 자본 확충수단으로 활용될 수 있는 코코본드 발행 등의 영향으로 발행액이 크게 증가하였다.

특수채의 경우에는 2008년 이후 정부의 주요 정책사업 지속, 경기회복 지원을 위한 공기업의 채권 발행 등으로 증가세를 나타내었으나 저축은행 구조조정 일단락에 따른 예금보험기금채권 발행규모 축소, 정부의 공공기관 부채관리 강화 등의 영향으로 발행액이 감소하였다.

회사채의 경우 글로벌 금융위기 이후 은행을 통한 기업의 자금조달이 어려워

6) LCR은 바젤은행감독위원회(BCBS)가 금융기관에 도입한 규제비율로 '고유동성자산/향후 30일내 순현금유출액'비율을 의미한다. 금융당국은 2014년 8월 26일 일반은행 기준으로 동 비율을 2015년 80%(특수은행60%)에서 2019년까지 매년 5%포인트(10%포인트) 인상하기로 결정하였다. 은행들은 상대적으로 만기가 긴 은행채 발행으로 30일내 순현금유출액을 낮추는 방식을 통해 LCR을 높일 수 있다.

지면서 우량회사들이 공모회사채 발행을 확대하고 중소기업 자금지원을 위한 Primary CBO 발행증가 등으로 증가폭이 확대되었다. 이후에도 기업의 자금수요 증가 및 저금리 기조에 따른 발행여건 개선 등으로 회사채 발행규모가 꾸준히 늘어났다. 그러나 2013년 들어 동양그룹 및 STX그룹 사태 등 신용사건이 연이어 불거지면서 신용경계감이 확대됨에 따라 비우량물을 중심으로 회사채 발행이 위축되며 전체 회사채 발행규모가 소폭 증가하는데 그쳤다.

통화안정증권은 2009년 이후 경상수지 흑자 지속, 외국인 증권투자자금 유입에 따른 통화공급 확대 등으로 유동성 조절 필요 규모가 확대되면서 발행액이 지속적으로 증가하였다. 다만 RP매각, 통화안정계정예치 등 다른 유동성 조절 수단의 활용이 늘어나면서 증가폭이 점차 감소하는 모습을 보였다.

참고 **회사채시장 양극화 배경**

회사채시장에서의 우량물(AA등급 이상)과 비우량물(A등급 이하)간 양극화 현상은 2013년중 중견 대기업(웅진,동양,STX)이 부실화되면서 나타나기 시작하여 2015년 하반기중 조선·해운 등 취약업종 구조조정 이슈가 크게 부각되면서 더욱 심화되었다. 2016년 들어서도 우량물 스프레드는 지속적으로 축소된 반면 비우량물 스프레드는 여전히 높은 수준을 유지하는 등 신용등급간 양급화 현상은 해소되지 않고 있다.

이처럼 양극화 현상이 지속되고 있는 배경은 다음과 같다. 첫째, 기업의 업황부진이 지속되는 가운데 구조조정 이슈가 부각되면서 신용경계감이 이어졌다. 둘째, 그간 대기업들의 신용사건 발행 후 단기간내 이들 기업의 신용등급이 강등되는 사례가 반복되면서 국내 신용등급에 대한 시장의 신뢰도가 저하되었다. 셋째, 기관투자자의 리스크 관리 강화 등으로 비우량 회사채에 대한 수요기반이 약화되었다.

2016년 하반기부터 상대적으로 금리메리트가 부각되면서 비우량물 중에서도 재무지표가 양호한 일부 기업 회사채에 대한 투자수요가 회복되는 모습이 나타나고 있는데, 이러한 선별적 투자수요가 단기간내에 비우량물 전반에 대한 투자수요로 이어지기는 쉽지 않을 것으로 예상된다.

나. 유통시장

유통시장에서의 채권 거래규모(월평균)는 2002년 177조원에 불과하였으나 2016년 상반기중에는 619조원으로 대폭 증가하였다. 이는 외환위기 이후 채권 발행규모가 커진 데다 채권시가평가제의 도입 및 시장금리의 하향 안정화에 따른 기관투자자들의 차익실현을 위한 거래 증가와 함께 국고채전문딜러 제도개편 등 채권거래 활성화를 위한 노력에 주로 기인한다.

현재 채권거래는 장외거래 비중이 높은 가운데 국고채를 중심으로 장내거래 비중이 점차 높아지면서 2010년 9%에서 2016년 상반기중에는 32%까지 상승하였다. 2002년 10월 국고채전문딜러의 국고채 지표채권의 장내거래 의무화, 국고채 장내거래 의무비율 강화 등에 힘입어 장내 거래량은 2002년 이후 큰 폭으로 증가하였으며, 특히 2010년 이후 장내거래 관련제도의 개선[7] 등으로 증가세가 더욱 가팔라졌다. 한편, 2016년 상반기중 장외시장에서의 채권종류별 거래비중을 보면 국채가 월평균 236조로 56%를, 통화안정증권이 23%를 차지하고 있다. 반면 특수채(6%), 회사채(3%) 등의 거래는 부진한 편이다.

참고 **장 · 단기금리 역전 사례 및 배경**

장단기금리차(국고채 3년물 금리-기준금리)는 경기 및 물가 전망, 통화정책 기대, 채권시장의 수급상황 등을 반영하여 변동한다. 기간프리미엄 등을 고려할 때 장기금리가 단기금리보다 높은 것이 일반적이나 국내 경기둔화 우려로 기준금리 인하기대가 높아지거나, 채권시장에서 수요 우위의 수급상황이 강화되는 경우 등에 장단기금리 역전 현상이 발생한다.

우리나라의 경우 2000년 이후 장단기금리 역전 현상이 수차례 발생하였는데 특히 2016년중에는 2월부터 국고채(3년)금리가 기준금리를 하회하기 시작하여 6월 9일 기준금리 인하로 일시 해소된 때 등을 제외하면 8월말까지 장기간 장단기금리 역전 현상이 지속되었다. 이는 주요국의 추가 금융완화 기대에 따른 글로벌 장기금리 하락, 국제금융시장 불확실성 증대에 따른 안전자산 선호 강화, 국내경기 회복 지연에 따른 기준금리 인하기대 지속 등 대내외 요인이 복합적으로 작용한 데 주로 기인한다.

한편 최근의 장단기금리 역전 현상은 우리나라뿐만 아니라 중앙은행의 정책금리가 제로 또는 마이너스 수준에 다다른 유로지역 국가들과 일본,호주 등 주요국에서도 나타나고 있다. 특히 독일, 프랑스, 일본 등에서는 장단기금리 역전이 2년 이상 이어지고 있다.

기본적으로 장단기금리차는 국내외 경제여건 및 통화정책 방향 등을 반영하는 것이나 장단기금리 역전이 장기간 지속될 경우 금융기관의 수익성 악화로 금융중개기능이 위축되고 보험사 · 연기금 등 장기투자기관의 위험추구 성향이 강화되면서 금융시스템의 안정성이 저하되는 등 부작용이 나타날 수 있다는 점에 유의할 필요가 있다.

---

7) 유통실적 평가시 장내거래 우대, 제시호가 스프레드 축소를 통한 국고채전문딜러의 시장조성 기능 제고 등을 들 수 있다.

〈표 3-10〉 장단기금리 역전[1] 사례

시기	기간(일)	폭(bp)
2001년 2월	1	-5
2003년 6월	3	-5~-2
2004년 10~12월	8	-10~-1
2008년 2~5월	23[2]	-12~-2
2008 10월	3	-20~-16
2012년 7~10월	67	-29~-1
2013년 2~5월	63	-31~-2
2015년 4월	17	-6~-2
2016년 2~8월	99[3]	-12~-1

주:1) 국고채(3년)금리-기준금리
2) 2008.2.29.~3.6일(5일), 4.10~5.7일(18일)
3) 2016.2.11.~3.9일(16일), 3.28~6.8일(44일), 6.27~8.26일(39일)
자료: 한국은행, 금융투자협회

〈표 3-11〉 주요국의 장단기금리 역전[1] 사례[2]

국가	폭(bp)	기간
독일	-53	2011년 7월 11일 이후
일본	-15	2014년 6월 26일 이후
프랑스	-23	2014년 8월 12일 이후
영국	-18	2016년 6월 14일 이후

주 :1) 국고채(3년)금리-기준금리
2) 2016년 9월말까지 기준
3) 역전기간 중 평균
자료: Bloomberg

5. 미국, 일본 및 유로지역의 채권시장

가. 미국

발행시장

2016년 6월말 현재 미국의 채권 발행잔액은 37.9조 달러에 달하고 있다. 이 중 국채가 13.4조달러로 전체 발행잔액의 35.4%를 차지하고 있으며, 그 다음으로는 MBS(Mortgage-Backed Securities) 8.8조달러(23.3%), 회사채 8.4조달러(22.3%), 지방채 3.8조달러(10.1%) 등의 순이다.

〈표 3-12〉 미국의 채권종류별 발행잔액[1] (단위: 십억달러, %)

지방채	국채	정부기관 채권	MBS	ABS	회사채	합계
3,826.1 (10.1)	13,417.8 (35.4)	2,005.1 (5.3)	8,829.8 (23.3)	1,359.7 (3.6)	8,433.4 (22.3)	37,871.9 (100.0)

주: 1) 2016년 6월말 현재, ( )내는 구성비
자료: Securities Industry and Financial Markets Association

미국 국채는 일반적으로 연방정부채 중 시장성 국채인 T-Bills(Treasury Bills), T-Notes(Treasury Notes), T-Bonds(Treasury Bonds) 등 재무부채권을 말하며 단일

종목의 발행잔액으로는 세계 최대규모이다. 국채 종류별로는 중기국채(T-Notes)의 발행규모가 8.6조달러로 가장 큰 비중(64.1%, 2016년 6월말 기준)을 차지하고 있다.

〈표 3-13〉 미국의 국채종류별 발행잔액[1] (단위: 십억달러, %)

T-Bills	T-Notes	T-Bonds	TIPS[2]	FRN[3]	합계
1,507.9 (11.2)	8,606.6 (64.1)	1,784.2 (13.3)	1,186.7 (8.8)	332.3 (2.5)	13,417.8 (100.0)

주: 1) 2016년 6월말 현재, ( )내는 구성비
2) 물가연동국채(Treasury Inflation Protected Securities)
3) 변동금리부채권(Floating Rate Notes)
자료: Securities Industry and Financial Markets Association

국채는 정기적으로 경쟁입찰에 의해 발행되며 낙찰금리는 모두 단일금리방식(dutch auction)에 의해 발행된다.

경쟁입찰에 앞서 입찰신청을 마감하는 비경쟁입찰에는 주로 국내 소액투자자, 외국 중앙은행, 국제금융기구 등이 참가한다. 이들 비경쟁입찰 참가자는 5백만 달러 범위내에서 응찰할 수 있으며 낙찰금리는 경쟁입찰에서 낙찰범위에 든 응찰금리의 가중평균금리를 적용한다.

〈표 3-14〉 미국 국채의 종류

만기	T-Bills				T-Notes				
	4주	13주	26주	52주	2년	3년	5년	7년[1]	10년
발행주기	매주 (화요일)	매주 (월요일)	매주 (월요일)	매월 (화요일)	매월	매월	매월	매월	매분기[2] (2,5,8,11월)
입찰방법	Dutch 방식(경쟁 및 비경쟁 입찰)								
발행조건	할인채				이표채				

만기	T-Bonds	Floating Rate Note(FRN)	TIPS[3]		
	30년	2년	5년	10년	30년
발행주기	매분기 (2,5,8,11월)	매분기 (1,4,7,10월)	반기 (4월)	반기[4] (1,7월)	반기 (2월)
입찰방법	Dutch 방식(경쟁 및 비경쟁 입찰)				
발행조건	이표채				

주: 1) 2009년 2월 이후 발행
2) 매분기 신규발행 및 신규발행이 없는 달에는 재발행(reopen)
3) 물가연동국채(Treaury Inflation Protected Securities)
4) 매분기 신규발행 및 신규발행이 없는 분기에는 재발행

한편 회사채는 만기 10~30년의 장기채 발행이 대부분을 차지하고 있는데 신용등급이 높은 우량기업 발행채권이 대부분을 차지하며 1970년대 중반 이후 기업의 매수 합병 및 구조조정 과정에서 다수의 기업들이 경영악화와 부채증가 등으로 투자부적격 등급으로 하락하면서 정크본드 시장이 형성되기 시작하였다.

유통시장

유통시장은 장외시장과 장내시장(거래소시장)으로 구분되는데 대부분의 거래는 장외시장에서 이루어지며 장내거래는 뉴욕증권거래소, 아메리칸증권거래소에서 소규모로 이루어지고 있다. 2016년 6월중 장외시장에서의 일평균 채권거래액은 7,783억달러이며 이 중 국채가 5,147억달러로 66.1%를 차지하고 있다. MBS(27.6%)도 비교적 활발히 거래되고 있으나 회사채의 거래비중(3.8%)은 낮은 수준이다.

〈표 3-15〉 미국의 채권종류별 일평균 거래규모[1] (단위: 십억달러, %)

국채	지방채	정부기관채	MBS	ABS	회사채	합계
514.7 (66.1)	12.2 (1.6)	5.8 (0.7)	215.0 (27.6)	1.2 (0.2)	29.3 (3.8.)	778.3 (100.0)

주: 1) 2016년 6월중, ( )내는 구성비
자료: Securities Industry and Financial Markets Association

미국의 경우 재무부 채권이 지표채권의 역할을 담당하고 있다. 지표종목은 신규채권 발행에 따라 최근물(on-the-run issue)로 신속하게 교체되며 신규발행 채권과 기존 지표종목과의 수익률 괴리도 1~2bp로 매우 작아 지표종목 변경에 따른 수익률 시계열의 불연속성 문제는 그다지 심각하지 않다. 2001년 10월 이전에는 만기 30년 장기국채(Treasury Bonds)가 지표채권의 역할을 수행해 왔으나 2001년 10월 만기 10년 초과 장기국채의 발행 중단을 계기로 만기 10년 국채가 지표채권의 역할을 수행해 오고 있다.

나. 일본

발행시장

2016년 6월말 현재 일본의 채권 발행잔액은 약 1,036조엔이다. 국채(정부 단기증권 포함)가 874조엔으로 압도적으로 높은 비중(84.4%)을 차지하고 있으며 지방채와 회사채는 각각 59조엔(5.7%)과 57조엔(5.5%)이다.

〈표 3-16〉 일본의 채권종류별 발행잔액[1]　(단위: 십억달러, %)

국채	지방채	정부기관채	MBS	ABS	회사채[2]	합계
873.8 (84.4)	59.3 (5.7)	34.7 (3.4)	11.0 (1.1)	56.9 (5.5)	56.9 (5.5)	1,035.7 (100.0)

주: 1) 2016년 6월말 현재, ( )내는 구성비
2) 전환사채 및 신주인수권부사채 포함
자료: 일본은행 금융경제통계월보

국채는 장기국채(만기 10년 이상) 위주로 발행되고 있다. 2016년 6월말 현재 장기국채 발행잔액은 586조엔에 달하여 전체 국채 발행잔액의 55.2%를 차지한다. 특히 10년만기 국채는 1966년 1월부터 매월 정기적으로 발행되면서 일본 채권시장에서 지표채권의 역할을 담당하고 있다.

〈표 3-17〉 일본의 만기별 국채 발행잔액[1]　(단위: 조엔, %)

장기국채 (10 · 15 · 20 · 30 · 40년)	중기국채 (2 · 3 · 4 · 5 · 6년)	단기국채 (6 · 12월)	정부단기증권 (3월 이내)	합계
585.8 (55.2)	195.2 (24.6)	35.7 (5.3)	101.7 (14.8)	918.5 (100.0)

주: 1) 2016년 6월말 현재, ( )내는 구성비
자료: 일본 재무성

한편 1999년 30년만기 이표채, 2000년 5년만기 이표채, 변동금리부 이표채(15년), 2004년 10년만기 물가연동국채, 2007년 40년만기 이표채가 각각 도입되었다. 또한 2003년에는 개인투자자만 보유할 수 있는 10년만기 국채를 도입하였다.

국채 발행방법은 경쟁입찰 또는 비경쟁입찰이며 채권 종류에 따라 단일금리방식과 복수금리방식이 혼용되고 있다. 2004년에 전문딜러제도를 도입한 데 이어 종전 10년만기 국채의 국채인수단 인수제도는 2006년 3월 폐지되었다.

유통시장

유통시장은 장외시장과 장내시장(거래소시장)으로 구분되는데 대부분의 거래가 장외시장에서 이루어지며 장내거래는 매우 미미하다. 장외시장에서의 채권 거래규모는 2016년 6월중 760조엔이며 이 중 국채가 754조엔으로 전체의 99.3%를 차지한다. 회사채 및 지방채의 거래비중은 1%에 미치지 못한 수준으로 매우 낮다. 한편 장내시장에서는 현재 일부 장기국채(10, 20년 만기 이표채), 전환사채, 정부보증채, 지방채 및 회사채 중 상장된 일부 종목이 거래되고 있다.

일본의 지표채권은 만기 10년의 국채인데 대형 증권회사 등 채권딜러간의 거래가 특정 종목으로 집중되면서 자연스럽게 시장에서 결정되며 지표종목의 결정과정은 미국에서와 같이 최근월물로 결정되기보다는 최근월물 이전의 경과물이 수개월에 걸쳐서 지표종목의 역할을 수행하는 경우도 있다.

〈표 3-18〉 일본의 채권종류별 거래규모[1]

(단위: 조엔, %)

국채	지방채	정부보증채	금융채	회사채	합계
754.4 (99.3)	2.1 (0.3)	1.7 (0.2)	0.2 (0.0)	1.3 (0.2)	759.6 (100.0)

주: 1) 2016년 6월중, ( )내는 구성비
자료: 일본은행 금융경제통계월보

다. 유로지역

2016년 6월말 현재 유로지역의 채권발행잔액은 14.1조 유로에 달하고 있다. 이 중 국채가 7.0조 유로로 전체 발행잔액의 49.7%를 차지하고 있으며 다음으로는 은행채가 3.2조 유로로 22.6%를 차지하고 있다. 반면 회사채는 0.9조유로로 6.6%에 불과하다.

〈표 3-19〉 유로지역의 채권종류별 발행잔액[1)]

(단위: 십억유로, %)

국채	지방채	은행채	비은행채	회사채	합계
7,024.5 (49.7)	592.3 (4.2)	3,198.2 (22.6)	2,380.8 (16.8)	937.9 (6.6)	14,133.8 (100.0)

주: 1) 2016년 6월말 현재, ( )내는 구성비
자료: ECB

독일 국채는 장기국채인 Bunds, 중기국채인 Bobles 및 Schatze, 단기국채인 Bubills 및 Schatzwechsel 등이 있다. 독일 국채의 발행잔액은 2016년 6월말 현재 1.2조 유로이다. 독일의 장기국채인 Bunds는 수익률, 스프레드 산정 등에서 유로지역 국채의 기준이 되고 있다. 프랑스 국채는 장기채인 OATs, 중기채인 BTANs, 단기채인 BTFs가 있으며 이탈리아의 경우에는 중장기채인 BTP, 단기채인 BOT 등이 있다. 국별로 시장규모를 보면 이탈리아, 프랑스, 독일의 순서로 규모가 크다.

〈표 3-20〉 유로지역의 국가별 국채 발행잔액[1)]

(단위: 십억유로, %)

이탈리아	프랑스	독일	스페인	벨기에	네덜란드
1,875.5 (114.5)	1,629.1 (74.7)	1,189.5 (39.3)	884.3 (82.2)	366.4 (89.6)	339.9 (50.3)

주: 1) 2016년 6월말 현재, ( )내는 각국의 2015년 경상 GDP 대비 비율
자료: ECB Statistical Data Warehouse

유럽 통화통합 이후 유로지역 국채는 환위험이 제거되고 유로지역 국가간 대체성이 높아지면서 수요기반이 강화되고 있으나 세제, 회계, 결제 등의 측면에서 국가별로 여전히 상당한 격차가 존재한다. 국채발행은 국가별로 차이가 있으나 대부분 경쟁입찰방식과 신디케이트방식을 혼합한 방식으로 이루어지고 있다. 각국 국채의 신용등급을 보면 독일, 프랑스, 네덜란드, 벨기에는 신용등급이 높은 반면 스페인, 이탈리아, 포르투갈 등은 상대적으로 낮은 편이다.

한편 유로지역에서 회사채는 국채 및 금융기관 채권에 비해 크게 성장하지 못한 상태이다. 기업들은 자체적으로 회사채를 발행하기 보다는 은행을 통해 자금을 조달하거나 소유한 비은행 자회사를 통해 채권을 발행하여 자금을 조달하

는 경우가 많다. 신용평가제도의 미발달 등으로 회사채 발행 및 수요기반이 미약한 것도 회사채시장 부진의 원인이다. 기관투자자들도 회사채보다는 국채, 커버드본드 등을 선호하는 경향이 있다. 이에 따라 유로지역 발행 회사채 중에서도 40% 정도가 유로지역 이외 기업이 차지하고 있다. 국가별로 보면 프랑스, 독일, 이탈리아, 벨기에 순이다.

〈표 3-21〉 유로지역의 국가별 회사채 발행잔액[1]

(단위: 십억유로, %)

프랑스	독일	이탈리아	벨기에	네덜란드	스페인
438.5 (20.1)	137.2 (4.5)	112.6 (6.9)	53.4 (13.1)	52.1 (7.7)	26.2 (2.4)

주: 1) 2016년 6월말 현재, ( )내는 각국의 2015년 경상 GDP 대비 비율
자료: ECB Statistical Data Warehouse

제3절 주식시장

1. 의의

주식시장은 주식회사의 지분권을 표시하는 유가증권인 주식이 거래되는 시장이다. 주식은 이익배당 및 잔여재산분배 등에 있어서 우선적 지위가 인정되나 의결권이 제한되는 우선주와 표준적 성격의 보통주로 나누어진다. 한편 우선주는 우선배당 이후 잔여이익분배에의 참여 여부 및 우선배당권의 차기이월 허용 여부에 따라 참가적·비참가적 우선주 및 누적적·비누적적 우선주로 다시 구분된다. 주식은 상환의무가 없고 경영실적에 따라 배당만 하면 되기 때문에 발행기업 입장에서는 매우 안정적인 자금조달수단이 되며 자기자본으로서 기업의 재무구조를 개선시키는 효과가 있다. 또한 투자자 입장에서는 유용한 자금운용수단이 된다.

주식시장은 기업공개 및 유상증자 등을 통해 주식이 새롭게 공급되는 발행시장과 이미 발행된 주식이 투자자간에 거래되는 유통시장으로 나누어진다. 현재 우리나라의 유통시장은 유가증권시장(거래소에서 개설하는 시장으로 동 시장의 시가총액이 우리나라의 대표주가지수인 코스피의 산출기준이 되므로 코스피, KOSPI, 시장이라고도 한다),[8] 코스닥시장(KOSDAQ; Korea Securities Dealers Automated Quotations; 유가증권시장과 더불어 거래소에 개설된 시장이며 유망 중소기업, 벤처기업 등에게 자본시장을 통한 자금조달 기회를 제공하는 한편 투자자에게는 고위험·고수익 투자수단을 제공하는 역할을 한다), 코넥스 시장(KONEX; Korea New Exchange; 유가증권시장, 코스닥시장에 이은 제3의 거래소 시장으로 「중소기업기본법」 상 중소기업만 상장이 가능하며, 코넥스 상장기업은 유가증권시장 및 코스닥시장의 상장법인과 동일한 주권상장법인으로 인정된다), 그리고 K-OTC시장

8) 코스피(KOSPI; Korea Composite Stock Price Index)는 유가증권시장에 상장되어 있는 모든 기업을 대상으로 산출되는 시가총액방식 지수로 1980년 1월 4일을 기준시점(=100)으로 하여 1983년 1월 4일부터 발표되고 있다.

(Korea Over-The-Counter, 종전의 프리보드; 비상장 주식의 매매를 위해 한국금융투자협회가 「자본시장과 금융투자업에 관한 법률」에 따라 개설·운영하는 장외시장이다)으로 구분된다.

2. 발행시장

주식의 발행은 주식회사가 설립자본금을 조달하거나 자본금을 증액할 때 이루어진다. 자본금 증액을 위한 주식발행에는 금전의 출자를 받아 자본금을 증가시키는 유상증자 이외에 무상증자, 주식배당 및 전환사채의 주식전환 등이 포함된다. 발행시장은 새로운 주식이 최초로 출시되는 시장이라는 점에서 제1차 시장(primary market)이라고도 한다.

가. 기본 구조

발행시장은 자금수요자인 발행인, 자금공급자인 투자자, 주식발행사무를 대행하고 발행위험을 부담하는 인수인으로 구성된다. 발행인에는 기업, 금융회사 등이 포함된다. 투자자는 일반투자자와 전문투자자로 구분 되며 인수인의 역할은 투자매매업자[9]가 담당한다.

나. 발행 형태

주식의 발행은 기업공개, 유상증자, 무상증자, 주식배당 등 여러 가지 형태로 이루어진다.

첫째, 기업공개(IPO; Initial Public Offering)란 주식회사가 신규 발행주식을 다수의 투자자로부터 모집하거나, 이미 발행되어 대주주 등이 소유하고 있는 주식을 매출하여 주식을 분산시키는 것을 말한다. 기업공개를 추진하는 기업은 먼저 금융위원회에 등록하고 증권선물위원회가 지정하는 감사인에게 최근 사업연도 재무제표에 대한 회계감사를 받아야 한다. 그리고 대표주관회사를 선정하고 수

9) 투자매매업이란 누구의 명의로 하든지 자기의 계산으로 금융투자상품의 매도·매수, 증권의 발행·인수 또는 그 청약의 권유, 청약, 청약의 승낙을 영업으로 하는 것을 말하며, 투자매매업자는 투자매매업을 영위하는 자를 말한다.

권주식수, 1주의 액면가액 등과 관련한 정관 개정 및 우리사주조합 결성 등의 절차를 진행한다. 이후 금융위원회에 증권신고서 제출, 수요예측 및 공모가격 결정[10], 청약 · 배정 · 주금납입, 자본금 변경 등기, 금융위원회에 증권발행실적 보고서 제출 등의 절차를 거쳐 한국거래소에 상장신청 후 승인을 받으면 공개 절차가 마무리된다.

둘째, 유상증자란 기업재무구조 개선 등의 목적으로 회사가 신주를 발행하여 자본금을 증가시키는 것을 말한다. 유상증자시 신주인수권의 배정 방법에는 주주배정증자방식, 주주우선공모증자방식, 제3자배정증자방식, 일반공모증자방식 등이 있다. 주주배정증자방식은 주주와 우리사주조합에 신주를 배정하고 실권주가 발생하면 이사회의 결의에 따라 그 처리방법을 결정하는 것이다. 주주우선공모증자방식은 주주배정방식과 거의 동일하나 실권주 발생시 불특정다수인을 대상으로 청약을 받은 다음 청약이 미달되면 이사회의 결의에 따라 그 처리방침을 정한다는 점에서 차이가 있다. 제3자배정증자방식은 주주 대신 관계회사나 채권은행 등 제3자가 신주를 인수하도록 하는 방식이며 일반공모증자방식은 주주에게 신주인수 권리를 주지 않고 불특정다수인을 대상으로 청약을 받는 방식이다. 유상증자의 절차를 보면 주주배정증자방식의 경우 ① 이사회의 신주발행 결의, ② 금융위원회에 유가증권신고서 제출, ③ 신주발행 및 배정기준일 공고, ④ 신주인수권자에 신주배정 통지, ⑤ 신주청약 접수, ⑥ 실권주 처리, ⑦ 주금 납입 및 신주발행등기, ⑧ 신주 상장신청 순으로 이루어진다. 유상증자시 신주 발행가액은 기준주가에 기업이 정하는 할인율을 적용하여 산정한다. 기준주가는 제3자배정증자방식 및 일반공모증자의 경우 청약일전 과거 제3거래일부터 제5거래일까지의 가중산술평균주가(그 기간 동안 증권시장에서 거래된 해당 종목의 총 거래금액을 총 거래량으로 나눈 가격)이다. 할인율은 제3자배정증자방식의 경우 10% 이내, 일반공모증자방식의 경우에는 30% 이내로 제한된다.

셋째, 무상증자란 주금의 납입 없이 이사회의 결의로 준비금 또는 자산재평

---

10) 수요예측은 공모가격 결정을 위해 공모주 청약을 받기 전에 기관투자자 등으로부터 사전에 희망매수가격과 수량을 조사하는 것을 말하며, 공모가격은 수요예측 결과를 감안하여 대표주관회사와 발행사가 협의하여 정한다.

가적립금을 자본에 전입하고 전입액 만큼 발행한 신주를 기존 주주에게 소유 주식수에 비례하여 무상으로 교부하는 것이다.

마지막으로 주식배당이란 현금 대신 주식으로 배당함으로써 이익을 자본으로 전입하는 것을 의미한다. 「상법」에서는 주식배당을 배당가능이익의 50% 이내로 제한하고 있다. 배당가능이익은 대차대조표상의 순자산액에서 자본금, 자본준비금 및 이익준비금을 차감하여 구한다.

다. 발행 방식

주식의 발행방식은 주식의 수요자를 선정하는 방법에 따라 공모발행과 사모발행으로, 그리고 발행에 따르는 위험부담과 사무절차를 담당하는 방법에 따라 직접발행과 간접발행으로 구분된다. 일반적으로 공모발행은 간접발행방식을 취하며, 사모발행은 직접발행방식을 취한다.

공모발행(public offering)이란 발행회사가 투자자에 제한을 두지 않고 동일한 가격과 조건으로 주식을 다수의 투자자(50인 이상)에게 발행하는 방식으로 「자본시장과 금융투자업에 관한 법률」상 모집과 매출이 이에 해당한다. '모집'이란 50인 이상의 투자자에게 새로 발행되는 증권의 취득 청약을 권유하는 것이며, '매출'은 50인 이상의 투자자에게 이미 발행된 증권의 매도 또는 매수 청약을 권유하는 것을 의미한다. 사모발행(private placement)은 발행회사가 특정한 개인 및 법인을 대상으로 주식을 발행하는 방법이다.

직접발행은 발행회사가 자기 명의로 인수위험 등을 부담하고 발행사무도 직접 담당하는 방식으로 직접모집 또는 자기모집이라고도 한다. 이 방식은 미청약분이 발생하면 발행규모를 축소하거나 재모집해야 하므로 발행규모가 작고 소화에 무리가 없는 경우에 주로 이용된다. 간접발행은 발행회사가 전문적인 지식, 조직 및 경험을 축적하고 있는 금융투자회사를 통해 발행하는 방식이다. 이 경우 발행회사는 주식발행과 관련한 위험을 금융투자회사에 부담시키고 그 대가로 수수료를 지급하게 된다. 기업공개 및 유상증자는 간접발행을 통해 이루어진다.

한편 간접발행은 금융투자회사의 발행위험 부담 정도에 따라 다시 모집주선, 잔액인수 및 총액인수로 구분한다. 모집주선(best-effort basis)이란 발행회사가 발행위험을 부담하고 발행사무만 금융투자회사에 위탁하는 방법이다. 잔액인수(stand-by agreement)란 응모총액이 모집총액에 미달할 경우 금융투자회사가 미소화분의 인수 의무를 부담하는 방법이다. 총액인수(firm-commitment)는 발행금액 전액을 금융투자회사가 인수하는 방식이다. 한편 총액인수의 경우 인수에 따른 자금소요 및 위험부담이 큰 만큼 이를 분산시키고 발행주식의 매출을 원활히 하기 위해 통상 여러 금융투자회사가 공동으로 참가한다.

3. 유통시장

유통시장은 이미 발행된 주식이 매매되는 시장으로 제2차 시장(secondary market)이라고도 한다. 유통시장은 발행된 주식의 시장성과 환금성을 높여주고 자유경쟁을 통해 공정한 가격을 형성하는 기능을 한다.

우리나라의 주식 유통시장에는 유가증권시장, 코스닥시장, 코넥스시장 및 K-OTC시장이 있다. 이 중 유가증권시장, 코스닥시장 및 코넥스시장은 한국거래소에서 개설·운영하는 장내시장이며 K-OTC시장은 장외시장이다. 한편 주식이 장내시장에서 매매되기 위해서는 상장이라는 등록 절차를 거쳐야 한다.

유통시장에서 투자자의 매매주문은 투자중개업(타인의 계산으로 금융투자상품의 매도·매수, 그 중개나 청약의 권유, 청약, 청약의 승낙 또는 증권의 발행·인수에 대한 청약의 권유, 청약, 청약의 승낙을 영업으로 하는 것을 말한다)을 영위하는 금융투자회사를 거쳐 한국거래소에서 체결되며 이에 따른 결제는 매매일로부터 3일째 되는 날(T+2일) 한국예탁결제원을 통해 이루어진다.

가. 유가증권시장

(1) 상장요건

유가증권시장에 주식을 신규로 상장하고자 하는 기업은 영업활동기간(상장예비심사 신청일 현재 설립 후 3년 이상이 경과하고 계속 영업하고 있어야 한다), 기업규모(상장예정인 보통주식 총수가 100만주 이상이고 자기자본은 300억원 이상이어야 한다), 주식분산(일반주주의 수는 700명 이상이고 일반주주가 보통주식 총수의 25%이상을 소유해야 한다. 단 상장예비심사를 신청한 후에 모집 · 매출하는 법인은 신규상장 신청일을 기준으로 한다) 등과 관련된 심사요건을 충족해야 하며 매출액, 영업이익 등과 관련된 경영성과도 일정 수준 이상이어야 한다.

유가증권시장 상장기업은 영업활동을 하는 과정에서도 일정 요건을 계속 충족해야만 한다. 한국거래소는 상장 유가증권의 상장요건 충족 여부와 기업내용의 적시공시 실시여부를 관찰하여 상장기업이 이를 지키지 못한 경우 상장을 폐지할 수 있다. 상장이 폐지되기 전에는 일정 기간 동안 관리종목으로 지정하여 상장폐지를 유예할 수 있다.

(2) 매매거래제도

유가증권시장은 현재 토요일, 공휴일, 근로자의 날 및 연말일을 제외하고 매일 개장되며 매매거래시간에 따라 09:00~15:30의 정규시장과 장 개시전 시간외시장(07:30~09:00) 및 장 종료후 시간외시장(15:40~18:00)으로 구분된다.

매매거래 단위는 호가의 경우 주식가격에 따라 1원(1,000원 미만 종목)~1,000원(50만원 이상 종목)이고 수량단위는 1주가 원칙이다. 매매계약의 체결은 원칙적으로 한국거래소가 투자자별 호가를 접수하여 일정한 매매체결원칙[11]에 따라 합치되는 호가끼리 거래를 체결하는 개별 경쟁매매방식에 의해 이루어진다. 주가의 급격한 변동을 방지하기 위해 한국거래소가 운영하고 있는 제도로는 가격제한폭제도, 매매거래중단제도(circuit breaker), 변동성 완화장치(volatility interruption)가 있다. 가격제한폭제도는 하루 중에 변동할 수 있는 개별종목 주가의 폭을 일정 한도로 제한하는 것으로 현재 동 한도는 전일 종가의 30%이다. 매매거래중단제도(circuit breaker)는 주가지수가 전일대비 일정 비율 이상 하락하여 1분간 지속되는 경우 단계적으로 매매를 중단시키는 것을 말한다. 변동성 완화장치는

---

11) 가격우선의 원칙(매수주문시 고가의 호가가 우선하고 매도주문시 저가의 호가가 우선), 시간우선의 원칙(동일가격호가에 대해 먼저 접수된 호가가 우선), 위탁매매우선의 원칙(동시호가시 고객의 호가가 금융투자회사의 자기매매호가에 우선), 수량우선의 원칙(동시호가시 수량이 많은 호가가 우선) 등이다.

개별종목에 대한 가격안정화 장치로서 주문실수, 수급불균형 등에 의한 주가 급변시 단기간의 냉각기간(2분간 단일가 매매)을 부여하는 제도로서 동적장치와 정적장치로 구분된다. 동적장치(2014년 9월 도입)는 주문 착오 등으로 인해 일정 비율 이상 급등락할 것으로 예상될 때 발동되며, 정적장치(2015년 6월 도입)는 주가가 누적적으로 10% 이상 급변할 때 발동된다. 양 장치 모두 공통적으로 발동시에 2분 동안 단일가매매로 전환되며 냉각기간을 갖는다.이 밖에 주가지수선물시장의 가격 급변동시 유가증권시장에서의 프로그램매매를 일시 정지시키는 프로그램매매호가 일시효력정지제도(side car)도 운영 중이다. 이 제도는 파생상품시장에서 기준종목의 가격이 기준가대비 5% 이상 변동하여 1분간 지속될 경우 발동되며 상승시에는 매수 호가, 하락시에는 매도 호가의 효력이 5분 동안 정지된다.

참고 공매도 개요 및 현황

공매도(short sale)는 소유하지 않은 증권을 매도하는 투자기법을 말하며 소유하지 않은 상장증권을 매도하는 무차입공매도(naked short)와 차입한 상장증권으로 결제하고자 매도하는 차입공매도(covered short)로 구분된다. 공매도는 공정가격 발견 기능을 제고하고 시장유동성을 공급할 뿐만 아니라 위험관리 수단을 제공하여 다양한 투자기법의 개발을 가능하게 하는 순기능을 갖고 있다. 그러나 결제불이행 등으로 증권시스템이 큰 위험에 직면할 수 있는 데다 시세조종 등과 같은 불공정거래 행위가 발생할 소지가 있어 규제의 대상이 되기도 한다.

우리나라에서는 1969년 2월 신용대주제도가 도입되면서 개인투자자의 차입공매도가 가능하게 되었으며 1996년 9월 상장종목에 대한 유가증권 대차제도[12)]가 도입되면서 기관투자자의 차입공매도도 시작되었다. 2000년에는 주식공매도의 결제불이행 사태가 발생하여 무차입공매도가 금지(이전까지 주식공매도에 대한 직접적 규제가 사실상 존재하지 않았다) 되었으며 글로벌 금융위기가 발발한 2008년 9월에는 한시적으로 전종목에 대한 주식 공매도가 금지되었다. 이후 2009년 6월 금융주를 제외한 공매도 금지가 해제되고 2013년 11월 금융주에 대한 공매도 금지도 해제되었다. 2016년 6월에는 공매도 제도 개선을 위한 공매도 잔고 보고제도가 시행되었다.

현재 우리나라는 원칙적으로 공매도를 허용하지 않고 있으나 증권시장의 안정성 및 공정한 가격형성을 위하여 법령이 정하는 방법에 따를 경우 보유사실이 확인된 차입 공매도는 허용하고 있다. 한편 우리나라는 전체 주식거래에서 공매도가 차지하는 비중이 꾸준히 상승하고 있으며 투자자별 공매도 공시건수는 2016년 6월말 현재 외국계회사가 대부분을 차지하고 있다.

나. 코스닥시장

(1) 상장요건

코스닥시장은 유망 중소기업, 벤처기업 등이 진입하는 시장이므로 유가증권시장에 비해 완화된 상장요건을 적용하고 있다. 코스닥시장에 신규로 상장하고자 하는 기업은 자기자본 30억원 이상(벤처기업은 15억원 이상) 또는 시가총액 90억원 이상(규모요건)이고, 의결권 있는 주식을 소유하고 있는 소액주주 수가 500명 이상(분산요건)이면 된다. 또한 이익규모 등 경영성과에 대한 요구수준도 대체로 낮은 편이다.

다만 코스닥시장 상장기업도 유가증권시장에 상장된 기업과 마찬가지로 상장 후 영업활동 과정에서 일정한 요건을 충족하여야 하며 부실화된 기업과 공개기업으로서의 의무를 충족하지 못하는 기업은 상장폐지된다. 코스닥시장에서도 기업이 상장폐지되기 전까지 일정 기간을 관리종목으로 유예기간을 줄 수 있다.

(2) 매매거래제도

코스닥시장의 거래시간과 매매계약 체결방식은 유가증권시장과 동일하며 매매수량 단위는 1주이고 호가 단위는 주식가격에 따라 1원(1,000원 미만 종목)~100원(5만원 이상 종목)이다. 코스닥시장의 경우 주가가 10만원 이상인 경우에도 호가 단위는 100원으로 유지된다는 점에서 유가증권시장(주가가 10만원 이상 50만원 미만시 500원, 50만원 이상시 1,000원)과 구별된다. 한편 개별종목의 일중 주가변동폭은 전일종가의 상하 30%로 제한되며 매매거래중단제도, 변동성 완화장치 및 프로그램매매호가 일시효력정지제도가 운영되고 있다.

---

12) 일정기간 동안 유상으로 증권을 대여(차입)하는 거래이다. 동 거래는 계약종료시 동일 증권으로 상환된다.

다. 코넥스시장

(1) 상장요건

코넥스시장은 설립 초기 중소기업에 특화된 시장으로 「중소기업기본법」상 중소기업만 상장이 가능하다. 상장요건은 코스닥시장에 비해 크게 완화(코넥스시장에서는 설립 후 경과연수, 기업규모, 주식분산, 자본상태, 경영성과 등의 제한이 없다)되어 있으나 지정자문인(지정자문인은 상장예정기업의 상장적격성을 심사하며 상장 후에도 공시・신고 업무의 자문 및 대리 등을 통해 기업의 후견인 역할을 한다) 선임 등이 필요하다. 한편 한국거래소는 일정한 기준을 충족[13)]하는 코넥스시장 상장기업이 지정자문인의 추천을 받아 코스닥시장으로의 이전을 희망할 경우 기업계속성 심사면제, 심사기간 단축 등의 혜택을 부여하여 신속한 이전을 지원하고 있다. 코넥스시장의 상장폐지요건은 코스닥시장과 유사하지만 재무상태 및 경영성과와 관련된 요건은 코넥스시장에 적용하지 않는다.

(2) 매매거래제도

코넥스시장의 거래시간, 매매단위 및 호가단위는 코스닥시장과 동일하다. 매매계약 체결방식은 개별경쟁매매를 원칙으로 하면서 시간외거래시에 경쟁매매를 일부 허용하고 있다. 코넥스시장은 대주주 지분의 효과적 분산, 대량 물량 출회에 따른 시장충격방지 및 M&A 활성화 등을 위해 경쟁매매를 허용하고 있다. 경쟁매매는 일반적으로 매도 또는 매수 한쪽이 단수이고 다른 한쪽이 복수일 때 이루어지는 매매로서 주로 국고채 입찰시 활용된다. 코넥스시장에서는 매도인이 단수일 경우만 허용하고 있으며 운용방식은 당일 장 개장전(07:30~08:30) 매도호가 및 매수호가를 접수한 후 8:30에 매매체결하는 방식이다. 다만 코넥스시장은 위험투자능력을 갖춘 투자자로 시장참가자를 제한하기 위해 기본예탁금제도(코넥스시장 상장주권을 매수하기 위해서는 1억원 이상을 현금 또는 대용증권으로 예탁하여

---

13) 다음의 세가지 요건 중 하나를 충족하면 된다. 첫째, 코넥스시장 상장후 1년 이상 경과하고 최근 1년간 일평균 시가총액이 300억원 이상이며 최근 사업연도의 매출액이 100억원 이상이면서 영업이익이 존재, 둘째, 최근 2년간 당기순익이 20억원 이상이면서 자기자본순이익률이 10%이상, 셋째, 상장 이후 2년 경과 전 당기순익이 40억원 이상이면서 자기자본순이익률이 20% 이상이다.

야 한다. 다만, 충분한 위험감수능력이 있거나 중소기업에 대한 투자전문성이 인정되는 경우에는 기본예탁금을 면제하고 있다)를 도입하였으며 거래가 활발하지 않은 점을 감안하여 유동성공급자 지정을 의무화하고 있다. 한편 개별종목의 일중 주가변동폭은 전일종가의 상하 15%로 제한되나 유가증권시장 및 코스닥시장에 적용하고 있는 변동성 완화장치, 매매거래중단제도 등은 운영하지 않고 있다.

라. K-OTC시장

(1) 등록 · 지정요건

K-OTC시장에서 비상장 주식이 거래되기 위해서는 한국금융투자협회가 발행요건을 충족하는 비상장주식을 등록 또는 지정해야 한다. 등록이란 기업의 신청에 따라 한국금융투자협회가 매매거래대상으로 등록하는 것이고 지정이란 기업의 신청 없이 협회가 직접 매매거래대상으로 지정하는 것을 말한다. 일정 요건이란 ① 자본잠식률 100% 미만, ② 매출액 5억원 이상, ③ 감사의견 적정, ④ 한국예탁결제원이 정한 통일규격 충족, ⑤ 명의개서대행계약 체결, ⑥ 주식양도 가능 등을 말한다. 신규 지정의 경우에는 추가적인 요건들(최근 사업보고서의 금융위원회 제출 및 공시, 주권의 비상장 등)도 충족해야 한다.

참고 **기업가치 대비 주가수준 판단지표**

주가가 실제 기업가치에 비해 고평가 혹은 저평가되어 있는지 여부를 판단하고자 할 때 활용되는 대표적인 지표로 PER(Price Earning Ratio, 주가순이익비율)가 있다.

PER는 기업의 주가를 주당순이익(EPS; Earning Per Share)으로 나눈 값으로 해당기업의 주가가 그 기업 1주당 순이익의 몇 배 수준으로 거래되는가를 나타낸다. 이에 따라 특정 기업의 현재 PER 값이 과거 추이 혹은 수익구조가 유사한 타 기업 등과 비교해 높을 경우 주가가 기업가치에 비해 고평가되었다고 판단할 수 있으며 반대로 낮으면 주가가 저평가되었을 가능성이 크다고 할 수 있다.

개별기업 PER의 개념을 주식시장 전체로 확장하면 상장기업 주가수준의 국가간 비교도 가능해진다. 2016년 6월 현재 국내증시의 PER는 10.3으로 주요국보다 낮아 국내 상장기업의 주가가 기업가치에 비해 저평가된 것으로 추정된다.

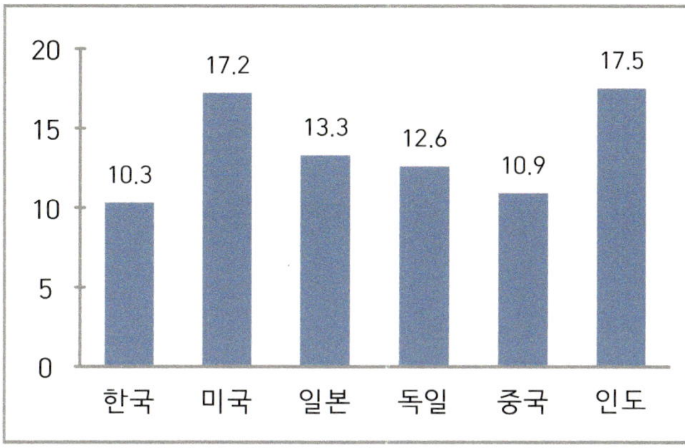

[그림 3-1] 주요국 증시의 PER 현황

참고 주가지수와 ETF

상장지수펀드(ETF; Exchange Traded Fund, 이하 'ETF')는 특정 주가지수의 수익률에 연동되도록 설계된 지수연동형 펀드로 한국거래소에 상장되어 일반주식처럼 거래되는 상품이다. 따라서 ETF를 매수하면 해당 주가지수를 구성하는 종목 전체를 매수하는 것과 동일한 효과를 얻을 수 있다.

ETF는 설정을 원하는 투자자가 지정참가회사(AP; Authorized Participants)를 통해 설정에 필요한 주식바스켓을 집합투자업자(운용회사)에 납입하면 집합투자업자가 이를 확인한 후 발행하게 된다. 이렇게 발행된 ETF가 한국거래소에 상장되면 일반주식과 동일한 방식으로 투자자들간에 거래된다. 한편 유통시장에서는 지정판매회사 중 1개사 이상이 유동성공급자(LP; Liquidity Provider)로 지정되어 ETF의 원활한 거래를 돕는다.

ETF는 통상적인 펀드와 달리 개인 주식거래계좌를 통해 손쉽게 거래할 수 있는 데다 증권거래세(0.3%) 면제 등으로 거래비용이 낮고 소액으로도 분산투자가 가능하다는 장점을 가지고 있다. 또한 수익률이 지수의 일정배율에 연동되는 레버리지 ETF, 지수변동의 반대방향으로 수익률이 정해지는 Inverse ETF 등 기존 상품에 ETF 추종 대상을 해외주식, 채권, 상품 등으로 확대한 새로운 구조의 상품들이 가세하면서 투자자들의 다양한 투자욕구를 충족하고 있다. 최근에는 연기금의 편입관련 규제를 완화하고 ETF의 상품바스켓 구성에 대한 규제를 개선[14]하는 한편 ETF의 상장심사를 간소화하는 등 자산관리 수단으로서 ETF의 활용도를 높이고 있다.

14) 투자자 보호에 문제가 없을 경우 ETF 설정을 위한 상품바스켓 구성이 선물을 포함할 수 있도록 허용하고, 원본 초과손실 발생 우려가 없는 범위 내에서 ETF의 파생상품 위험평가액 한도를 확대(100%→200%)하였다.

이에 따라 국내 ETF시장은 2002년 10월 도입 이래 빠른 속도로 성장하여 순자산규모는 2002년말 0.3조원에서 2016년 6월말 23.7조원으로 늘어났으며 펀드수도 4개에서 226개로 대폭 증가하였다.

4. 미국, 일본, 중국 및 유로지역의 주식시장

가. 미국

2016년 6월말 현재 미국 증권거래위원회(SEC; Securities and Exchange Commission)에 등록된 증권거래소(National Securities Exchange)는 총 20개에 이른다.

이 중 미국의 대표적인 주식시장인 뉴욕증권거래소(NYSE)의 매매제도를 살펴보면 경쟁매매 원칙에 따라 100주 단위로 거래가 이루어지고 있다. 결제일은 보통거래의 경우 매매계약 체결일 다음 3영업일(T+3일), 정규매매 거래시간은 09:30~16:00이다. 한편 시간외시장(crossing session)은 시간외종가매매가 이루어지는 CS I(16:15~17:00)과 시간외 대량매매 및 바스켓매매가 이루어지는 CS II (16:00~17:00)로 구분된다.

그 밖에 개별종목에 대한 일중 가격제한제도를 두지 않고 있다.[15] 다만 주가 폭락의 예방조치로 S&P500지수가 일정기준 이상 하락하는 경우 시장 전체의 매매거래를 일정시간동안 중단하는 매매거래중단제도(circuit breakers)를 운영하고 있다.

미국 주식시장의 움직임을 종합적으로 나타내는 주가지수로는 다우존스산업평균지수, S&P500지수 및 나스닥(NASDAQ; National Association of Securities Dealers Automated Quotations)지수가 있다. 나스닥은 1971년 설립되어 미국의 대표적인 장외시장으로 자리매김해오다 2006년에 증권거래소로 등록되었다.

15) 가격변동에 대한 별도의 제한을 두지 않고 있으나 시장조성 기능을 수행하는 스페셜리스트 제도를 운영함으로써 이들로 하여금 시장에 유동성을 제공하게 하는 한편 가격안정화를 위해 자기계산으로 매매하도록 함으로써 가격급변동을 완충시키고 있다. 또한 시장감독관(Floor Diretor)에게 시가결정의 연기 및 매매거래 중단의 승인권 등을 부여하여 매수 또는 매도 주문이 과도하게 편중될 때 가격 급등락을 완화하도록 하고 있다.

다우존스산업평균지수는 뉴욕증권거래소와 나스닥시장에 상장된 30개 대형 종목을 대상으로 하여 주가평균방식(1896.5.26.=$40.94)으로 산출된다. S&P500지수는 뉴욕증권거래소와 나스닥시장에서 거래되는 500개 대기업을 대상으로 하여 시가총액방식(1941~1943년=10)으로 작성된다. 나스닥지수는 나스닥시장에 등록된 모든 종목을 대상으로 하며 시가총액방식(1971.2.5.=100)으로 산출된다.

한편 2016년 6월말 현재 뉴욕증권거래소에 상장된 기업은 2,345개사, 나스닥시장 등록기업은 2,868개사이며, 시가총액은 뉴욕증권거래소가 18.7조달러, 나스닥시장이 701조달러에 이른다.

나. 일본

일본의 대표적인 증권거래소인 동경증권거래소는 주로 대기업이 상장되는 1부, 중견기업 중심의 2부, JASDAQ, Mothers(Market of the High-growing and Emerging Stocks)으로 구성되어 있다.

JASDAQ(Japanese Association of Securities Dealers Automated Quotations)은 2013년 일본거래소 통합에 따라 오사카증권거래소에서 동경증권거래소로 편입된 중소·벤처기업 중심의 유통시장으로 2016년 6월말 현재 총 773개사가 거래되고 있다.

정규매매 거래시간은 오전장(9:00~11:30)과 오후장(12:30~15:00)으로 구분되며, 결제는 일반적으로 매매계약 체결일 다음 3영업일(T+3일)에 이루어진다. 개별 종목의 일중 가격변동폭은 주가수준별로 34단계로 구분하여 정액제로 정하고 있으며, 매매거래중지제도는 공시와 관련하여 개별 종목에만 적용된다. 가격제한폭제도는 정률제와 정액제로 구분된다. 우리나라가 채택하고 있는 정률제는 가격대와 관계없이 일률적으로 동일한 율의 제한폭을 설정하는 방식인 데 반해 정액제는 기준가격대별로 차등하여 제한폭을 설정하는 방식이다

대표적인 주가지수로는 TOPIX(Tokyo Stock Price Index), Nikkei225지수, JASDAQ 지수가 있다. TOPIX는 제 1부에 상장된 자국주식을 대상으로 시가총액방식(1968.1.4.=100)으로 작성되고, Nikkei225지수는 제1부에 상장된 225개 종목을 대상으로 주가평균방식(1949.5.16.=¥176.21)으로 산출된다. JASDAQ지수는 JASDAQ

시장에 등록된 모든 종목을 대상으로 시가총액방식(1991.10.28.=100)으로 산출되는 지수이다.

한편 2016년 6월말 현재 동경증권거래소에 상장된 일본 국내기업은 3,522개사이며 시가총액은 480.7조엔이다.

다. 중국

중국의 주식시장은 1984년 주식발행이 시작된 이후 1990년 상해증권거래소와 1991년 심천증권거래소가 개설되고, 1992년 중국증권감독위원회(CSRC)가 설립되면서 본격적으로 발전하였다. 이후 1998년에는 「증권법」이 개정되고 2004년 5월에는 심천증권거래소에 중소기업 전용시장(中小板, SME Board)이 설립되었으며 2006년 1월에는 비상장기업의 주식을 거래하는 장외시장이 개설되었다. 2009년 10월에는 미국의 나스닥과 유사한 첨단기술주 중심의 차스닥시장(創業板, ChiNext)도 출범하였다.

중국 주식시장은 투자자 및 거래통화, 기업의 설립·상장지역 등에 따라 A주시장, B주시장, H주시장, Red Chip시장 등으로 구분된다. A주시장은 내국인이 위안화로 거래하는 시장이고, B주시장은 외국인이 외국통화(상해는 미달러화, 심천은 홍콩달러화)로 거래하는 시장이다. 다만 2001년 2월부터는 내국인의 B주시장 투자가 허용되었으며, 2002년 12월에는 QFII제도가 도입되어 다음해 5월부터 외국 기관투자자의 A주시장 진출이 허용되었다. QFII(Qualified Foreign Institutional Investor)는 중국 금융당국의 심사를 거쳐 중국내 증권시장에 투자할 수 있도록 인가를 받은 해외기관투자자를 말한다. 그리고 2014년 11월에는 상해증시와 홍콩증시간 상호 주식거래를 허용하는 '후강통'제도가 실시되어 외국의 기관투자자뿐만 아니라 개인투자자도 상해증권거래소에 상장된 A주를 거래할 수 있게 되었다. H주시장과 Red Chip시장은 홍콩증권거래소에 개설되어 있다. H주시장은 중국증권감독위원회(CSRC)의 승인을 받은 중국기업의 주식이 홍콩달러표시로 거래되는 시장이고, Red Chip시장은 중국자본 소유의 홍콩기업 주식이 거래되는 시장이다.

상해・심천증권거래소의 정규매매 거래시간은 09:30~11:30 및 13:00~15:00이다. 한편 시장안정을 위한 매매거래중단제도가 운영되고 있으나 2016년 1월 시행 직후 잠정 중단되었다. 2016년 6월말 현재 상해 및 심천・증권거래소의 상장기업수는 각각 1,106개, 1,781개이고 시가총액은 각각 25.1조 위안, 21.2조 위안이다.

라. 유로지역

1990년대 이후 유럽통합이 가속화되면서 각 국가별로 산재해있던 지역거래소 통폐합이 활발해졌다. 2000년에 프랑스, 벨기에, 네덜란드 3개국의 거래소가 통합하여 Euronext가 설립되었고 2003~2007년중에는 스웨덴의 OMX가 북유럽 9개국의 거래소를 통합하였으며[16], 2007년에는 London Stock Exchange(영국)가 Borsa Italiana(이탈리아)를 인수하였다. 또한 미국의 NYSE가 Euronext를 인수(2007년)하고 NASDAQ이 OMX를 인수(2008년)하는 등 대륙간 M&A도 성사되었다. 최근에는 Intercontinental Exchange가 NYSE를 인수(2013년)하였으며, London Stock Exchange와 Deutsche Borse가 합병에 합의(2016년 3월)하였다.

한편 유럽지역 거래소의 시가총액을 살펴보면 London Stock Exchange가 가장 크며 다음으로 Euronext, Deutsche Borse(독일), SIX Swiss Exchange(스위스), Nasdaq OMX Nordic Exchanges 등의 순이다.

〈표 3-22〉 유로지역 주식시장 시가총액

(단위: 십억달러)

	2006	2008	2010	2012	2014	2015	2016.6
London Stock Exchange	3,781	1,868	3,613	3,397	4,013	3,879	3,480
Euronext	3,708	2,102	2,930	2,832	3,319	3,306	3,286
Deutsche Borse	1,698	1,111	1,430	1,486	1,739	1,716	1,539
SIX Swiss Exchange	1,213	880	1,229	1,233	1,495	1,519	1,420
Nasdaq OMX Nordic Exchanges	1,123	563	1,042	996	1,197	1,268	1,221

자료: 세계거래소연맹(WFE)

16) 2003년 OMX그룹(스톡홀름증권거래소의 소유주)은 Helsinki(핀란드) 거래소를 인수한 후 Tallinn(에스토니아)과 Riga(라트비아) 거래소를 인수함으로써 북유럽 국가간 거래소 M&A를 시작하였다. 이후 Vilnius(리투아니아, 2004년), Copenhagen(덴마크, 2005년), Iceland(아이슬란드, 2006년) Oslo(노르웨이, 2006년), Armenia(아르메니아, 2007년) 거래소를 순차적으로 인수하였다.

참고 글로벌 벤치마크 지수 개요

글로벌 벤치마크 지수란 글로벌 증시 투자자들이 투자실적 비교, 각국별 투자비중 산정 등에 기준으로 삼는 지수로서 MSCI(Morgan Stanley Capital International) 인덱스와 FTSE(Financial Times Stock Exchange) 인덱스가 대표적이다.

MSCI 인덱스는 미국 투자은행 모간스탠리의 자회사인 MSCI(Morgan Stanley Capital International)에서 작성하는 지수로 주로 미국계 투자자들의 투자기준이 되고 있다. 동 지수는 전 세계 증시를 선진국 지수(MSCI World Indices), 신흥국 지수(MSCI Emerging Indices), 프런티어 지수(MSCI Frontier Indices) 등 3가지로 분류하고 있다. MSCI는 지역별, 국가별, 산업별 지수 등 다양한 종류의 지수를 작성하여 제공하고 있다.

FTSE 인덱스는 영국 경제신문 파이낸셜 타임스와 런던증권거래소가 공동 설립한 FTSE(Financial Times Stock Exchange) 인터내셔널에서 작성하는 지수로 주로 유럽계 투자자들의 참고지표로 활용되고 있다. 동 지수는 전 세계 증시를 선진국(Developed), 준선진국(Advanced Emerging), 신흥국(Secondary Emerging), 프런티어(Frontier) 등 4가지로 분류하고 있다. FTSE도 MSCI와 같이 다양한 종류의 지수를 작성하여 제공하고 있다.

한편 FTSE는 2009년에 우리나라를 준선진국에서 선진국으로 편입시킨 바 있다. FTSE 선진국 지수에서 우리나라 편입 비중은 2016년 6월말 현재 1.7%로 9위를 차지하고 있다. 반면 MSCI는 2009년에 우리나라를 선진국 편입 검토 대상으로 지정하였으나 현재까지 신흥국지수에 포함시키고 있다. MSCI 신흥국 지수내에서는 우리나라가 2016년 6월말 현재 14.6%로 2위를 차지하고 있다.

〈표 3-23〉 MSCI 지수와 FTSE 지수내 국가별 편입비중 비교[1]

	MSCI 지수	FTSE 지수
선진국 지수	미국(58.3%), 일본(8.5%), 영국(6.6%), 스위스(3.8%) 등	미국(58.2%), 일본(9.1%), 영국(7.3%), 스위스(3.4%) 등
신흥국지수[2]	중국(21.4%), 대만(12.1%), 인도(8.4%), 브라질(7.3%) 등	중국(25.3), 대만(14.5%), 인도(12.4%), 브라질(8.9%) 등
지수내 한국 순위	신흥국지수내 2위(14.6%)	신흥국지수내 9위(1.7%)

주: 1) 2016년 6월말 현재, ( )내는 각국의 시가총액이 해당 벤치마크 지수의 시가총액에서 차지하는 비중
2) FTSE지수는 준선진국지수와 신흥국지수를 모두 포함

참고 주요국 주가지수 개요

국가	지수명[1]	기준일(기간)	포괄종목	작성기관
미국	다우존스산업 평균지수 (DJIA)	1896년 5월 26일 =40.94	뉴욕증권거래소, 나스닥 상장 30개 우량 종목	S&P Dow Jones Indices
	나스닥지수 (NASDAQ Composite)	1971년 2월 5일 =100	나스닥 상장 전종목	NASDAQ
	S&P500	1941~1943년 =10	뉴욕증권거래소, NASDAQ 상장 500개 우량 종목	S&P Dow Jones Indices
	필라델피아 반도체지수 (SOX)	1993년 12월 1일 =200	반도체 관련 30개 종목	NASDAQ
일본	Nikkei225	1949년 5월 16일 =176.21	도쿄증권거래소 1부 상장 225개 우량 종목	일본경제신문
영국	FTSE100	1983년 12월 30일 =1,000	런던증권거래소 상장 시가상위 100개 종목	FTSE
독일	DAX30	1987년 12월 31일=1,000	프랑크푸르트증권거래소 상장 시가상위 30개 종목	Deutsche Borse
프랑스	CAC40	1987년 12월 31일=1,000	Euronext Paris 상장 시가상위 40개 종목	Euronext
대만	대만가권지수 (TAIEX)	1966년 평균 =100	대만증권거래소 상장 전종목[2]	대만증권거래소
홍콩	Hang seng 지수 (HSI)	1964년 7월 31일 =100	홍콩거래소 상장 시가상위 50개 종목	Hang Seng Indexes
	H지수 (HSCEI)	2000년 1월 3일 =2,000	홍콩거래소 상장 중국기업중 40개 우량종목	〃
중국	상해종합지수	1990년 12월 19일=100	상해증권거래소 상장 전종목[3]	상해증권거래소
	심천종합지수	1991년 4월 3일 =100	심천증권거래소 상장 전종목[3]	심천증권거래소
싱가포르	STI	2008년 1월 9일[4] =3,344.53	싱가포르증권거래소 상장 시가상위 30개 종목	FTSE

주: 1) 약어 설명: DJIA(Dow Jones Industrial Average), SOX(Semiconductor Sector Index), FTSE(Financial Times Stock Exchage), DAX(Deutscher Aktienindex), CAC(Cotation Assistee en Continu), STI (Straits Times Index), HSCEI(Hang Seng China Enterprise Index), TAIEX(Taiwan Stock Exchange Capitalization Weighted Stock Index)

2) 우선주, 위험주(full-delivery stocks), 1개월 이내 신규 등록 종목 등 일부 종목 제외

3) A주(내국인전용), B주(외국인전용) 모두 포함, A주 지수 및 B주 지수도 별도 산출

4) 2008년 1월 10일자로 지수 개편

제4절 자산유동화증권시장

1. 의의

자산유동화증권(ABS; Asset-Backed Securities)은 부동산, 매출채권, 유가증권, 주택저당채권(mortgage) 등과 같이 유동성이 낮은 자산을 기초로 하여 발행되는 증권을 의미한다. ABS는 자산보유자(originator)가 특수목적기구(SPV; Special Purpose Vehicle)를 설립하여 이 기구에 기초자산의 법률적인 소유권을 양도하는 절차를 거쳐 발행되며 이 증권의 원리금은 일차적으로 기초자산으로부터 발생하는 현금흐름으로 상환된다는 특징이 있다.

ABS는 증권의 법적 성격 및 기초자산에 따라 별도의 명칭을 붙이기도 한다. 즉 ABS가 사채인 경우 ABS사채, CP인 경우 ABCP(Asset Backed Commercial Paper), 출자증권인 경우 ABS출자증권, 수익증권인 경우 ABS수익증권이라고 한다. 기초자산이 주택저당채권인 경우 MBS(Mortgage-Backed Securities), 부채인 경우 CDO (Collateralized Debt Obligations)라 하고 이 중 채권인 경우 CBO(Collateralized Bond Obligations), 은행의 대출채권인 경우 CLO(Collateralized Loan Obligations)라 한다. 또한 신용카드매출채권인 경우 CARD(Certificates of Amortizing Revolving Debts), 자동차할부대출인 경우 자동차대출 ABS 등으로 불린다.

자산유동화의 가장 중요한 장점 중의 하나는 기초자산 보유자의 재무상태를 개선할 수 있다는 점이다. 우선 금융기관의 경우 보유하고 있는 위험자산을 매각하여 현금화함으로써 BIS 자기자본비율을 제고할 수 있다. 기업이 ABS를 발행할 경우에는 부채비율을 높이지 않고 자금을 조달할 수 있다. 특히 기업이 ABS로 조달한 자금으로 부채를 상환한다면 부채비율은 하락하게 된다. 다만 국제회계기준(IFRS; International Financial Reporting Standards)이 적용되는 경우 이와 같은 효과는 약화된다. 이는 동 회계기준이 연결재무제표를 주 재무제표로 규정하고 있고 특수목적회사도 실질지배력을 기준으로 연결범위에 포함시키고 있기 때문이다.

ABS의 또 다른 장점은 자금조달비용을 경감시킬 수 있다는 점이다. 즉 신용도가 낮은 자산보유자가 우량자산을 기초로 하여 신용등급이 높은 ABS를 발행하게 되면 유리한 조건으로 자금을 조달할 수 있다. ABS 발행에는 신용보강에 따른 비용과 신용평가회사, 신용보증기관, 법률회사 및 주간사회사 등에 대한 수수료 비용이 발생하여 일반 회사채 발행에 비해 부대비용이 많이 발생하므로 ABS 발행시에는 이에 대한 고려가 필요하다. 아울러 일부 금융기관들은 ABS를 차입투자(leverage financing)수단으로 이용하기도 한다. 보유자산을 매각하여 조달한 자금을 재투자하는 과정을 반복하게 되면 실제 주어진 자본금의 제약을 받지 않고 영업을 확대하는 효과를 얻을 수 있다.

투자자의 입장에서 보면 ABS는 양호한 투자대상이다. ABS는 신용평가기관의 엄밀한 평가와 신용보강(credit enhancement)을 거쳐 발행되므로 상대적으로 안전하면서도 일반 회사채보다 수익률이 다소 높기 때문이다. ABS는 발행구조가 복잡하여 유동성이 낮은 편이므로 ABS수익률은 동일 신용등급의 일반 회사채수익률에 유동성프리미엄을 가산하는 것이 일반적이다.

이와 같은 장점으로 자산유동화증권은 금융기관과 기업의 새로운 자금조달수단으로 부각되고 금융혁신으로 받아들여지면서 1980년대 중반 이후 빠르게 성장하였으나 글로벌 금융위기 이후에는 동 증권과 관련된 리스크가 재조명되고 있다.

자산유동화에는 기초자산으로부터 발생하는 리스크가 동 자산을 매각한 이후에도 계속 자산보유자에게 영향을 미칠 수 있다. 선・후순위 채권으로 나뉘어 발행되는 ABS중에서 후순위채를 자산보유자가 인수하는 경우 매각한 기초자산의 리스크는 사실상 그대로 남아있는 상태에서 외형상 위험자산의 규모만 축소되기 때문에 자산유동화 이후 남아있는 자산의 평균적인 안전성은 오히려 저하된다. 특히 선순위채에 대해 자산보유자의 보증 또는 환매요구권(put-back option)이 부여된 경우에는 이러한 문제점이 더욱 커질 수 있다.

또한 ABS는 차입투자 수단으로 이용되면서 shadow banking system[17)]에서

17) shadow banking system이란 은행과 유사한 신용중개기능(banking)을 수행함에도 불구하고 은행과 같은 건전성규제를 받지 않으며 중앙은행의 유동성 지원이나 예금자보호도 받을 수 없어 시스템적 리스크를 초래할 가능성이 높은 기관 및 금융상품을 총칭한다. 즉 투자은행, 헤지펀드, SIV(Structured Investment Vehicle)등의 금융기관 외에 MMF, RP, ABCP 등 금융상품도 포괄하는 개념이다.

핵심적인 역할을 수행한다. Shadow banking system은 은행이 단독으로 신용을 공급하는 것과 같은 기능을 수행하지만 금융기관 간 연계거래에 따른 높은 레버리지, 리스크 민감도가 높고 동조화 경향이 강한 기관투자자의 거액자금 중심의 자금조달, 사적 보호장치에 의존하고 있다는 점 등으로 시스템적 리스크에 취약하다는 문제를 내포하고 있다. 이에 따라 shadow banking system에서는 기초자산 등 일부 부문의 부실화가 대출시장과 자본시장 등 금융시장 전체로 확산되면서 피해규모가 크게 증폭될 수 있다.

이처럼 자산유동화증권의 문제점이 부각됨에 따라 미국 등 주요 선진국과 국제기구를 중심으로 동 증권에 대한 규제 및 감독 강화 방안이 논의되고 있다.

2. 발행 메커니즘

가. 기본구조

ABS 발행과정은 다음과 같다. 우선 자산보유자가 기초자산을 모아서(pooling) 이를 SPV에 양도한다. SPV는 양도받은 기초자산을 담보로 발행한 ABS를 일반 투자자에게 매각하고 매각대금을 자산보유자에게 자산양도의 대가로 지급한다. ABS의 발행에는 자산보유자, SPV, 자산관리자 및 신용평가기관 등이 참가하게 된다.

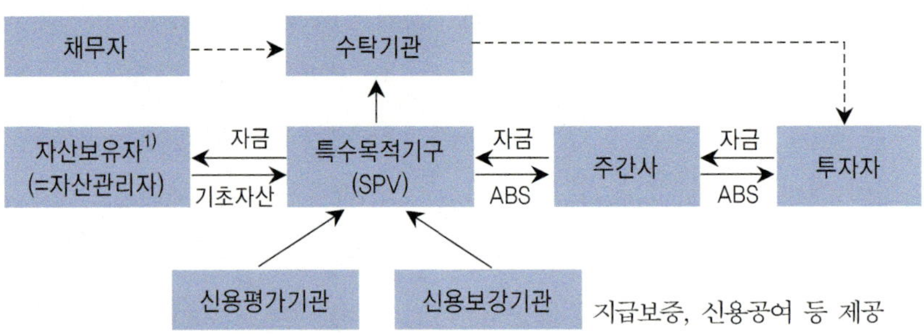

주: 1) 서류상으로만 자산을 SPV에 매각하고 동 자산을 스스로 관리
2) 실선은 ABS발행시 자금흐름을, 점선은 유동화증권 발행 이후 원리금이 회수되는 순서를 나타냄

[그림 3-2] 자산유동화의 기본구조

나. 주요 참가자

자산보유자는 보유하고 있는 기초자산을 SPV에 양도하여 SPV로 하여금 ABS를 발행하게 하고 이 ABS의 매각대금을 양도한 기초자산에 대한 대가로 받음으로써 자금을 조달하는 주체이다. 대출채권을 가진 금융기관이나 외상매출채권을 가진 기업이 자산보유자의 전형적인 예이다.

SPV는 자산보유자와 기초자산의 법률적 관계를 분리하기 위하여 설립된다. 「ABS법」에 의하면 SPC는 주식회사보다 설립이 간편한 유한회사의 형태로 설립되며 ABS의 발행 및 상환, 그리고 이에 부속된 업무만을 수행할 수 있다. SPC는 ABS를 한 번만 발행할 수 있기 때문에 자산보유자는 자산유동화를 실시할 때마다 별도의 SPC를 설립하여야 한다. 신탁회사는 수익증권 형태의 ABS를 발행하는 경우 SPV로 활용된다. 즉 자산보유자가 신탁회사에 기초자산을 양도하면 이 자산으로부터 발생하는 현금흐름을 이용하여 원리금을 지급하는 수익증권을 발행하게 된다.

자산관리자(servicer)는 실체가 없는 서류상의 회사인 SPC를 대신하여 기초자산을 실질적으로 관리해주는 관리자이다. 자산관리자는 SPC를 대신하여 기초자산에 대한 채권의 추심 또는 채무자 관리 등을 담당한다. 우리나라에서는 자산보유자, 신용정보업자 등이 자산관리자가 될 수 있는데 일반적으로 기초자산의 내용을 잘 파악하고 있는 자산보유자가 자산관리자가 된다.

수탁기관(trustee)은 기초자산을 안전하게 보관하는 한편 SPC를 대신하여 ABS의 원리금 상환실무 및 채무불이행 시 담보권 행사 등 세부적인 실무업무를 총괄한다. ABS법에서 수탁기관을 의무화하지는 않았으나 수탁기관을 선정하는 것이 일반적이며 주로 신인도가 높은 은행이 수탁기관이 된다. 이는 신용평가기관이 ABS의 신용등급을 평가할 때 다른 조건이 같더라도 수탁기관이 없는 ABS를 수탁기관이 있는 경우보다 낮은 등급으로 평가하기 때문이다.

신용평가기관은 기초자산의 기대손실 및 신용보강기관의 신용도를 객관적으로 평가하여 ABS의 신용등급을 일반투자자가 이해할 수 있는 신용등급체계로 표시함으로써 ABS가 시장에서 원활하게 거래될 수 있도록 하는 역할을 담당한다.

신용보강기관은 ABS의 안정성을 높이기 위해 일정한도 내에서 ABS에 대해 지급보증을 하거나 신용을 공급(credit line)한다. ABS의 원리금은 일차적으로 기초자산에서 발생하는 현금흐름으로 상환되나 이 현금흐름이 ABS의 원리금을 상환하기에 불충분할 경우에 대비하여 신용보강기관이 필요하다.

주간사는 발행절차상 관련이 있는 각 기관들간의 의견을 조율할 뿐 아니라 자체 영업망을 이용해서 투자자를 탐색한 다음 ABS의 신용등급, 만기 및 발행 물량을 수요에 맞게 조절하는 역할도 담당한다. 또한 ABS를 발행할 때에는 여러 가지 복잡한 법률문제와 기초자산 및 ABS의 평가문제가 발생하기 때문에 법률회사, 회계법인 등도 참가하고 있다.

다. 신용보강

신용보강이란 ABS의 만기시까지 기초자산의 가치에 부정적인 영향을 미칠 수 있는 여러 가지 상황을 분석하여 기대손실 규모를 파악한 다음 이러한 손실에도 불구하고 원리금의 가치가 보전될 수 있도록 안전망을 갖추는 것을 말한다. ABS는 이러한 신용보강에 힘입어 상대적으로 높은 신용등급으로 발행되는 것이 일반적이다.

신용보강장치는 크게 외부신용보강징치와 내부신용보강장치로 분류할 수 있다. 외부신용보강장치(external credit enhancement)는 은행 또는 신용보증기관의 지급보증이나 은행의 신용공급(credit line) 등과 같이 제3자의 지급능력에 의존하여 해당 ABS의 신용등급을 높이는 것이다. 따라서 지급을 보증한 기관의 신용도가 신용보강장치의 신뢰성에 직접적으로 영향을 미치게 된다.

이에 비해 내부신용보강장치(internal credit enhancement)는 ABS를 설계할 때부터 위험요소가 경감될 수 있도록 원리금의 지급조건을 조정하거나 자산보유자가 스스로 보증하는 방법이다. 가장 전형적인 방법은 ABS를 선·후순위 구조화(subordination 또는 credit-tranching)하는 것이다. 선·후순위 구조화란 유동화증권 발행에 있어서 원리금 지급우선순위가 다른 두 종류(tranche) 이상의 증권을 발행하는 것으로 선순위채는 기초자산에서 나오는 현금흐름이 부족할 경우 후순위

채보다 원리금을 우선적으로 지급받는다. 일반적으로 후순위채[18]는 정크본드시장에서 소화시키거나 자산보유자가 직접 인수하게 된다.

선·후순위 구조화 이외에도 현금흐름 차액적립, 초과담보 등이 내부신용보강장치로 이용된다. 실제로 ABS를 발행할 때에는 한 가지 방법만 사용되는 것이 아니라 여러 신용보강장치가 중복되어 원리금보장을 보다 확실하게 하고 있다.

〈표 3-24〉 ABS 발행을 위한 내부신용보강장치

신용보강수단	내 용
선·후순위 구조화 (subordination)	원리금 보장에 대한 순위를 정하여 각기 다른 신용등급으로 발행
현금흐름 차액적립 (excess spread)	ABS에 대한 이자지급액이 기초자산으로부터 발생하는 수입보다 다소 작도록 설계하여 이 차액을 SPC의 적립금계정(reserve account)에 계속 누적시킴으로써 유사시 현금상환능력을 보강하는 데 이용토록 함
초과담보 (over-collateralisation)	SPC가 양도받은 자산의 가치가 자산유동화를 통한 예상조달금액을 상회하도록 함으로써 일부 기초자산이 부실화되더라도 원래의 현금흐름을 유지할 수 있도록 함
환매요구권 (put-back option)	기초자산의 신용등급저하 등 원리금 상환이 의문시되는 상황이 발생하면 자산보유자가 ABS를 재매입하도록 의무화
자체보증 (originator's guarantee)	자산보유자가 ABS의 원리금 지급을 자체신용으로 보증

라. 주요 자산유동화증권

(1) CBO(Collateralized Bond Obligations)

CBO는 채권을 기초로 발행되는 ABS를 말하는데 신규 발행채권을 기초로 하는 발행시장 CBO(primary CBO)와 이미 발행된 채권을 기초로 하는 유통시장 CBO(secondary CBO)로 구분된다.

발행시장 CBO는 신용도가 낮아 채권시장에서 회사채를 직접 발행하기 어려운 기업의 회사채 차환발행 또는 신규발행을 지원하기 위해 도입되었다. 발행시장 CBO의 신용보강은 주로 수탁은행의 신용공급에 의해 이루어지며 신용보

18) 후순위채는 원리금보장면에서 순위가 가장 낮기 때문에 Class Z 채권이라고도 한다.

증기금 등이 이 신용공급에 대해 지급보증을 한다.

유통시장 CBO는 금융기관이 보유하고 있는 기발행 채권을 SPC에 매각하고 SPC는 신용을 보강한 다음 CBO를 발행하여 투자자에게 매각함으로써 자금을 조달하는 구조로 되어 있다. 유통시장 CBO의 신용보강은 수탁은행의 신용공급과 선・후순위구조로 이루어진다.

(2) CLO(Collateralized Loan Obligation)

CLO는 금융기관의 대출채권을 기초자산으로 발행되는 ABS를 의미한다. 무수익대출채권(NPL; Non-Performing Loan) 등을 포함하는 기존 대출채권을 유동화하는 CLO와 신규 대출채권을 기초로 하는 발행시장 CLO(primary CLO)로 나누어진다. 우리나라의 경우 CLO가 대부분 무수익채권을 기초자산으로 발행되고 있는데 무수익대출채권을 기초로 하는 CLO를 NPL ABS라고도 한다.

NPL ABS는 부실채권을 처분하여 금융기관의 재무건전성을 높이기 위해 발행되는데 기초자산의 현금흐름이 없으므로 담보의 처분, 채권추심 등을 통해 얻어질 수 있는 현금흐름과 수탁은행의 신용보강 및 선・후순위구조로 이루어진다. 한국자산관리공사가 발행하는 NPL ABS는 채권은행에 대한 환매요구권[19]이 신용보강에 이용된다.

한편 발행시장 CLO는 신용도가 취약한 기업에 대한 은행대출을 지원하기 위해 활용되고 있다. 발행시장 CLO는 은행이 다수의 기업에 대한 신규 대출채권을 SPC에 매각하고, SPC가 이를 기초로 CLO를 발행하여 자금을 조달하는 구조로 되어 있다. 발행시장 CLO의 신용보강은 주로 수탁은행의 신용공급에 의해 이루어지며 신용보증기금 등이 신용공급에 대해 지급을 보증한다.

(3) CARD(Certificates of Amortizing Revolving Debs)

CARD는 현재 발생한 특정계좌의 신용카드매출채권과 장래 특정시점까지 발생한 신용카드매출채권을 기초로 발행되는 ABS를 의미한다.

19) 원채무자의 6개월 이상 연체 및 특별채권 내용 변경시 채권은행에 대해 환매를 요구할 수 있다.

만기가 짧은(약 45일 정도) 신용카드매출채권을 기초로 장기의 ABS를 만들기 위해 CARD에는 재투자구조(revolving structure)가 이용된다. 즉 ABS를 발행할 때 기초자산으로 사용된 신용카드매출채권이 결제되어 회수되는 현금흐름으로 이 ABS의 이자만을 지급하고, 남은 금액으로는 특정계좌의 새로운 신용카드매출채권을 매입하여 기초자산집합에 추가시키는 방식이다.

CARD는 특정계좌로부터의 현금흐름을 자산보유자의 몫(seller's interest)과 투자자의 몫(investor's interest)으로 구분하고, 자산보유자의 몫을 일종의 내부신용보강장치로 활용하고 있다. 이에 따라 CARD는 투자자 몫을 기초로 ABS가 발행된다는 특징이 있다. 자산보유자 몫은 유입되는 현금흐름의 변동에도 불구하고 투자자 몫이 고정되도록 하는 완충장치의 역할을 한다. 한편 자산보유자 몫이 일정수준 이하인 상태가 일정기간 계속되면 조기상환이 이루어진다.

CARD의 원금은 재투자기간이 끝난 후 일정기간(축적기간) 동안 누적하여 만기에 한꺼번에 상환되거나 일정기간(조정상환기간) 분할하여 상환된다. CARD의 신용보강은 선·후순위구조, 초과담보, 하자담보책임 및 조기상환구조 등으로 이루어진다.

(4) ABCP(Asset-Backed Commercial Paper)

ABCP는 CP의 형태로 발행되는 ABS를 의미하는데 「ABS법」에 근거하여 ABS/ABCP구조가 주로 활용되고 있다. ABCP는 ABS사채의 발행 없이 CP의 형태로만 발행될 수 있다.

ABS/ABCP구조는 SPC가 기초자산을 근거로 ABS를 발행하는 것은 다른 ABS와 같다. 그러나 자산유동화기간에 상응하는 장기 ABS를 1회 발행하는 대신 단기 ABS사채를 발행한 후 만기도래시 ABCP를 발행하여 ABS사채를 상환하고 자산유동화기간 동안 계속 ABCP를 차환 발행하는 것이다.

ABS/ABCP는 장단기금리차에 따른 자금조달비용의 절감, 기초자산에서 발생하는 여유자금의 재투자위험 축소 등이 가능해지므로 ABS 발행의 경제성을 높일 수 있다.

(5) 주택저당증권(MBS; Mortgage-Backed Securities)

MBS는 주택저당채권(mortgage)[20]을 기초로 발행되는 ABS이다. MBS시장은 1차 시장, 2차 시장 및 자본시장으로 구성된다. 1차 시장은 모기지 차입자와 상업은행 등 모기지 대출기관 사이에 모기지론(주택담보대출)이 이루어지는 시장이다. 2차 시장은 모기지 대출기관이 보유하고 있는 주택저당채권을 유동화(증권화)하는 시장을 말하며 자본시장은 유동화된 주택저당증권이 기관투자가들에게 매각되고 유통되는 시장을 말한다.

MBS는 주택저당채권을 기초자산으로 ABS를 발행한다는 면에서 일반 ABS와 유사하지만 조기상환위험(prepayment risk)을 갖는다는 면에서 큰 차이가 있다.[21] 조기상환위험이란 모기지 차입자가 추가적인 수수료 납부 없이 잔존대출원금을 만기일 이전에 상환함으로써 ABS 발행자 또는 투자자의 현금흐름에 불확실성이 발생하는 위험을 말한다. 조기상환은 차입자가 전직, 타주택 구입 등으로 주택을 매각하는 경우, 차입자가 모기지 계약을 이행하지 못하여 담보주택이 매각되는 경우, 차입자가 재차입비용을 고려한 후에도 금리가 계약금리 이하로 하락하여 재차입을 하는 경우 등에 발생한다.

우리나라에서 MBS는 주로 한국주택금융공사가 발행하고 있으며 주택저당채권을 가지고 있는 일부 금융기관도 SPC를 설립하여 발행하고 있다.

---

20) 주택저당채권이란 주택의 구입 또는 건축에 소요되는 대출자금 등에 대한 채권으로서 당해 주택에 설정된 저당권에 의하여 담보된 채권을 지칭한다.

21) 미국의 경우 모기지론 조기 상환시 주택자금 차입자에게 어떤 패널티도 부과되지 않는다. 이와 달리 한국주택금융공사가 양도받는 주택저당채권의 경우 조기상환시 수수료가 부과된다. (보금자리론의 경우 최대 1.2%에서 점차 감소하여 3년 이후에는 면제, 2016년 8월말 현재)

참고 MBS와 고정금리 주택담보대출

금융기관들은 주택담보대출의 재원을 조달하기 위한 방안의 하나로 MBS를 발행하게 되는데 특히 장기고정금리 주택담보대출과 같이 금리리스크 등으로 인해 예금을 통해 조달한 자금으로 대출하기 어려운 경우 MBS를 발행하여 자금을 조달하게 된다. 1970년대 미국의 자산유동화기관이 처음 MBS를 발행한 것도 장기 고정금리 모기지론의 재원을 조달하기 위한 것이었다.

2011년까지 우리나라에서 발행된 MBS는 대부분 한국주택금융공사의 보금자리론을 위한 것이었다. 그러나 2012년 장기 고정금리 주택담보대출 상품으로 새롭게 출시된 적격대출이 큰 인기를 끌면서 MBS 발행규모가 매년 크게 증가하게 되었다.

〈표 3-25〉 한국주택금융공사의 MBS 발행현황

(단위: 십억원)

2010	2011	2012	2013	2014	2015	2016.상
77,973	85,224	200,313	219,979	145,046	552,193	145,734

자료: 한국주택금융공사

적격대출은 고정금리 주택담보대출 확대 등 2011년 6월 29일 발표한 정부의 주택담보대출 구조개선을 원활히 추진하기 위해 2012년 3월부터 은행이 판매하고 있는 MBS 발행에 적합하도록 설계된 장기고정금리 분할상환 주택담보대출이다. 발행 당시에는 만기까지 대출금리가 변하지 않는 순수 고정형 상품만 공급되었으나, 2015년 6월부터는 금리를 5년마다 재조정하는 금리조정형 적격대출을 출시하여 소비자의 금리 선택의 폭을 넓혔다. 적격대출은 보금자리론과 같이 한국주택금융공사가 은행으로부터 양도받은 대출채권을 기초로 MBS를 발행하여 재원을 조달하는 구조이나 보금자리론이 한국주택금융공사의 자체대출상품인데 반해 적격대출은 한국주택금융공사가 제시한 표준요건에 맞춘 은행의 대출상품이라는 점이 다르다.

한편 정부의 가계부채 구조개선 추진에도 가계대출의 규모가 꾸준히 증가하였으며, 은행권 주택담보 대출의 일시상환·변동금리 대출 비중은 약 75%로 여전히 높았다. 이와 같은 상황을 개선하기 위해 정부는 2015년 3월 기존 대출 중심으로 대출구조를 개선하기 위해 변동금리 또는 이자만 내고 있는 대출을 고정금리이면서 원금을 나누어 갚는 대출로 전환해 주는 안심전환대출을 한시적으로 출시하였다. 당초 정부는 20조원을 공급한도로 설정하였으나, 안심전환대출의 평균 대출금리가 2.65%로 기존 고정금리 주택담보대출에 비해 상대적으로 낮았기 때문에 동 대출에 대한 신청규모가 한도를 크게 상회하게 되었으며, 이에 정부는 11.7조원을 추가로 공급하였다. 이러한 안심전환대출의 도입으로 정부는 고정금리·분할상환대출 비중 확대라는 가계부채 구조개선 목표를 조기에 달성하는 성과를 거두게 되었다.

3. 미국, 일본 및 유로지역의 자산유동화증권시장

가. 미국

미국의 자산유동화시장은 주택금융시장을 중심으로 형성되기 시작하였으며 지금도 채권시장에서 국채와 함께 가장 큰 규모의 시장으로 자리잡고 있다. 미국의 주택금융시장에서는 1929년 대공황 이전까지는 만기 5년 이하, 변동금리, 일시상환방식의 주택담보대출(balloon mortgage)이 주류를 이루었다. 그러나 단기 일시상환방식 주택금융은 차입자가 안정적인 금리로 장기대출을 받을 수 없는 문제를 가지고 있었고 대공황 시 이러한 문제점으로 인해 대출자와 차입자 모두 엄청난 규모의 피해를 입었다. 이에 따라 1930년대 미국정부는 주택금융기관을 정부기관으로 하는 등 주택금융시스템을 전면 개편하여 2차 주택저당채권 시장을 육성하기 시작하였다. 즉 연방주택청(FHA; Federal Housing Administration) 및 재향군인청(VA; Veterans Administration)을 설립(1934년)하여 공공주택대출보험 및 보증을 취급토록 함으로써 전국적인 주택저당채권 유통시장을 형성하기 시작하였다. 또한 FNMA(Federal National Mortgage Association, 통상 Fannie Mae로 불림)를 설립(1938년)하여 FHA 및 VA가 보증하는 주택저당채권만을 매입・보유하는 업무를 취급하게 하였다.

1960년대 후반 들어 미국의 금리변동폭이 확대되면서 투자자들이 장기채권인 주택저당채권 매입을 기피함에 따라 1968년 GNMA(Government National Mortgage Association, 통산 Ginnie Mae로 불림)를 설립하여 FHA 및 VA가 부보 또는 보증한 주택저당채권 Pool을 담보로 증권을 발행하면서 동 증권의 원리금을 적기에 지급할 것을 보증하는 방식으로 자산유동화가 시작되었다. 또한 「비상주택금융법」(Emergency Home Finance Act)이 제정(1970년)됨에 따라 저축기관이 보유한 일반주택저당채권(conventional home mortgage)의 유동화를 위해 FHLMC (Federal Home Loan Mortgage Corporation, 통상 Freddie Mac으로 불림)이 설립되었으며 동법에 의해 FNMA(Fannie Mae)는 저축기관 등 일반주택저당채권을, FHLMC (Freddie Mac)는 FHA 및 VA 보증 주택저당채권도 매입할 수 있게 되어 주택저당채권시장의 경쟁체제가 촉진되었다.

1980년대 이후에는 많은 저축기관들이 고금리에 따른 유동성 위기로 도산하였다. 주택저당채권시장에서 모기지회사가 1차 시장을 주도하게 되었고 2차 시장에서는 3대 유동화회사가 MBS 발행을 주도하였다. 이후 MBS시장은 미국 채권시장에서 가장 큰 시장으로 성장하게 되었다.

1980년대 중반에 들어서는 주택저당채권 이외에도 여타 자산을 유동화한 ABS가 등장하였다. 1985년에 리스채권, 소비자매출채권, 자동차대출채권 등을 기초로 ABS가 발행되고, 1986년에는 신용카드매출채권을 기초로 ABS가 발행되기 시작하였다. 그 이후에도 자산유동화의 대상이 되는 자산들이 다양화되어 거의 모든 자산을 대상으로 증권화가 추진되었다.

2000년대 들어서는 주택경기 상승세 등의 영향으로 MBS를 중심으로 발행규모가 더욱 확대되었다. 특히 MBS를 기초자산으로 하는 CDO 등 2차, 3차 유동화증권 발행도 큰 폭 늘어나면서 ABS 발행잔액은 2000년 4.8조달러에서 2007년 11.3조달러까지 증가하였다. 그러나 서브프라임 모기지론의 부실화가 MBS에 이어 2차, 3차 유동화증권으로 확산되면서 글로벌 금융위기가 발생하자 2008년부터 ABS시장이 위축되었다. 2003~2007년중 연평균 3조달러에 근접하던 ABS 신규발행이 2008~2015년중에는 연평균 2조달러에 그치고 있다. 이에 따라 발행잔액은 2007년말 11.3조달러에서 2016년 6월말 10.2조 달러로 줄어들었다.

〈표 3-26〉 미국 채권시장 현황[1]　　(단위: 십억달러, %)

	지방채	국채	정부기관 채권	MBS[2]	ABS[3]	회사채	합계
신규발행액[4]	125 (6.7)	592 (31.6)	195 (10.4)	430 (23.0)	58 (3.1)	470 (25.1)	1,869.7 (100)
발행잔액[5]	3,826 (10.1)	13,418 (35.4)	2,005 (5.3)	8,830 (23.3)	1,360 (3.6)	8,433 (22.3)	37,872 (100)

주: 1) ( )내는 구성비
2) MBS 및 CMO
3) MBS 제외, CDO 포함
4) 2016년 2/4분기중
5) 2016년 6월말 기준
자료: SIFMA

자산형태별로는 2016년 6월말 현재 MBS를 제외한 ABS중 자동차유동화증권(14.1%)이 가장 활발하게 발행되었으며, 학자금유동화증권(13.9%), 신용카드매출채권유동화증권(9.0%) 등의 발행도 비교적 활발하였다.

〈표 3-27〉 미국의 자산형태별 ABS 발행잔액[1] (단위: 십억달러, %)

자동차	신용카드	장비	학자금	보험	소호대출	기타[2]	합계[3]
197 (14.1)	126 (9.0)	50 (3.6)	194 (13.9)	35 (2.5)	35 (2.5)	761 (54.5)	1,398 (100.0)

주: 1) 2016년 6월말 기준, ( )내는 구성비
2) 개인금융자산, 프렌차이즈 등을 포함
3) CDO(6,424억달러) 포함
자료: SIFMA

나. 일본

일본은 주택저당채권 유동화를 위해 저당증권제도(1971년), 주택대출채권신탁제도(1973년), 주택저당증서제도(1974년) 등을 도입한 바 있다. 1996년에는 「특정채권 양도에 관한 법률」(이하 '특채법')을 제정하여 리스회사, 신용카드회사 및 할부금융회사 등 여신전문금융회사가 ABS를 발행할 수 있도록 법률적 근거를 마련하였다. 1998년 9월에는 「특정목적회사를 통한 특정자산의 유동화에 관한 법률」(이하 'SPC법')을 제정하여 SPC에 대해 조세감면 혜택을 주는 한편 여신전문 금융회사뿐만 아니라 은행을 포함한 금융기관과 기업의 유동화증권 발행이 가능토록 하였다. 2000년에는 기존의 「SPC법」을「자산유동화에 관한 법률」로 대체하여 SPC의 최소자본금을 300만엔에서 10만엔으로 축소하고, 대상자산을 확대함과 아울러 다양한 유동화구조가 가능토록 하였다.

한편 일본의 ABS 발행(잔액 기준)은 글로벌 금융위기의 영향으로 2007년 이후 감소세를 지속하다가 2015년부터 ABS사채 발행 증가 등에 힘입어 소폭 반등하는 모습을 보이고 있다.

다. 유로지역

유로지역의 유동화증권시장은 2000년 이후 부동산관련 유동화증권을 중심으로 빠르게 성장하였으나 글로벌 금융위기 이후 발행이 크게 감소하였다. 한편 유로지역 유동화시장을 살펴보면 커버드본드(covered bond)가 활성화되어 있는 특징이 있다. 커버드본드는 발행자(은행)가 지급보증을 함으로써 채무자의 신용위험이 투자자에게 이전되지 않는다는 점에서 ABS와 상이하다. 글로벌 금융위기 이후 ABS 발행규모가 크게 감소한 것과는 달리 커버드본드는 지속적으로 발행되어 2015년말 현재 위기 이전 수준을 여전히 상회하고 있다.

자산형태별 유동화증권 발행 비중을 보면 주거용 및 상업용 부동산대출을 담보로 한 유동화증권이 전체의 63.9%(2015년말 잔액 기준)를 차지하여 부동산관련 유동화가 활발하게 이루어지고 있다.

참고 **자산유동화증권에 대한 최근 국제적 논의**

자산유동화증권은 기초자산을 집합(pooling)하고 구조화(structuring)하여 신용도를 보강하는 복잡한 증권화 과정을 거쳐 발행되기 때문에 일반 회사채와 달리 다양한 잠재 리스크를 포함한다. 자산유동화증권관련 리스크는 자체의 고유리스크와 시스템적 리스크로 분류될 수 있다. 고유리스크는 채무불이행리스크(default risk), 정보비대칭리스크, 유동성리스크(liquidty risk)등이 대표적이다.[22] 시스템적 리스크는 제3자의 신용보증, 유동화 과정에서 확대되는 레버리지 등에 주로 연유한다. 자산유동화증권의 신용도는 제3자의 신용보증을 통해 제고될 수 있으나 유동화증권이 부실화될 경우 보증기관 부실을 통해 금융시스템 전체로 확산될 위험은 증가한다. 예를 들면 기초자산의 부실화→유동화증권 부도→보증회사 부실→보증회사가 보증한 타 채권의 신용등급 저하→금융시장 불안의 과정을 거쳐 상호 연쇄적으로 부실이 확산될 수 있다. 유동화증권을 기초로 다시 유동화증권을 발행하는 2~3차 유동화가 이루어질 경우 레버리지는 몇 배씩 더 커지게 된다. 이에 따라 기초자산 부실화시 피해규모가 레버리지만큼 증폭되고 그 영향이 대출시장과 자본시장에 모두 파급된다. 또한 유동화증권의 투자자가 투자은행, 헤지펀드, 상업은행, 연기금 등으로 폭넓게 분포되어 있어 특정자산의 부실화 리스크가 금융시장 전체로 빠르게 확산(market run)될 소지가 크다. 2008년 미국의 서브프라임 모기지 위기는 자산유동화증권 부실이 시스템적 리스크로 확산된 대표적 사례이다.

이와 같은 자산유동화의 문제로 말미암아 최근 주요 선진국 및 국제기구(FSB; Financial Stability Board, 그리고 BCBS; Basel Committee on Banking Supervision) 등에서 자산유동화로 인한 위기재발방지를 위해 다각도로 규제 및 감독 강화 방안이 추진되고 있다.

---

22) 채무불이행리스크는 기초자산의 채무자가 지급불능에 빠질 위험이고 정보비대칭리스크는 유동화증권 구조화 과정의 복잡성으로 인하여 투자자가 신용위험을 제대로 파악하지 못할 위험이며 유동성리스크는 유동화증권의 만기가 기초자산의 만기보다 짧은 경우 금융시장 여건 악

먼저 미국을 보면 첫째, 자산보유자에 대한 규제를 강화하는 방안이 추진되고 있다. 미 감독당국은 기초자산 보유자의 신용위험에 대한 평가를 강화하기 위해 ABS 신용위험의 5%를 자산보유자가 계속해서 보유하도록 할 방침이다. 둘째, 유동화시장의 투명성을 높이기 위해 ABS발행자의 감독당국에 대한 보고의무를 강화하는 방안이다. 특히 투자자와 신용평가회사들이 기초자산의 신용평가를 위한 충분한 정보접근이 이루어질 수 있도록 자산보유자는 대출심사 수준의 기초자산 정보(loan-level data)를 제공해야 한다. 이 밖에 브로커, 신용평가회사, 인수주간사 등 시장참가자에 대한 규제강화, 규제감독과정에서의 신용등급 사용 축소 등이 추진되고 있다.

국제기구에서 논의중인 내용은 첫째, 금융기관들의 유동화익스포저에 대한 자기자본규제를 강화하는 방안이다. 이를 위해 바젤Ⅲ에 내부등급법을 적용한 자기자본비율 산출시 유동화익스포져에 대해서는 새로운 구조를 도입하기 위한 작업이 진행되고 있다. 둘째, 복잡한 금융상품에 대한 공시를 강화하는 방안이다. 이는 자산유동화증권과 관련한 위험의 실체를 정확히 파악하기 위한 것이다. 이 밖에 전 세계 유동화와 관련된 자료를 집중하는 방안, 이해상충의 문제 등이 논의되고 있다. 한편 유럽에서는 자산유동화증권을 포함한 신용위험 이전거래에 대한 정보를 집중하는 방안을 중심으로 자산보유자의 유동화증권 기초자산 보유 의무화, 구조화증권의 공시강화 등이 논의되고 있다.

화 등으로 차환발행이 되지 않아 유동성위험에 직면할 리스크이다.

제5절 통화안정증권시장

1. 의의

통화안정증권시장이란 한국은행이 발행하는 채무증서인 통화안정증권이 발행・유통되는 시장이다. 통화안정증권은 유동성 조절을 목적으로 발행되며, 환매조건부매매 및 통화안정계정 예치와 함께 한국은행의 주요 공개시장운영수단으로 활용된다.

한국은행은 경상수지 흑자(적자) 또는 외국인투자자금 유입(유출) 등으로 시중의 유동성이 증가(감소)하여 이를 기조적으로 환수(공급)할 필요가 있을 경우에 통화안정증권을 순발행(순상환)하여 유동성을 흡수(공급)하게 된다.

2. 발행 메커니즘

가. 발행방식

통화안정증권은 공모 또는 상대매출 방식으로 발행할 수 있다. 공모방식은 경쟁입찰, 모집, 일반매출로 구분되는데 경쟁입찰과 모집은 통화안정증권 거래대상기관에 대해 실시하는 반면 일반매출은 거래대상기관이 아니라도 참가할 수 있다. 상대매출은 유동성조절 또는 통화신용정책의 운영을 위하여 필요할 때에 만기 2년 이내에서 특정 금융기관 또는 정부 출자・출연기관을 상대로 발행하는 방식이다. 이 경우 증권의 만기 및 발행금리는 공모발행의 경우와 다르게 적용할 수 있다.

공모발행의 경우에도 발행방식별로 발행금액과 발행금리 결정에 있어서 차이가 있다. 경쟁입찰방식은 발행예정금액을 공시하고 발행예정금액에 상응하는 응찰금리를 발행금리로 하는 단일금리방식(dutch auction)입찰로 이루어진다. 다만, 응찰률이 현저히 낮거나 응찰금리가 시장금리와 과도하게 괴리되는 경우 발행예정금액보다 적게 낙찰시키는 물량조절권을 행사할 수 있으며, 낙찰금리 이하로 응찰한 금액이 발행예정금액을 초과하는 경우 시장상황을 고려하여 초과금액의 전부 또는 일부를 낙찰시킬 수 있다. 모집방식은 경쟁입찰방식과 달리 발행예정금액과 발행금리를 미리 정하여 공고한 상태에서 입찰참가자들의 응모금액에 따라 물량을 배분한다. 응모금액이 발행예정금액을 초과하는 경우 각 응모자별 낙찰금액은 발행예정금액을 응모금액에 따라 비례하여 배분하며, 응모금액이 발행예정금액 이하일 경우에는 각 기관의 응모규모가 낙찰규모가 된다. 일반매출의 경우 발행금리가 사전에 결정되어 공시되며 내부적으로 설정한 발행예정금액 범위내에서 매일 신청순서에 따라 신청자에게 물량을 배분한다.

한편 통화안정증권은 현재 실물증권 없이 전자적 방법으로 등록발행하고 있으나 전시·사변이나 이에 준하는 국가비상사태 등의 경우에는 실물발행도 가능하다.

나. 발행규모

한국은행은 정부의 세출·입, 한국은행 대출, 통화안정증권 만기도래 등에 따른 본원통화 공급과 현금통화, 지준예치금 등 본원통화 수요를 전망한 후 유동성조절 필요규모를 산정한다. 유동성 과부족이 기조적일 경우에는 주로 통화안정증권 발행·상환을, 일시적일 경우에는 주로 환매조건부매매 및 통화안정계정 예치를 통해 유동성조절이 이루어진다. 2016년 상반기 통화안정증권의 월중 정례발행규모는 14~16조원 수준을 나타내었다.

다. 발행조건

통화안정증권의 만기는 공모발행의 경우 2년 이내에서 할인채 10종류(14일, 28일, 63일, 91일, 140일, 182일, 364일, 371일, 392일 및 546일), 이표채 3종류(1년, 1년 6개월 및 2년) 등 총 13종류이다. 2016년 6월 현재 정례발행은 할인채인 91일물 및 182일물과 이표채인 1년물 및 2년물에 대해 실시하고 있으며, 발행금액은 최소 100억원 이상 100억원 단위이다.

할인채는 할인방식으로 발행되어 만기일에 액면금액이 지급되며, 이표채는 이표지급방식으로 발행되어 발행일로부터 3개월마다 이자를 지급하고 만기일에 액면금액을 지급한다.

라. 거래 대상기관

통화안정증권 경쟁입찰 및 모집에 참가하기 위해서는 통화안정증권 경쟁입찰·모집 대상기관으로 선정되어야 한다. 한국은행은 재무건전성 등 선정요건을 충족하는 금융기관 중에서 공개시장운영 거래 참가실적, 통화안정증권 거래실적 및 공개시장운영 관련 업무협조도 등을 감안하여 매년 7월에 대상기관을 선정하고 있다.

거래대상기관으로 선정되면 발행시장에서 한국은행으로부터 직접 통화안정증권을 매입하거나 중도환매 입찰에 참가할 수 있고, 한국은행의 공개시장운영 방향 등에 관한 정보를 얻을 수 있으며, 증권사의 경우 콜시장 참가가 가능하다는 이점이 있다.

통화안정증권 거래대상기관의 수는 2002~2004년중 40개를 상회하였으나 대상기관간 경쟁을 유도하고 통화안정증권의 유통을 활성화하기 위해 점차 축소하여 2016년 8월말 현재 통화안정증권 경쟁입찰·모집 대상기관은 은행 11개, 증권회사 11개 등 총 22개이다.

3. 발행 및 유통현황

가. 발행시장

통화안정증권 발행잔액은 1998년 외환위기 이후 경상수지 흑자 및 외국인 투자자금 유입 등 국외부문을 통한 본원통화 공급 증가로 발행이 크게 늘어나면서 큰 폭의 증가세를 지속하여 2006년말 158.4조원으로 증가하였다. 이후 2008년말 126.9조원까지 감소하였으나 글로벌 금융위기 이후 신용경색 심화 및 실물경기 위축에 대응하여 확장적인 통화·재정정책을 운용하면서 크게 늘어난

유동성을 환수하는 과정에서 2010년말 163.5조원으로 증가하였으며 2013년말까지 160조원 초반 수준을 유지하였다.

2014년 이후에는 경상수지 흑자 지속, 한국은행의 금융중개지원대출 한도 확대 등으로 발행잔액이 다시 늘어나 2016년 6월말 현재 181.4조원을 기록하였다.

통화안정증권의 만기별 발행잔액 구성 비중을 보면 2016년 6월말 현재 1년물 이상 장기물이 88.7%로 대부분을 차지하고 있는 가운데 91일물과 182일물이 각각 6.7% 및 4.6%를 차지한다. 이는 단기물 통화안정증권의 수요가 제한적인 상황에서 발행을 과도하게 늘릴 경우 물량 소화에 차질이 발생할 수 있는데다 차환발행 부담 등으로 원활한 유동성 조절이 어려워진다는 점 등을 감안하여 장기물 중심으로 발행하였기 때문이다.

나. 유통시장

통화안정증권은 여타 채권과 마찬가지로 증권사를 중개기관으로 하여 거래되고 있다. 증권사는 단순중개와 매매중개를 모두 할 수 있으나 실제로는 채권보유에 따른 금리변동 위험회피 등을 위해 단순중개에 치중하고 있다. 거래상대방은 은행, 자산운용사, 보험사 등으로 사실상 모든 시장참가자를 포함한다.

통화안정증권의 월평균 거래규모는 2011년중 133.5조원에서 2015년중 105.2조원으로 감소하였다. 이는 발행잔액 증가에도 불구하고 금리 수준 및 변동성이 하락함에 따라 거래유인이 감소한 데에 주로 기인한다. 이에 따라 월평균 거래회전율(거래금액/발행잔액)도 2011년중 0.8회에서 2015년 0.6회로 낮아졌다.

〈부록 1〉 채권의 가치평가

채권은 장기자본조달을 위해 자본시장에서 발행하는 부채증권(debt securities)이다. 특히 기업이 발행하는 채권을 회사채라고 한다. 채권(여기서는 고정금리 이표채를 가정함)은 상환기간 동안 일정기간마다 일정금액의 이자를 지급하고 동시에 만기일에는 원금을 상환하기로 약속한 증서이다. 따라서 채권의 소유자(채권의 투자자)는 만기일 이전에는 정해진 날짜에 일정한 금액의 이자를 받으며, 만기일에는 이자와 함께 원금을 받게 된다.

참고 은행의 예금 · 대출과 채권

> 은행의 고정금리부 대출은 은행이 고정금리부 이표채를 보유한 것과 동일하다. 왜냐하면, 이표채는 은행의 고정금리부 대출과 마찬가지로 만기시 원금을 취득하고 중도에 고정적인 이자를 수취하는 계약이기 때문이다.
>
> 반면, 은행의 고정금리부 예금은 은행이 고정금리의 이표채를 발행한 것과 동일하다. 왜냐하면, 이표채의 발행은 은행의 예금과 마찬가지로 만기시 원금을 지급하고 중도에 고정적인 이자를 지급하는 계약이기 때문이다.

(1) 채권(고정금리 이표채)의 구성요인

1) 만기일(maturity date)

채권의 이자와 원금을 상환하기로 약속된 날짜이다. 보통 회사채의 만기일은 3년과 5년이다.

2) 액면가(face value, par value)

만기일에 지급하기로 약속된 금액으로서 채권에 기재된 금액을 말하며, 이것은 채권의 원금이 된다.

3) 표면이자율(coupon rate)

채권증서에 표시된 원금(또는 액면가)에 대한 이자율로서 액면이자율이라고도 한다. 표면이자율은 채권발행 후 만기일까지 고정되어 있으며, 일정기간마다 지급하기로 약속한 이자율이다. 따라서 표면이자금액은 원금×표면이자율이 된다.

4) 이자지급횟수

1년에 표면이자를 지급하는 횟수로서 채권발행시에 결정되어 있다. 회사채의 경우 표면이자는 보통 1년에 분기별로 4회 지급(계산)된다.

5) 채권의 가격(또는 채권의 현재가치)

채권의 가격은 채권소유자가 받게 되는 표면이자와 액면가의 현재가치가 된다.

6) 시장이자율(또는 채권의 만기수익률)

채권의 만기수익률로서 채권의 현재가치인 채권가격을 구할 때 할인율로 사용된다.

이 중에서 앞의 네 가지, 즉 만기일, 액면가, 표면이자율, 그리고 이자지급횟수는 채권발행시에 결정되어 만기까지 고정되어 있다. 반면, 시장이자율과 채권가격은 자본시장의 여건에 따라 항상 변하며 시장이자율은 채권마다 다르다.

(2) 채권의 현재가치(또는 채권의 가격)

채권의 가격은 채권으로부터 일정기간마다 발생하는 현금흐름인 이자(표면이자)와 만기일에 발생하는 현금흐름인 액면가(원금)의 현재가치가 된다. 예를 들어, 만기가 n년, 액면가가 F, 표면이자율이 c라고 하자. 따라서 표면이자 C는 표면이자율에 액면가를 곱한 값이 된다. 즉, C=F×c. 단, 표면이자는 1년에 1회 지급된다고 가정한다. 이 채권의 현재가치인 채권가격은 다음과 같이 구해진다.

$$\begin{aligned} P_0 &= C/(1+i)^1 + C/(1+i)^2 + \cdots C/(1+i)^n + F/(1+i)^n \\ &= C \times PVIFA(i,\ n) + F \times PVIF(i,\ n) \end{aligned}$$

여기서, PVIFA(i, n)은 할인율 i, 만기 n의 연금의 현재가치이며, PVIF(i, n)은 할인율 i, 만기 n의 현재가치를 나타낸다. 즉, 첫해부터 n년째까지 매년 지급되는 표면이자의 현재가치는 연금형태의 현재가치와 동일하므로 연금의 현재가치계수표를 이용하여 구할 수 있다. 그리고 마지막 n년째 한번 지급되는 액면가(또는 원금)의 현재가치는 1회 현금흐름의 현재가치를 구하는 것과 동일하므로 현재가치계수표를 이용하여 구할 수 있다.

채권가격을 계산할 때 어떠한 할인율(i)을 적용할 것인가는 단순한 문제가 아니다. 일반적으로 그 채권에 대해서 자본시장에서 투자자들이 요구하는 만기수익률(yield to maturity: YTM 또는 단순하게 수익률이라고도 함)이 할인율로 사용된다.

예 갑 기업은 액면가가 100,000원, 만기가 5년, 표면이자율이 연 15%의 조건으로 회사채를 발행하였다고 하자. 단, 이자(표면이자)는 연 1회 지급되며, 할인율로서 사용되는 시장이자율은 표면이자율과 같다고 가정한다. 이 채권의 가격은 얼마인가?

우선 매년 1회 지급되는 표면이자는 액면가에 표면이자율을 곱한 값이다. 즉, 표면이자는 15,000원(=100,000×0.15)이 된다. 따라서

$$
\begin{aligned}
P_0 &= \underline{15{,}000/(1+0.15)^1 + \cdots + 15{,}000/(1+0.15)^5} + \underline{100{,}000/(1+0.15)^5} \\
&= 15{,}000 \times \text{PVIFA}(i=15\%,\ n=5) \qquad + 100{,}000 \times \text{PVIF}(i=15\%,\ n=5) \\
&= (15{,}000 \times 3.352) + (100{,}000 \times 0.496) \\
&= 100{,}000\text{원}
\end{aligned}
$$

첫 해에서 5년째까지 매년 지급되는 표면이자의 현재가치는 연금형태의 현재가치와 동일하므로 연금의 현재가치계수표를 활용하였다. 그리고 마지막 5년째 한번 지급되는 액면가의 현재가치는 1회 현금흐름의 현재가치를 구하는 것과 동일하므로 현재가치계수표를 활용하였다.

이 경우처럼, 시장이자율이 표면이자율과 같을 경우 채권가격은 바로 액면가와 같게 된다. 이러한 채권을 액면발행채권(par bond)이라고 한다.

만약 자본시장에서 시장이자율이 20%로 상승한다면 이 채권의 가격은 다음과 같이 85,065원이 된다. 즉, 시장이자율이 표면이자율보다 더 높으면 채권가격은 액면가보다 낮게 된다. 이러한 채권을 할인발행채권(discount bond)이라고 한다.

$$
\begin{aligned}
P_0 &= \underline{15{,}000/(1+0.20)^1 + \cdots + 15{,}000/(1+0.20)^5} + \underline{100{,}000/(1+0.20)^5} \\
&= 15{,}000 \times PVIFA(i=20\%,\ n=5) \qquad 100{,}000 \times PVIF(i=20\%,\ n=5) \\
&= (15{,}000 \times 2.991) + (100{,}000 \times 0.402) \\
&= 85{,}065\text{원}
\end{aligned}
$$

만약 자본시장에서 시장이자율이 10%로 하락한다면 이 채권의 가격은 118,965원이 된다. 즉, 시장이자율이 표면이자율보다 더 낮으면 채권가격은 액면가격보다 더 높게 된다. 이러한 채권을 할증발행채권(premium bond)이라고 한다.

$$
\begin{aligned}
P_0 &= \underline{15{,}000/(1+0.10)^1 + \cdots + 15{,}000/(1+0.10)^5} + \underline{100{,}000/(1+0.10)^5} \\
&= 15{,}000 \times PVIFA(i=10\%,\ n=5) \qquad 100{,}000 \times PVIF(i=10\%,\ n=5) \\
&= (15{,}000 \times 3.791) + (100{,}000 \times 0.621) \\
&= 118{,}965\text{원}
\end{aligned}
$$

채권가격과 할인율인 시장이자율간의 관계를 요약하면 다음과 같다.

표면이자율 < 시장이자율 → 액면가격 > 채권가격(할인발행채권)
표면이자율 = 시장이자율 → 액면가격 = 채권가격(액면발행채권)
표면이자율 > 시장이자율 → 액면가격 < 채권가격(할증발행채권)

그러면 위의 결과는 무엇을 의미하는가? 우선 시장이자율과 표면이자율이 같은 경우를 살펴보자. 이 경우 자본시장에서 평가된 채권의 시장가치(즉, 채권가격)가 10만원이므로 액면가격으로 판매될 수 있다. 그 이유는 채권소유자에게 지급되는 표면이자율이 채권가격(즉, 채권의 현재가치)을 구할 때 적용되는 할인율(시장이자율 또는 채권수익률이라고도 함)과 일치하기 때문이다. 즉, 표면이자율이 15%인 경우 채권소유자에게 지급되는 표면이자 15,000원(=10만원*0.15)은 액면가격

10만원에 대한 이자이므로 채권의 시장이자율이 15%라면 채권가격도 액면가격과 같은 10만원이어야 한다.

한편, 표면이자율이 15%인데 채권의 시장이자율(채권수익률)이 20%일 경우, 채권의 표면이자는 액면가 10만원 기준으로 15,000원인데 비해, 채권가격 10만원 기준으로 시장이자율은 20%이므로 시장이자는 20,000원이 된다. 따라서 이 채권이 시장에서 매매가 되도록 하려면 액면가 10만원보다 낮은 가격, 즉 85,065원이 되어 시장이자율(채권수익률)이 20%가 되어야만 매매가 가능하다는 것을 의미한다. 그리고 표면이자율이 15%인데 채권의 시장이자율이 10%일 경우에는 그 반대가 되어 채권가격은 액면가 10만원보다 더 높은 118,965원이 되어야 한다.

〈부록 2〉 주가평가모형

1. 현금흐름할인법

(1) 배당흐름 할인법

투자자산의 가치는 그 투자자산으로부터 얻어지는 미래의 현금흐름에 대해 위험을 반영한 시장이자율, 즉 자본비용으로 할인한 가치이다. 만일 어떤 주식을 1년 후 매각하였을 때 얻을 수 있는 매각금액을 P_1이라 하고 또 1년 후 주당 배당액을 D_1이라 하자. 그리고 이 주식에 대해 위험을 반영한 자본비용을 r_e라 하자. 이때 주식에 대한 자본비용은 기업의 부채에 대한 자본비용과 구분하여 자기자본비용(cost of capital of equity)이라 한다. 그러면 이 주식의 가치는 다음과 같이 미래 현금흐름에 대한 현재가치로 구해진다.

$$P_0 = \frac{P_1 + D_1}{(1+r_e)}$$

그런데 만일 이 주식을 2년뒤에 매각한다면 이때 주식의 가치는 어떠한가? 이때 주식의 보유로부터 얻어지는 현금흐름은 1년 뒤 지급되는 배당 D_1과 2년 뒤 지급되는 배당 D_2 그리고 2년 뒤 주식의 매각금액이 될 것이다. 2년 뒤 주식의 매각대금을 P_2라 하면 이때 주식의 현재가치는 다음과 같이 구해진다.

$$P_0 = \frac{D_1}{(1+r_e)} + \frac{P_2 + D_2}{(1+r_e)^2}$$

그러면 만일 이 주식을 매각하지 않고 기업이 존속하는 한 무한대로 보유한다면 이때 주식의 가치는 어떠한가? 이때 주식을 보유함으로써 얻게 되는 현금흐름은 기업을 영구적 기업으로 가정할 경우 배당이 유일한 현금흐름이므로 매기의 배당을 현재가치로 평가하면 다음과 같다.

$$P_0 = \frac{D_1}{(1+r_e)} + \frac{D_2}{(1+r_e)^2} + \frac{D_3}{(1+r_e)^3} + \frac{D_4}{(1+r_e)^4} + ...$$

위의 식은 주주에게 최종적으로 발생하는 현금흐름이 배당인 만큼 주가의 결정요인은 미래의 배당과 자기자본비용에 달려있다는 것을 보여준다. 이러한 모형을 배당평가모형이라 한다.

1) 제로성장모형

위의 모형을 좀 더 간편한 모형으로 전환하기 위해 매기의 배당이 D로써 일정하다고 가정하고 위의 식을 정리하면 다음과 같다.

$$P_0 = \frac{D}{(1+r_e)} + \frac{D}{(1+r_e)^2} + \frac{D}{(1+r_e)^3} + \frac{D}{(1+r_e)^4} + ... = \frac{D}{r_e}$$

즉, 어떤 기업의 주식이 매기 주당 배당이 5,000원으로 고정되어 있고 이 기업의 자기자본비용이 10%라면 이 주식의 가치는 5,000원/ (0.1)=50,000원으로 평가된다. 이러한 모형을 흔히 제로성장모형(zero- growth model)이라 한다.

2) 일정성장모형

위의 모형이 지나치게 단순하므로 미래 배당의 증가 가능성을 반영하는 방법으로 일정배당성장모형(constant growth model)이 있다. 즉, 매기 배당이 전기 배당에 비해 g만큼 일정한 비율로 성장한다고 가정하면 다음과 같은 모형이 유도된다.

$$P_0 = \frac{D_1}{(1+r_e)} + \frac{D_1(1+g)}{(1+r_e)^2} + \frac{D_1(1+g)^2}{(1+r_e)^3} + \frac{D_1(1+g)^3}{(1+r_e)^4} + ...$$
$$= \frac{D_1}{r_e - g}$$

가령 어떤 주식의 연말 주당 배당액이 5,000원이고 이 주식은 매기 전기보다 6%씩 배당이 무한대로 성장하며 이 기업의 자기자본비용은 12%라면 이 기업의 가치는 다음과 같이 계산된다.

$$P_0 = \frac{D_1}{r_e - g} = \frac{5,000\text{원}}{(0.12-0.06)} = 83,333\text{원}$$

이 모형을 일명 'Gordon모형'이라고도 한다.

3) 2단계 배당할인모형

2단계 배당할인모형은 배당금이 계속 증가하다가 어느 시점이후부터는 감소한다고 가정하는 모형이다.

2004년도 기준 갑돌기업의 정보가 다음과 같이 주어져 있다고 가정하자.

① 베타 = 1.35, 주가 = 20,260원, 자기자본 순이익률(ROE) = 12.5%, 배당성향(= 배당/순이익) = 25%, 2004년도 무위험이자율 = 5%, 시장위험프리미엄 = 6%. 따라서 시장수익률은 11%임.

② 연도별 배당금 추정치는 다음과 같다.

2005년	320원
2006년	410원
2007년	500원
2008년	600원

③ 2008년에 배당의 고성장이 끝나고 2009년부터는 배당증가율이 일정하다고 가정한다.

위의 정보를 이용하여 2004년도 기준 이론주가(또는 내재가치)를 구하면 다음과 같다.

ⓐ P_{2004} = 320원/$(1+k)^1$ + 410원/$(1+k)^2$ + 500원/$(1+k)^3$ + (600원+P_{2008})/$(1+k)^4$

ⓑ 2009년부터 배당금이 일정하게 성장한다고 가정하였으므로 2008년도 주가(P_{2008})는 일정성장모형을 이용하여 다음과 같이 구한다.

우선 CAPM을 이용하여 할인율(k)을 구하면 다음과 같다.

$$k = \text{무위험이자율} + \text{베타} \times \text{시장위험프리미엄}$$
$$= 5\% + 1.35(6\%) = 13.1\%$$

따라서 다음의 식에 $k = 13.1\%$를 대입하면

$$P_{2008} = \text{배당금}_{2009}/(k-g)$$
$$= \text{배당금}_{2008}(1+g)/(k-g)$$
$$= 600\text{원} \times 1.09375/(k-0.09375)$$
$$= 17{,}620\text{원}$$

ⓒ 2008년도 주가를 위의 ⓐ에 있는 식에 대입하면 2004년도 주가는 다음과 같다.

$$P_{2004} = 320\text{원}/(1.131)^1 + 410\text{원}/(1.131)^2 + 500\text{원}/(1.131)^3 + (600\text{원} + \mathbf{17{,}620\text{원}})/(1.131)^4$$
$$= 12{,}080\text{원}$$

20004년도 실제주가는 20,260원이므로 2단계 배당할인모형에 의해 구한 이론주가 12,080원과 크게 차이가 난다. 이러한 차이는 이론주가를 구할 때 적용된 가정에 의해 발생한다. 예를 들면, 할인율이라든지 또는 배당금의 증가율 등에 대한 가정에 따라 이론주가는 차이가 난다. 다음에는 보다 더 현실적인 배당금 증가에 대한 가정을 해보자.

4) 3단계 배당할인모형

3단계 배당할인모형은 주식분석가(애널리스트)들이 많이 사용하는 모형이다. 이 모형에서는 초기(1단계)에는 배당증가율이 매우 높고(23%) 중간(2단계)에는 배당증가율이 점차 감소하며(2009년의 배당증가율 20%에서 10년 동안 점차 1%씩 감소하는 것으로 가정), 마지막(3단계)에는 2020년 이후 배당이 일정한 증가율(9.375%)로 증가한다고 가정한다.

이와 같은 가정하에서 배당금을 추정하면 다음과 같다.

2009년	2010년	2011년	2012년	2013년	2014년	2015년	2016년	2017년	2018년	2019년	2020년
720원	860원	1,010원	1,180원	1,370원	1,580원	1,800원	2,030원	2,280원	2,530원	2,780원	3,040원

우선 일정성장모형을 이용하여 2020년 주가를 구하면 다음과 같다. 단, k=13.1%.

$$
\begin{aligned}
P_{2020} &= \text{배당금}_{2021}/(k-g) \\
&= \text{배당금}_{2020}(1+g)/(k-g) \\
&= 3{,}040\text{원} \times 1.09375/(k-0.09375) \\
&= 89{,}280\text{원}
\end{aligned}
$$

따라서 2004년도의 이론주가는 다음과 같다.

$$
\begin{aligned}
P_{2004} &= 2005\text{년배당금}/(1.131)^{1} + 2006\text{년배당금}/(1.131)^{2} + \ldots + \\
&\quad (2020\text{년배당금} + P_{2020})/(1.131)^{16} \\
&= 19{,}050\text{원}
\end{aligned}
$$

3단계 모형을 이용한 이론주가 19,050원은 실제주가 20,260원에 더 가깝다. 이것은 배당금에 대해 보다 더 현실적인 가정을 두었기 때문이다.

(2) 기업잉여현금흐름할인법과 주주잉여현금흐름할인법

1) 기업잉여현금흐름할인법(FCF)

투자자산의 가치는 그로부터 창출되는 미래 현금흐름을 그 현금흐름에 대해 위험을 반영한 할인율로 할인한 현재가치이다. 이러한 원리는 기업전체의 가치를 평가하는데도 적용된다. 기업가치(firm value: FV)란 기업이 보유한 유・무형의 모든 자산을 활용하여 창출하는 수익력을 기초로 한 가치를 의미하므로 영업활동에 투입된 모든 자산에서 발생하는 미래의 현금흐름의 현재가치로 계산된다. 이렇게 평가된 기업가치에서 부채의 가치를 차감하면 주주의 자기자본가치가 된다.

기업가치를 구하기 위해 기업 전체 영업활동에서 발생하는 현금흐름을 추정하기 위해서는 기업잉여현금흐름(FCF; free cashflow to the firm)이 사용된다. 기업잉여현금흐름, FCF는 다음과 같이 추정된다.

$$\begin{aligned} FCF &= \text{세후순영업이익} - \triangle\text{영업투자자본} \\ &= \text{세후순영업이익} - \text{영업운전자본증가액} - \text{영업순고정자산증가액} \\ \text{또는} &= \text{세후순영업이익} + \text{감가상각비} - \text{영업운전자본증가액} - \text{순자본지출} \end{aligned}$$

여기서 세후순영업이익(NOPAT; net operating profit after tax)은 이자의 절세효과 등과 같은 효과를 포함하지 않고 자본구성과 관계없이 순수한 영업활동의 이익실적을 나타내므로 영업이익×(1-법인세율)로 계산된다.[23] 따라서 기업가치는 매기 추정된 FCF를 바탕으로 다음과 같이 구해진다.

$$\text{기업가치}(FV) = \frac{FCF_1}{(1+r_w)} + \frac{FCF_2}{(1+r_w)^2} + \frac{FCF_3}{(1+r_w)^3} + \cdots$$

그런데 위의 식에서 사용되는 할인율(r_w)은 자기자본의 자본비용과 부채의 자본비용을 동시에 고려한 가중평균자본비용(WACC; weighted average cost of capital)이다. 가중평균자본비용은 다음과 같이 구해진다.

$$WACC(\text{또는 } r_w) =$$
$$\frac{\text{부채금액}}{(\text{부채금액}+\text{자기자본금액})} \times r_d(1-t) + \frac{\text{자기자본금액}}{(\text{부채금액}+\text{자기자본금액})} \times r_e$$

위의 식에서 r_d와 r_e는 각각 부채와 자기자본의 자본비용을 의미한다. 또 t는 법인세율을 의미한다. 즉, 가중평균자본비용은 부채와 자기자본의 자본비용을 각각의 금액이 차지하는 비중으로 가중치를 두어 평균을 구한 것이다. 이때 자기자본과 부채의 금액은 시장가치를 적용하는 것이 원칙이나 시장가치를 쉽게 구할 수 없는 경우에는 대차대조표 상의 장부상 금액을 사용한다. 또 부채의 자본비용에 $(1-t)$를 곱한 것은 이자의 절세효과를 반영한 것이다. 즉, 기업이 부채를 사용

23) 또 위의 식에서 영업고정자산증가액은 기간중 감가상각비를 고려하지 않고 단순히 기말의 영업고정자산액과 기초의 영업고정자산액의 차이를 구한 것이고 순자본지출은 감가상각비를 제외한 순고정자산투자액을 의미한다.

할 때 부담하는 자본비용은 이자율 그 자체가 아니라 이자로 이해 발생하는 절세 효과를 감안할 때 실질 부담비용은 이자율에 $(1-t)$를 곱한 것이다. 가령 어떤 기업이 장부상 부채가 400억원, 자기자본이 600억원이고 부채의 자본비용이 14.3%, 자기자본의 자본비용이 20%이며 법인세율이 30%인 기업이 있다면 이 기업의 가중평균자본비용은 다음과 같이 16%가 된다.

$$\begin{aligned} WACC(r_w) &= \frac{400억원}{(400억원+600억원)} \times 14.3\%(1-0.3) + \frac{600억원}{(400억원+600억원)} \times 20\% \\ &= 16\% \end{aligned}$$

기업가치를 구할 때 가중평균자본비용을 사용하는 이유는 기업 전체의 영업 현금흐름을 창출하기 위해서 자기자본과 부채가 모두 사용되었기 때문이다. 즉, 기업가치란 기업이 보유한 부채를 포함하여 전체 가치를 의미하므로 이러한 가치를 창출하는 데에는 부채와 자기자본이 동시에 사용되었다. 자본비용은 자금 조달 시 자금제공자에게 투자위험을 반영하여 정상적으로 지불해야 하는 대가를 나타낸다. 따라서 가중평균자본비용은 채권자와 주주 모두에게 그들의 요구수익률을 충족하기 위하여 기업 전체 자산에서 벌어야할 최소한의 요구수익률을 나타낸다고 볼 수 있다.

예 어떤 기업의 향후 5년간의 현금흐름을 추정한 자료는 다음과 같다. 이 기업은 2022년까지 현금흐름을 추정하였으나 그 이후 년도에 대한 추정은 어려우므로 그 이후에는 2022년의 현금흐름이 영구히 계속되는 것으로 가정하였다. 이 기업의 가중평균자본비용은 12%이다.

(단위 : 억원)

	2018년	2019년	2020년	2021년	2022년
매출액	500	600	700	800	900
영업비용	425	510	595	680	765
영업이익	75	90	105	120	135
세후영업이익(법인세율 30%) (1)	52.5	63	73.5	84	94.5
감가상각비(2)	10	11	12	13	14
순운전자본증가액(3)	5	6	5	7	5
자본지출(4)	15	20	20	15	15
기업잉여현금흐름 [(1)+(2)-(3)-(4)]	42.5	48	60.5	75	88.5

이 기업의 가치를 추정하기 위해서 2022년 말 기준의 이 기업의 가치를 추정할 필요가 있다. 88.5억원의 기업잉여현금흐름이 발생한 직후 이 기업의 가치를 평가하면 얼마인가? 이 기업은 2022년 기준으로 1년 후부터 기업잉여현금흐름이 88.5억원씩 영구히 나오는 기업이다. 이 기업의 가치를 2022년 말 기준으로 평가하면 영구연금의 현재가치를 구하는 식[24]에 의해 다음과 같이 구해진다.

$$\text{2022년 말 기업가치} = \frac{88.5\text{억원}}{0.12} = 737.5\text{억원}$$

따라서 만일 이 기업을 2022년 말 매각하면 전체 기업에 대해 737.5억원을 받을 수 있다. 이것은 현재로부터 5년 후다. 따라서 이 금액을 오늘의 가치로 다시 환산하면 다음의 계산과 같이 418억원이 된다. 이러한 금액을 잔여가치(residual value) 또는 최종가치(terminal value)라 한다. 잔여가치란 기업의 현금흐름을 계속적으로 추정하기 어렵기 때문에 일정 기간 이후의 현금흐름에 대해 특정한 가정을 바탕으로 오늘의 현재가치를 구한 것을 말한다.

$$\text{잔여가치} = \frac{(88.5\text{억원}/0.12)}{(1+0.12)^5} = 418\text{억원}$$ [25]

한편 이 기업에 대해 현재부터 향후 5년 동안 추정한 기업잉여현금흐름의 현재가치를 구하면 다음과 같다.

5년간 기업잉여현금흐름의 현재가치

$$= \frac{42.5\text{억원}}{(1+0.12)} + \frac{48\text{억원}}{(1+0.12)^2} + \frac{60.5\text{억원}}{(1+0.12)^3} + \frac{75\text{억원}}{(1+0.12)^4} + \frac{88.5\text{억원}}{(1+0.12)^5} = 217\text{억원}$$

---

24) 영구현금흐름의 현재가치는 제로배당모형에서 보듯이 매기의 동일한 현금흐름 중 한기의 현금흐름을 단순히 할인율로 나눈 값이다.

25) 잔여가치는 예측 가능한 기간 이후 현금흐름을 어떻게 가정하느냐에 따라 값이 달라진다. 가령 이 기업의 2022년 이후 기업잉여현금흐름이 2022년보다 매년 4%씩 증가한다면 2022년말 기업의 매각가치(앞의 Gordon모형과 동일한 방법에 의해)는 88.5억원(1+0.04)/(0.12-0.04) =1150.5억원이고 이를 오늘의 현재가치인 잔여가치로 평가하면 1150.5억원/$(1+0.12)^5$ =652.8억원이 된다.

따라서 기업전체의 가치는 다음과 같다.

기업가치 = 5년간 기업잉여현금흐름의 현재가치 + 잔여가치
= 217억원 + 418억원 = 635억원

이 기업의 자기자본가치는 기업가치에서 부채가치를 뺀 금액이다. 만일 이 기업의 부채가치가 200억원 이라면 이 기업의 자기자본가치는 435억원이고 우선주가 없다면 보통주의 가격은 이것을 보통주 발행주식 수로 나눈 것이다.

2) 주주잉여현금흐름할인법(FCE)

기업잉여현금흐름법은 기업 전체에 발생하는 영업현금흐름을 중심으로 기업가치를 구한 다음 이를 바탕으로 주주가치를 구하는 방법이다. 이에 비해 주주잉여현금흐름할인법은 기업 전체의 현금흐름이 아니라 보통주 주주에게 귀속되는 현금흐름을 중심으로 주주의 자기자본가치를 직접 구한다. 주주잉여현금흐름은 기업잉여현금흐름, FCF와 구분하여 보통 FCE(free cashflow to the equity)로 표시하며 기업 전체에 발생하는 잉여현금흐름에서 채권자와 우선주 주주에게 발생하는 순현금흐름을 차감한 후 보통주 주주에게 귀속되는 현금흐름을 추정한 것이다. 이러한 현금흐름 중 일부는 주주에게 현금배당으로 지급되지만 나머지는 기업에 남겨진다. 앞에서 살펴본 배당모형은 주주에게 최종적으로 지급되는 현금흐름이 배당이므로 이것을 기준으로 주주의 가치를 평가한 것이지만 주주잉여현금흐름 모형은 배당을 포함해서 기업 내부에 남겨진 현금흐름도 결국 모두 주주에게 귀속되므로 이 금액을 기준으로 보통주 주주의 가치를 평가하는 것이다.[26] FCF를 기준으로 FCE를 구하면 다음과 같다.

---

26) 배당모형과 주주잉여현금흐름은 주주에게 귀속되는 현금흐름을 어떻게 보느냐에 따라 다른 모형이 되지만 다른 조건이 영향을 미치지 않는다면 이론적으로 두 모형은 결국 모두 같은 주주 가치를 나타내게 된다. 왜냐하면 기업이 현재 배당을 증가시키더라도 이것은 결국 내부유보를 감소시키고 그에 따라 미래 배당이 감소하므로 결국 주가에 궁극적인 영향이 나타나지 않기 때문이다. 마찬가지로 현재 배당을 감소하면 내부유보 증가로 미래 배당이 증가하고 그에 따라 주주가치에 변동이 없다.

$$\text{FCE} = \text{FCF} - \text{세후순재무비용} - \text{부채 원금상환액} + \text{신규발행부채} - \text{우선주배당금}$$

이와 같이 FCE가 추정되면 보통주 주주의 자기자본가치는 다음과 같이 추정된 FCE의 현재가치이다.

$$\text{보통주 주주의 자기자본가치} = \frac{FCE_1}{(1+r_e)} + \frac{FCE_2}{(1+r_e)^2} + \frac{FCE_3}{(1+r_e)^3} + \cdots$$

다만 위의 식에서 할인율은 보통주 주주에 대한 현금흐름을 할인하는 것이므로 기업가치를 구할 때 사용되던 가중평균자본비용이 아니라 보통주 주주에 대한 자기자본비용이 사용된다. 위와 같이 보통주 주주의 자기자본가치가 구해지면 이것을 보통주의 발행주식 수로 나누면 주당 가치가 계산된다.

예 어느 기업의 기업잉여현금흐름이 다음과 같이 주어져 있고, 그 기업은 400억원의 부채를 기업이 종료하는 3년 뒤에 상환한다고 가정하면 주주잉여현금흐름은 다음과 같이 계산된다.

연도	기업잉여현금흐름	세후순재무비용	원금상환액	주주잉여현금흐름
1년 뒤	400억원	40억원	-	360억원
2년 뒤	500억원	40억원	-	460억원
3년 뒤	600억원	40억원	400억원	160억원

위의 표에서 세후순재무비용은 400억원의 부채에 대하여 (400억원) × (14.3%)(1-0.3) = 40억원이다. 또 주주잉여현금흐름에 대한 적정한 할인율은 자기자본비용 20%이므로 보통주의 자기자본가치는 다음과 같다.

$$\text{자기자본가치} = \frac{360\text{억원}}{(1+0.2)} + \frac{460\text{억원}}{(1+0.2)^2} + \frac{160\text{억원}}{(1+0.2)^3} = 712\text{억원}$$ [27]

27) 위에서 기업잉여현금흐름에 의한 자기자본가치는 700.8억원이었으나 주주잉여현금흐름에 의한 자기자본가치는 712억원으로 다소 차이가 나고 있다. 이것은 기업잉여현금흐름에 의한 기업가치를 구하기 위해 가중평균자본비용을 사용하였으나 이 때 가중평균자본비용의 계산을 시장가치가 아닌 장부가치를 기준으로 하였기 때문이다.

2. 회계적 방법

(1) 초과순이익모형(residual income valuation model: RIM)

초과순이익모형은 기업의 장부가치에다 미래 발생하는 초과순이익의 현재가치를 더한 것으로 가치를 평가하는 방법이다. 즉, 주주의 자기자본가치는 다음과 같이 장부상 자기자본금액과 미래 기대되는 초과순이익의 현재가치의 합으로 계산된다.

자기자본가치 = 장부상 자기자본가치 + 미래 기대되는 초과순이익의 현재가치

여기서 초과순이익은 자본사용에 대해 정상적인 이익을 초과하는 이익을 의미한다. 정상적 이익이란 자기자본에 대해 투자자인 주주가 투자위험을 반영하여 요구하는 최소한의 시장수익을 의미한다. 이때 요구수익률은 기업이 자본조달을 위해서 주주에게 보장해야 하는 최소한의 수익률이므로 이를 자본비용이라고도 한다. 따라서 자기자본의 정상적 이익은 기업이 보유하고 있는 기초자기자본에다 자기자본의 자본비용을 곱해서 구해진다. 초과순이익은 기업의 회계적 순이익에서 정상적 이익을 뺀 것이다. 또 회계적 순이익을 기초자기자본으로 나누면 자기자본순이익률(ROE; return on equity)이 되므로 다음과 같은 식이 성립한다.

$$
\begin{aligned}
\text{초과순이익} &= \text{회계적 순이익} - \text{자기자본사용의 정상적 이익} \\
&= \text{회계적 순이익} - r_e \times \text{기초자기자본} \\
&= (\text{ROE} - r_e) \times \text{기초자기자본}
\end{aligned}
$$

위에서 r_e는 자기자본에 대한 자본비용이다. 초과순이익모형에 의하면 장부상 자기자본은 기업이 정상적인 이익을 창출하는 원천으로 파악한다. 즉, 기업의 장부상 자기자본금액은 정상적 이익이 반영되어 나타난 가치이며 장부상 자기자본을 초과하는 시장가치는 기업이 정상적 이익을 초과하여 달성하는 초과순이익으로부터 발생하는 것으로 간주된다. 장부상 가치를 초과하는 시장가치는 초과순이익의 현재가치이므로 다음과 같이 구해진다.

장부상 가치를 초과하는 시장가치

$$= \frac{(ROE_1 - r_e)BV_0}{(1+r_e)} + \frac{(ROE_2 - r_e)BV_1}{(1+r_e)^2} + \frac{(ROE_3 - r_e)BV_2}{(1+r_e)^3} + \ldots$$

위의 식에서 ROE_t는 t시점의 자기자본이익률을, BV_t는 t시점의 장부상 자기자본금액을 의미한다.[28] 따라서 기업 전체 주주에 대한 자기자본가치는 다음과 같이 계산된다.

$$\text{자기자본가치} = BV_0 + \sum_{t=1}^{\infty} \frac{(ROE_t - r_e)BV_{t-1}}{(1+r_e)^t}$$

예 이상의 모형을 활용하여 자기자본가치를 구해보기로 하자. 어떤 기업이 장부상 자기자본금액을 500억원 가지고 있다. 이 기업은 3년 후 종료하고 이 기업의 3년 간 ROE는 다음과 같이 예측되며 자기자본비용은 10%이다. 이 기업은 매년 순이익을 모두 배당에 사용하고 기간 중 유상증자나 주식재매입이 없다면 이 기업의 자기자본가치는 얼마인가?

연도	ROE
1년	15%
2년	20%
3년	5%

이 기업은 매년 이익을 모두 배당하고 유상증자나 주식재매입을 행하지 않으므로 3년간 이 기업의 장부상 자기자본금액은 500억원으로 동일하다. 따라서 이 기업의 자기자본가치는 다음과 같다.

자기자본가치

$$= 500\text{억원} + \frac{(0.15-0.1)500\text{억원}}{(1+0.1)} + \frac{(0.2-0.1)500\text{억원}}{(1+0.1)^2} + \frac{(0.05-0.1)500\text{억원}}{(1+0.1)^3}$$

$$= 545.27\text{억원}$$

28) 위의 식 각 항 분자에서 장부상 자기자본금액 BV_t는 기초자기자본을 의미하므로 ROE_t의 시점보다 1기 앞의 금액이 곱해졌다.

(2) 경제적부가가치(EVA; economic value added)모형

경제적 부가가치는 기업이 영업활동을 통해 창출한 순가치의 증가분으로 나타낸다. 즉 세후 순영업이익에서 투입된 자본비용을 차감한 이익이다. 이 자본비용에는 타인자본 조달비용뿐만 아니라 자기자본조달비용도 포함한다. 이는 다시 영업투자자본에다 영업투자자본이익률과 자본비용의 차이를 곱해 산출할 수 있다. 즉 투자수익률과 자본비용을 대비시킨 개념이다. 영업투자자본이익률이 자본비용을 상회하면 기업가치가 증대되며, 영업투자자본이익률이 자본비용을 하회하면 기업가치가 감소하게 된다.

EVA = 세후순영업이익 – 영업투자자본 × 가중평균자본비용
= 영업투자자본 × (영업투자자본이익률 – 가중평균자본비용)

기업의 자산과 부채는 크게 영업자산 및 재무자산(금융 및 투자자산), 영업부채(비이자발생부채) 및 재무부채로 구분할 수 있다. 그리고 영업이익의 창출에 기여한 순자산은 영업자산에서 영업부채를 뺀 영업투자자본(Invested Capital: IC)이라 할 수 있다. 즉,

영업투자자본 = 영업자산 – 영업부채

세후순영업이익(NOPAT)은 영업투자자본을 활용하여 얻은 기업 전체의 이익을 의미한다. 경제적 부가가치(economic value added: EVA)는 미국의 컨설팅기관인 Stern-Steward사가 개발한 지표로서 앞서 언급한 초과순이익의 개념을 영업투자자본에 적용한 것이다. 즉, 기업 전체의 영업활동과 관련된 순자산인 영업투자자본으로부터 창출된 이익은 세후순영업이익(NOPAT)이므로 이러한 세후순영업이익 중에서 투자자본 사용에 대한 정상적인 이익, 즉 요구수익을 초과하는 이익을 계산한 것을 경제적 부가가치라 한다. 여기서 투자자본의 사용에 대한 정상적인 이익은 기초 영업투자자본에 가중평균자본비용(WACC)을 곱한 것과 같다. 왜냐하면 가중평균자본비용은 기업이 영업활동에 대해 얻어야할 최소한의 요구수익률을 나타내기 때문이다. 즉, 경제적 부가가치 또는 EVA는 다음과 같다.

$$\text{경제적 부가가치} = NOPAT - WACC \times \text{기초영업투자자본}$$

또 NOPAT를 기초 영업투자자본으로 나눈 수치가 영업투자자본이익률(return on invested capital: ROIC)이므로 EVA는 다음과 같이 표시된다.

$$\begin{aligned} \text{EVA} &= \text{NOPAT} - \text{WACC} \times \text{기초 영업투자자본} \\ &= (\text{ROIC} - \text{WACC}) \times \text{기초 영업투자자본} \end{aligned}$$

EVA를 이용한 기업가치는 장부상 기초 영업투자자본에다 미래의 영업초과이익인 EVA의 현재가치를 더하여 계산한다. 즉,

$$\text{기업가치} = \text{장부상 기초 영업투자자본} + \text{미래 EVA의 현재가치}$$

즉, EVA모형도 앞의 초과순이익 모형과 마찬가지로 영업투자자본의 장부가치가 투자자본의 정상적인 이익을 반영한 가치로 간주한다. 그리고 장부상 금액을 초과하는 시장가치는 초과영업이익으로부터 발생한다. EVA는 영업투자자본의 활용으로 얻어지는 초과영업이익이므로 장부상 영업투자자본을 초과하는 가치는 EVA를 오늘의 가치인 현재가치로 할인한 값이다. 이때 현재가치를 구하기 위해 사용되는 적절한 할인율은 역시 가중평균자본비용이다. 왜냐하면 기업 전체 가치를 구하기 위한 적정 할인율은 가중평균자본비용이기 때문이다. 말하자면 IC_0를 장부상 기초 영업투자자본이라 하고 IC_t를 t기의 영업투자자본이라 하면 기업가치는 다음과 같다.

$$\text{기업가치} = IC_0 + \frac{NOPAT_1 - r_w IC_0}{(1+r_w)} + \frac{NOPAT_2 - r_w IC_1}{(1+r_w)^2} + \frac{NOPAT_3 - r_w IC_2}{(1+r_w)^3} + \cdots$$

예 만일 현재 장부상 자산금액이 1,000억원이고 3년동안 자산금액이 다음의 표와 같다고 하자. 그리고 세후순영업이익이 3년간 각각 200억원, 300억원, 400억원으로 주어져 있다고 하자. 이 기업은 3년간 주식, 채권 등 재무자산을 50억원 보유하고 매입채무, 미지급금 등 영업부채가 3년간 100억원을 유지한다고 하자. 이 기업에 대해 EVA모형에 의해 기업가치를 구

하면 다음과 같다. 우선 이 기업의 영업투자자본은 자산-재무자산-영업부채이므로 다음과 같다.

자산	재무자산	영업부채	영업투자자본
1,000억원	50억원	100억원	850억원
1,100억원	50억원	100억원	950억원
1,200억원	50억원	100억원	1,050억원
1,300억원	50억원	100억원	1,150억원

그러므로

$$\text{기업가치} = 850\text{억원} + \frac{200\text{억원} - (0.15)(850\text{억원})}{(1+0.15)} + \frac{300\text{억원} - (0.15)(950\text{억원})}{(1+0.15)^2}$$
$$+ \frac{400\text{억원} - (0.15)(1{,}050\text{억원})}{(1+0.15)^3}$$
$$= 1{,}191.85\text{억원}$$

EVA를 기초로 이 기업의 자기자본가치를 계산하면 자기자본가치는 기업가치에서 순재무부채를 차감한 금액이고 이 기업의 순재무부채는 총부채 400억원에서 재무자산 50억원을 뺀 350억원이고 따라서 자기자본가치는 841.85억원이 된다.

3. 상대가치평가법(또는 주가배수평가법)

상대가치평가법은 순이익, 현금흐름, 장부가치, 매출액 등과 같은 공통변수를 사용하여 표준화시킨 비교자산(comparable asset)의 가치로부터 기업가치를 평가하거나 유사거래를 통해 기업가치를 산정하는 방법이다. 상대가치평가법의 장점은 방법이 간단하고 기업간 비교를 통해 기업가치를 신속하게 평가할 수 있다는 것이다. 특히, 비교기업들이 많고 이들 기업의 가치가 비교적 정확하게 평가되는 경우에 더욱 유용하다. 상대가치평가법 중 대표적인 것으로 주가배수평가법에 대해 설명한다.

기업가치 평가의 궁극적 목표가 주당 적정주가를 평가하는데 있다면 PER, PBR, PSR, PCR과 같은 주가배수(price multiples)를 이용하여 평가할 수 있다. 가

령 PER은 주가를 주당순이익(Earning Per Share: EPS)로 나눈 지표이다. 즉,

$$PER = \frac{주가}{EPS}$$

따라서 어떤 기업의 적정 PER이 주어져 있다면 적정 주가는 이러한 적정 PER에 주당순이익을 곱한 수치이다. 가령, A기업의 적정 PER이 10이고 이 기업의 주당순이익이 5,000원이면 이 기업의 적정 주가는 5만원으로 평가된다. 이 때 EPS는 최근 년도의 실적이나 올해의 예측치를 사용한다.

마찬가지로 PBR, PSR, PCR은 주가를 각각 주당 장부상 자기자본인 주당순자산, 주당매출액, 주당현금흐름으로 나눈 수치이다. 그러므로 PBR, PSR, PCR에 각각 주당순자산, 주당매출액, 주당현금흐름을 곱하여 적정 주가를 계산할 수 있다. 즉,

적정 주가 = 적정 PBR × 주당순자산

적정 주가 = 적정 PSR × 주당매출액

적정 주가 = 적정 PCR × 주당현금흐름

위에서 주당순자산, 주당매출액, 주당현금흐름도 주당 순이익과 마찬가지로 최근 년도의 실적이나 올해의 예측치를 사용한다. 이와 같이 주가배수평가법은 사용 절차가 대단히 간단하다. 그러나 이 방법이 가장 어려운 점은 PER, PBR, PSR, PCR 등 주가배수에 대한 적정 수치를 결정하기 어렵다는 점이다. 주가배수에 대한 적정 수치를 결정하기 위해서 유사기업의 주가배수를 사용하거나 혹은 유사기업의 주가배수를 평가자의 주관에 따라 상향 혹은 하향 조정하여 사용하기도 한다. 유사기업은 주로 동일업종의 상장기업을 활용하며 제품의 특성, 수익성, 기업규모, 위험 등을 반영하여 가장 유사한 특성을 가진 기업을 선택한다. 그러나 평가대상기업과 직접 비교가 가능한 유사기업을 찾기 어려운 경우에는 적정 주가배수로 동일산업의 주가배수 평균을 적용하기도 한다.

그러나 이러한 방법은 유사기업이나 산업평균 등을 통하여 산출한 주가배수의 적정치가 얼마만큼 신뢰할 수 있는가에 달려 있으며 이에 대해 신뢰할 수

있는 수치를 결정하기 어려운 경우에는 이러한 방법을 사용하기 어렵다. 또한 적정 주가를 구하기 위한 주가배수와 재무변수로서 어느 것을 선택하느냐에 따라 적정 주가가 크게 달라질 때 어떤 변수를 이용한 주가평가가 타당한지에 대해 확실한 결론을 내리기 어렵다.

제4장 단기금융시장

Chapter 04 단기금융시장

제1절 개 요

단기금융시장은 금융기관, 기업 등 경제주체들이 단기적인 자금 과부족을 조절하기 위해 통상 만기 1년 이내의 단기금융상품을 거래하는 시장으로 자금시장(money market)이라고도 한다. 우리나라의 단기금융시장은 콜시장, 환매조건부매매시장, 한국은행 환매조건부매매시장, 양도성예금증서시장, 기업어음시장, 전자단기사채시장, 표지어음시장, 통화안정증권(만기 1년 이내)시장, 재정증권시장 등으로 구성된다.

이 경우 표지어음이란 금융기관이 할인하여 보유하고 있는 상업어음, 무역어음, 팩토링어음 등을 분할 또는 통합하여 새로이 발행한 약속어음으로 일반적으로 만기 1년 이내인 원어음의 남은 만기를 기초로 하여 발행되고 있어 단기금융상품으로 분류된다. 통화안정증권의 발행만기는 최단 14일에서 최장 2년이다. 따라서 통화안정증권시장은 자금시장과 자본시장의 성격을 모두 가지고 있다고 볼 수 있다. 다만 2016년 6월말 현재 통화안정증권 발행잔액에서 발행만기 1년 초과물이 차지하는 비중이 70.4%에 달한다는 점을 감안하여 통화안정증권시장은 '제3장 자본시장'에서 다루었다. 재정증권은 정부가 재정집행의 원활한 지원과 안정적인 국고금 운용을 목적으로 국고금의 출납상 일시 부족자금 충당을 위해 발행하는 유가증권이다.

단기금융시장은 국민경제에서 자금의 잉여부문과 부족부문을 연결시켜 준다는 점에서 자본시장 등 여타 금융시장과 같은 기능을 수행하며 다음과 같은 특징을 갖는 것으로 요약된다.

첫째, 단기금융시장은 경제주체에게 단기자금을 효율적으로 조달·운용하여 유휴현금 보유에 따른 기회비용을 절감할 수 있는 기회를 제공한다. 대부분의 경제주체들은 미래의 지급수요에 대비하여 자금의 일부를 현금으로 보유하게 되는데 이는 해당 자금의 이자수입을 포기하는 결과, 즉 기회비용을 초래한다. 그런데 단기금융시장을 활용할 경우 경제주체들은 여유자금이 생기면 안전성과 유동성이 높은 단기금융상품에 운용하고 자금이 부족해지면 단기채무증서 등을 발행하여 조달함으로써 유휴현금의 보유규모를 줄일 수 있게 된다.

둘째, 단기금융시장은 경제주체에게 금융상품 보유에 따르는 위험을 관리할 수 있는 수단을 제공한다. 일반적으로 단기금융상품은 장기금융상품에 비하여 금리변동에 다른 가격 변동폭이 크지 않으므로 자본손실위험이 작으며 유통시장이 잘 발달된 경우에는 만기 이전에도 쉽게 자금을 회수할 수 있어 유동성 위험도 크지 않다. 따라서 경제주체들은 장기채권 또는 주식의 가격이 하락할 것으로 예상될 경우 이들 자산을 매각하고 단기금융상품을 매입함으로써 자본손실위험을 줄일 수 있다. 또한 금융시장의 불확실성이 높아진 시기에는 장기금융상품을 축소하는 대신 단기금융상품 보유를 확대함으로써 유동성 위험을 줄일 수 있다.

셋째, 단기금융시장은 중앙은행의 통화정책이 수행되는 시장이며 동 정책효과가 파급되는 시발점이다. 중앙은행의 정책금리[1] 변경은 단기시장금리를 통해 장기시장금리, 은행예금 및 대출금리, 주가, 환율 등 금융시장 전반에 파급되며, 이는 최종적으로 생산, 물가 등 실물경제에 영향을 미친다. 일반적으로 단기금융시장이 발달되어 있으면 재정거래가 활발해지고 시장간 상호연계성도 높아짐으로써 통화정책효과의 파급이 원활하게 이루어진다.

단기금융시장은 거래주체에 따라 금융기관 상호간의 단기자금거래가 주를 이

1) 금리중심의 통화정책 운영방식, 즉 정책금리를 결정하고 이를 중심으로 통화정책을 운영하는 중앙은행(한국은행도 이에 해당)은 대부분 무담보 익일물 콜금리 등 초단기시장금리를 운용목표로 채택하고 있다.

루는 금융기관간 시장과 금융기관과 고객(기업, 개인 등)간에 자금거래가 이루어지는 대고객시장으로 구분된다. 우리나라의 경우 콜시장이 대표적인 금융기관간 시장이며 환매조건부매매 시장, 양도성예금증서시장, 기업어음시장 및 전자단기사채시장은 금융기관간 시장과 대고객시장의 성격이 혼재되어 있다. 한국은행 환매조건부매매시장은 한국은행이 단기금융시장의 유동성 과부족을 조절할 목적으로 한국은행과 약정을 체결한 금융기관과 거래하는 시장이다.

우리나라 단기금융시장에는 정부를 포함한 모든 경제주체들이 참가하고 있다. 예금은행은 양도성예금증서 발행, 콜차입, 환매조건부매도 등을 통해 자금을 조달하고 일시적으로 남는 자금은 콜론, 환매조건부매수 등으로 운용한다. 증권회사, 자산운용회사 등은 주로 환매조건부매매시장 등을 통해 부족자금을 조달하거나 여유자금을 운용하며, 기업은 기업어음이나 전자단기사채를 발행하여 단기 부족자금을 조달하고 여유자금은 환매조건부매수, 양도성예금증서 매입 등으로 운용한다. 한편 한국은행은 환매조건부증권매각(매입) 등을 통해 시중유동성을 환수(공급)하는 등 통화정책을 수행하기 위하여 단기금융시장에 참가한다. 이 밖에 가계도 일시적인 여유자금을 운용하기 위하여 단기금융시장에 참가하고 있다.

우리나라 단기금융시장은 경제발전 및 소득 증대로 금융자산이 증가하는 가운데 경제주체들의 금리민감도 상승, 단기자금 운용기법의 발달, 자금의 단기운용 경향 증대 등에 따라 빠르고 지속적인 성장세를 보였다. 이에 따라 2016년 6월말 현재 단기금융시장 규모는 396조원으로 1990년말의 약 8.9배 수준에 이른다.

시장별로 보면 환매조건부매매시장, 기업어음시장 및 통화안정증권시장의 경우 시장규모가 확장세를 지속하였다. 2016년 6월말 현재 환매조건부매매시장의 비중이 33.8%로 가장 높고 기업어음시장(33.6%), 통화안정증권시장(13.6%), 전자단기사채시장(8.9%)이 그 뒤를 잇고 있다. 환매조건부매매시장의 확대는 규제완화, 인프라 개선 및 콜시장 개편 등에 힘입은 바가 크며 기업어음시장은 기초자산을 유동화한 ABCP의 발행이 크게 증가하면서 확대되었다. 전자단기사채시장은 2013년 1월 처음 도입된 이래 약 3년 반 만에 전체 단기금융시장의 10% 정도를 차지할 정도로 빠르게 성장하였다.

〈표 4-1〉 우리나라 단기금융시장의 개요

		콜	환매부조건부 매매	한국은행 환매조건부매매	양도성 예금증서	기업어음	전자 단기사채
도입시기		1960년 7월	1977년 2월	1969년 2월	1974년 5월	1972년 8월	2013년 1월
특징		금융기관간 자금조절	금융기관간 자금조절, 금융기관의 단기자금조달	시중 유동성 조절	은행의 단기자금 조달	기업 및 금융기관의 단기자금조달	기업 및 금융기관의 단기자금 조달
법적성격		금전소비대차	증권매매	증권매매	소비임치	약속어음, 채무증권	채권
참가기관	자금조달(발행)기관	은행, 증권(PD. OMO 대상) 등	[기관간(장내)] 증권, 은행 [기관간(장외)] 증권, 은행, 자산운용, 증권신탁, 증권금융 등 [대고객] 은행, 증권, 증권금융, 종금, 체신관서 등	한국은행 환매조건부 증권매매 대상기관으로 선정된 은행, 증권, 증권금융	예금은행	기업, 금융기관, SPC	기업, 금융기관, SPC
	자금운용(매입)기관	은행, 자산운용 등	[기관간(장내)] 증권, 은행 [기관간(장외)] 자산운용, 은행, 은행신탁, 증권신탁, 증권금융 등 [대고객] 금융기관, 기업, 개인		[은행간] 은행 [대고객] 금융기관, 기업, 개인	금융기관, 기업, 개인	금융기관, 기업, 개인
	중개기관	자금중개	[기관간(장내)] 한국거래소 [기관간(장외)] 자금중개, 증권금융 등		증권, 종합금융, 자금중개	증권, 종합금융, 자금중개	증권, 자금중개
만기		최장 90일 이내	자유화	최장 91일 이내	30일 이상	자유화	1년 이내
최저발행(거래)금액		1억원 (중개거래시)	체신관서:5만원 기타:제한없음	최저 입찰금액 100억원	제한없음	증권:1억원 (거래시) 기타:제한없음	1억원
이자지급 방식		만기일시지급	만기일시지급	만기일시지급	할인방식 선지급	할인방식 선지급	할인방식 선지급
중도환매			제한없음	금지	금지	제한없음	제한없음

반면 콜시장과 양도성예금증서시장은 2010년대 들어 규모가 감소하고 있다. 콜시장은 2010년 이후 증권사에 대한 콜차입 한도 규제와 2015년 3월 일부 증권사 및 자산운용사를 제외한 비은행금융기관의 콜시장 참가 배제 등의 영향으로, 양도성예금증서시장은 2009년 12월 예대율 규제도입 방침 발표 이후 크게 위축되었다. 이에 따라 콜시장과 양도성예금증서시장의 비중은 2010년말 각각 8.5%, 16.8%에서 2016년 6월말에는 2.4% 및 6.1%로 하락하였다.

〈표 4-2〉 우리나라 단기금융시장 규모 추이[1] (단위: 십억원,%)

	1990		2000		2010		2016.6	
	금액	구성비	금액	구성비	금액	구성비	금액	구성비
콜[2]	3,397	7.7	16.058	11.6	22.501	8.5	9.390	2.4
환매조건부매매[3]	3,397	7.6	26,115	18.8	78,766	29.7	133,829	33.8
기업어음[4]	12,740	28,7	44,677	32,2	76,366	28,8	132,997	33.6
전자단기사채[5]	–	–	–	–	–	–	35,365	8.9
양도성예금증서	6,804	15.4	14,218	10.2	44,472	16.8	24,162	6.1
표지어음[6]	277	0.6	11,201	8.1	1,604	0.6	524	0.1
통화안정증권[7]	15,241	34.4	26,488	19.1	41,140	15.5	53,670	13.6
재정증권	2,500	5.6	0	0.0	0	0.0	6,000	1.5
합계	44,335	100.0	138.757	100,0	264,849	100.0	395,937	100.0

주: 1) 기말잔액 기준
2) 중개거래 기준
3) 대고객 RP 및 장외기관간 RP 합계 기준
4) 2000년 이전은 자금순환표, 2010년 이후는 한국신용정보원 기준
5) 2013년 1월부터 도입
6) 자금순환표 기준
7) 만기 1년 이하 단기물 기준

자료: 한국은행, 한국예탁결제원, 한국신용정보원, 금융투자협회, 기획재정부

제2절 콜시장

1. 의의

콜(call)시장은 금융기관들이 일시적인 자금 과부족을 조절하기 위하여 상호간에 초단기로 자금을 차입하거나 대여하는 시장이다. 지급준비제도 적용 대상 금융기관들이 지급준비금(이하 '지준') 과부족을 주로 콜거래를 통해 조정하고 있다는 점에서 콜시장은 지준시장으로서의 의미도 갖는다.

콜시장은 통화정책 수행에 있어서도 매우 중요한 위치를 차지하고 있다. 한국은행 금융통화위원회가 결정하는 기준금리는 초단기금리인 콜금리를 통해 장단기 시장금리, 예금 및 대출 금리, 궁극적으로는 실물경제 활동에 파급되기 때문이다. 이에 따라 한국은행은 무담보 익일물 콜금리가 한국은행 기준금리 수준에서 크게 벗어나지 않도록 공개시장운영 등을 통해 유동성을 조절한다.

2. 거래조건 및 참가기관

가. 거래조건

콜거래는 담보제공 여부에 따라 담보콜과 무담보콜(신용콜)로 구분된다. 그러나 실제 거래는 무담보콜이 대부분을 차지하며 담보콜은 매우 미미한 수준이다. 이는 담보콜의 경우 담보물의 인수도, 질권 설정 등으로 거래절차가 복잡하기 때문이다.

콜거래 만기는 최장 90일 이내에서 일별로 정할 수 있으나 실제 거래에서는 익일물이 대부분을 차지하고 있다. 콜거래 최소 거래금액은 1억원이며 거래단위는 1억원이다. 거래이율의 변동 단위는 0.01%이다.

나. 참가기관

2016년 6월말 현재 콜시장에 참가할 수 있는 기관은 은행, 한국산업은행, 중소기업은행, 한국수출입은행, 국고채전문딜러(PD; primary dealer) 및 한국은행 공개시장운영(OMO; open market operation) 대상기관 증권회사, 자산운용회사, 자금중개회사 등이다.

(1) 콜론 · 콜머니기관

콜시장의 자금공급자인 콜론(call loan)기관은 자산운용회사, 국내은행 및 외국은행 국내지점 등이다. 자산운용회사는 펀드 환매에 대비하여 보유하는 고유동성 자산을 콜론으로 운용하며 국내은행은 지준잉여자금을 콜론으로 공급한다.

콜시장의 자금 차입자인 콜머니(call money)기관은 국내은행 및 외국은행 국내지점, 증권회사(PD · OMO 대상기관) 등이다. 국내은행은 콜자금을 공급하기도 하지만 지준자금 조절을 위한 콜머니 수요가 보다 많은 편이다. 외국은행 국내지점은 수신기반이 취약하여 주로 본지점 차입이나 콜머니를 통해 영업자금을 조달해야 하므로 콜자금의 공급보다는 차입이 많은 편이다. 자금조달수단이 고객예탁금, RP매도 등으로 제한되는 증권회사도 자금 조달 · 운용상의 불일치 조정 등을 위해 콜자금을 차입하고 있다.

(2) 중개기관

2016년 6월말 현재 한국자금중개(주), 서울외국환중개(주), KIDB자금중개(주) 등 3개의 자금중개회사가 콜거래 중개업무를 영위하고 있다. 이들 자금중개회사의 콜거래중개는 단순중개(자금중개회사가 일정 수수료만 받고 자금대여자와 자금차입자간의 거래를 연결해 주는 것)를 원칙으로 하고 있으며 거래의 원활화를 위해 필요한 최소한의 범위에서 매매중개(자금중개회사가 자기계산으로 거래에 직접 참가하는 것)를 할 수 있도록 되어 있으나 실제로 자금중개회사가 매매중개를 하는 경우는 거의 없다. 자금중개회사는 단순중개를 제공하는 대가로 중개수수료를 거래 쌍방으로부터 각각 받는다.

3. 미국, 일본 및 유로지역의 콜시장

가. 미국(페더럴펀드시장, Federal Funds Market)

페더럴펀드(Federal Funds)시장은 연방준비은행에 지급준비금 예치의무가 있는 예금은행(depository institutions)이 지급준비금의 과부족 조절을 위하여 여타 예금은행, 정부보증기관(government-sponsored enterprises) 등으로부터 무담보로 자금을 차입하는 초단기금융시장을 말한다.

미 연준은 정책금리인 익일물 무담보 페더럴펀드금리가 목표범위에서 크게 벗어나지 않도록 페더럴펀드시장의 수요 및 공급 규모, 금리 등 전반적인 시장 상황을 실시간으로 확인하면서 공개시장운영을 실시한다.

나. 일본(콜시장, call market)

일본의 콜시장(call market)은 지급준비금 예치 여부에 관계없이 은행, 비은행 등이 상호간에 자금을 조달하고 운용하는 초단기금융시장이다.

다. 유로지역(무담보시장, unsecured market)

유로지역의 은행간 무담보시장(unsecured market)은 유로지역 은행들이 참가하여 무담보로 단기자금을 조달・운용하는 시장이다. 동 시장에서 형성되는 익일물 금리인 EONIA(Euro OverNight Index Average)는 ECB의 운용목표 금리이며 ECB는 EONIA가 정책금리 ±25bp 범위에서 움직이도록 관리한다.

제3절 환매조건부매매시장

1. 의의

환매조건부매매(RP 또는 Repo; Repurchase agreement)란 미래 특정 시점 또는 거래당사자 중 일방이 통지한 시점에 특정 가격으로 동일한 증권을 다시 매수 및 매도할 것을 약정하고 이루어지는 증권의 매매거래를 말한다. 증권의 매매가 처음 이루어지는 시점과 이후 환매매가 이루어지는 시점을 각각 매입일(purchase date)과 환매일(repurchase date)이라 하며, 매입일의 증권 매매가격은 매입가(purchase price), 환매일의 매매가격은 환매가(repurchase price)라고 부른다. 또한 매입일에 매입가를 수취하고 증권을 매도하는 것을 'RP매도'라고 하며, 매입가를 지급하고 증권을 매입하는 것을 'RP매수'라 칭한다. RP라는 용어에는 매도의 의미가 포함되어 있기 때문에 RP매수는 역RP(reverse RP)로 불리기도 한다.

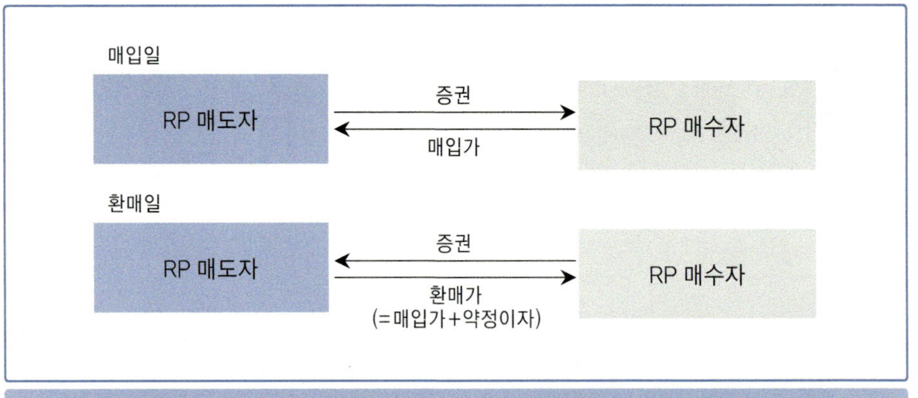

[그림 4-1] RP거래의 개념

또한 매매 대상증권 각각을 구체적으로 지정하여 거래가 이루어지는 '특정담보(SC; Special Collateral) RP'와 사전에 합의된 증권 목록이나 유형 내에서 거래가 이루어지는 '일반담보(GC; General Collateral) RP'로 구분되기도 한다. 특정담보 RP거래는 주로 특정 증권을 조달하려는 동기에서 유발(security-driven)되는 반면, 일반담보 RP거래는 자금을 조달하려는 동기에서 유발(cash-driven)된다. 이처럼 특정담보 RP에서는 매수자가 대여자금의 운용수익률보다 매입 증권의 조달을 우선적으로 고려하기 때문에 일반담보 RP에 비해 금리가 낮은 것이 일반적이다.

한편 대상증권의 보관·관리 주체 및 방식에 따라 '인도형(delivery) RP', '점유개정형(hold-in-custody) RP' 및 '3자간(tri-party) RP'로 구분할 수 있다. 인도형 RP는 매도자가 매수자에게 증권을 인도하여 매수자가 대상증권을 관리하는 방식인 반면, 점유개정형 RP는 매도자가 RP거래의 대상증권을 보관·관리하고 매수자에게는 매도증권의 보관증을 교부하는 방식이다. 한편 3자간 RP는 거래당사자가 아닌 제3의 환매서비스기관이 거래대상증권을 보관·관리하는 형태이다. 인도형 RP의 경우 매수자가 담보증권을 관리함에 따라 거래비용은 높지만 신용위험이 작은 반면 점유개정형 RP는 매수자가 부담하는 거래비용은 저렴하지만 신용위험은 큰 단점이 있다. 3자간 RP는 제3의 환매서비스기관을 통해 결제와 담보증권 관리가 이루어지므로 거래비용이 작고 매수자의 위험노출도 크지 않다. 우리나라에서는 대고객 RP의 경우 점유개정형 RP가, 기관간 RP 및 한국은행 RP의 경우 3자간 RP가 주로 이용된다. RP거래에 따른 증권의 평가, 일일정산, 조세처리 등의 환매서비스는 한국예탁결제원(장외) 및 한국거래소(장내) 등이 제공하고 있다.

2. 거래조건 및 참가기관

가. 거래조건

대고객 RP거래의 경우 대상증권은 국채, 지방채, 특수채, 보증사채 및 모집·매출된 채권 등(무보증사채, 공공기관 발행 채권, 지방공사 발행 채권, 자산유동화계획에 의해 신탁업자가 발행한 수익증권, 주택저당증권, 한국주택금융공사의 학자금 대출증권)으로 채권평가회사가 일별로 시가평가를 할 수 있어야 한다. 또한 투자적격 이상[2]의 신

2) 신용등급이 BBB등급 이상(RP형 CMA의 경우 A등급)인 경우

용평가를 받거나 적격금융기관[3]이 발행 또는 보증하였거나, 정부나 지방자치단체가 보증한 증권으로 제한된다. 거래 약관으로는 금융투자협회가 제정한 「대고객환매조건부매매약관」이나 개별 금융기관이 자체적으로 제정한 약관이 사용된다. 금융기관별로 최저 가입금액이나 약정 기간별 금리를 차등 규정하는 경우도 있으나, 중도환매는 일반적으로 허용하고 있다.

기관간 RP거래의 경우 대상증권의 종류, 가격, 만기, 거래금액 등 거래조건에 관한 제도적 제한은 없으며, 거래약관이나 환매서비스기관의 운영규정 등에 기초하여 거래당사자 간 협의로 결정된다.

나. 참관기관

대고객 RP는 투자매매업자(증권사), 투자매매업 인가를 받은 은행, 한국증권금융, 종합금융회사 및 「우체국예금・보험에 관한 법률」에 의한 체신관서가 취급하고 있다.

기관간 RP거래는 「자본시장과 금융투자업에 관한 법률」상 전문투자자에 해당하는 금융기관 및 금융공기업 등이 참가할 수 있다. 다만 자금중개회사가 중개하는 장외 RP시장에는 은행, 금융투자업자(전업투자자문・투자일임업자 제외), 보험회사, 종합금융회사, 여신전문금융회사, 상호저축은행・중앙회, 신용협동기구(산림조합 제외)의 중앙회, 한국증권금융, 한국자산관리공사, 한국정책금융공사, 창업투자회사, 공공자금관리기금, 대한주택보증주식회사, 주택저당채권유동화회사, 유동화전문회사, 외국환평형기금, 공적자금상환기금, 한국주택금융공사, 체신관서만이 참가할 수 있다. 한편 한국거래소내의 장내 RP시장에는 한국거래소의 증권회원(증권사) 및 채무증권전문회원(은행)이 참가할 수 있다.

현재 장외 RP의 중개는 한국자금중개(주), KIDB자금중개(주), 서울외국환중개(주) 등 자금중개회사 3사와 한국증권금융 등이, 장내 RP의 중개는 한국거래소가 수행하고 있다.

---

3) 은행, 투자매매업자 및 투자중개업자(겸영업자 제외), 보험회사, 종합금융회사, 농・수협, 우체국, 한국거래소, 한국예탁결제원, 한국증권금융, 한국은행, 예금보험공사, 자산관리공사, 신용등급 A-이상의 외국 은행・금융투자업자・보험회사

3. 미국, 일본 및 유로지역의 환매조건부매매시장

가. 미국

미국의 RP거래는 1917년 FRB(연방준비은행)가 회원은행에게 단기자금을 지원해 주기 위해 은행인수어음(BA; Bank Acceptance)을 대상으로 RP거래를 실시하면서 시작되었다. RP시장은 1969년 1일물 및 국채(정부기관채권 포함) 등을 대상으로 하는 RP거래에 대한 지급준비의무가 면제되고, 1974년 재무부의 국고금 운용방식 변경에 따른 은행들의 자금조달방식 변경 등의 과정을 거치면서 성장하였다.

1980년 이후에는 RP거래와 관련한 결제불이행 발생에도 불구하고 투자자 보호를 위한 제도정비와 더불어 표준약관 제정(1995년) 등으로 거래의 안정성이 향상된 데다 자본시장과 선물시장이 연계된 다양한 투자기법의 개발 및 확산으로 RP거래의 활용도가 높아짐에 따라 RP시장이 꾸준한 성장세를 보였다. 또한 신용리스크에 대한 은행 및 투자자들의 관심이 높아진 점도 RP거래 활성화에 기여한 것으로 보인다.

2000년 이후에는 1998년중 새로 도입된 GC(General Collateral) RP거래가 보편화되면서 RP시장이 급성장하였다. GC RP거래는 담보증권을 특정종목(special collateral)으로 한정하지 않고 사전에 합의한 범위내에서 유사한 종류의 증권으로 교체가 가능토록 한 RP거래이다. GC RP거래는 거래비용 절감, 담보채권의 효율적 이용 및 시장유동성 증대에 기여한 것으로 평가되고 있다.

나. 일본

일본의 RP시장은 1949년 회사채 발행이 다시 시작되면서 도입된 현선시장(환매조건부매매거래가 현물거래와 선도거래의 결합이라는 점에 착안하여 현선거래로 표기)과 1996년 4월 도입되어 현금을 담보로 채권의 대차거래가 이루어지는 현금담보부채권대차시장으로 양분되어 있다. 이들 두 거래는 경제적 기능면에서 채권을 담보로 한 단기금전대차거래라는 점에서 동일하나, 법률적 형식으로 보면 현선거래는 채권의 매매이고 현금담보부채권대차거래는 채권의 대차라는 차이점이 있다. 이처럼 RP시장이 양분된 것은 유가증권거래세가 부과되지 않는 단기 할인채를 대상채권으로 할 경우 현선거래를 이용하고, 유가증권거래세가 부과되는 중·장기 이표채권을 대상채권으로 이용할 경우에는 거래세를 회피하기 위해 채권대차형식의 현금담보부채권대차거래를 활용한 데 기인한다.

현선거래, 현금담보부채권대차거래 및 영미식 RP거래의 유사점과 차이점은 다음의 〈표 4-3〉과 같다

〈표 4-3〉 현선거래 · 현금담보부채권대차거래 · 영미식 RP거래 비교

	현선거래	현금담보부 채권대차거래	영미식 RP (classic RP)
거래형식	채권의 매매	채권의 소비대차거래	채권매매 및 담보부 소비대차거래
회계처리방식	채권의 매입 및 채권의 매각	채권 대여(자산) 및 채권 차입(부채)	RP매수(자산) 및 RP매도(부채)
대상채권	단기국채(할인채)	장기국채	국채
이표이자 소득	없음(할인채)	채권차입기관 수취	RP 매도기관에 이전
만기시 금리	현선금리	현금담보 이자액 - 채권대여 수수료	RP금리

다. 유로지역

유로지역의 RP시장은 채권시장의 주요 기관(primary dealer)들이 단기자금 조달의 수단으로 환매조건부로 증권을 매매하는 시장으로서 다양한 만기별로 거래가 활발하다. RP거래 대상증권에 대한 제한은 없으나 유럽정부채권이 상당부분을 차지하고 있는 가운데 회사채, ABS, 주식 등의 활용도 증가하고 있다. 담보증권의 제공방식은 특정종목의 증권(special collateral)을 지정하지 않고 사전에 합의한 범위내에서 유사한 종류의 증권으로 교체가 가능한 GC(General Collateral) RP가 대부분을 차지하고 있다. 이 경우 각종 담보대상증권을 유사한 종류별 basket으로 묶어서 표준화함으로써 종목수 과다에 따른 유동성 제약과 거래의 불편을 제거하고 있다. 국별로는 독일, 이탈리아, 영국, 프랑스 등 4개국 증권이 대부분을 차지하고 있으며 미국과 일본의 증권도 일부 활용되고 있다.

제 4 절 양도성예금증서시장

1. 의의

양도성예금증서(CD; negotiable Certificate of Deposit)[4)]는 은행이 정기예금증서에 양도성을 부여한 것이다. CD시장은 CD가 발행 · 유통되는 단기금융시장으로서 발행기관, 중개기관 및 매수기관으로 구성된다. 발행기관인 은행의 입장에서는 자금사정에 따라 발행규모와 시기를 조절함으로써 탄력적인 자금조달이 가능하다는 장점이 있다. 중개기관은 중개수수료 수입뿐 아니라 자기계산으로 매매에 참가함으로써 시세차익을 얻을 수도 있다. 매수기관은 CD시장을 단기자금 운용수단으로 활용하고 있다.

한편 CD는 한국은행법상 지급준비금 적립대상이 되는 예금채무에 해당한다. 다만 은행을 상대로 발행하는 CD는 지급준비금 적립대상에서 제외된다. 아울러 CD는 관련 법규개정으로 인해 2001년부터 예금보호대상에서 제외되고 있다.

2. 거래조건 및 참가기관

가. 거래조건

CD는 중도해지할 수는 없으나 양도가 가능하므로 매수자가 보유 CD를 현금화하고자 하는 경우 매각할 수 있다. CD는 최단만기에 대해서만 30일로 제한되고 최장만기에 대해서는 제한이 없으나 실제 거래에서는 대부분 1년 이내로 발행되고 있다. 최저액면금액에 대한 제한은 없으나 은행들은 내규 등을 통해 5백만원 또는 1천만원으로 설정하여 운영하고 있다.

4) 1961년 미국에서 First National City Bank of New York(현 Citibank)이 기업어음(Commercial Paper), 재무성증권(Treasury Bill) 등 단기금융상품으로의 은행예금 이탈에 대응하여 처음으로 CD를 도입하였다.

CD는 할인방식[할인이자는 '액면금액×할인율×(만기시까지의 일수/365)'로 계산]으로 발행된다. 매수자는 CD를 살 때 예치기간 동안의 이자를 뺀 금액만을 지급하고 만기에 액면금액을 받게 된다. 다만, 은행에서는 여타 금융상품과 수익률을 비교할 수 있도록 할인율 대신에 수익률로 금리를 고시하고 있다. CD발행금리(수익률)는 일반적으로 은행채 등 다른 시장금리, 발행금액 및 만기 등을 감안하여 결정되는데 은행별 신용도에 따라 수준이 다르다.

나. 참가기관

(1) 발행기관

2016년 6월말 현재 한국은행에 예금지급준비금을 예치할 의무가 있는 시중은행, 지방은행, 특수은행, 외은지점 등 한국수출입은행을 제외한 모든 은행이 CD를 발행할 수 있다.

(2) 중개기관

CD거래 중개업무는 증권회사, 종합금융회사 및 3개 자금중개회사가 담당하고 있다. 중개기관은 단순중개와 매매중개를 모두 할 수 있으나 현재 자금력 부족 등으로 대부분 발행시장에서의 단순중개에만 치중하고 있다.

(3) 매수기관

CD는 매수주체에 따라 대고객 CD와 은행간 CD로 구분된다. 대고객 CD는 다시 은행창구에서 직접 발행되는 창구 CD(또는 통장식 CD)와 중개기관의 중개를 통해 발행되는 시장성 CD로 구분된다. 개인, 일반법인, 지방자치단체 등은 주로 발행은행 창구에서 직접 매입하는 반면 자산운용회사, 보험회사 등 금융기관은 중개기관을 통해 매입한다.

은행간 CD는 일반적으로 중개기관을 통하지 않고 발행은행과 매수은행간 직접 교섭에 의해 발행된다. 은행간 CD는 은행상호간 자금의 과부족을 해소하기 위한 수단으로 발행되며, 지급준비금 적립대상에서 제외되는 대신 양도가 엄격히 금지되고 있다.

3. CD금리 및 지표금리 개선 논의

CD금리(최종호가수익률)는 금융투자협회가 10개 증권회사로부터 신용등급이 AAA인 시중은행이 발행한 CD(91일물)의 거래(유통)시 호가수익률을 제출받아 매일 2회(11시 30분과 15시30분) 산출・발표하고 있다. 증권회사는 수익률 보고시 당일 CD의 발행 및 거래내역, 은행채 등 유사채권의 수익률을 한국은행 기준금리, 단기금리 동향 등을 종합적으로 고려하여야 한다. 금융투자협회는 증권회사가 제출한 수익률 중 상하위 각각 1개씩을 제외한 나머지 8개의 수익률을 단순평균(소수점 셋째자리에서 반올림)하여 최종호가 수익률을 산출하여 고시한다.

이렇게 산출・고시된 CD금리는 변동금리대출, 금리스왑 및 본지점간 자금이전의 준거금리로 널리 사용되고 있다. 그러나 은행대출 등 자금거래의 지표금리로서 CD금리를 활용하는 것이 적정한지에 대한 논란이 꾸준히 제기되어 왔다. 이는 91일물 CD의 발행 및 유통규모가 크지 않아 금리수준 탐색이 어렵고 금리가 경직적인 데다 일부 은행의 자금사정에 따라 급등락할 가능성도 있기 때문이다.

이에 따라 CD금리를 대체할 단기지표금리 개발을 위한 노력이 계속되어 왔다. 2004년 7월 은행권을 중심으로 코리보(KORIBOR)를 도입하였으나 그 활용도는 높지 않은 실정이다. 2010년 2월에는 금융당국을 중심으로 코픽스(COFIX)를 도입하여 은행 가계대출의 지표금리로 활용하고 있다.

한편 2012년 들어 CD금리의 경직성이 더욱 심화된 데다 LIBOR 조작사태[5]가 발생하면서 CD금리의 유효성에 대한 논란이 다시 제기되었다. 이런 가운데 같은 해 7월 공정거래위원회는 은행들의 CD금리 담합가능성에 대한 조사를 개시하였으며, 금융위원회, 한국은행 등은 TF를 구성하여 단기지표금리 개선 논의를 본격화하였다. TF는 3개월 만기의 단기코픽스를 신규 도입(2012년 12월부터 공시)하여 만기가 상대적으로 짧은 기업대출 및 가계신용대출 등의 지표금리로서

5) 영국 및 미국 금융당국이 2012년 6월 27일 LIBOR 조작과 관련하여 Barclays 은행에 대해 총 4.5억달러의 벌금을 부과한 것을 계기로 우리나라에서 단기지표금리로 활용되고 있는 CD금리도 유사한 문제가 있을 수 있다는 의견이 제기되었다. 한편, 영국 금융감독청은 2012년 9월 LIBOR 개편방향을 마련하였다. (〈참고〉 '주요국의 지표금리 개편 논의' 참조)

CD금리를 대신하여 활용하도록 유도하였으나 활용도는 미미하다.

이러한 대안 지표금리 도입 노력과 별도로 2012년 8월 금융위원회는 기존 CD금리에 연동된 대출 및 금리스왑거래의 잔액과 다양한 이해관계자 등을 감안하여 당분간 유효한 CD금리가 고시될 수 있도록 국내은행에 대해 시장성 CD발행을 유도하는 행정지도를 시행하였다. 또한 2012년 하반기에는 CD금리 산정방식을 개선하기 위해 업계 자율적인 호가제출 기본원칙 마련, CD 발행·거래 내역 공시 강화, 증권사에 대한 호가제출 의무 부여 등의 방안이 마련되었다.

한편 2016년 7월 공정거래위원회는 2012년 7월 이후 4년여 간 진행해 온 CD금리 담합의혹 관련 조사와 관련하여 사실관계 확인이 곤란하여 관련 법 위반 여부를 결정할 수 없다고 판단하고 심의절차를 종료하였다.

참고 **코리보(KORIBOR) 개요**

(도입 경과)

한국은행과 은행권은 CD유통수익률이 공급물량의 불확실성, 유통시장 미발달 등으로 지표금리로서의 위상이 점차 약화된 데다 다양한 만기의 단기지표금리 도입 필요성이 지속적으로 제기됨에 따라 영국의 LIBOR를 벤치마킹한 코리보(KORIBOR; KORea Inter-Bank Offered Rate)를 도입하였다.

코리보는 은행간 무담보 원화자금 차입시의 호가금리(offered rate)로서 전국은행연합회가 2004년 7월 26일부터 공시하고 있다. 2016년 6월말 현재 1주일 및 1, 2, 3, 6, 12개월물 등 총 6종 만기의 금리가 고시되고 있다.

(산출 및 공시)

코리보는 다음과 같은 절차로 산출·공시된다. 우선 금리제시은행[6]들이 매 영업일 오전 10시 40분에서 55분 사이에 코리보 산출업체(연합인포맥스) 앞으로 만기별 호가금리를 제시한다. 산출업체는 12개 은행이 제시한 금리중 상하 각각 3개씩을 제외한 나머지 6개를 산술평균하여 코리보를 산출한 후 주관기관(전국은행연합회 내 코리보 전문위원회 및 한국은행)앞 통보하며, 한국은행은 은행별 제시금리와 산출된 금리의 착오 여부 등을 검토한 후 승인한다. 당일 코리보는 승인과 동시에 정보제공업체(연합인포맥스)를 통해 오전 11시경 발표되며, 오후 3시경 전국은행연합회 홈페이지에도 게재된다.

---

6) 2016년 6월 현재 6개 시중은행(국민, 우리, KEB하나, 신한, 씨티, SC제일), 3개 특수은행(기업, 농협, 산업), 3개 지방은행(대구, 부산, 전북)으로 구성되어 있다.

(개선 노력)

2012년 7월 LIBOR 사태를 계기로 국내 단기지표금리 개선 논의의 일환으로 코리보의 신뢰성과 활용도를 제고하는 방안이 논의되었다. 이후 2013년 12월 전국은행연합회는 금리제시은행들과 함께 코리보 개선방안을 발표하였다. 이에 따라 코리보 금리 제시 기본원칙 및 금리제시은행 내부통제시스템이 마련되었고, 2014년 7월 1일부터 이용도가 낮거나 참조대상 금리가 없어 금리제시가 어려운 만기의 편제를 중단하여 고시금리가 10종에서 6종으로 축소되었다.

참고 코픽스(COFIX) 개요

(도입 경과)

2000년대 후반까지 CD금리는 주택담보대출의 주된 준거금리로 활용되어 왔다. 그러나 은행의 전체 자금조달규모 가운데 CD가 차지하는 비중이 크지 않은 데다 CD금리와 시장금리간 괴리가 확대되는 등 CD금리가 은행의 자금조달비용을 제대로 반영하지 못한다는 문제가 제기되기 시작하였다. 이에 따라 금융당국 및 은행연합회는 은행과의 협의를 거쳐 새로운 대출 준거금리로서 은행자금조달 상품의 가중평균금리인 코픽스(COFIX; Cost of Funds Index)를 도입(2010년 2월 최초 공시)하였다.

이후 각 은행들은 코픽스 연동대출 상품을 적극 출시하는 한편 기존 대출에서의 전환도 용이하게 할 수 있도록 하였다. 그 결과 코픽스 연동대출은 CD금리 연동대출을 빠르게 대체하여 왔으며 2016년 6월말 현재 전체 변동금리부 대출의 31.3%를 차지하고 있다.

(산출 및 공시)

은행연합회는 국내 8개 은행이 제공[7)]한 자금조달[8)]관련 정보(자금조달 총액 및 가중평균금리)를 바탕으로 잔액 및 신규취급액 기준 코픽스를 산출하여 매월 15일(공휴일인 경우 익영업일) 15시 이후 은행연합회 홈페이지를 통해 공시하고 있다.

(단기코픽스 도입)

코픽스는 전체 조달자금의 평균비용으로 평균만기가 9~10개월 수준이며 월 1회만 공시됨에 따라 은행들은 만기가 1~2년 내로 짧은 변동금리부 단기대출에 대한 준거금리로 여전히 코픽스보다는 CD금리를 선호하는 경향이 있었다.

이에 따라 2012년 7월 CD금리 담합논란 이후 구성된 「단기지표금리 개선 관련 합동T/F」에서는 코픽스를 보완하여 만기가 짧은 기업대출 및 가계신용대출에 활용할 수 있도록 단기코픽스 도입을 결정하였다. 단기코픽스는 단기(3개월) 조달상품의 평균금리로서 2012년 12월 20일부터 신규취급액 기준으로만 매주 1회 공시되고 있다.

---

7) 국민, 우리, 신한, 농협, 기업, KEB하나, 한국씨티, SC제일 등 8개 은행들은 매월 14일(공휴일인 경우 전영업일) 15시까지 전월말 잔액 및 전월중 신규취급액 기준으로 자금조달총액, 가중평균

〈표 4-4〉 코픽스와 단기코픽스 비교

	코픽스	단기코픽스
개 념	은행 총 조달상품의 가중평균비용지수	은행 단기(3개월물) 조달상품의 가중평균비용지수
대상은행	8개 은행	좌동
산정범위	모든 조달상품 (단, 수시입출금식 · 요구불예금, 전환사채 등 제외)	코픽스 산정대상 조달상품 중 계약만기 3개월(또는 89~92일)물 상품
공시주기	매월 1회(매월 15일경)	매주 1회(매주 수요일경)
공시유형	잔액기준 및 신규취급액 기준	신규취급액 기준

참고 주요국의 지표금리 개편 논의

LIBOR로 대표되는 은행간 무담보 차입금리(IBOR; Inter-Bank Offered Rate)는 전세계 다수 국가에서 오랜 기간 동안 대출시장과 파생상품시장의 지표금리로 활용되어 왔다. 그러나 글로벌 금융위기와 LIBOR 조작사태를 겪으면서 IBOR의 대표성과 신뢰성에 대한 의문이 제기되기 시작하였다. 글로벌 금융위기 이후 신용위험에 대한 인식이 증대되면서 무담보 단기자금거래가 위축됨에 따라 동 거래를 기초로 산정되는 IBOR의 대표성이 약화되었다. 또한 2012년 6월 LIBOR 조작사태를 계기로 호가방식으로 산정되는 IBOR의 신뢰성도 저하되었다.

이를 계기로 IOSCO, FSB 등 국제기구와 주요국을 중심으로 지표금리 개편 논의가 활발하게 진행되었다. 이에 따라 영국, EU, 미국, 일본, 호주, 싱가포르 등 IBOR를 지표금리로 사용해온 국가들은 기존 IBOR를 개선하는 동시에 파생상품거래에 적용할 새로운 무위험지표금리를 도입하는 방향으로 개편을 추진하고 있다.

우선 IBOR의 기본체제는 유지하되 산출방법, 관리기관의 지배구조 및 규제 · 감독 측면에서 개선한 IBOR+ 산출 · 고시를 앞두고 있다. IBOR+는 대표성을 제고하기 위해 실거래 기반 강화, 금리제출 은행수확대, 계산방식 변경[9], 고시금리 종류 축소 등 산출방법을 전반적으로 개선하였다. 또한 IBOR+ 관리 기능을 기존 은행연합회에서 별도의 독립된 민간기관 등으로 이관하고, 금리제출기관의 기초금리 제출절차 및 관리 책임 등에 대한 금융당국의 규제 · 감독을 강화함으로써 투명성과 신뢰성을 제고하였다.

금리 및 관련 세부정보를 은행연합회에 제공하고 있다.

8) 지수산출대상 자금조달 상품은 정기예금, 정기적금, 상호부금, 주택부금, 양도성예금증서, 환매조건부매도, 표지어음매출, 금융채(후순위채 및 전환사채 제외)이다.

9) 금리제출 은행들로부터 제출받은 금리 중 상하위 일정 범위를 제외한 후 단순평균(mean)하는 방식에서 중위수(median) 방식으로 변경할 예정이다.

한편 파생상품시장에서 IBOR를 대체할 무위험지표금리로 무담보 익일물 금리, repo 금리 등을 고려하고 있다. 현재 OIS거래의 준거금리로 사용되고 있는 무담보 익일물 예금금리를 개선하거나 새로운 익일물 조달금리를 산출하여 파생상품 준거금리로 활용하는 방안이 추진되고 있다. 이와 더불어 기존 repo금리를 개선하거나 repo거래 관련 새로운 지수(금리)를 신규 개발하여 파생상품시장 지표금리로 활용하는 방안도 검토하고 있다.

각 국은 2017년 상반기까지 IBOR+로의 개선, 새로운 무위험지표금리 도입 등 지표금리 개편 작업을 완료할 예정에 있다.

〈표 4-5〉 주요국 지표금리 개편안

	IBOR 개선	대안 무위험지표금리 도입
유 로	EURIBOR → EURIBOR+	EONIA, New repo index
영 국	LIBOR → LIBOR+	SONIA, 익일물 Gilt repo rate
미 국	LIBOR → LIBOR+	OBFR, 익일물 국채 GC repo rate
일 본	TIBOR → TIBOR+	무담보 익일물 콜금리, GC repo rate

4. 미국, 일본 및 영국의 양도성예금증서시장

가. 미국

1960년대 들어 미국에서는 인플레이션 억제를 위한 고강도 금융긴축정책의 영향으로 이자율이 상승하자 기업들이 고수익 증권 등 단기금융상품을 선호[10]하게 되었다. 이에 대응하여 1961년 씨티은행 등 대형은행들을 중심으로 기업의 거액자금을 유치할 목적으로 정기예금에 양도성을 부여한 CD(CD의 경우 지급준비금 예치 의무가 면제)를 발행하기 시작하였다.

CD발행만기는 7일 이상으로 최장만기에 대한 제한은 없으나 통상 1~6개월물이 주고 발행되고 있다.

발행지역 및 발행주체에 따라 국내 CD, 유로 CD, 양키 CD 및 저축기관 CD 등으로 구분된다. 국내 CD는 미국 예금금융기관이 미국내에서 발행하는 CD이

10) 당시 금융긴축에 따른 이자율 상승으로 기업이 요구불예금보다 유동성과 수익성이 동시에 보장되는 단기금융상품을 선호하게 되면서 기업의 금융자산에서 요구불예금이 차지하는 비중이 1946년의 29%에서 1960년에는 16%로 감소하였다.

며 유로 CD는 런던 등 해외금융시장에서 달러화표시로 발행되는 CD를 말한다. 양키 CD는 외국계은행 미국지점이 미국내에서 발행하는 CD이며 저축기관 CD는 저축대부조합 등 저축기관이 미국내에서 발행하는 CD이다.

또한 금리결정방식에 따라 고정금리부 CD, 변동금리부 CD, CD Note 등으로 구분된다. 고정금리부 CD는 발행시의 금리가 만기(통상 1년 이내)까지 적용되는 CD이며 변동금리부 CD는 만기(통상 6개월에서 1년) 중 금리가 1개월 또는 3개월마다 LIBOR, TB rate, CD유통수익률 등에 연동하여 변동하는 CD이다. CD note(또는 deposit note)는 고정금리부 CD와 회사채의 합성상품으로 만기(통상 1년 6개월~5년)중 연 2회 이자를 지급하며 주로 외국계 은행들에 의해 발행된다.

만기시 대금지급방법으로는 소지인 지급방식과 등록인 지급방식이 있으나 양도절차가 간편한 소지인 지급방식이 주로 이용되고 있다. 대금결제는 국내 CD의 경우 Fed-wire(Federal Reserve's wire transfer network), 유로 CD의 경우 CHIPS (Clearing House Interbank Payment System)를 통해 이루어진다.

CD 발행기관은 상업은행, 저축은행 및 신용협동조합 등이며 각 은행들은 매일 CD 발행금리를 고시하고 있다. 한편 S&P, Moody's, Fitch 등 신용평가기관들은 개별은행 CD의 신용등급을 평가하고 있다.

주요 투자기관으로는 MMMF(Money Market Mutual Fund), 지방자치단체 및 기업 등이 있으며, 거래단위가 일반적으로 100만달러 이상의 거액이기 때문에 개인들의 매수는 많지 않은 편이다.

나. 일본

일본은 1979년 3월 CD를 도입한 이후 CD에 대한 각종 제한(발행한도, 만기, 최저액면금액 등)을 1998년까지 점진적으로 폐지하였다. 다만 정기예금과 동일하게 지급준비금 예치의무는 여전히 부과되고 있다. CD는 도입 초기에는 자유금리상품으로서의 장점이 부각되면서 기업 등의 단기자금 운용수단으로 주로 이용되었으나, 1985년 10월 거액정기예금에 대한 금리자유화 조치 이후에는 금융기관간 자금조절수단으로서의 성격이 강해졌다.

발행지역 및 발행주체에 따라 국내 CD, 유로엔 CD 및 해외 CD로 구분된다. 국내 CD는 예금취급기관이 일본내에서 고정금리부 방식으로 발행하는 CD이며, 유로엔 CD는 런던 등 해외금융시장에서 엔화표시로 발행하는 CD이다. 해외 CD는 표시통화에 관계없이 일본내에서 거래되는 해외금융기관 발행 CD를 말한다.

발행방식은 발행기관과 매수기관이 발행금액, 발행조건 등을 직접 교섭하는 직접발행방식과 단자회사 등 중개회사를 통해 발행하는 딜러경유 발행방식으로 구분되고 있다. CD 양도시에는 반드시 발행기관에 통지하는 한편 공증인 사무소에서 양도사실을 공증받아 이를 증서와 함께 발행기관에 제출하여 명의를 개서하는 지명채권양도방식이 채택되고 있다. 대금결제는 주로 일본은행 당좌계정을 이용한 계좌이체방식으로 이루어진다.

발행기관으로는 도시은행, 지방은행, 제2지방은행 등 은행과 신용금고 등 기타 예금취급기관이 있다. 주요 투자기관으로는 기업, 지방공공단체, 관공서, 공제조합 등이 있으며, 일반 개인의 매수는 저조한 편이다.

중개기관으로는 단자회사, 증권회사 및 은행 등이 있으며 이들 기관은 주로 매매중개방식으로 거래하고 있다. 도입초기에는 지명채권양도방식이라는 복잡한 양도절차때문에 유통시장에서의 거래실적이 매우 저조하였다. 그러나 1980년 5월 이후 단자회사가 CD를 대상증권으로 하는 RP거래를 도입한 데 이어 1985년 6월에는 증권회사도 중개업무를 취급하면서 거래가 활성화되었다. 유통시장에서의 중개거래는 신규발행물의 중개, 기발행물의 중개, CD를 대상증권으로 한 RP거래로 구분된다. 유통시장의 거래단위는 통상 20~30억엔 규모이며 1~20일물의 거래비중이 가장 높다.

다. 영국

영국에서는 CD발행이 1968년 10월에 시작되었다. 영국의 CD는 영란은행의 MMLC(Money Market Liaison Committee)가 정한 기준에 따라 런던에서 발행되는 런던CD(London CD)와 동 기준에 부합되지 아니하는 금융기관이 예외적으로 발행하는 非런던CD(non-London CD)로 구성된다.

런던CD의 발행기관은 「금융서비스시장법」(Financial Services and Markets Act 2000)에서 인정된 예금수취기관 및 영국에서 예금을 수취할 수 있는 유럽경제지역(EEA; European Economic Area) 국가의 금융기관이다. 발행 및 상환이 영국에서 이루어지고 거래가 주로 런던에서 이루어지고 있으나 발행통화에 대해서는 원칙적으로 제한이 없다. 발행만기에 대해서도 제한은 없으나 관행상 5년 이내로, 대부분은 6개월 이내로 발행되고 있다. 최소 발행금액은 10만파운드 또는 기타 통화로 발행시 이에 상응하는 금액이다. 발행금리는 변동금리 및 고정금리 모두 가능하며, 할인 및 이표방식도 모두 가능하다.

한편 보증기관이 허가받은 기관일 경우 보증부 CD 발행이 허용되고 있으며, 일정 결제요건을 충족하는 경우 무권화된 CD(non-material CD)의 발행도 가능하다. 또한 조기상환 옵션부 CD(call 및 put형 모두)도 발행이 허용되는 등 발행 조건에 대하여 상당 폭 자유가 부여되고 있다.

제5절 기업어음시장

1. 의의

기업어음(CP; Commercial Paper, 이하 'CP')은 신용상태가 양호한 기업이 상거래와 관계없이 운전자금 등 단기자금을 조달하기 위하여 자기신용을 바탕으로 발행하는 융통어음을 의미한다. 따라서 상거래에 수반되어 발행되는 상업어음(commercial bill, 진성어음)과는 성격이 다르지만, 법적으로는 상업어음과 같은 약속어음으로 분류된다.

CP시장은 발행기업(issuers), 할인·매출기관(dealers) 및 매수기관(investors)으로 구성된다. 발행기업은 거래은행으로부터 기업어음증권이 명시된 어음용지를 교부받아 발행하고 은행의 당좌예금계정을 통해 결제한다. 할인·매출기관은 발행기업으로부터 CP를 할인·매입한 후 이를 매수기관에 매출함으로써 매매차익을 얻으며 매수기관은 주로 단기자금의 운용수단으로 CP를 활용하고 있다. CP는 발행절차가 간편하고 통상 담보없이 신용으로 발행(ABCP 제외)되는 데다 금리면에서도 은행대출보다 일반적으로 유리하다. 이러한 장점들에 힘입어 CP는 기업들이 자금을 신속[11]하게 조달하고자 할 때 유용한 수단으로 이용되고 있다.

2. 발행조건, 참가기관 및 거래 메커니즘

가. 발행조건

CP발행기업의 요건과 발행조건은 할인금융기관에 따라 상이하다. 증권회사

11) 채권발행의 경우 인수기관 선정부터 발행대금 납입까지 통상 7일 정도가 소요되고 은행대출의 경우에도 근저당권 설정(담보대출의 경우), 대출건별 약정체결(한도거래 제외) 등의 절차가 요구됨에 따라 신속한 자금조달이 곤란하다.

고유계정이 할인·매입하는 CP의 경우 대상기업, 만기 및 액면금액 등에 대한 제한이 없다. 그러나 증권회사 고유계정이 장외시장에서 CP를 매매, 중개·주선 또는 대리하는 경우에는 2개 이상의 신용평가기관으로부터 신용평가를 받은 CP만을 대상으로 무담보매매·중개방식으로 할인을 할 수 있다.

종합금융회사가 할인·매입하는 경우에는 만기 1년 이내 CP에 한해서만 할인·매매·중개를 할 수 있다. 한편 종합금융회사가 기업을 대상으로 어음할인을 하기 위해서는 해당 기업을 적격업체로 선정해야 한다. 따라서 종합금융회사는 CP 할인 전 발행기업에 대한 신용조사와 함께 재무구조 및 경영상황 등을 분석하여 적격업체로 선정 여부를 결정한 후 동일인 여신한도 이내에서 적정 할인한도를 설정한다.

국내 CP의 신용등급 체계는 A1을 최우량등급으로 하고 그 다음으로 A2, A3, B, C, D의 순으로 구성되어 있다. 이 중 투자등급은 A1~A3등급이며 투기등급은 B등급 이하이다. A2~B등급에 대해서는 동일등급 내에서 우열을 나타내기 위하여 +, -부호를 부가하여 세분하고 있다. 한편 자산담보부 CP의 경우에는 상기 신용등급에 구조화 금융상품을 의미하는 'sf(structured finance)'를 추가하여 표시한다.

〈표 4-6〉 우리나라의 CP 신용등급

구 분	평가등급	등급 정의
투자등급 (investment grade)	A1	적기상환능력이 최고수준이며 안정성은 예측가능한 장래환경에 영향을 받지 않을 정도
	A2+, A2, A2-	적기상환능력 우수, 안정성은 A1보다 다소 열등
	A3+, A3, A3-	적기상환능력 양호, 안정성은 A2보다 다소 열등
투기등급 (speculative grade)	B+, B, B-	적기상환능력은 있으나 단기적인 여건변화에 따라 그 안정성에 투기적인 요소가 내포되어 있음
	C	적기상환능력 및 안정성에 투기적인 요소가 큼
	D	현재 채무불이행 상태

자료: 한국신용평가

이 밖에 CP는 할인방식으로 발행되어 만기에 액면금액이 상환된다. 발행금리는 발행기업과 할인기관이 발행기업의 신용리스크, 할인기간, CP시장의 수급 상황 등을 감안하여 결정한다. CP 고시금리(최종호가수익률이라고도 하며 CP시장에서 91일물 A1등급 유통수익률을 대표)는 금융투자협회가 매일 2회(11시 30분, 15시 30분) 공시하는데, 8개 금융기관으로부터 91일물 A1등급 CP에 대한 할인율을 통보받아 최고 및 최저 할인율을 제외한 나머지 6개의 할인율을 평균하여 산출한다. 고시금리는 할인율로 공시되기 때문에 여타 시장금리와 비교하기 위해서는 수익률로 전환하여 비교하여야 한다. 공시된 할인율의 수익률 환산 산식은 다음과 같다.

$$수익률 = (365 \times CP할인율)/[365 - (91 \times CP할인율)/100]$$

다만 CP 고시금리에 대해서는 할인율 고시대상이 되는 A1등급 CP 발행기업의 재무 건전성에 차이(CP의 경우 A1등급 내에는 신용도를 같은 선상에서 평가하기 힘든 공기업, 금융회사, 일반기업, ABCP 등이 혼재)가 있는 경우가 많은 점을 감안할 때 단일 금리수준으로 A1등급 전체 CP거래를 대표하는 것은 문제가 있다는 의견이 제시되고 있다.

나. 참가기관

(1) 발행기관

CP는 민간기업, 공기업, 증권사, 카드사, 특수목적회사(SPC; Special Purpose Company) 등이 발행하고 있다.

(2) 할인 및 매출기관

CP의 할인 및 매출은 주로 증권회사와 종합금융회사가 담당하고 있다. 종합금융회사는 매출뿐만 아니라 자체 보유목적으로도 CP를 할인한다. 반면 수신기능이 제한적인 증권사는 일반적으로 CP를 할인한 후 자체보유하지 않고 매출한다.

한편 은행, 자산운용회사 및 보험회사 등의 CP 할인은 활발하지 않다. 은행의 경우 CP할인이 대출로 간주되어 동일인 여신한도의 제한을 받는 데다 당좌대출, 상업어음할인 등 CP 할인 외의 다양한 형태로 기업에 단기자금을 공급할 수 있기 때문이다. 자산운용회사나 보험회사, 여신전문금융회사의 경우에는 CP 발행기업에 대한 독자적인 심사기능을 갖추지 못하고 있는 데다 할인·매출기관을 통하여 CP를 매입하더라도 수수료 부담이 크지 않기 때문에 할인보다는 주로 증권회사와 종합금융회사를 통한 매입을 선호하고 있다.

(3) 매수기관

자산운용회사의 MMF, 종합금융회사, 은행신탁, 증권신탁 등이 주요 CP 매입주체이다. 한편 개인들은 CP를 직접 매입하기보다는 은행의 특정금전신탁 또는 증권사 종금형 CMA 등을 통하여 간접적으로 투자하고 있다. 자산운용회사는 주로 증권회사와 종합금융회사가 중개한 CP를 매수하며 은행신탁은 할인 매출기관이 중개한 CP를 매입할 뿐만 아니라 직접 할인하여 매입하기도 한다.

다. 거래 메커니즘

(1) 할인

CP를 발행하려는 기업은 지급장소로 지정되는 당좌계정 개설은행에서 기업어음용지를 받아 자금을 사용할 날의 전일이나 당일 오전에 증권회사, 종합금융회사 등 할인기관과 만기·금액·금리 등을 협의한 다음 어음을 발행하여 할인을 요청하게 된다. 이때 할인기관은 일반적으로 발행기업과 CP거래에 관한 약정을 맺고 할인한도를 부여한다. 그러나 최근 들어서는 할인기관간 경쟁이 치열해지고 할인 CP를 대부분 매출하고 있기 때문에 거래약정 없이 할인해 주는 사례가 점차 늘어나고 있다.

(2) 매출

종합금융회사, 증권회사 등은 기업어음을 할인한 후 할인금리보다 낮은 금리 수준으로 자산운용회사 등 어음 매수기관에 매출한다. 거래방식으로는 실물교부와 통장거래 방식이 모두 가능하나 대부분 실물교부 방식이 이용되고 있다. 다만 실물교부라 하더라도 대부분의 경우에는 할인기관이 발행기업으로부터 할인매입하여 기관투자가 및 일반법인 등 매수자에게 매출하는 동시에 한국예탁결제원의 매수자 계좌에 예탁하는 형태로 이루어진다. 매수자가 통장거래를 희망하는 경우에는 할인기관이 CP 실물을 보관하고 이에 대한 보관어음 통장을 발급할 수 있다.

3. 발행 현황

CP시장 규모는 2000년대 중반 이후 자금조달의 편의성이 부각된 ABCP의 발행이 크게 늘어나면서 빠르게 확대되었다. 건설경기의 호조, 정부규제에 따른 부동산PF(project financing) ABS의 부동산PF ABCP로의 전환 등으로 PF ABCP발행이 급증하였다. 또한 장단기 금리차익 획득을 위한 금융기관의 유가증권을 기초자산으로 하는 ABCP도 활발하게 발행되었다.

그러나 2008년 미국의 리먼브라더스 파산을 계기로 글로벌 금융불안이 급속히 심화됨에 따라 캐피탈, 카드사 등 금융회사들이 영업위축 및 투자수요 감소로 디레버리징에 나서면서 금융회사의 CP발행이 크게 줄었다. 또한 경기침체로 부동산PF의 부실 우려가 증대되면서 ABCP의 발행도 급감하였다. 다만 일반기업 CP(본 절에서는 금융회사, 금융공기업을 제외한 민간 · 공기업을 '일반기업', 이들이 발행한 CP를 '일반기업 CP'라고 정의)는 우량 기업을 중심으로 필요자금의 선조달 수요가 증가하면서 발행이 확대되었다. 이후 금융불안이 진정되고 시중 유동성 사정이 호전되었으나 이 시기에는 기업들이 부채구조 개선을 위해 CP보다 상대적으로 만기가 긴 회사채 발행을 대폭 확대하면서 2009년말까지 CP시장의 부진이 지속되었다.

2010년 이후에는 ABCP를 중심으로 CP 발행이 서서히 늘어나다가 2012년 들어 일반 ABCP[본 절에서는 부동산PF 이외의 자산(CDS, 정기예금, 대출채권 등)을 기초자산으로 하는 ABCP를 '일반 ABCP'라고 정의] 발행이 빠르게 증가하면서 같은 해 5월 전체 CP 발행잔액이 100조원을 돌파하였다. 이후 2013년 전자단기사채 도입 및 만기 1년 이상 CP 발행에 대한 증권신고서 제출의무 부과 등으로 일반기업 및 금융회사 CP 발행이 다소 감소하였으나 일반 ABCP는 발행 호조를 보이면서 2016년 6월말 현재 전체 ABCP 발행잔액은 133조원을 기록하고 있다. 일반 ABCP의 발행 호조는 저금리 기조 지속, 대내외 불확실성 증대 등으로 투자자의 中위험·中수익 상품에 대한 선호가 증대된 가운데 증권사가 새로운 수익창출의 수단으로 ABCP를 적극 취급한 데 주로 기인한다.

CP의 만기 구조를 살펴보면 2016년 상반기중 발행액기준으로 1개월 미만의 단기물이 38.6%로 가장 높은 비중을 차지하고 있으며 이어 1~3개월물과 6개월~1년물의 비중이 각각 24%정도를 차지하고 있다. 2012년 만기구조와 비교해 보면 1년을 초과하는 장기물의 비중이 크게 하락한 반면 6개월~1년물 비중은 상승하였는데, 이는 2013년 5월 만기 1년 초과 CP에 대해 증권신고서 제출 의무가 부과되면서 장기물 발행수요가 위축된 데 주로 기인한다.

할인기관별로는 증권사가 주로 취급하는 ABCP 발행 확대로 증권사의 비중이 2012년 58.3%에서 2016년 상반기중에는 78.4%로 상승하였다. 반면 종합금융회사 비중은 같은 기간중 36.7%에서 19.5%로 낮아졌다.

신용등급별 구성을 보면 2016년 상반기중 발행액 기준으로 최우량 등급인 A1 등급 비중이 87.9%에 달하는 것으로 나타나고 있다. 2012년과 비교해 보면 A1 등급 비중이 더욱 높아진 것으로 나타났는데, 이는 상대적으로 안전성이 높은 정기예금 기초 ABCP의 발행증가 및 STX·웅진·동양·대우조선해양 등의 신용사건을 경험한 투자자들의 우량물 선호 등에 주로 기인한 것으로 판단된다.

참고 ABCP 동향

(발행현황)

ABCP시장은 2000년대 중반부터 PF대출채권 등 부동산 관련 채권에 대한 유동화 수요 및 장단기금리차익을 위한 금융회사들의 유가증권 담보 ABCP 발행 수요 등으로 빠른 성장세를 보였다. 우리나라의 ABCP제도는 지난 2000년 기업들에게 다양한 자금조달 수단 제공을 통한 기업자금조달의 원활화를 목적으로 도입되었고 같은 해 8월 LG캐피탈이 카드론을 기초로 0.5조원 규모로 발행한 것이 최초이다. 2008년 이후 ABCP시장은 금융불안 및 경기침체의 영향으로 위축되었으나, 2012년 이후 정기예금, 신용파생상품 등을 기초자산으로 하는 일반 ABCP를 중심으로 꾸준히 성장하여 ABCP 발행잔액은 2012년말 64.4조원에서 2016년 6월말 99.4조원으로 증가하였다. 이에 따라 2016년 6월말 전체 CP시장(발행잔액 기준, 133.0조원)에서 ABCP가 차지하는 비중은 74.7%(99.4조원)로서 금융회사 및 일반기업의 비중(25.3%, 33.6조원)을 크게 상회하고 있다.

(PF ABCP)

PF ABCP는 시행사인 부동산개발업자 등이 공사자금 조달을 위해 SPC를 통해 시공사인 건설사의 지급보증(신용보강)하에 발행하는 CP를 말한다. 2005년 이후 SOC 및 부동산개발사업 등으로 PF시장이 급성장하는 가운데 은행의 PF 대출채권과 건설회사의 부동산관련 채권에 대한 유동화 수요가 늘어나면서 PF ABCP 발행이 크게 증가하였다. 그러나 2011년 이후 부동산 경기침체가 지속된 데다 2013년 1월 전자단기사채 도입 이후 PF ABCP가 PF 자산담보부 전자단기사채(ABSTB)로 전환되면서 PF ABCP시장은 빠르게 위축되는 모습을 보였다. 이에 따라 전체 ABCP 발행잔액 가운데 PF ABCP가 차지하는 비중도 2010년말에는 50%를 상회하였으나 2012년말 31.3%로 하락한데 이어 2016년 6월말에는 5.5%로 하락하였다.

(일반 ABCP)

PF를 제외한 정기예금, 채권, 주식, 신용파생상품 등을 기초자산으로 하여 발행되는 ABCP(이하 '일반 ABCP')는 2012년 이후 빠르게 성장하였다. 이는 저금리 기조, 대외 불확실성 지속 등으로 신용리스크가 상대적으로 낮으면서 금리메리트가 있는 일반 ABCP에 대한 수요와 공급이 증대된 데 주로 기인한다. 이에 따라 전체 ABCP 발행잔액 가운데 일반 ABCP가 차지하는 비중은 2012년말 68.7%에서 2016년 6월말 94.5%로 크게 상승하였다.

2016년 6월말 현재 일반 ABCP의 기초자산 구성을 보면 정기예금의 비중이 전체의 2/3를 차지하는 가운데 채권·주식, 대출채권, 신용파생상품 등이 10% 내외를 차지하고 있다. 2012년과 비교해볼 경우 정기예금 비중은 큰 폭 상승한 반면 채권·주식, 신용파생상품은 하락하였다. 정기예금과 신용파생상품의 구성 변화는 2013년 5월 감독당국의 공시규제 강화로 만기 1년 이상 CP발행시 증권신고서 제출이 의무화되면서 CDS 등 상대적으로 만기가 긴 신용파생상품을 기초로 하는 ABCP 발행이 줄어든 반면, 만기조정이 신축적이고 안정성이 높은 정기예금 ABCP의 장점이 부각된 데 기인한다. 정기예금 ABCP는 기초자산이 되는 예금의 종류가 국내은행의 원화예금 중심에서 외국계은행이 취급하는 달러화예금, 위안화예금, 유로화예금 등으로 다양해지고 있다.

참고 기업 CP 동향

제조업체 등 비금융 민간기업들의 CP(공기업 제외, 이하 '기업CP') 발행잔액은 2013년 4월말 22.1조원까지 증가하기도 하였으나 이후 감소세를 지속하여 2016년 6월말에는 2012년 3월 이후 가장 작은 13.9조원을 기록하였다. 발행액 기준으로도 2016년 상반기중에는 월평균 발행액이 8.0조원에 그치는 등 예전에 비해 크게 축소되었다. 이와 같이 기업 CP 발행이 부진하면서 전체 CP 발행잔액에서 기업 CP가 차지하는 비중도 2016년 6월말에는 10.5%로 2008년 1월(22.9%) 이래 최저치로 하락하였다.

경기가 호조를 보일 때 기업들의 생산활동이 활발해지면서 단기자금수요도 증대되는 점을 감안하면 최근 수년간 지속되고 있는 기업 CP시장의 위축은 기본적으로 우리 경제의 성장세 둔화가 장기화되고 있는 것과 무관치 않은 것으로 추정된다. 그러나 최근에는 이에 더하여 조선 · 해운 등 일부 취약업종의 부실화 및 구조조정 추진 등도 기업 CP시장의 부진 원인으로 가세하고 있다. 2015년 7월 대우조선해양의 대규모 적자 발표 이후 취약업종 기업들의 부실화 및 자금사정 악화 우려가 높아지면서 이들 기업이 발행한 CP에 대한 투자수요가 크게 위축되었다. 그 영향으로 CP 발행량이 많았던 주요 조선사들이 만기도래분을 차환하지 못하면서 이들 업체들의 발행잔액(상위 3개사 기준)이 2015년 6월말 3.1조원에서 2015년말 1.5조원으로 줄어든 데 이어 2016년 6월말에는 0.9조원 수준까지 감소하였다.

대내외적으로 기업들의 경영환경이 녹록치 않은 상황에서 조선 · 해운 등 취약업종 기업들의 부실화 우려까지 확산되면서 기업 CP의 신용등급도 많이 하향조정되었다. 2015년 한 해 동안 기록한 기업 CP 신용등급 강등 건수는 28건에 달해 2013년 22건, 2014년 21건에 비해 크게 증가하였다. 특히 2015년에는 신용등급 강등이 주로 최우량물에 집중되었는데, 전체 신용등급 강등 건수(28건)중 최우량 등급인 A1등급에서 A2등급으로 강등된 건수(17건)의 비중이 60.7%를 차지하여 이전(2013년 4.5%, 2014년 28.6%)에 비해 훨씬 높은 수준을 기록하였다. 이에 따라 종전에는 주로 비우량기업을 대상으로 형성되던 신용경계감이 일부 우량기업까지 확대되었으며 이는 기업 CP에 대한 투자심리를 위축시키는 요인으로 작용하였다.

이러한 여러 요인들이 복합적으로 작용한 결과 최근 CP시장의 위축 정도는 과거 일부 기업의 신용사건이 발생했던 때보다 더 큰 것으로 평가된다. 2012년과 2013년에 웅진 · 동양 사건 발생 이후보다 발행액 감소폭이 훨씬 크고 지속기간도 장기화되고 있는 것으로 나타나고 있다.

4. 미국 및 일본의 기업어음시장

가. 미국

미국의 CP시장은 1800년대초 담배회사와 철도회사 등이 단기자금 차입을 위해 상거래와 관련된 환어음을 발행하면서 형성되었다. 이 어음은 주로 딜러가 인수하여 상업은행에 판매하였는데 발행기업의 신용도가 낮아 금리가 은행 대출금리를 크게 상회하였다.

상거래와 관계없는 융통어음은 남북전쟁 이후 발행되기 시작하였다. 1920년대 들어 일반 국민의 자동차 등 내구소비재 구입을 위한 대출수요 확대에 대응하여 소비자금융회사(consumer finance company)들이 대출재원을 CP 발행으로 조달하면서 CP시장이 활성화되었다. 1930년대 이후에는 경기불황에 따른 기업자금수요 감소와 소비자신용 부진 등으로 CP시장이 위축되기도 하였으나, 제2차 세계대전 이후로는 금융회사를 중심으로 CP 발행이 다시 활성화되었다.

1960년대에는 시장 실세금리가 Regulation Q에 의한 금리상한을 상회하는 경우가 자주 발생하였다. 이에 따라 투자자들이 은행 단기예금에서 시장 실세금리 수준의 수익을 보장받지 못하게 되면서 Regulation Q의 적용을 받지 않는 CP거래의 매력이 부각되었다. 또한 은행들이 자금조달 애로로 인해 기업 대출수요를 충족시키지 못하게 되자 재무구조가 양호한 거래기업들에게 CP 발행을 권유하면서 일종의 담보 역할을 할 수 있는 신용공급한도(backup line of credit)를 설정해 줌에 따라 CP시장이 비약적으로 발전하였다. 1970년대 들어서는 Penn Central Transportation Company의 파산으로 CP시장이 일시적으로 위축되었다가 이후 CP 발행기업에 대한 신용평가제도의 정착 등에 힘입어 다시 정상화하였다. 이후 1982년부터 2000년까지는 성장률이 연평균 13.6%에 달할 만큼 CP시장이 빠르게 확대되었다.

2000년대 들어서는 2003년까지 저금리 지속으로 일반기업들이 회사채로 자금을 조달하거나 풍부한 내부 유보자금을 활용하면서 CP 발행이 다소 위축되었으나, 2004년 이후로는 재고확충 등을 위한 기업의 단기자금수요가 늘어나면서 CP 발행이 다시 빠르게 증가하였다 2000년대 후반에는 글로벌 금융위기의 영향으로 CP발행이 재차 큰 폭으로 감소하였으나 2010년대 이후로는 감소세가 진정되며 안정적인 모습을 이어가고 있다.

2000년대 이후의 시장상황 변화를 CP 유형별로 살펴보면, ABCP 시장의 경우 2005년 이후 주택담보대출, 신용카드대출 및 자동차대출 등이 큰 폭으로 확대됨에 따라 이를 기초자산으로 하는 ABCP발행(미국의 경우 모기지대출을 1차 유동화한 MBS에다 회사채 등 여타 자산을 추가하여 이를 토대로 ABCP, CDO 등을 발행하는 2~3차 유동화도 활발)도 증가하였으나 2007년 이후로는 모기지 부실, 경기침체 및 부동산경기 부진 지속 등으로 기초자산이 부실화되면서 ABCP 발행이 크게 감소하였다. 이에 따라 ABCP 발행잔액은 2008년 말 7.0천억달러에서 2016년 6월말 2.6천억달러로 크게 감소하였고 전체 CP에서 차지하는 비중도 44.0%에서 25.5%로 하락하였다.

미국 CP시장에서 가장 큰 비중을 차지하고 있는 금융회사 CP도 금융위기 이후 발행이 크게 위축되었다. 금융기관 CP 발행잔액은 2008년말 7.1천억달러에서 2016년 6월말 5.0천억달러로 감소하였다. 반면 동 기간중 일반기업의 CP 발행잔액은 금융위기 이후 감소하기도 하였으나 이후 빠르게 증가하여 1.8천억달러에서 2.5천억달러로 증가하였다.

미국에서는 CP가 대부분 실물교부보다는 증권예탁원(DTCC; Depository Trust & Clearing Corporation)의 전자등록 시스템을 통해 발행되고 있으며, 발행방법은 딜러를 통한 간접발행과 투자자에게 직접 매출하는 직접발행으로 구분된다. 일반기업 발행 CP(industrial paper)는 간접발행(dealer paper)이 주종을 이루고 있는 반면 금융회사 발행 CP(financial paper)는 자체 판매망을 이용한 직접발행(direct paer)이 대부분이다. 직접발행의 경우 중개수수료를 절약할 수 있고 투자자의 요구에 맞춰 금액이나 금리, 만기 등을 조정할 수 있다.

기업들은 CP 발행시 사전에 거래은행과 유동성 보강 계약(CP의 차환이 어려울 경우를 대비하여 은행이 발행자를 대신하여 지급을 보장하는 장치로 발행금액의 100%에 대해 체결되는 경우가 대부분)을 체결하여 유동성 리스크에 대비하고 있으며, CP 발행 적격기업은 원칙적으로 주요 신용평가기관 평가 기준으로 신용등급이 투자등급 이상인 업체로 제한하는 등 투자자 보호 장치도 구비되어 있다. 세계 3대 평가기관인 S&P, Moody's 및 Fitch 중에서, S&P의 신용평가등급체계를 보면 최우량등급은 A-1, A-2, A-3, B, C, D의 순으로 분류되는데, A-1~A-3등급은 투자등급, B~C등급은 투기등급, D등급은 부도등급에 각각 해당된다. A-1등급내에서는 채무상환이 확실함(extremely strong)을 나타내기 위하여 + 부호를 부가하고 있다.

CP 발행조건을 보면 발행만기는 최장 270일이나 평균 30일 정도이며, 1~4일 만기의 단기 CP 발행비중이 높다. 최소거래단위에 대한 명시적인 제한은 없으나 거래단위는 보통 10만달러 이상이다. 이자지급방식은 할인 또는 이표 방식이 모두 가능하나 대부분 할인방식으로 발행된다. 할인율은 만기와 발행기업의 신용도에 따라 달라지고 주로 1/8% 단위로 표시된다.

한편 연방준비제도 이사회는 최우량등급 및 차우량등급 일반기업 CP, 최우량등급 금융기관 CP 및 ABCP를 대상으로 1, 7, 15, 30, 60, 90일물별로 총 24개의 금리를 매일 공시하고 있다. 해당 고시금리는 DTCC에서 관리되는 실제 CP 거래자료를 가중평균하여 산출된다.

투자자별 CP 매입현황을 보면 2016년 6월말 현재 MMMF(Money Market Mutual Fund)가 27.2%로 가장 큰 비중을 차지하고 있으며 다음으로 연기금(8.6%), 뮤추얼펀드(8.4%) 등의 순으로 나타나고 있다.

나. 일본

일본의 CP시장은 1987년 11월 대장성이 금융기관 및 증권회사에 CP 취급에 관한 지침을 만들면서 형성되었다. CP 발행기업은 신용공급한도(backup line)를 설정할 필요가 없는 대기업이 대부분이었고 발행금리도 대체로 경쟁상품인 CP 금리를 하회하였다. 그 후 금융기관에 대해 순차적으로 CP 발행을 허용하고 만기를 확대하였으며 발행 적격기업에 대한 신용평가기준을 도입하는 등 여러 차례에 걸쳐 CP시장 개선조치를 취하였다. 1998년 6월 들어서는 발행기업의 신용등급, 만기 및 금액 등에 대한 제한을 완전히 폐지하여 시장에서 수용할 수 있는 한 자유로이 CP를 발행할 수 있게 하였으며 이전까지 금지하여 왔던 은행의 CP 발행도 허용하였다.

CP 발행방법은 인수발행과 직접발행으로 구분된다. 인수발행의 경우 발행기업이 딜러(딜러는 은행, 신용금고, 신금중앙금고, 상공조합중앙금고, 농림중앙금고, 증권회사 및 단자회사가 담당)와 발행금액, 금리 및 기간 등의 조건을 결정하는데 대부분 이 방법에 의해 발행되고 있다. 직접발행은 딜러의 개입 없이 발행기업이 투자자에게 직접 판매하는 방식이다. CP 매입기관은 기관투자가 등으로 제한되었으나 1998년 6월 동 제한이 폐지됨으로써 개인투자자도 CP 매입이 가능해졌다. 일본의 대표적 신용평가기관인 Rating & Investment Information, Inc.(통상 "R&I"로 지칭)의 CP 신용등급체계를 보면 a-1, a-2 a-3, b, c 등으로 구분하고 있으며 a-1 등급의 경우 +부호를 부가하여 등급을 세분하고 있다.

한편 일본의 CP시장은 2002년 전자단기사채 도입 이후 그 규모가 크게 확대되었다. 일본에서는 2000년대 중반 이후 전자단기사채가 기존 CP를 대부분 대체하였으나, 기본적으로 전자단기사채의 경제적 실질이 CP와 동일한 점, 일본 CP시장의 장기적인 변화과정을 연속적으로 살펴볼 필요가 있는 점 등을 감안하여 시장 현황과 관련해서는 양자를 구별하지 않는다. 전자단기사채 도입 이전인 1990년대 중후반에는 CP 발행잔액이 대체로 10조엔 내외였으나, 도입 이후인 2007년에는 20조엔을 상회하는 등 2배 이상 수준으로 증가하였다. 다만 2009년 이후로는 발행잔액이 다소 축소되어 15조원 내외에서 횡보하는 모습을 나타내고 있다.

발행 주체를 보면 2016년 6월말 발행잔액 기준으로 리스회사 · 신용카드사 등 기타 금융회사와 일반기업의 비중이 각각 52.6%와 21.5%로 높게 나타났다. 은행 및 증권사의 비중은 14.1%, SPC 등의 비중은 11.8%에 그쳐 증권사와 SPC의 발행 비중이 상대적으로 높은 우리나라와는 상이한 모습을 나타내고 있다. 만기구조 측면에서는 2016년 상반기중 발행액 기준으로 60~119일물이 각각 약 25%대의 비중을 나타내었다. 반면 1~7일물 비중은 8.5%에 그쳐 우리나라와 달리 초단기물의 비중이 상대적으로 낮은 모습을 나타내고 있다.

제6절 전자단기사채시장

1. 의의 및 도입배경

가. 의의

전자단기사채는 「자본시장과 금융투자업법에 관한 법률」(이하 '자본시장법')상의 사채권으로서 실물이 아닌 전자적으로 발행·유통되는 단기금융상품으로 정의할 수 있다. 글로벌 금융위기 이후부터 논의되기 시작하였으며 이후 입법 및 시스템 마련 등 제반 준비과정을 거쳐 2013년 1월 15일 도입되었다.

전자단기사채의 법적 성격은 어음이 아닌 사채권이지만 경제적 실질은 기존의 기업어음(CP)과 동일하다. 다만 기업어음은 실물로 발행·유통되지만 전자단기사채는 실물 없이 중앙등록기관의 전자장부에 등록(book-entry)되는 방식으로 발행·유통되는 점이 다르다. 등록이라 함은 전자단기사채에 대한 권리내용을 관련 계좌에 전자적 방식으로 기록하는 것을 의미하며, 이렇게 등록된 자는 해당 전자단기사채에 대한 권리를 적법하게 가지는 것으로 간주된다.

이러한 기본적인 거래시스템의 차이로 인해 전자단기사채는 기업어음에 비해 다양한 장점을 지닌다. 첫째, 인수 또는 인도시 위·변조, 분실 등 실물 발행에 수반되는 위험을 원천적으로 방지할 수 있으며 발행비용도 절약할 수 있다. 둘째, 누구나 확인할 수 있는 중앙등록기관의 전자장부에 등록하는 방식으로 발행·유통됨에 따라 거래의 투명성도 크게 제고되었다. 셋째, 발행과 유통, 그리고 상환이 모두 전자적으로 이루어지면서 증권과 대금의 실시간 동시결제(DvP; Delivery versus Payment)가 가능해졌다. 이에 따라 발행기업은 발행 당일에 자금을 사용할 수 있으며, 투자자 입장에서는 만기시 어음교환소 회부 등이 필요치 않아 투자대금 회수과정에서 발생할 수 있는 신용위험이 축소되었다.

나. 도입배경

전자단기사채의 도입배경은 크게 두 가지 측면에서 살펴볼 수 있다. 첫째, 전자단기사채는 기업어음을 대체해 나가기 위해 도입되었다. 기업어음은 그 동안 일반 기업과 금융기관의 단기자금 조달수단으로의 역할을 담당해 왔으나 그 과정에서 여러 구조적인 문제점도 노출하였다. 「어음법」과 「자본시장법」을 모두 적용받는 이중 법적지위로 인해 운영상의 불편함이 있었으며, 어음의 특성상 발행절차는 간편하지만 공시의무가 없어 시장 투명성과 투자자 보호를 위한 제도적 장치는 미흡하다는 지적을 받아 왔다. 아울러 증권과 대금의 동시결제가 이루어지지 않아 발행회사가 신속하게 발행대금을 사용하기 어려우며 이는 기업어음이 1일물과 같은 초단기물로 발행되는 것을 제약하는 요인으로 작용하였다.

이러한 기업어음의 문제점을 해소할 뿐만 아니라 발행 및 유통의 편의성을 한층 제고하는 한편 단기자금조달이라는 본연의 목적에도 보다 부합하는 새로운 자금조달수단으로 전자단기사채가 도입되었다. 기업어음과 비교하여 전자단기사채가 가지는 장점을 살펴보면 우선 발행절차가 간편하면서도 투자자보호장치가 강화된 점을 들 수 있다. 「전자단기사채법」 및 동법 시행령은 중앙등록기관인 한국예탁결제원에 대해 전자단기사채가 발행된 경우 종류, 종목, 금액. 발행조건, 미상환 발행잔액과 함께 발행한도까지 인터넷 홈페이지에 공개하도록 규정하고 있다. 증권신고서 없이 초단기물을 전자적으로 간편하게 발행할 수 있는 전자단기사채의 특성을 감안할 때 신속·정확한 정보공개는 투자자 보호를 위한 기본토대가 될 뿐만 아니라 시장참가자들의 효율적 의사결정을 뒷받침함으로써 시장 전반의 리스크를 낮추는 데에도 크게 기여한다고 평가할 수 있다. 아울러 전자단기사채는 전자적으로 발행되고 증권과 대금의 동시결제가 이루어져 발행회사가 발행대금을 발행당일에 사용할 수 있으며 이에 따라 초단기물 발행도 가능해지게 되었다. 또한 1억원 이상의 금액으로는 얼마든지 분할하여 양도할 수 있게 됨으로써 투자의 편의성도 크게 개선되었다.

〈표 4-7〉 기업어음과 전자단기사채 비교

	기업어음	전자단기사채
관련법규	「어음법」, 「자본시장법」	「상법」, 「전자단기사채법」, 「자본시장법」
발행형식	실물 발행	전자 등록 발행
발행한도	없음(2009년 2월 폐지)	최소 1억원 이상
만기제한	없음(2009년 2월 폐지)	1년 이내
발행절차	대표이사가 발행 결정	이사회가 발행한도(미상환 발행잔액 기준) 결정, 건별 발행권한은 대표이사앞 위임
결 제	분리결제(先인도후 대금지급) 및 어음교환방식상환(초단기물 발행 제약)	증권・대금 동시결제(DvP), 발행기업 발행당일 대금 사용 가능(초단기물 발행 가능)
유 통	약속어음에 해당되어 분할유통(액면분할) 불가	최소 단위금액(1억원) 이상으로 분할유통・취득 가능(유통시장 발달 촉진)
정보공시	분・반기 사업보고서 등을 통해 제한적・간접적 공시	한국예탁결제원 홈페이지를 통해 발행정보일괄 공개

둘째, 증권사 등 비은행금융기관들의 단기자금 조달수요가 주로 콜시장에 집중되어 있던 현상을 완화할 필요가 있었던 점도 전자단기사채의 도입 배경이 되었다. 우리나라의 콜시장은 은행간 시장으로 출범하였으나 점차 비은행금융기관까지 참가하는 대규모 초단기 신용시장으로 변화되었다. 은행보다 신용도가 상대적으로 떨어지는 비은행금융기관들의 콜시장 참가확대가 개별 금융기관 입장에서는 효율적일 수 있으나, 금융시장 전체적으로는 시스템적 리스크를 증대시키는 요인으로 작용할 수 있었다. 이에 정부는 비은행금융기관의 과도한 콜시장 참가를 제한하는 한편 콜시장을 통한 단기자금 조달 및 운용 수요를 흡수해 나가기 위해 전자단기사채제도를 도입하였다. 아울러 전자단기사채는 신용평가를 받기 때문에 콜시장과 달리 발행기관의 신용도에 따라 금리차별화가 가능해지며 이는 우리나라의 단기시장금리가 리스크를 반영하는 효율적인 금리체계를 형성해 나가는 데 기여할 것으로 보인다.

2. 발행조건, 참가기관 및 거래 메커니즘

가. 발행조건

관련법상 전자단기사채로 인정되기 위해서는 금액은 ① 1억원 이상, ② 만기는 1년 이내, ③ 사채 금액은 일시 납입, ④ 만기에 전액 일시 상환, ⑤ 주식관련 권리부여 금지, ⑥ 담보설정 금지 등 여섯 가지 요건을 모두 갖추어야 한다. 최소 금액요건은 발행뿐만 아니라 계좌간 대체 등록, 액면 분할시에도 적용되며, 만기를 1년 이내로 제한한 것은 회사채시장과의 경합가능성을 최소화하기 위해서다.

CP의 경우에는 만기 제한이 없다. 그 영향으로 회사채 수요예측제도가 시행된 2012년 4월부터 2013년 4월까지는 동 제도를 회피하기 위해 만기가 1년 이상인 CP가 다수 발행되면서 CP가 회사채시장을 일부 잠식한다는 비판이 있었다. 다만 2013년 5월 이후로는 만기 1년 이상 CP에 대해 증권신고서 제출의무를 부과한 것이 사실상 만기를 제한하는 효과를 나타내고 있다.

한편 일시 납입, 만기 전액 일시상환, 주식관련 권리 및 담보설정 금지 요건은 전자단기사채와 경제적 실질이 동일한 기업어음과 같이 권리의무관계를 단순화하기 위함이다.

한편 기업어음과 동일하게 투자매매업자 또는 투자중개업자가 전자단기사채를 장외에서 매매하거나 중개・주선 또는 대리하는 경우에는 2개 이상의 신용평가회사로부터 해당 전자단기사채에 대해 신용평가를 받아야 한다.

나. 참가기관

(1) 발행기관 등

전자단기사채의 발행기관, 인수・매매기관, 중개기관 등은 CP시장과 거의 유사하다. 다만 기업어음과는 달리 은행종금계정 및 자금중개회사는 전자단기사채를 인수할 수 없다.

(2) 등록기관 및 계좌관리기관

전자단기사채제도는 발행이나 권리・의무 관계의 변동이 전자계좌에 등록하는 형식으로 이루어지기 때문에 전자단기사채가 등록되는 중앙등록기관과 고객의 전자계좌를 관리하는 계좌관리기관이 중요한 참가자가 된다. 중앙등록기관은 전자단기사채 발행인별로 발행인관리계좌부를 작성하는 등 시장참가자 관리 업무를 수행하며, 발행되는 전자단기사채의 종류, 종목 등을 인터넷 홈페이지를 통해 공개하는 업무도 수행한다.

계좌관리기관은 고객의 전자단기사채 등록업무를 수행하거나 이들의 계좌를 관리하는 기관을 의미하며, 전자단기사채의 권리자가 되려는 자는 계좌관리기관에 고객계좌를 개설하여야 한다. 계좌관리기관은 권리자별로 고객계좌부를 작성하고 중앙등록기관에 고객관리계좌를 개설해야 한다. 이러한 계좌관리기관은 투자중개업자, 은행, 보험회사, 신탁업자, 한국예탁결제원 등이 될 수 있으나 실제로는 투자중개업자인 증권사가 대부분 역할을 하고 있다.

다. 거래 메커니즘

전자단기사채는 발행인이 실물증권 없이 전자단기사채의 발행 및 인수 내용을 중앙등록기관인 한국예탁결제원에 통지하여 전자계좌부에 등록하는 방식으로 발행된다. 발행규모 등 발행관련 정보는 한국예탁결제원의 발행인관리계좌에 등록되며, 발행물량중 계좌관리기관이 인수하는 부분은 한국예탁결제원의 계좌관리기관 등 자기계좌부에, 고객 인수분은 한국예탁결제원의 고객관리계좌와 계좌관리기관의 고객계좌부에 등록된다.

권리이전이나 질권 설정 및 말소, 신탁 표시 및 말소 등도 권리자가 해당 전자단기사채가 등록된 한국예탁결제원이나 계좌관리기관에 관련 내용을 계좌부에 등록해 줄 것을 신청하여 처리하게 된다. 전자단기사채의 소멸은 원리금상환시 등록 말소처리를 통해 이루어진다.

3. 발행 현황

제도 도입 이후 전자단기사채의 발행액과 잔액이 꾸준히 증가하는 등 시장이 안정적으로 성장하는 모습을 나타내고 있다. 우선 전자단기사채의 연간 발행액을 보면 도입 첫해인 2013년에는 57.9조원이었으나 2015년에는 994.9조원으로 늘어나 도입 3년 만에 17배 수준으로 크게 증가하였다. 유형별로는 금융회사가 발행한 일반전자단기사채의 발행액이 가장 크고 일반기업(여기에서는 금융회사, 금융공기업을 제외한 민간·공기업으로 정의)이 발행한 일반 전자단기사채의 발행액이 가장 작은 것으로 나타나고 있다. 전자단기사채의 유형도 CP와 같이 크게 일반 전자단기사채와 자산유동화(asset backed) 전자단기사채로 구분되며, 일반 전자단기사채는 다시 발행주체별로 금융회사가 발행한 전자단기사채와 일반기업이 발행한 전자단기사채로 구분할 수 있다.

유형별 발행액을 자세히 살펴보면 우선 일반기업의 일반전자단기사채의 경우 민간기업 발행액이 2015년 42.6조원으로 공기업 발행액 17.5조원을 크게 상회하였다. 금융회사가 발행한 일반 전자단기사채의 경우에는 증권사 발행액이 670.8조원에 달하는 반면 여타 금융회사 발행액은 166.9조원 수준에 그쳤다. 이와 같이 금융회사 발행액중 증권사의 비중(2015년 기준 약 80.1%)이 압도적으로 높은 점에 비추어 볼 때 콜시장 참가가 제약된 증권사들의 초단기 자금 차입수단이 콜에서 전자단기사채로 일부 대체되고 있는 것으로 평가할 수 있다.

한편 자산담보부 전자단기사채(ABSTB; Asset Backed Short-Term Bond)의 경우 2013~14년 동안에는 증권신고서 제출 등 CP 발행 관련 규제로 인해 PF ABCP 발행이 전자단기사채로 전환되면서 프로젝트 파이낸싱(PF) 대출자산을 기초자산으로 하는 전자단기사채가 예금 등 여타 자산을 담보로 하는 일반 자산담보부 전자단기사채보다 더 활발하게 발행되었다. 그러나 2015년 이후로는 일반 자산담보부 전자단기사채 발행액도 크게 늘어나는 추세다.

이와 같이 전자단기사채의 발행액이 크게 늘어나면서 발행잔액도 꾸준히 증가하고 있다. 2013년 1월 도입 이후 수개월 동안은 발행잔액이 미미하였으나 그 해 7월 이후로는 빠르게 증가하기 시작하여 2016년 6월에는 35.4조원을 기록하기에 이르렀다. 유형별로는 자산담보부 전자단기사채의 발행잔액이 일반 전자단기사채보다 더 빠르게 늘어나고 있다. 2016년 6월말 현재 일반기업 및 금융회사의 전자단기사채 발행잔액은 각각 2.5조원, 7.2조원(전체 발행잔액 대비 각각 7.1%, 20.3%)이며, SPC가 발행한 자산담보부 전자단기사채 발행잔액은 25.7조원(72.6%)을 기록하고 있다.

전자단기사채의 만기 구조는 유형에 따라 크게 다르다. 먼저 일반기업과 금융회사가 발행한 전자단기사채의 경우 7일 이하 단기물 비중이 2016년 상반기 기준으로 각각 64.9%와 87.9%, 3개월 미만 기준으로는 각각 96.3%와 99.2%에 달해 단기물의 비중이 압도적으로 높은 것으로 나타났다. 금융회사 중에서는 증권사와 기타 금융회사의 만기구조가 상이한 것으로 나타났는데, 증권사의 경우 7일 이하 단기물 비중이 94.0%에 달하는 반면 기타 금융회사는 동 비중이 64.2%에 불과하다. 자산담보부 전자단기사채의 경우 만기가 3개월 이상인 물량의 비중이 75.4%에 달해 중장기물의 비중이 훨씬 큰 것으로 나타나고 있다.

전자단기사채의 신용등급별 현황을 보면 일반기업과 금융회사가 발행한 전자단기사채의 경우 A1등급 비중이 2016년 6월말 발행잔액 기준으로 각각 80.5%와 89.8%에 달하고 있다. 이는 전자단기사채의 주요 투자처인 MMF, 증권신탁 등이 안전자산을 선호하는 데 주로 기인한다. 일반기업이나 금융회사가 발행하는 전자단기사채는 담보없이 해당 업체의 신용도에만 기초하여 발행된다. 따라서 일반 전자단기사채시장은 주로 신용도가 높은 기업이나 금융회사가 발행하는 물량을 중심으로 형성되는 것이 자연스러운 측면이 있다.

한편 자산담보부 전자단기사채의 경우에는 A1등급 비중이 2016년 6월말 현재 68.2%에 그쳐 금융회사나 일반기업의 전자단기사채보다는 상대적으로 낮다. 이는 자산담보부 전자단기사채의 경우 그 안전성이 발행 주체의 신용도뿐만 아니라 담보자산의 가치에 의해서도 평가되기 때문인 것으로 볼 수 있다.

4. 주요국의 전자단기사채 도입 현황

전자단기사채를 도입한 대표적인 국가는 일본이다. 일본에서는 1990년대까지 기존의 CP시장이 활성화되지 못함에 따라 2000년에 들어 CP 무권화에 대한 논의가 활발해졌다. 2001년 6월 「단기사채 등의 대체에 관한 법률」을 제정(2002년 4월 시행)함으로써 CP의 경제적 실질을 유지하면서도 종전 「어음법」 적용에 따른 여러 불편함을 개선한 전자단기사채를 도입하게 되었다. 일본의 전자단기사채제도는 우리나라 전자단기사채제도의 주요 벤치마크가 되었던 만큼 그 기본 구조가 우리나라와 유사하다. 발행, 권리이전 및 상환 등이 실물증권의 이동 없이 일본예탁결제원(JASDEC; JApan Securities DEpository Center)이 관리하는 계좌부에 전자적으로 등록하는 방식으로 처리된다. 이사회가 정한 발행가능기간과 금액의 범위 내에서 특정 이사에게 발행을 위임할 수 있게 발행의 편의성을 도모하고 있으며, 발행 정보는 일본예탁결제원을 통해 공시된다. 또한 CP와 달리 사채로 분류됨에 따라 권면분할 및 분할양도가 가능하며, 결제는 자금과 계좌대체등록의 동시결제(DvP)방식으로 이루어진다.

영국에서는 2003년 전자단기사채제도가 도입되었다. 2002년 Euroclear UK가 단기금융상품의 예탁결제업무를 담당한 데 이어 2003년에는 기존의 실물 단기금융상품과 동일한 특성을 지니면서도 Euroclear UK가 운영하는 시스템에 전자등록방식으로 발행되고 계좌부상 대체를 통해서만 거래가 이루어지는 적격채무증권(EDS; Eligible Debt Securities)제도가 도입되있다.

미국의 경우에는 직접적으로 전자단기사채를 도입한 것은 아니지만 CP를 실물이 아닌 전자적 방식으로 발행하고 있어 형식적인 측면에서 유사하다. 1980년대까지는 CP가 실물로 발행되었으나, 1980년대 후반 들어 단기금융상품의 인프라 개편에 관한 논의가 시작되면서 CP의 무권화가 추진되었다. 이어 1990년에는 CP의 청산을 담당하는 DTCC가 'MMI(Money Market Instrument)'라는 시스템을 개발함으로써 전자계좌부에 기재하는 방식으로 단기금융상품을 발행・유통할 수 있게 되었다. 이후 실물보다 전자적 방식으로 CP를 발행하는 경우가 점차 증가하였으며, 2000년대 이후로는 거의 모든 CP가 전자적 방식으로 발행되고 있다.

이외 프랑스에서도 1993년부터 프랑스 법인이 프랑스 시장에서 CP를 발행하는 경우에는 의무적으로 무권화 방식을 사용해야 하는 것으로 제도가 변경되었다.

〈부록〉 단기금융상품 가격결정

대표적인 단기금융상품으로는 단기국채(T-Bills), 은행인수어음(BA), 기업어음(CP) 등이 있다. 이들에 대한 가격을 계산할 경우 다음과 같이 은행할인수익률을 구하는 공식을 활용하여 구한다.

미국의 경제신문 월스트리트 저널(Wall Street Journal)에 공시되는 단기국채에 대한 사례를 이용하면 다음과 같다.

만기까지의 잔존기간	매입호가	매도호가	매도호가수익률
87일	4.58%	4.57%	4.69%

이 경우 매입호가와 매도호가는 딜러기준 금리이며, 따라서 일반 고객의 경우에는 그 반대가 된다.

(1) 은행할인수익률(r_{BD}; bank discount yield)

$$r_{BD} = (10{,}000 - P)/10{,}000 \times 360/n$$

$$\Rightarrow \textbf{P(가격)} = 10{,}000 \times [1 - r_{BD} \times (n/360)$$

$$= 10{,}000 \times [1 - \mathbf{0.0457} \times (87/360)$$

$$= \$\,\mathbf{9{,}889.56}$$

은행할인수익률(r_{BD})은 투자금액 1달러 당 수익률을 계산하기 위해 구입가격보다는 액면가격을 사용하고, 단리로 계산되며, 1년을 360일로 가정하여 연이자율을 나타낸다.

참고 은행할인수익률이란?

은행할인수익률은 미국의 단기국채(T-Bills)시장에서 관행적으로 쓰이는 이자율 계산방식이다.

예를 들어, 1년 후 만기에 100을 받게 되는 단기국채의 현재가격이 95라고 하자. 이 경우 은행할인수익률은 5%(100-95 = 5%)가 된다. 즉, 은행할인수익률이란 만기에 받게 될 액면가 100에서 단기채권의 가격이 얼마만큼 할인되어 있는가를 %로 표시하는 관행이다. 그러나 이 경우 투자자는 95를 투자해서 1년 만기 후 100을 받으므로 실제의 수익률은 5/95 = 5.3%가 된다.

만기가 1년이 아니라 90일(3개월)인 경우는 어떻게 되는가? 예를 들어, 만기인 90일 후 100을 지급받게 되는 단기국채가격이 98이라면 은행할인수익률은 90일에 2%이므로 360일 기준으로 2% x 4 = 8%가 된다. 이는 우리나라에서 '선이자' 개념과 유사하다. 예를 들어, 차입자가 만기에 100을 갚기로 하고 90을 받는 대출을 가정하자. 대출자에게는 이것이 선이자 10%인 대출이 된다. 즉, 선이자 개념이 은행할인수익률이 된다.

이러한 수익률 표시방법은 매우 쉽게 계산되는 반면에 기타의 자산과 동일한 형태로 수익률을 계산하려면 까다로운 전환과정이 필요하다.

이러한 단기금융상품에 대한 채권등가수익률, 실효수익률 등을 구하면 다음과 같다.

(2) 채권등가수익률(r_{BEY}; bond equivalent yield)

$$
\begin{aligned}
r_{BEY} &= (10{,}000-P)/P \times 365/n \\
&= (10{,}000-9{,}889.56)/9{,}889.56 \times 365/87 \\
&= 0.0469(\mathbf{4.69\%})
\end{aligned}
$$

채권등가수익률(BEY; bond equivalent yield, 매도수익률)은 복리보다는 단리로 계산된 채권수익률을 나타낸다. 그리고 은행할인수익률이 액면가를 기준으로 계산된 수익률인 반면, 채권등가수익률은 일반적인 수익률을 구하는 경우처럼 투자금액을 기준으로 수익률을 계산하는 방식이다.

(3) 실효수익률(EAR; effective yield)

$$
\begin{aligned}
EAR &= (10{,}000-9{,}889.56)/9{,}889.56 \\
&= 0.0117(1.117\%) \text{ for 87일}
\end{aligned}
$$

따라서 연(annualized) EAR $= (1.01117)^{365/87}$

$= 1.0477$

즉, 4.77%가 된다.

실효수익률(EAR)은 단리로 계산된 채권등가수익률을 복리로 계산한 수익률을 말한다. 따라서 우리가 보통 수익률을 언급할 때에는 실효수익률을 말하는 것이다.

제5장 파생금융상품시장

Chapter 05 파생금융상품시장

제1절 개 요

파생금융상품(financial derivatives)은 그 가치가 통화, 채권, 주식 등과 같은 기초금융자산(underlying asset)의 가치변동에 의해 결정되는 금융상품으로서 계약형태에 따라 크게 선도계약, 선물, 옵션, 스왑 등으로 구분된다. 또한 선물, 옵션, 스왑이 혼합된 형태(swaptions, callable swaps 등)와 현물증권과 파생상품이 혼합된 형태(inverse floaters, warrants 등)도 있다. 한편, 다음의 〈표 5-1〉에서 보는 바와 같이 기초자산의 유형에 따라서는 통화, 금리, 주식, 신용관련 상품 등으로, 거래방법에 따라 장내 및 장외거래로 구분할 수 있다.

계약형태별 파생금융상품의 주요 특징을 살펴보면, 먼저 선도계약(forward contracts)과 선물(futures)은 기초금융자산을 미래 특정시점에 특정가격으로 사고 팔기로 약정하는 계약이라는 점에서 동일한 성격을 가진다. 그러나 일반적으로 선도계약은 장외시장에서 거래당사자간에 직접 거래되거나 딜러나 브로커를 통해 거래가 이루어지는데 비해 선물은 정형화된 거래소를 통해 거래된다는 점에서 차이가 있다.

옵션(options)은 기초자산을 미래의 특정시점 또는 특정기간 동안 특정 행사가격으로 매입(call)하거나 매각(put)할 수 있는 권리를 사고 파는 계약으로서 기초자산 가격의 변화에 대해 비대칭적 손익구조(asymmetric payoffs)를 가진다. 예를 들어 콜옵션의 경우 기초자산 가격이 '행사가격(exercise price) + 프리미엄'보다 높을 경우 기초자산 가격 상승폭에 비례하여 수익이 커지게 되나 기초자산 가격이 '행사가격(exercise price) + 프리미엄'보다 낮을 경우에는 매입권리 행사를 포기함으로써 손실규모가 가격 하락폭과 상관없이 프리미엄 수준으로 한정된다.

옵션계약은 거래시점에 옵션프리미엄(옵션가격, 또는 옵션수수료)을 지급한다는 점에서도 선도계약이나 선물과 차이점이 있다. 선도계약 및 선물의 경우 거래시점에서는 단순히 계약만이 이루어지며 매매에 따른 프리미엄을 주고받지는 않는다. 다만, 계약이행을 보증하기 위한 증거금을 납입하는 등 자금운용 제약에 따른 기회비용은 존재한다.

스왑(swaps)은 일반적으로 두 개의 금융자산 또는 부채에서 파생되는 미래의 현금흐름(cash flows)을 교환하기로 하는 계약으로서 서로 다른 통화표시 채무의 원리금 상환을 교환하기로 약정하는 통화스왑(currency swaps)과 변동금리채무와 고정금리채무간의 이자지급을 교환하기로 약정하는 금리스왑(interest rate swaps) 등이 있다.

〈표 5-1〉 주요 파생금융상품의 종류

	장내거래	장외거래
통화관련	통화선물(currency futures) 통화선물옵션(currency futures options)	선물환(forward exchange) 통화스왑(currency swaps) 통화옵션(currency options)
금리관련	금리선물(interest rate futures) 금리선물옵션(interest rate futures options)	선도금리계약(forward rate agreements) 금리스왑(interest rate swaps) 금리옵션(interest rate options) 스왑션(swaptions)
주식관련	주식옵션(equity options) 주가지수선물(index futures) 주가지수옵션(index options) 주가지수선물옵션(index futures options)	주식옵션(equity options) 주식스왑(equity swaps)
신용관련	-	신용파산스왑(credit default swaps) 총수익스왑(total return swaps) 신용연계증권(credit linked notes) 합성부채담보부증권(synthetic collateral debt obligation)

파생금융상품은 투자자 입장에서 소액의 증거금 또는 프리미엄만으로 훨씬 큰 금액의 기초자산에 투자한 것과 동일한 효과를 가질 수 있으므로[이를 레버리지효과(leverage effect)라고 한다] 자금관리의 탄력성을 높일 수 있다. 또한 파생금융상품의 여러 형태를 적절히 조합하면 기초자산만으로는 불가능한 다양한 현금흐름을 구성할 수도 있다. 금융시장 전체로도 파생상품시장은 차익거래 등을 통해 시장정보가 현물시장에 빠르게 파급(파생상품시장은 레버리지효과를 누릴 수 있어 일반적으로 현물시장보다 정보가 반영되는 속도가 빠른 것으로 알려져 있다)되도록 함으로써 시장의 효율성을 제고시키는 긍정적인 역할을 수행한다. 다만 파생상품시장의 변동성이 과도할 경우에는 현물시장의 변동성을 증폭시키면서 시장 전반에 부정적인 영향을 미칠 수도 있다.

반면 파생금융상품 거래는 거래상대방의 채무불이행 위험(counterparty risk)이 높을 뿐 아니라 레버리지효과(leverage effect)가 크고 거래구조가 복잡하다. 장내거래의 경우에는 상품의 표준화, 일일정산 및 증거금 적립, 거래소의 이행보증 등을 통해 이러한 신용위험을 대부분 제거하고 있다. 따라서 파생금융상품 거래에 대한 효과적인 통제가 이루어지지 않을 경우 대형 금융기관이라 하더라도 쉽게 재정적 어려움에 처할 수 있는 위험이 있다. 예를 들어 영국의 베어링사는 1994년 12월 일본 Nikkei225지수의 변동성이 크지 않을 것으로 예상하고 동 지수의 풋옵션과 콜옵션을 동시에 매도하는 숏 스트래들(short straddle)을 구성하였으나 1995년 1월 일본 고베 지진으로 Nikkei225지수가 급락하면서 손실이 급증하여 결국 파산하였다.

또한 파생금융상품 거래는 금융시장간 연계성을 심화시켜 개별 금융기관의 위험이 전체 금융시스템으로 확산될 가능성을 높이고 있다.

한편 글로벌 파생금융상품시장은 국제자본 이동 증가 및 금융상품의 가격 변동폭 확대 등에 따른 위험 헤지(hedge)필요 증가, 정보통신기술을 활용한 금융상품 위험의 평가 · 분리 · 이전 기법의 혁신 등에 힘입어 빠르게 발전해 왔다. 파생금융상품의 발전과정을 보면 제2차 세계대전 종료 후 국제자본이동이 늘어나면서 은행간 선물환거래가 활발히 이루어지다가 1970년대 들어 변동환율제 이행에 따른 자산가격 변동성 확대 등으로 통화선물이 등장하면서 본격적으로 발전하기 시작하였다. 1980년대에는 금리관련 파생상품 거래가 급격히 늘어났으며 신종옵션(exotic options), 구조화 채권(structured notes) 등 새로운 상품들이 등장하였다. 1990년대 들어서는 신용파산스왑(credit default swap)시장이 활성화되기 시작하고 증권화(securitization) 기법을 활용한 신용구조화상품들이 나타나기 시작하였으며 2000년대에는 이들 파생금융상품의 거래가 일반화되면서 크게 확대되었다. 그러나 이에 비례하여 리스크도 크게 증대되었다. 이와 같은 파생금융상품의 위험이 가장 극명하게 표출된 경우가 2008년 Bears Stearns, Lehman Brothers, AIG 등 대형 금융기관의 부실과 이와 관련한 전세계 금융시스템의 붕괴위기이다. 글로벌 금융위기 이후에는 개별 국가는 물론 국제적인 차원에서 파생금융상품시장에 대한 모니터링 강화, 청산・결제시스템 확충, 시장의 투명성과 감독의 효율성 제고 등에 대한 광범위한 논의가 진행되었다. 동 논의를 바탕으로 각국은 시장의 안정성을 높이기 위한 각종 노력을 강화하고 있다.

글로벌 파생금융상품시장의 장외거래 규모를 보면 명목원금(notional principal)[1] 기준으로 2000년말 95.2조달러에서 2013년말 710.6조달러로 7.5배 늘어났다.

〈표 5-2〉 전세계 장외파생금융상품 거래[1] (단위: 십억달러, 배)

	2000[A]	2005	2007	2010	2013	2015[B]	B/A
통화관련	15,666	31,360	56,238	57,796	70,553	70,446	4.5
(통화스왑)	3,194	8,504	14,347	19,271	25,448	22,750	7.1
금리관련	64,668	211,970	393,138	465,260	584,799	384,025	5.9
(금리스왑)	48,768	169,106	309,588	364,377	456,725	288,634	5.9
주식관련	1,891	5,793	8,469	5,635	6,560	7,141	3.8
신용 파산스왑	-	13,908	58,244	29,898	21,020	12,294	-
기타[2]	12,976	36,228	69,843	42,458	27,700	19,005	1.5
합계	95,199	299,261	585,932	601,046	710,633	492,911	5.2

주: 1) 기말 명목원금기준 BIS에서 13개 국가의 주요 은행 및 딜러를 통해 입수한 자료를 바탕으로 구성
2) 원자재 관련 등
자료: BIS Derivatives Statistics(http://www.bis.org)

1) 파생금융상품의 시장규모를 나타내기 위해 명목원금(notional principal)이 사용되고 있는데 명목원금이란 거래의 대상이 되는 기초자산의 원금을 나타내는 것으로 파생상품 거래시 발생하는 자금흐름과는 다르다. 예를 들어 고정금리 채권과 변동금리 채권의 현금흐름(원금 및 이자)을 서로 교환하는 금리스왑의 경우 실제 자금흐름은 두 이자의 차액에 불과하나 명목원금은 원금전체로 표시된다.

특히 장외파생금융상품 거래의 과반을 웃도는 금리스왑거래의 경우 같은 기간 중 48.8조달에서 456.7조달러로 9.4배 급증하였다. 그러나 2014년 이후에는 장외파생금융상품시장에 대한 규제 강화 등으로 대부분의 장외파생금융상품 거래가 감소세를 보이고 있다.

우리나라의 파생금융상품시장은 대외거래와 관련한 환율변동위험 헤지 필요성 등으로 선물환 거래는 상대적으로 일찍 발달하였으나 여타 상품은 1990년대 중반 이전까지 별다른 시장이 형성되지 못하였다. 그러다가 1990년대 중반 이후 금융자율화 및 개방화의 진전에 따른 금융시장 가격변수의 변동성 확대로 파생금융상품에 대한 수요가 크게 증가하고 관련 법규 및 제도의 정비가 이루어지면서 파생금융상품시장이 본격적으로 발전하기 시작하였다.

국내 파생금융상품시장을 장내거래와 장외거래로 나누어 살펴보면 먼저 장내시장의 경우 다음의 〈표 5-3〉에 나타난 바와 같이 코스피200 선물 및 옵션이 활발하게 거래되어 2016년 6월중 일평균 거래량이 각각 16만 계약, 164만 계약을

〈표 5-3〉 우리나라의 장내파생금융상품 거래

종 목	도입일자	일평균 거래[1]	
		계약수	계약금액(억원)[2]
코스피200선물	1996년 5월	156,365	191,420
코스피200옵션	1997년 7월	1,642,306	6,630
주식옵션	2002년 1월	48,158	485
코스닥150선물	2015년 11월	5,404	559
3년 국채선물	1999년 9월	105,400	116,697
5년 국채선물	2003년 8월	-	-
10년 국채선물	2008년 2월	55,664	73,122
미국달러선물	1999년 4월	199,292	23,303
미국달러옵션	1999년 4월	0	0
엔선물	2006년 5월	1,552	173
유로선물	2006년 5월	2,286	302
금선물	1999년 4월	0	0

주: 1) 2016년 6월중

2) 선물은 명목원금(계약수 · 거래가격 · 거래승수를 곱한 금액)이고, 옵션은 거래계약에 수반하여 지불된 대금(프리미엄)으로 선물과 옵션의 계약금액을 단순 비교할 수 없음

자료: 한국거래소

기록[2)]하였으며 3년 및 10년 국채선물, 미국달러선물도 활발하게 거래되고 있다. 그러나 여타 상품의 거래는 저조한 모습을 보이고 있다.

장외파생금융상품시장의 경우에는 통화관련 파생상품과 금리관련 파생상품이 활성화되어 있다. 통화관련 파생상품은 선물환거래가 대부분을 차지하고 있는데 이는 기업들의 환리스크 헤지수요 및 차액결제 선물환(NDF; non-deliverable forward) 거래 등에 주로 기인한다. 이 밖에 통화스왑도 중요한 파생금융상품으로 자리잡고 있다. 금리관련 파생상품으로는 금리스왑, 금리옵션, 선도금리계약 등이 거래되고 있다. 이 중 금리스왑은 국내 대형은행과 외국은행 국내지점을 중심으로 2000년경부터 본격적으로 거래되기 시작했으며 자산운용회사, 보험회사 등이 포트폴리오 듀레이션(duration)조절을 위해, 은행은 금리변동 위험헤지

〈표 5-4〉 국내 금융기관[1)]의 장외파생금융상품 거래[2)] (단위: 십억원)

	2001	2005	2007	2010	2015
통화관련	942,973	3,415,333	6,522,462	9,965,319	9,180,038
(선물환)	877,229	3,153,274	5,820,252	9,601,719	8,683,688
(통화스왑)	39,616	138,569	376,944	289,102	425,332
(통화옵션)	26,128	123,490	325,266	74,498	71,018
금리관련	78,219	549,206	1,906,995	3,484,733	2,858,970
(선도금리계약)	5,591	48,076	111,864	53,296	70,003
(금리스왑)	71,602	470,661	1,666,957	3,282,530	2,759,867
(금리옵션)	1,026	30,468	128,174	148,907	29.100
주식관련	2	43,983	178,855	319,789	194.672
(주식선도)	–	–	1,922	1,467	1.991
(주식스왑)	–	2,450	16,967	16,047	72.438
(주식옵션)	2	41,533	76,819	302,275	120.243
(주식ELW)	–	–	83,147	–	–
신용관련	–	–	2,942	6,073	19.969
(신용파산스왑)	–	–	1,084	3,608	11.080
(총수익스왑)	–	–	1,858	2,465	8.889

주: 1) 2003년 이후 집계대상으로 은행, 증권회사, 보험회사, 종합금융회사에 은행신탁, 자산운용회사, 신용카드회사, 선물회사를 추가
2) 기간 중 자기계정거래 및 명목원금 기준

자료: 금융감독원

2) 특히 코스피200 옵션의 거래량은 2015년 전세계 장내 주가지수 선물 및 옵션상품 중 3위를 기록하였다.

등을 위해 적극 참가함에 따라 시장규모가 크게 확대되었다. 그러나 금리옵션 및 선도금리계약의 경우에는 거래가 크게 활성화되지 않고 있다.

이하에서는 우리나라에서 거래가 활발한 주식관련 선물 및 옵션시장, 금리관련 선물 및 스왑시장, 통화관련 파생상품시장(제6장 외환시장에서 설명됨), 그리고 글로벌 금융위기를 계기로 관심이 집중되고 있는 신용파생상품시장(제6장 외환시장에서 설명됨)과 파생결합증권시장에 대해서 자세히 살펴보기로 한다.

제2절 주식관련 파생상품시장

1. 주가지수(주식)선물시장

가. 의의

주가지수선물시장은 주가지수를 대상으로 선물거래가 이루어지는 시장이다. 주가지수선물시장은 주가변동에 대한 헤지수단 등을 제공하기 위하여 1982년 2월 미국 캔사스시티 상품거래소(KCBT; Kansas City Board of Trade)에 최초로 개설되었다. 우리나라의 경우 1996년 5월 코스피200선물지수를 거래대상으로 하는 코스피200선물시장이, 2001년 1월에는 코스닥50선물지수를 거래대상으로 하는 코스닥50선물시장이 개설되었다. 이후 코스피200선물시장은 우리나라의 대표적 선물시장으로 발전하였으나 코스닥50선물시장은 거래부진 등으로 스타지수선물시장(2005.11월~2015.10월)을 거쳐 2015년 11월에 코스닥150지수를 기초자산으로 하는 코스닥150선물시장으로 대체되었다. 스타지수선물시장은 코스닥스타지수를 거래대상으로 하는 선물시장이다. 코스닥스타지수는 코스닥시장에 상장된 주식중 유동성, 경영투명성, 재무안정성 등을 감안하여 선정되는 30개 우량 종목을 대상으로 산출된다. 그러나 편입종목의 시가총액이 코스닥 시가총액의 약 25%에 불과하여 코스닥지수와의 상관계수가 낮고 잦은 종목교체로 시장대표성도 부족하였다. 코스닥150지수는 코스피200지수를 벤치마크한 지수로서 코스닥시장의 흐름이 잘 반영되도록 시장대표성과 유동성 등을 감안하여 선정된 150개 종목을 대상으로 산출한다. 2015년 7월 13일부터 산출, 발표되고 있으며 기준시점은 2010년 1월 4일, 기준지수는 1,000이다.

한편 2008년 5월에는 개별 주식을 기초자산으로 하는 주식선물시장도 개설되었다.

〈표 5-5〉 주요국 주가지수선물시장 개요

국 가	대상지수	개설시기	거래소
미 국	S&P500	1982년 4월	시카고상업거래소(CME)
영 국	FTSE100	1984년 5월	ICE Futures Europe
일 본	Nikkei225	1988년 9월	오사카거래소(OSE)
프랑스	CAC40	1988년 11월	Euronext-Paris
독 일	DAX30	1990년 11월	Eurex

나. 주요 특징

주가지수선물시장은 기초상품이 실물형태가 아닌 주가지수라는 점에서 결제수단과 결제방식이 일반 선물시장과 다르다. 결제수단은 실물의 양수도가 불가능하므로 거래시 약정한 주가지수와 만기일의 실제 주가지수간의 차이를 현금으로 결제하게 된다. 그러므로 만기시 실제 주가지수가 거래시 약정한 주가지수를 상회할 경우에는 선물매수자가 이익을 수취하고 반대의 경우에는 선물매도자가 이익을 수취한다.

거래에 참가하기 위해서는 약정금액의 일부분을 증거금으로 납부해야 하며, 적은 투자자금으로 큰 규모의 거래가 가능한 선물거래의 특성상 결제불이행 위험을 방지하기 위해 일일정산방식(mark to market)이 적용되고 있다. 일일정산방식은 매일매일의 기초자산 가격 변동에 따른 평가손익을 개별투자자의 증거금에 가감하여 결제이행을 담보하는 제도이다. 이 경우 증거금이 일정수준 이하가 되면 추가적으로 증거금을 납입(margin call)하게 함으로써 증거금이 항상 일정수준 이상으로 유지되도록 한다.

한편 주가지수선물시장에서는 가격결정이 합리적으로 이루어질 수 있도록 이론가격이 작성・발표된다. 이론가격은 주가지수선물 대신 현물시장에서 실제로 주식을 매입하는 경우를 가정하여 현물가격에 주가지수선물 결제일까지의 자금조달비용과 배당수익을 가감하여 산정된다. 이와 같은 이론가격에 근거하여 투자자들은 선물가격의 고평가 또는 저평가 여부를 판단한다.

참고 선물거래와 일일정산

선물거래의 일일정산(mark to market)제도를 이해하기 위해서 다음과 같은 예를 들어보자. 20x4년 9월 1일 김사자와 이팔자는 동년 9월 10일에 경기미 쌀 한가마니를 이팔자가 김사자에게 주고, 김사자는 이팔자에게 14만원을 지급하기로 선물계약을 하였다. 이때 두 사람은 서로 계약을 준수하겠다는 의미에서 일정액을 청산소(clearing house)에 맡기는데 이것을 개시증거금(initial margin)이라 한다. 아래의 예는 증거금을 2만원이라고 가정하여 김사자와 이팔자의 계좌를 보여주고 있다.

	20x4년 9월 1일	
	김사자의 계좌	이팔자의 계좌
증거금	20,000	20,000

그런데 계약 다음날(20x4년 9월 2일) 정부에서는 올해의 쌀작황에 대해서 작년보다 수확이 좋지 않을 것이라고 발표하였다. 이러한 발표가 있자 시장에서는 쌀가격이 오를 것으로 예상되고 따라서 동일한 조건의 쌀에 대한 선물이 14만5천원에 거래가 된다고 하자. 따라서 선물매도자는 5천원의 손실을 보고 선물매입자는 5천원의 이익을 보게 된다. 선도거래에 있어서 이러한 5천원의 이익 또는 손실은 청산일이 되어서야 실현이 되지만, 선물거래에서는 이익 또는 손실이 매일매일 계산되는데, 이것이 일일정산제도이다. 일일정산을 통해 김사자와 이팔자는 20x4년 9월 10일에 쌀 한가마니를 14만원5천원에 매매하기로 다시 계약을 맺고 이에 대한 차익만을 계산하게 된다. 김사자는 5천원의 이익을 보고 이팔자는 5천원의 손실을 보게 되었으므로 이팔자의 증거금계좌에서 5천원만큼을 인출하여 그 금액을 김사자의 증거금계좌에 예치하게 된다. 다음은 그러한 내용을 보여주고 있다.

	20X4년 9월 2일	
	김사자의 계좌	이팔자의 계좌
증거금	20,000	20,000
	+5,000	−5,000
잔 액	25,000	15,000

그 다음날(20X4년 9월 3일) 다시 정부에서는 쌀의 작황이 나쁠 경우 쌀의 수입을 검토하겠다는 정보가 시장에 유포되면서 쌀에 대한 선물가격이 폭락하여 12만 8천원이 되었다고 하자. 그러면 이제 이팔자는 1만7천원의 이익을 보게 되고 김사자는 1만7천원의 손실을 보게 된다. 따라서 김사자의 계좌에서 1만7천원의 금액이 인출되어 이팔자의 계좌에 예치가 될 것이다.

	20X4년 9월 3일	
	김사자의 계좌	이팔자의 계좌
증거금	25,000	15,000
	−17,000	+17,000
잔 액	8,000	32,000

이렇게 되면 김사자의 계좌는 증거금이 매우 작아져서 계약이행의 준수여부가 불투명해진다. 선물거래의 청산소는 사전에 선물거래자가 선물계약을 유지하기 위해서 유지해야 할 금액을 미리 정해놓고 있다. 이것을 유지증거금(maintenance margin)이라고 한다. 이 거래의 유지증거금을 1만원이라 하자. 그러면 20X4년 9월 3일 김사자의 잔액은 8,000원에 불과하므로 선물계약을 유지하기 위해서 김사자는 최초의 개시증거금 수준으로 맞추기 위해 1만 2천원의 금액을 청산소에 추가 입금시켜야 한다. 후에 선물가격은 다시 상승하여 결제일 전날에 선물가격은 14만 2천원이 되었다면 만기일에 양자의 손익의 어떻게 될 것 인가? 결국 김사자는 2천원의 이익을 보고 이팔자는 2천원의 손실을 보게 될 것이다. 그런데 이러한 손익은 이미 두 사람의 계좌에 반영되어 있다. 두 사람은 최종적으로 14만 2천원에 쌀을 양도하기로 계약하고 이때 손익은 이미 일일정산을 통해 양자의 계좌에 반영되어 있기 때문에 쌀을 직접 인도할 때 생기는 이익이나 손실은 없다. 이렇게 **일일정산제도란 매일매일의 시세에 따라 손익을 계산하여 즉시 그 손익을 실현시켜 주는 제도로서 선물계약을 맺는 사람들은 매일매일 자신의 계약을 갱신하는 것과 동일한 효과를 얻게 된다.**

선물거래가 행해지는 선물시장은 미국의 CBT(Chicago Board of Trade)나 우리나라 증권선물거래소와 같이 여러 시장이 있으며 또 거래대상이 되는 기초상품도 대단히 다양하다. 선물거래의 대상이 되는 기초 상품으로는 농산물과 축산물, 에너지나 귀금속 및 비금속과 같은 각종 실물상품 뿐만 아니라, 채권, 통화와 같은 금융상품도 거래된다. 또 NYSE(뉴욕증권시장)의 종합주가지수나 우리나라의 KOSPI200지수와 같은 주가지수도 선물거래의 대상이 되기도 한다. 주가지수선물의 경우에는 거래되는 주가지수 한 포인트 당 결제금액이 미리 정해져있다. 우리나라 KOSPI200 지수선물거래의 최소호가 단위는 0.05포인트이고 결제금액은 지수 1포인트 당 50만원 이다. 따라서 매입당시의 주가지수와 정산당일의 주가지수 차이에 대한 결제금액이 위와 동일한 방법으로 일일정산에 의해 매입자와 매도자의 계좌에서 결제된다.

다. 종류

(1) 코스피200선물시장

1) 기본구조

코스피200선물시장은 결제월인 3월, 6월, 9월 및 12월의 둘째 목요일(휴장일인 때에는 순차적으로 앞당김)을 최종거래일로 하는 총 7개 결제월물을 거래대상으로 한다. 3년이내 7개 결제월물(3월물 1개, 9월물 1개, 6월물 2개, 12월물 3개)이다. 예를 들어 2016년 10월 1일의 경우 2016년 12월물, 2017년 3월물, 6월물, 9월물, 12월물, 2018년 6월물, 12월물이 거래된다. 이와 같이 결제월물을 기준으로 선물

거래 종목을 구분하는 이유는 결제월이 다를 경우 거래할 수 있는 기간뿐만 아니라 결제월간 가격도 상이하여 투자자의 이해 등 권리내용이 달라지기 때문이다. 주식시장과 동시에 거래를 개시(09:00)하고 미결제포지션을 정리할 수 있도록 주식시장 종료 15분 후 (15:45)에 거래가 종료된다. 다만 최종거래일이 도래한 종목은 15:20 ~ 15:30 사이에 주식시장이 단일가격방식으로 운영되어 기초자산의 가격변동관련 정보의 흐름이 중단되므로 15:20에 거래가 종료된다.

거래는 계약단위로 하는데 최소 거래단위는 1계약이고 1계약의 거래금액은 선물가격(약정지수)에 거래단위승수 50만원을 곱한 금액이다. 호가가격단위는 0.05포인트이며, 최소 가격변동금액은 거래단위승수 50만원에 0.05를 곱한 2.5만원이다.

한편 2015년 7월에는 보다 정밀한 차익·헤지거래를 지원하고 소액투자자도 접근이 용이하도록 하기 위하여 1계약당 거래금액이 코스피200선물의 1/5로 축소된 미니코스피200선물이 상장되었다. 미니코스피200선물은 총 6개 결제월물을 대상으로 거래되며 거래단위승수는 10만원, 호가가격단위는 0.02포인트이다.

2) 결제이행 담보장치

코스피200선물시장의 결제이행 담보장치로는 기본예탁금과 위탁증거금 등이 있다. 기본예탁금은 미결제약정을 보유하고 있지 않은 위탁자(선물투자자)가 선물거래를 하고자 할 때 요구되는 최소한의 예탁금을 말하며 위탁자의 신용, 거래경험 등을 감안하여 차등 적용하고 있다. 위탁증거금은 투자자가 선물거래시 납부하는 것으로 주문 제출전에 납부하는 사전증거금과 거래종료 후에 납부하는 사후증거금으로 구분된다. 현재 적격기관투자자는 사후증거금이, 그 외 일반투자자는 사전증거금이 적용되고 있다. 위탁증거금은 신규거래 시 납부하는 주문증거금과 미결제약정을 유지하는데 필요한 유지증거금으로 나눌 수 있다. 코스피200선물의 경우 주문증거금은 주문위탁금액의 9%(주문증거금률) 이상이고 유지증거금은 거래체결 이후 미결제포지션의 6%(유지증거금률) 이상이다. 만약 실제증거금이 유지증거금 수준에 미치지 못할 경우 선물투자자는 다음날 12:00까지 주문증거금 수준으로 추가 납부할 것을 요구(margin call)받는데 이를 이행하지 않으면 한국거래소가 미결제약정의 반대매매 또는 대용증권의 처분에 나서게 된다.

3) 투자자보호장치

코스피200선물시장에서도 현물시장과 같이 투자자보호를 위한 가격제한폭제도가 운영되고 있다. 일중 가격변동폭은 1998년 12월 이후 일률적으로 전일 종가대비 상하 10%로 제한되었다가 2015년 6월 주식시장의 가격변동 제한폭이 확대(±15% → ±30%)된 점을 감안하여 단계별 가격변동폭 제한방식으로 변경되었다. 이는 일차적으로 가격변동폭을 전일 종가의 ±8%(1단계)로 제한하다가 전일 최대거래 종목의 가격이 상한가에 도달하여 5분 이상 경과하면 가격변동폭 제한 수준을 ±15%(2단계)로 확대하고 이후 동 종목의 가격이 다시 상한가에 도달하여 5분이 경과하면 추가로 ±20%(3단계)까지 확대하는 방식이다.

한편 투자자 보호제도의 하나로서 운영되어 왔던 매매거래중단제도(circuit breaker)는 단계적인 가격제한폭제도와 그 기능이 중복되어 2015년 6월 폐지되었다. 다만 현물시장에서 매매거래중단제도가 발동되면 선물시장 거래도 동시에 중단된다. 이 밖에도 선물시장의 가격급변동이 현물시장에 의해 증폭되지 않도록 프로그램매매호가 일시효력정지제도(side car)가 운영되고 있다. 즉 선물시장에서 전날 최대거래량을 기록한 종목의 가격이 전일 종가대비 5% 이상 변동하여 1분 이상 지속되면 현물시장에서 프로그램매매 호가의 효력이 5분간 정지된다.

(2) 코스닥150선물시장

코스닥150선물시장은 거래가 부진한 스타지수선물시장을 대체함으로써 코스닥시장에 효율적인 위험관리 수단을 제공하고 시장의 질적 수준을 높이기 위해 2015년 11월 개설되었다.

거래단위승수는 1만원, 호가가격단위는 0.1포인트이며 최소 가격변동금액은 1천원이다. 결제이행 담보장치에 있어서는 코스피200선물시장과 마찬가지로 증거금 및 기본예탁금제도를 채택하고 있다. 그 밖에 결제월, 거래시간, 최종거래일, 가격제한폭 등은 코스피200선물시장과 동일하다.

〈표 5-6〉 코스피200 · 코스닥150 선물시장의 비교[1)]

	코스피200선물	코스닥150선물
거래단위	코스피200선물가격 x 50만원	코스닥150선물가격 x 1만원
결제월	3월, 6월, 9월, 12월	
최소가격 변동폭	0.05포인트	0.10포인트
최소가격 변동금액	25,000원(50만원x0.05)	1,000원(1만원x0.10)
거래시간	09:00~15:45(최종거래일 09:00~15:20)	
최종거래일	각 결제월의 두 번째 목요일(휴장일인 경우에는 직전영업일)	
결제방법	현금결제	
가격제한폭	각 단계별로 기준가격대비 ±8%(1단계), ±15%(2단계), ±20%(3단계)	
위탁증거금[2)]	기본예탁금: 투자자 유형별로 차등 적용	
	주문증거금률: 9% 유지증거금률: 6%	주문증거금률: 12% 유지증거금률: 8%
매매거래중단제도 (circuit breaker)	주가지수(코스피 또는 코스닥지수)가 직전 거래일의 종가보다 8%, 15%, 20% 이상 하락한 상태가 1분간 지속되어 주식시장의 매매거래가 20분간 중단되는 경우 →모든 선물거래를 20분간 중단(각 단계별 1일 1회) ※선물시장 자체의 매매거래중단제도는 2015년 6월 폐지	
프로그램매매 체결지연제도 (side car)	직전매매거래일의 거래량이 가장 많은 종목의 가격이 전일 종가대비 5% 이상 변동하여 1분간 지속 → 프로그램매매 호가의 효력을 5분간 정지(1일 1회)	직전 매매거래일의 거래량이 가장 많은 종목의 가격이 전일 종가대비 6% 이상 변동하고 코스닥150지수가 3% 이상 변동하여 1분간 지속 → 프로그램매매 호가의 효력을 5분간 정지(1일 1회)

주: 1) 2016년 6월말 현재
2) 선물스프레드증거금률은 코스피200선물거래의 경우 1.8%(주문증거금률)와 1.2%(유지증거금률)인데 반해, 코스닥150선물거래는 각각 3.0%와 2.0%이다.

참고 **주가지수선물의 거래유형**

주가지수선물의 거래유형으로는 헤지거래, 투기거래, 차익거래 및 스프레드거래 등이 있다. 헤지거래는 현물(주식)포지션과 반대방향으로 선물을 매수 또는 매도함으로써 현물시장에서 주가변동의 위험을 회피하는 것을 말한다. 따라서 헤지거래자는 주가변동 위험을 회피할 수 있지만 주가상승 시 이익을 얻을 수 있는 기회도 상실하게 된다.

투기거래는 현물포지션 보유여부에 관계없이 선물 자체의 매매차익을 겨냥한 거래이다. 기본적으로 약정금액의 일부만으로 선물을 매매할 수 있다는 점으로 인해 레버리지효과(leverage effect)가 발생하므로 현물투자보다 위험이 크다. 한편 투기거래자는 선물포지션 보유기간에 따라 30분 내외의 단기투자자(scalper), 장마감시까지 포지션을 청산하는 당일거래자(day trader) 및 익일로 포지션을 이월하는 포지션 거래자(position trader)로 분류된다.

차익거래는 선물가격과 현물가격간 차이가 적정수준을 초과할 경우 선물과 현물 중 상대적으로 고평가된 것을 매도하고 저평가된 것을 매수한 후 양자간 가격차가 해소 또는 역전되었을 때 청산거래(반대매매)를 함으로써 무위험 차익을 얻는 거래기법이다. 차익거래는 현물포지션을 기준으로 매수차익거래 및 매도차익거래로 구분된다. 매수차익거래는 선물가격이 이론가격보다 고평가된 경우 고평가된 선물을 매도함과 동시에 저평가된 현물을 매수하는 거래이며, 매도차익거래는 선물가격이 이론가격보다 저평가된 경우 저평가된 선물을 매수함과 동시에 고평가된 현물을 매도하는 거래이다.

한편 스프레드거래는 만기나 기초자산이 상이한 주가지수선물간의 가격차이를 이용하여 수익을 획득할 목적으로 양 종목의 매입·매도포지션을 동시에 보유하는 거래를 말한다. 이는 기초자산이 동일한 주가지수선물의 결제월물별 가격차이를 이용하는 만기간 스프레드(calendar spread)거래와 기초자산이 상이한 주가지수선물을 대상으로 하는 시장간 스프레드(inter-market spread)거래로 구분된다.

(3) 주식선물시장

주식선물시장은 개별주식 위험을 관리하고 ELS, ELW 등 주가연계 파생증권의 발행과 관련된 헤지수단을 제공하기 위해 2008년 5월 개설되었다.

기초자산으로는 시가총액 비중이 크고 유동성, 안정성, 재무상태 등이 우량한 상장기업 주식이 선정된다. 기초자산이 유가증권시장 상장기업의 주식으로 한정되었다가 2015년 8월부터 코스닥시장에 적절한 위험관리수단을 제공하기 위하여 코스닥시장 상장기업 주식으로 확대되었다. 2016년 6월말 현재 총 88개(코스피 종목 79개, 코스닥 종목 9개)의 주식선물이 상장되어 있다.

상장종목은 총 9개 결제월물이며 거래승수는 10, 호가가격단위는 기초자산이 유가증권시장 상장주식인 경우 주가에 따라 10원~1천원이다. 기초주식이 코스닥시장 상장주식인 경우에는 호가가격단위가 주가에 따라 1원~100원이다. 증거금률은 변동성이 높은 개별주식의 특성을 감안하여 코스피200선물보다 높은 수준에서 종목별로 차등 적용하고 있다. 가격제한폭제도는 코스피200선물과 같이 단계별로 운영되는데, 단계별 가격변동폭 제한비율이 각각 ±10%, ±20%, ±30%로 코스피200선물에 비해 높게 설정되어 있다. 기타 대부분의 거래제도는 코스피200선물과 동일하다.

(4) 섹터지수선물시장

섹터지수선물시장은 특정산업이나 시장테마를 기준으로 작성되는 섹터별 지수를 기초자산으로 하는 선물시장으로 2014년 11월에 개설되었다. 대표적 섹터지수가 업종별, 산업별 지수이다. 이 가운데 코스피200섹터지수는 코스피 200 구성종목을 글로벌 표준산업분류체계에 따라 분류하여 산출된 지수로서 기존의 업종별 시황지수와 달리 ETF, ELS 등의 벤치마크로 이용할 수 있도록 개발된 상품지수이다.

기초자산은 2016년 6월말 현재 7개의 코스피200섹터지수와 2개의 코스피 배당지수이다. 코스피200섹터지수는 2014년 11월 코스피200에너지·화학, 코스피200정보기술, 코스피200금융 및 코스피200경기소비재 등 4개 상품이 상장되었으며, 2016년 3월 코스피200건설, 코스피200중공업, 코스피200헬스케어 등 3개 상품이 추가 상장되었다. 그리고 코스피배당지수는 배당수익률 가중평균방식으로 산출된 지수로서 코스피고배당50지수와 코스피배당성장50지수가 있다. 동지수를 기초자산으로 한 선물은 2015년 10월 상장되었다.

거래승수는 코스피200섹터지수 선물은 1만원, 코스피배당지수 선물은 2천원이며 호가가격단위는 각각 0.2포인트, 0.5포인트이다. 증거금률은 종목별로 차등 적용하고 있다. 가격제한폭제도 등 기타 대부분의 거래제도는 코스피200선물과 동일하다.

라. 미국, 일본 및 유로지역의 주가지수선물시장

(1) 미국

미국의 주가지수선물시장은 주가변동 위험에 대한 효율적인 관리수단을 제공할 목적으로 1982년 2월 캔사스시티상품거래소(KCBT; Kansas City Board of Trade)에 밸류라인종합주가지수(Value Line Composite Index)를 기초자산으로 하여 최초로 도입되었다. 현재는 미국의 대표적 주가지수선물시장인 시카고상업거래소(CME; Chicago Mercantile Exchange)에서 S&P500과 NASDAQ100을 기초자산으로 한 S&P 500선물, E-mini S&P500선물, E-mini NASDAQ100선물 등이 주로 거래되고 있다.

S&P500선물은 정규시장이 08:30~15:15이며 전통적인 공개 호가(open outcry)에 의해 거래가 체결된다. 시간외시장은 15:30~다음날 08:15이며 전산시스템인 CME Globex를 통해서만 거래가 가능하다. S&P500선물의 상장 결제월물은 3월, 6월, 9월 및 12월을 기준으로 현 시점에 근접한 8개 결제월물과 이후의 12월물 3개 등 총 11개 결제월물이며 각 결제월의 세 번째 금요일을 만기일로 하여 직전 영업일에 최종거래가 이루어진다. 최종결제가격은 만기일 개별 주식종목의 시초가를 기준으로 산출되는 특별결제지수(special opening quotation)로 결정된다. 또한 호가단위는 0.1포인트이며 거래승수는 250달러이다.

E-mini S&P500선물과 E-mini NASDAQ100선물은 3월, 6월, 9월 및 12월을 기준으로 근접한 5개 결제월물로 구성되며 각 결제월의 세 번째 금요일(만기일)에 최종거래가 이루어진다. 호가 단위는 모두 0.25포인트이며 거래승수는 E-mini S&P500선물이 50달러, E-mini NASDAQ100선물이 20달러이다. 거래시간은 정규시장과 시간외시장 구분없이 평일 17:00~익일 16:00이다.

투자자보호장치에 있어서는 일중 가격하락폭이 최대 20%로 제한되며 현물시장과 연계된 거래중단제도가 적용되고 있다. 현물시장에서 S&P500지수의 가격하락폭이 7%, 13%에 도달하면 뉴욕증권거래소의 현물거래가 15분간 중단되고 시카고상업거래소의 선물거래 역시 중단된다. 이후 15분이 경과하면 거래가 재개되며 가격변동 제한폭은 다음 단계로 확대(7% → 13% → 20%)된다. 다만 시간외시장의 가격변동 제한폭은 정규시장 종가의 상하 5%이다.

(2) 일본

일본의 주가지수선물시장은 1988년 9월 오사카증권거래소에 Nikkei225선물과 도쿄증권거래소에 TOPIX선물이 상장되면서 도입되었으며, 현재까지도 동 상품들이 가장 대표적인 일본 주가지수선물상품으로 거래되고 있다.

일본의 대표적 주가선물시장인 오사카거래소의 선물 거래시간은 주간장(08:45~15:15) 및 야간장(16:30~05:30)으로 구분된다. 상장 결제월물은 Nikkei225선물의 경우 현 시점에 근접한 분기월(3월, 9월) 3개, 반기월(6월, 12월) 10개 등 총 13개이며 TOPIX선물은 3월, 6월, 9월 및 12월을 기준으로 현 시점에 근접한 5개이다. 또한 각 결제월의 두 번째 금요일을 만기일로 하여 직전 영업일에 최종거래가 이루어지며 최종결제가격은 만기일 개별 주식종목의 시초가를 기준으로 산출되는 특별결제지수(special opening quotation)로 결정된다.

거래 및 호가단위는 Nikkei225선물의 경우 1계약이 10엔을 최소변동폭으로 하여 지수에 1,000을 곱하여 금액화되며 TOPIX선물은 0.5포인트를 최소변동폭으로 하여 포인트당 10,000엔에 의해 금액으로 환산된다.

투자자보호장치에 있어서는 일중 가격변동폭이 최대 16%로 제한되는 가운데 가격변동폭이 8%, 12% 도달시 10분간 거래를 정지한 후 다음 단계의 가격변동 제한폭이 적용된다. 서킷브레이커는 동일 가격범위내 1회에 국한되어 발동되며 주간장과 야간장 모두 장 마감시각 20분전부터는 발동되지 않는다.

(3) 유로지역

유로지역에서 거래소시장을 통한 주가지수선물 거래는 독일의 Eurex가 가장 활발하다. Eurex의 대표적인 주가지수선물 상품인 EURO STOXX50선물은 거래량기준으로 전세계 주가지수선물 상품중 12.3%(2위)를 차지하고 있다.

Eurex는 자체 선물매매체결시스템인 Eurex system을 통한 전자거래방식을 채택하고 있다. 거래시간은 pre-trading, trading, post-trading 등 3단계로 구분되는데, EURO STOXX50선물의 경우 pre-trading 시간은 7:30~7:50, traidng 시간은 7:50~22:00, post-trading 시간은 22:00~22:30이다. EURO STOXX50선물의 상장 결제월물은 3월, 6월 9월 및 12월을 기준으로 현 시점에 근접한 3개이며

각 결제월의 세 번째 금요일(휴장일인 경우 직전 영업일)에 최종거래가 이루어진다. 호가단위는 1포인트이며 거래승수는 10유로이다.

2. 주가지수(주식)옵션시장

가. 의의

주가지수옵션시장은 현물시장의 주가지수를 대상으로 미래의 일정시점에 사전에 약정한 가격으로 매입·매도할 수 있는 권리가 거래되는 시장이다.

주가지수옵션시장은 주가 변동위험에 대한 헤지 등 다양한 투자수요를 충족시키기 위해 1983년 3월 미국의 시카고옵션거래소(CBOE; Chicago Board Options Exchange)에 S&P100지수를 대상으로 최초로 개설되었다. 우리나라에서는 1997년 7월에 코스피200옵션시장이, 2001년 11월에 코스닥50옵션시장이, 2002년 1월에는 개별주식을 기초자산으로 하는 주식옵션시장이 개설되었다.

〈표 5-7〉 주요국 주가지수옵션시장 개요

국 가	대상지수	개설시기	거래소
미 국	S&P100 S&P500	1983년 3월 1983년 7월	시카고옵션거래소(CBOE)
영 국	FTSE100	1984년 5월	ICE Futures Europe
일 본	Nikkei225	1989년 6월	오사카거래소(OSE)
프랑스	CAC40	1988년 11월	Euronext-Paris
독 일	DAX30	1991년 8월	Eurex

나. 옵션거래의 유형 및 특징

(1) 거래유형

주가지수옵션은 주가지수(이하 기초자산)를 만기일에 사전에 약정한 가격(이하 행사가격)으로 매입 또는 매도할 수 있는 권리를 나타내는 증서로서 매입권리인 콜옵션(call option)과 매도권리인 풋옵션(put option)으로 구분된다. 그리고 옵션은 만기일에만 권리행사가 가능한 유럽형 옵션(European option)과 만기일 이전에도 언제든지 권리행사가 가능한 미국형 옵션(American option)으로 구분되는데 우리나라는 유럽형 옵션을 채택하고 있다. 옵션거래 시 매도자는 매수자에게 옵션을 제공하고 매수자는 그 대가로 옵션프리미엄(옵션가격)을 지급한다.

콜옵션 매수자는 만기일에 기초자산가격(코스피200 종가 등)이 행사가격을 넘어서면 권리를 행사할 유인이 발생하게 된다. 이 경우 손익분기점은 기초자산가격이 행사가격과 프리미엄의 합에 해당하는 금액과 일치할 때이며 기초자산가격이 행사가격과 프리미엄의 합을 초과하는 금액만큼 콜옵션 매수자의 이익이 된다.

〈표 5-8〉 주가지수콜옵션 만기일의 손익구조

	주가지수 〉 행사가격	주가지수 ≤ 행사가격
매수자	< 권리행사 > 이익: [주가지수 – 행사가격] – 지급한 프리미엄	< 권리포기 > 손실: 지급한 프리미엄
매도자	< 의무이행> 손실: 수취한 프리미엄 – [주가지수 – 행사가격]	< 의무소멸 > 이익: 수취한 프리미엄

풋옵션 매수자는 만기일에 기초자산가격(코스피200 종가 등)이 행사가격보다 낮아야만 권리를 행사할 유인이 발생하며 기초자산가격이 행사가격과 프리미엄을 차감한 금액을 하회하는 만큼 풋옵션 매수자의 이익이 된다.

〈표 5-9〉 주가지수풋옵션 만기일의 손익구조

	주가지수 〈 행사가격	주가지수 ≥ 행사가격
매수자	< 권리행사 > 이익: [행사가격 – 주가지수] – 지급한 프리미엄	< 권리포기 > 손실: 지급한 프리미엄
매도자	< 의무이행> 손실: 수취한 프리미엄 – [행사가격 – 주가지수]	< 의무소멸 > 이익: 수취한 프리미엄

(2) 주요 특징

주가지수옵션은 주가지수선물과 마찬가지로 실물이 존재하지 않는 주가지수를 거래대상으로 하고 있으나 거래의 목적물이 권리라는 점에서 주가지수선물과 다르다. 또한 주가지수옵션은 주가지수선물과 달리 기초자산 가격변동에 따른 투자자의 손익구조가 비대칭적이다. 옵션매수자는 손실이 프리미엄으로 한정되는 반면 이익은 기초자산가격에 비례하여 증가하고, 역으로 옵션매도자는 이익이 프리미엄에 국한되는 반면 손실은 제한이 없다.

옵션매수자는 계약시 지급한 프리미엄으로 손실이 제한되므로 일일정산방식이 적용되지 않는 반면 옵션매도자는 상황변화에 따라 손실규모가 달라질 수 있으므로 증거금을 납입하고 일일정산방식에 따라 증거금이 인상될 경우 추가증거금을 납입해야 한다.

한편 주가지수옵션시장에서도 옵션투자와 주식투자의 기대수익이 같다는 전제하에 이론가격이 작성 · 발표되고 있다. 대표적인 이론가격 산정방식으로는 블랙-숄즈모형(Black-Scholes model)과 이항모형(binomial model)이 있는데 우리나라의 코스피200옵션 및 주식옵션은 이항모형으로 이론가를 산정하고 있다.

다. 종류

(1) 코스피200옵션시장

1) 기본구조

코스피200옵션시장은 총 11개 결제월물을 대상으로 거래가 이루어진다. 각 결제월물의 최종거래일은 만기월의 두 번째 목요일이고 최종거래일의 다음날 새로운 결제월물이 상장된다.

거래개시일의 최초 행사가격은 3 · 6 · 9 · 12월물을 제외한 기타월물의 경우 전일 코스피200 종가에 가장 가까운 2.5포인트의 정수배 수치인 등가격과 이를 기준으로 2.5포인트 단위로 구해지는 내가격[콜옵션(풋옵션)의 권리행사가격이 기초자산가격보다 낮아(높아) 옵션매수자가 권리행사를 할 경우 이익이 발생하는 행사가격] 12개, 외가격(내가격과 반대로 옵션매수자가 권리행사를 할 경우 손실이 발생하는 행사가격) 12개 등 총 25개로 구성된다. 반면 3월물 및 9월물은 5포인트 단위로 총 13개, 6월물 및 12월물은 10포인트 단위로 총 7개의 행사가격이 설정된다.

거래개시일 다음 날부터는 전일 코스피200 종가의 변동으로 등가격이 변동되면 최종거래일이 먼저 도래하는 6개 결제월물(6개 근월물)의 경우 내가격(또는 외가격)이 12개가 될 때까지 2.5포인트 단위로 추가 설정되어 행사가격이 25개를 초과하게 된다.

코스피200옵션의 거래단위는 1계약이며 1계약의 거래금액은 포인트로 표시되는 옵션가격에 거래승수인 50만원을 곱하여 구해진다. 호가단위는 프리미엄이 10포인트 미만일 경우에는 0.01포인트이며, 그 외에는 0.05포인트이다. 그 밖의 매매거래시간, 거래체결방식 등은 코스피200선물시장과 동일하다.

한편 2015년 7월에는 1계약당 거래금액이 코스피200옵션의 1/5로 축소된 미니코스피200옵션이 상장되었다. 미니코스피200옵션은 코스피200옵션의 6개 근월물과 동일한 6개 결제월물이 거래되며 거래개시일에 설정하는 행사가격 수는 25개이다. 거래승수는 10만원, 호가단위는 프리미엄 수준에 따라 0.01~0.05포인트로 설정된다.

2) 결제이행담보장치 및 투자자보호장치

코스피200옵션시장에서는 결제이행을 위한 담보로서 코스피200선물시장과 동일하게 기본예탁금, 위탁증거금제도가 운영되고 있다. 기본예탁금은 파생상품시장에 적용되는 기준이 주가지수옵션시장에 그대로 적용된다.

위탁증거금은 옵션매수자의 경우 프리미엄에 한정되는 반면, 옵션매도자에게는 주문증거금과 유지증거금이 부과된다. 위탁증거금은 코스피200선물과 같이 주문증거금과 유지증거금으로 구분된다. 주문증거금은 신규주문증거금, 옵션가격증거금, 옵션가격변동증거금 및 장중옵션순매수금액으로 구성된다. 신규주문증거금은 계약당 5만원을 하한으로 하여 코스피200의 가격변화 가능성을 고려하여 산정한 최대이론가격과 옵션 전일 종가의 차이를 감안하여 산출된다. 옵션가격증거금은 종목별 순매도수량에 전일의 옵션종가와 50만원을 곱하여 산출되며, 옵션가격변동증거금은 계약당 5만원을 하한으로 하여 코스피200의 가격변화와 변동성 변화를 모두 고려한 최대손실액으로 산출된다. 장중옵션순매수금액은 그날 중 매매거래가 성립된 옵션거래의 각 종목에 대한 매수의 약정금액 합계액에서 매도의 약정금액 합계액을 차감하여 구해지며 다음날 결제에 대한 일시적 충당금의 성격을 지닌다.

유지증거금은 위탁증거금이 결제담보기능을 다할 수 있도록 장이 끝난 후 미결제약정을 대상으로 그날의 종가를 적용하여 산출되며 옵션가격변동증거금 및 옵션가격증거금으로 구성된다. 한편 다음날의 예탁금 추산액이 유지증거금을 밑도는 것으로 나타나면 주가지수선물과 마찬가지로 자금을 익일 12:00까지 추가로 납입하여야 한다.

코스피200옵션시장에서도 투자자를 보호하기 위해 코스피200선물시장과 같이 단계적인 가격변동 제한폭제도를 두고 있다. 또한 현물시장에서 매매거래중단제도(circuit breaker)가 발동되면 코스피200옵션시장 거래도 자동적으로 중단된다. 한편 옵션매수자는 최종거래일 옵션거래가 끝난 다음 30분 이내에 권리행사 신고를 하여야 하나 권리행사로 인하여 0.01포인트 이상의 행사이익이 발생하는 경우에는 신고가 없더라도 자동적으로 권리행사가 실행된다.

(2) 주식옵션시장

주식옵션시장은 기초자산[3]인 개별주식의 가격변동에 대한 헤지 및 차익거래 수단을 제공하기 위해 2002년 1월에 개설되었다. 주식옵션은 코스피200옵션과 옵션의 종류, 권리 행사유형, 결제방식, 최종거래일, 호가의 종류 등은 같으나 결제월물 수에서 차이를 보이며 기초자산이 개별주식이라는 점 등으로 인해 행사가격, 호가단위, 거래승수 등도 다소 달리 설정되어 있다. 행사가격은 등가격 1개, 내가격 4개, 외가격 4개 등 총 9개로 설정되고 행사가격간 격차는 3개 최근월물은 가격수준에 따라 100원~5만원이다. 호가단위는 프리미엄 수준에 따라 10원~200원으로 설정되어 있으며 거래승수는 10이다. 가격변동 제한폭은 코스피200옵션과 같이 단계별로 설정되어 있으나 그 제한비율은 코스피200옵션에 비해 높게 설정되어 있다.

3) 주식선물시장과 마찬가지로 시가총액비중이 크고 유동성, 안정성, 재무상태 등이 우량한 상장기업 주식이 기초자산으로 선정된다. 2016년 6월말 현재 총 20개 주식옵션이 상장되어 있다.

참고 프로그램매매 현황 및 특징

프로그램매매란 일반적으로 시장분석, 투자시점 판단, 매입·매도 지시 등의 과정을 컴퓨터로 일괄 처리하는 거래기법을 말하며 이에는 지수차익거래와 비차익거래가 있다.

지수차익거래는 현물과 파생상품 중 상대적으로 고평가된 것을 매도하고 저평가된 것을 매수함으로써 차익을 실현하는 차익거래가 일괄처리되는 것을 말한다. 여기서 현물은 코스피200 또는 코스닥150 구성종목이고 파생상품은 동 지수의 선물 또는 옵션이다. 비차익거래는 선물과 무관하게 일정수 이상의 종목(코스피 구성종목 중 15개 이상, 코스닥150 구성종목 중 10개 이상)을 일괄 매매하는 방식으로 주로 외국인 및 기관투자가들이 종목바스켓을 구성하여 매매할 때 이용된다.

최근 프로그램매매는 비차익거래가 대부분(2016년 상반기중 98.3%, 거래대금 기준)을 차지하고 있다. 이는 공모펀드(2010년)에 이어 우정사업본부(2013년)에 대한 증권거래세 면제 혜택이 폐지되면서 차익거래가 급격히 위축된 반면 지수추종 ETF(비차익거래로 집계) 활성화 등으로 비차익거래는 증가한데 기인한다. 시장참가자별로 보면 외국인이 대부분(2016년 상반기중 81.9%)을 차지하고 있다.

참고 변동성지수

변동성지수(Volatility Index)는 옵션가격을 이용하여 옵션 기초자산(주로 주가지수)의 미래 변동성을 측정한 지수를 말한다. 변동성지수는 일반적으로 시황 및 투자판단 지표로 활용되며 특히 주가하락시 크게 상승하여 공포지수로도 불린다. 또한 변동성지수는 선물·옵션 등의 기초자산으로도 활용된다. 이에 따라 투자자들은 변동성 금융상품을 통해 변동성위험 헤지는 물론 여타 금융상품과의 다양한 연계거래도 할 수 있다. 대표적인 변동성지수로는 미국의 VIX(Volatility Index), 유럽의 VSTOXX가 있으며 글로벌 금융위기 이후에는 아시아 국가들도 자국의 변동성 지수를 발표하고 있다. 우리나라는 한국거래소가 2009년 4월부터 코스피200옵션가격을 이용하여 코스피200의 변동성을 측정한 코스피200 변동성지수(V-KOSPI200)를 산출·발표하고 있다. 변동성지수를 기초자산으로 하는 금융상품으로는 미국의 VIX 선물 및 옵션, 유럽의 VSTOXX 선물 및 옵션 등이 있으며[4] 우리나라에는 코스피200 변동성지수 선물이 있다.

한편 코스피200 변동성지수 추이를 보면 글로벌 금융위기 발발 등으로 상승하여 2008년 10월 29일 사상최고치인 89.3p까지 급등하였다가 빠른 속도로 하락였으며, 2011년 미 국가신용등급 하락시에도 큰 폭 등락하였다. 이후 대체로 안정된 모습을 보이다가 지난해 하반기부터 위안화 평가절하, 홍콩H지수 급락, 브렉시트(Brexit) 결정 등으로 단기 변동하는 모습을 보이고 있다.

---

4) VIX는 S&P500 지수 옵션가격, VSTOXX는 EURO STOXX50 지수 옵션가격으로부터 산출된다.

라. 미국, 일본 및 유로지역의 주가지수옵션시장

(1) 미국

미국의 주가지수옵션은 1983년 3월 시카고옵션거래소(CBOE)에 S&P100옵션이 도입된 데 이어 그해 7월 S&P500옵션이 상장되면서 활성화되기 시작하였다.

미국의 대표적 주가지수옵션시장인 시카고옵션거래소의 정규 거래시간은 08:30~15:15이며 공개호가(open outcry) 또는 전자거래방식(screen-based)으로 옵션이 거래된다. 특히 S&P500옵션의 경우에는 전자거래시스템에 기반한 정규외 시장의 개설되어 있으며 거래가능시간은 02:00~08:15이다.

결제월물 및 최종거래일은 주가지수옵션별로 다르다. S&P500옵션은 최근 12개 결제월물이 기본적으로 상장되며 만기 12개월에서 60개월 사이의 10개 결제월물이 추가적으로 상장될 수 있다. 각 결제월물의 만기일은 만기월의 세 번째 금요일이고 만기일의 전 영업일에 최종거래가 이루어진다. S&P500옵션은 최근 4개 결제월물과 이를 제외한 3월, 6월, 9월, 12월중 현 시점에 가까운 1개 결제월물 등 총 5개 결제월물이 상장된다. 각 결제월물의 만기일은 만기월의 세 번째 금요일이고 최종거래일은 만기일과 같다.

S&P500옵션과 S&P100옵션의 거래단위는 1계약이고 프리미엄은 포인트로 표시되며 1포인트를 100달러로 하여 금액으로 환산된다. 프리미엄의 최소변동폭인 호가단위는 프리미엄의 수준에 따라 3.00포인트를 초과하면 0.10포인트 그리고 3.00포인트 이하이면 0.05포인트로 이원화되어 있다. 투자자보호장치에 있어서는 일중 가격변동에 대한 제한은 없으나 뉴욕증권거래서(NYSE)에서 서킷브레이커가 발동되면 동시에 거래가 중단된다.

(2) 일본

일본의 주가지수옵션시장은 1989년 6월 오사카증권거래소에 Nikkei225옵션이 상장되면서 도입되었다. 일본의 대표적인 주가지수옵션인 Nikkei225옵션은 거래시간이 거래체결 기준으로 주간장(09:00~15:15) 및 야간장(16:30~05:30)으로 구분된다.

상장 결제월물은 3월, 6월, 9월, 12월 결제월물 13개와 이를 제외한 근월물 6개 등 총 19개 결제월물로 구성되고, 최종거래는 만기월의 두 번째 금요일인 만기일의 직전 영업일에 이루어진다. 최종결제가격은 주가지수선물과 마찬가지로 특별결제지수가 적용된다.

거래 및 호가단위는 옵션가격 수준에 따라 최소변동폭이 1~10엔으로 차등화되며 거래금액은 옵션가격에 1,000엔을 곱하여 구해진다.

투자자보호장치에 있어서는 단계별 가격변동폭 제한방식을 운영하고 있다. 최초 가격변동폭 제한수준은 옵션가격에 따라 4%~11%로 차등화되어 있는데 제한수준에 도달할 때마다 3%를 더한 수치를 다음 단계 수준으로 설정하는 과정이 두 차례까지 허용되며 가격제한폭 확대시마다 10분간 거래가 중단된다. 아울러 주가지수선물시장에서 서킷브레이커가 발동될 경우 옵션거래도 중단된다.

(3) 유로지역

유로지역에서 거래소시장을 통한 주가지수옵션 거래는 독일의 EUREX에서 가장 활발하다. EUREX의 대표적인 주가지수옵션 상품인 EURO STOXX50옵션 거래량은 전세계 주가지수옵션 거래의 8.0%(3위, 215년 기준)를 차지하고 있다.

EUREX EURO STOXX50옵션은 만기일에만 옵션행사가 가능한 유럽형옵션으로 최장 9년 11월개월 이후 만기가 도래하는 상품까지 거래 가능하다. 거래시간은 Pre-Trading 7:30~8:50, Trading 5:50~17:30, Post-Trading 17:30~20:30으로 구분되며 최종 결제가격은 만기일(만기월의 세 번째 금요일) 11:50~12:00 사이의 기초자산 인덱스의 평균가격으로 산정된다. 거래단위 및 가격은 계약 및 프리미엄으로 표시되고 1포인트를 10유로로 하여 금액으로 환산된다. 프리미엄의 최소변동폭인 호가단위는 0.1포인트이다.

제3절 금리관련 파생상품시장

1. 금리선물시장

가. 의의

금리선물(interest rate futures)이란 그 가치가 기초자산인 금리로부터 파생되는 금융상품을 말한다. 즉 기초자산인 금리를 거래대상으로 현재시점에서 정한 가치로 미래의 특정시점에서 사거나 팔 것을 약정한 계약이라 할 수 있다. 개념적으로 금리를 산다(long interest rate)는 것은 금리를 수취하는 것, 즉 채권 등에 투자하는 것과 같으며, 금리선물을 산다(long interest rate futures)는 것은 현재시점에서 정한 금리를 주고 만기시점의 금리를 수취하는 것이라 할 수 있다. 반대로 금리를 판다(short interest rate)는 것은 금리를 지급하는 것, 즉 채권 등을 팔거나 발행하는 것과 같으며, 금리선물을 판다(short interest rate futures)는 것은 현재시점에서 정한 금리를 받고 만기시점의 금리를 지급하는 것이라 할 수 있다. 실제로 거래대상이 되는 기초자산은 국채금리, 페더럴펀드금리, 유로달러금리 등으로 다양하며 이들 거래대상의 만기에 따라 단기금리선물과 장기금리선물로 나뉜다.

금리선물시장은 1975년 10월 미국의 시카고상품거래소(Chicago Board of Trade)에서 미국정부주택저당채권증서(GNMA[5] mortgage certificates)를 대상으로 최초로 거래된 이후 미국장기국채선물(1977년), 유로달러금리선물(1981년) 등의 다양한 금리선물이 등장하였다. 이에 따라 전 세계 선물시장에서 금리선물거래가 차지하는 비중도 점차 커지고 있다.

---

5) Government National Mortagage Association의 약자로 대출기관 등으로부터 주택저당채권을 인수하여 유동화한 후 투자자들에게 판매하는 미국정부 소유기관이다. 원리금 지급이 미국정부에 의해 보장되기 때문에 수익률이 다른 유사기관의 유동화채권(mortgage-backed securities) 수익률보다 낮다.

금리선물거래가 활발한 대표적인 선물거래소로는 미국의 시카고상품거래소(CBOT)와 시카고상업거래소(CME), 그리고 독일 EUREX 등을 꼽을 수 있다. 미국 시카고상품거래소와 독일EUREX는 해당 거래소에 상장된 모든 선물거래 가운데 금리선물거래가 차지하는 비중이 각각 73%와 44%를 차지하고 있으며 미국 시카고상업거래소는 3개월 유로달러금리선물의 거래비중이 44%를 차지하고 있다.

금리선물은 미래의 특정시점에 인도할 금리부 상품의 가격을 현재시점에서 고정시킨다는 측면에서 금리관련 선도거래와 매우 유사하다. 그러나 금리관련 선도거래는 계약당사자 중 어느 일방에 의한 결제불이행 등으로 거래상대방 위험(counterparty risk)이 잠재되어 있는 반면 금리선물은 이러한 거래위험을 제도적으로 보완한 상품이라 할 수 있다.

시장참가자들은 금리선물을 금리위험 축소, 무위험 차익거래, 투자수익 제고, 채권포트폴리오 관리 등의 목적으로 활용하고 있다.

금리선물을 이용하는 가장 일반적인 경우는 금리위험 축소(hedge trading)로 향후 금리 변동에 따른 불확실성을 금리선물 매도/매수 거래로 줄일 수 있다. 즉 채권 현물시장에서 발생하는 손익이 금리선물시장에서의 손익으로 상쇄되어 금리변동에 따른 위험을 제거할 수 있게 된다. 국고채전문딜러, 자산운용회사, 연기금, 보험회사 등 현물채권 보유규모가 큰 시장참가자들은 향후 금리 상승으로 인한 채권가격 하락시 입게 될 손실을 줄이기 위하여 선물매도(short hedge)거래를 함으로써 금리선물 만기시점 기준 보유 국고채권가격을 현재의 금리선물가격으로 고정한다. 이와는 반대로 미래의 일정시점에 채권을 매입하고자 할 경우에는 금리 하락에 대비하여 국채선물을 매수(long hedge)할 수도 있다.

금리선물거래는 금리선물가격이 저평가 또는 고평가되는 경우 현물 채권거래와 결합하여 무위험 차익거래(arbitrage opportunity trading)에 활용할 수 있다. 예를 들면 국채선물가격의 이론가대비 저평가 폭이 비정상적으로 확대될 경우 선물을 매수하고 채권대차거래[6] 등을 이용하여 현물을 매도한 후 만기까지 유지

6) 일정기간 동안 채권을 빌린 후 다시 되돌려 주는 거래로 채권차입자(단기딜링에 치중하는 증권회사 등)는 채권대여자(채권을 만기까지 보유하는 보험회사, 연기금 등)에게 채권대여기간 동안의 수수료를 지급한다.

할 경우 무위험 차익을 획득할 수 있다.

또한 금리선물거래는 채권거래시보다 적은 투자금액으로 큰 기대수익을 얻는 레버리지 효과(leverage effect)를 이용한 투기거래로 투자수익을 제고할 수 있다. 즉 채권가격의 방향성을 예상하여 금리선물가격이 오를 것으로 예상하면 금리선물을 매수하고 금리선물가격이 하락할 것으로 예상하면 금리선물을 매도하여 단기 투자수익을 극대화하는 수단으로 활용한다. 이때 금리선물 시장에서 투기거래자[7]는 기대수익을 바탕으로 헤지거래자의 노출된 금리위험을 전가 받아 반대포지션을 취함으로써 선물시장의 유동성을 제고시키는 역할을 담당하게 된다.

한편 금리선물을 이용하여 채권 포트폴리오의 듀레이션(duration)을 조정할 수 있다. 향후 금리 하락(채권가격 상승)이 예상될 경우 금리선물을 매수함으로써 포트폴리오의 듀레이션을 늘릴 수 있다. 반면 금리 상승(채권가격 하락)이 예상 될 경우, 금리선물을 매도함으로써 채권 포트폴리오의 듀레이션을 줄일 수 있다.

이 밖에 금리선물은 향후 특정시점(즉 만기일)에 현물금리에 대한 기대치로서 미래의 단기금리를 예측하는데 활용된다.

나. 거래소제도

금리선물시장은 거래소, 파생상품회원및 고객으로 구성된다. 선물거래는 거래소에서 정한 표준화된 매매계약에 따라 이루어지므로 금리선물거래의 메커니즘을 이해하기 위해서는 거래소제도를 이해하는 것이 필요하다. 우리나라에서는 한국거래소에서 금리선물이 거래되고 있다. 한국거래소는 법률적으로 회원들로 구성된 사단법인의 형태로 회원들로부터 조성한 출자금, 연회비 및 선물거래에 대하여 징수하는 거래수수료 등으로 운영된다.

주문매매방식과 관련하여 한국거래소는 주문접수, 거래체결 및 통보과정이 전산시스템에 의하여 자동적으로 수행되는 전자거래방식을 택하고 있다. 미국 시카고상품거래소(CBOT) 등 역사가 긴 선물거래소에서는 아직도 일부 거래를 특정장소(trading pit)에 거래원(broker)들이 모여 육성 또는 수신호로 체결하는 이

7) 선물거래는 제로섬게임(zero sum game)과 같아 거래를 위해서는 반대의 포지션을 취하는 상대방이 있어야한다.

른바 공개호가방식(open-outcry auction system)을 취하는 경우도 있다. 그러나 정보기술의 발달과 함께 1990년대 중반 이후부터는 전자거래방식을 채택하는 거래소가 점차 늘어나는 추세이다.

또한 결제업무와 관련하여 선진국과는 달리 우리나라의 경우 별도의 독립된 청산기구를 두지 않고 한국거래소가 청산 및 결제기능을 담당하는 부서를 두어 운영하고 있다. 아울러 회원사의 파산 등으로 계약이행이 불가능할 경우에 대비하여 다른 회원들이 연대책임을 지도록 하고 있으며 이를 위해 결제회원들에게 손해배상공동기금을 적립하도록 하고 있다.

한편 한국거래소에 상장된 금리선물거래의 체결가격은 주가지수선물의 거래시간중 가격결정방식과 마찬가지로 가격 및 시간우선의 원칙[8]에 따라 결정된다. 또한 금리선물거래에 있어서 주문가격 제한폭을 두고 있으나 주가지수선물시장과는 달리 매매거래중단제도(circuit breakers)를 운영하지 않고 있다. 이는 주가지수선물의 기초자산인 주식은 거래소에서 거래되는 반면 금리선물은 기초자산인 채권이 주로 장외시장에서 거래되기 때문이다.

다. 우리나라의 금리선물시장

한국거래소에 상장되어 있는 금리선물은 기초자산(underlying asset)의 종류 및 만기에 따라 3년국채선물, 5년국채선물, 10년국채선물로 구분되어 있다.

그런데 5년, 10년 국채선물의 경우 기초자산의 만기, 주문가격 제한폭, 증거금률 등을 제외하고는 모든 거래조건이 3년국채선물과 동일하다. 5년국채선물은 거래가 사실상 없는 점을 감안하여 3년국채선물을 위주로 설명하기로 한다.

(1) 거래조건

3년국채선물의 기초자산은 최종결제일 현재 만기 3년, 액면금액 1억원, 표면금리 5%로 반기별로(semi-annually) 이자를 지급하는 가상의 국고채권이다.

선물가격의 표시방법[9]은 액면금액 1억원을 100으로 환산하여 소수점 둘째자

8) 매도주문의 경우 최저도매가격, 매수주문의 경우 최고매수가격을 우선으로 거래를 체결시키고 같은 가격의 주문에 대해서는 먼저 접수된 주문부터 거래를 체결시키는 원칙이다.

리까지 표시한다. 예를 들어 가상 국고채권의 가격이 1억 450만원이라면 104.50으로 표시한다. 한편 최소가격 변동폭인 1tick의 크기는 0.01로 국채선물가격 1tick의 가치는 가상채권 가격의 10,000원(= 0.01×1억×1/100)에 해당된다.

최종결제방법은 현금결제(cash settlement)방식을 택하고 있다. 만기일에 현물채권을 직접 인도하는 대신에 거래소가 정한 최종결제가격과 선물계약가격과의 차액만을 정산하는 것이다. 이는 국채선물 도입 당시 기초자산인 국채의 유동성 부족에 따른 실물인수도(physical delivery)의 어려움과 거래편의성 등을 감안하여 현금결제방식을 채택했기 때문이다. 가상국고채의 최종결제가격 산정에는 실제채권의 수익률이 사용되는데 이들 채권을 최종결제 기준채권이라 한다.

최종결제 기준채권은 상장일 직전 영업일에 한국거래소가 미리 정해진 기준에 따라 선정하며 만기 최종결제가격이 최종거래일 현재 최종결제 기준채권의 수익률을 기초로 산정된다. 특히 가격조작을 방지하기 위하여 최종거래일 3개 시점(10시, 10시 30분, 11시)의 최종결제 기준채권수익률 가운데 중간수익률과 11시 30분 현재 수익률을 산술평균한 수익률(소수점 넷째자리에서 반올림)을 가상국고채 가격식[10]에 대입하여 선물의 최종결제가격을 정한다.

국채선물의 결제월 주기는 3개월 단위로 3, 6, 9, 12월이며 이 중 2개 최근월물만 상장되어 거래되고 있다. 예를 들면 2016년 8월말 현재 2016년 9월물과 2016년 12월물 2개 종목이 상장되어 거래된다. 최종거래일은 해당 결제월의 세 번째 화요일이며 휴장일인 경우 익영업일로 순연된다. 거래시간은 월요일부터 금요일까지는 오전 9시부터 오후 3시 45분까지이며, 최종거래일에는 오전 9시

---

9) 장기금리선물과 달리 단기금리선물의 가격표시방법은 'index price=100.00 – 단기금융품수익률(연 %)'으로 나타낸다. 이는 미국 시카고상업거래소(CME)내 국제 단기금융시장(International Money Market)에서 채택하는 방법으로 단기금융상품수익률이 8.90%이면 가격은 91.10 (=10.00-8.90)으로 표시한다. 다만 우리나라의 경우 단기금리선물인 통화안정증권금리선물이 상장폐지되면서 이러한 가격표시방법을 따르는 선물은 존재하지 않는다.

10) 3년국채선물: $S_T = F_T = \sum_{i=1}^{6} \frac{(5/2)}{(1+R/2)^i} + \frac{100}{(1+R/2)^6}$

5년국채선물: $S_T = F_T = \sum_{i=1}^{10} \frac{(5/2)}{(1+R/2)^i} + \frac{100}{(1+R/2)^{10}}$

10년국채선물: $S_T = F_T = \sum_{i=1}^{20} \frac{(5/2)}{(1+R/2)^i} + \frac{100}{(1+R/2)^{20}}$

부터 오전 11시 30분까지만 거래한다.

한편 10년국채선물의 경우 2008년 상장 초기에는 액면금액과 호가가격단위 등이 다른 종목과 상이하며 유일하게 실물인수도(physical delivery)방식을 채택하고 있었으나 2010년 10월 장기국채선물 활성화를 위해 국채선물제도를 개편하면서 다른 종목들과 거래조건이 유사하게 변경[11]되었다.

〈표 5-10〉 금리선물 거래조건

구분	3년국채선물	5년채국채선물	10년국채선물
기초자산	국고채 (액면 1억원, 3년만기, 금리 5%)	국고채 (액면 1억원, 5년만기, 금리 5%)	국고채 (액면 1억원, 10년만기, 금리 5%)
가격표시 방법 (소수 둘째자리)	액면가 1억원을 100.00으로 환산하여 표시	좌동	좌동
최소가격 변동폭(tick)	0.01	좌동	좌동
최소가격 변동가치	10,000원 (1억원×0.01×1/100)	좌동	좌동
결제월주기 (상장결제월)	3,6,9,12월 (2개)	좌동	좌동
최종거래일 (최종결제일)	결제월의 세 번째 화요일(t+1.5%)	좌동	좌동
최종결제방법	현금결제	좌동	좌동
가격제한폭 (호가한도가격)[1]	없음 (±1.5%)	없음 (±1.8%)	없음 (±2.7%)
도입시기	1999년 9월 29일	2003년 8월 22일	2008년 2월 25일

주: 1) 주문오류 방지를 위해 주문가격 제한폭을 둠
자료: 한국거래소

---

11) 2010년 10월 10년국채선물 제도는 다음과 같이 변경되었다.

항목	변경 전	변경 후
거래단위	액면 5천만원	액면 1억원
거래승수	50만	100만
호가가격단위	0.02	0.01
결제월	분기월물 3개(3,6,9,12월중 3개)	분기월물 2개(3,6,9,12월중 2개)
최장거래기간	9개월	6개월
결제시한	최종거래일(T)+2일	최종거래일(T)+1일
최종결제방법	실물인수도	현금결제

또한 10년국채선물은 3년 및 5년 국채선물과 다르게 위탁자별로 최근월종목의 미결제 약정 보유한도를 1만 5,000계약으로 제한하고 있다. 이는 특정주체가 미결제약정을 과다보유함에 따른 결제불이행 및 시세조종위험을 방지하고 대량 미결제약정수량의 일시해소에 따른 시장충격을 방지하기 위한 것이다.

(2) 증거금제도

3년국채선물의 경우 위탁자가 본인의 계좌가 개설된 해당 회원에게 위탁증거금으로 위탁금액(국채선물 주문가격 × 주문수량 × 1억/100)의 0.75%를 예탁(5년, 10년 국채선물은 각각 1.35%와 2.55%)해야 한다. 한편 거래증거금은 회원이 자신의 명의로 결제하는 거래의 이행을 보증하기 위하여 해당거래일의 최종결제 기준채권가격의 0.5%를 예탁(5년,10년 국채선물은 각각 0.9%, 1.7%)하는 금액을 의미하며, 현재 위탁증거금은 거래증거금의 1.5배 수준으로 결정된다. 예탁평가액이 선물가격 하락에 따른 정산 등으로 거래증거금을 하회하게 될 경우 마진콜(margin call)이 발생한다. 마진콜은 회원이 거래고객에게 추가증거금을 납입하도록 통보하는 행위로, 추가증거금의 요구가 있을 때 거래고객은 거래증거금이 부족해진 날 익영업일 12시까지 위탁증거금 수준으로 증거금을 예탁하여야 한다. 추가증거금 미납시에는 위탁거래를 맡은 거래소 회원이 고객의 미결제약정을 임의로 반대매매하여 처분한다.

〈표 5-11〉 금리선물의 증거금률 현황 (단위: %)

구 분	3년국채선물	5년국채선물	10년국채선물
위탁증거금률	0.75	1.35	2.55
거래증거금률	0.50	0.90	1.70

자료: 한국거래소

(3) 일일정산제도

금리선물거래는 매일 시가로 산정된 선물가격, 즉 일일정산가격[12]을 기준으로 정산하게 된다. 선물가격 상승시 선물매수자는 전일 선물포지션의 선물가격과

12) 일일정산가격은 최종약정가격을 원칙으로 하되 다음과 같이 순차적으로 적용한다.

금일 일일정산가격과의 차이만큼 금액을 수령하고 선물매도자는 동 차이만큼 금액을 지급하게 된다.

참고 국채선물 일일정산에 따른 증거금 변동 사례

선물투자자가 3년국채선물 5계약을 108.00에 매수하고 익일까지 보유하며 선물가격은 매수당일 20tick 하락하며 107.80으로, 익일에는 추가로 50tick 하락하여 107.30이라고 가정하자.

그러면 선물투자자는 국채선물 5계약 매수주문을 위하여 위탁증거금 405만원(=5계약×108.00×1억/100×0.75%)을 예탁하고 당일(t)에 선물가격이 20tick 하락(=108.00−107.80)함에 따라 100만원(5계약×20tick×1만원)의 손실이 발생한다. 당일 손실액을 차감한 예탁금 잔액이 305만원(=405만원 - 100만원)으로 줄었으나 거래증거금 270만원(=5계약×107.80×1억/100×0.50%)을 상회하므로 추가증거금을 납부할 필요는 없다.

익일(t+1)에는 선물가격이 50tick 하락한 107.30으로 205만원(5계약×50tick×1만원)의 손실이 발생하여 손실액을 차감한 예탁금 잔액이 55만원(305만원−250만원)으로 줄어든다. 이때 거래증거금은 268만원(=5계약×107.30×1억/100×0.5%)으로 예탁금 잔액이 거래증거금을 하회하므로 마진콜(margin call)이 발생하게 된다.

따라서 선물투자자는 현재의 예탁금 잔액과 위탁증거금 402만원(=5계약×107.30×1억/100×0.75%)의 차액인 347만원(=402만원−55만원)을 추가증거금으로 예탁하여야 한다. 만약 추가증거금 미납시 선물회사는 투자자의 계약을 임의로 처분한다.

(4) 선물가격과 현물가격의 관계

선물가격과 현물가격간의 관계는 이론적으로 보유비용(cost of carry)의 관점에서 파악할 수 있다. 동 이론에 의하면 $F_T = S_t e^{(c-y)T}$ (F_t: 선물가격, S_t: 현물가격, T: 만기까지의 기간, 연속복리 가정, c: 보유비용, y: 수익률)가 되며, 그렇지 않을 경우 재정거래(arbitrage trade)가 발생하게 된다. 일반적으로 현물보유와 관련한 비용이 현물보유에서 발생하는 수익보다 크다면 선물가격이 현물가격을 상회하게 되며, 반대의 경우 선물가격이 현물가격을 하회하게 된다. 채권의 경우 수익률곡

1순위	2순위	3순위	4순위	5순위
최종약정가격	최종의제약정가격[1]	기세[2]	전일정산가격	이론가격[3]

주: 1) 스프레드거래를 반영
2) 매매거래가 성립되지 않은 경우 호가를 통해 시세를 추정
3) (전일정산가격 - 이론정산가격)의 절대값 > 전일정산가격×거래증거금율×50%인 경우

선이 우상향하면 현물채권 보유 편익(장기금리)이 기회비용(단기금리)보다 커 미래의 현물가격인 선물가격이 현물가격보다 낮게 되는 경향이 있다.

국채선물가격은 만기시점에 거래대상인 현물채권의 가격이므로 기본적으로 현물채권가격의 움직임에 영향을 받는다. 이에 따라 국채선물가격과 현물가격과의 관계, 즉 베이시스(basis)의 움직임을 이해하는 것이 중요하다. 베이시스는 현물가격(spot price)과 선물가격(futures price)의 차이(현물가격-선물가격)로 정의된다. 주가지수, 환율 등에 기초한 경우 베이시스 표기는 금리선물과 달리 '선물가격-현물가격'으로 정의한다

베이시스(basis)는 시장상황에 따라 (+) 또는 (-)로 나타날 수 있으나 만기일에는 선물가격이 현물가격과 같아지면서 0에 수렴한다. 3년국채선물 2016년 6월물의 경우 베이시스추이를 보면 원월물로 상장된 기간의 경우 거래가 없어 시장상황을 제대로 반영하지 못하다가 근월물로 들어오면서 선물가격이 현물가격을 상회하는 모습을 나타내고 있으며 최종거래일인 6월 21일에는 베이시스가 0에 수렴하고 있다. 시기별로는 거래가 거의 이루어지지 못한 원월물 시기보다는 거래가 활발한 근월물 시기에 현·선물가격간의 연관성이 커지면서 베이시스도 좁혀지고 있다.

최근 우리나라는 국채선물가격이 현물가격을 상회하는 현상이 나타나고 있는데 이는 수익률곡선의 평탄화가 장기간 지속되는 데에 기인한다. 반면, 과거에는 국채선물가격이 현물가격을 하회하는 현상이 지배적으로 나타나기도 하였는데 이는 국채선물시장에서 매도헤지거래가 매수헤지거래보다 많은 점에 기인하였다. 즉 채권거래에 있어서 공매도(short sale)가 제한되어 선물매수헤지(long hedge) 거래가 위축된 반면 현물채권 보유에 따른 선물매도헤지(short hedge) 거래는 활발하였다.

참고 국채선물을 활용한 헤지(hedge)거래 사례

대부분의 기관투자자들은 채권보유에 따른 금리변동 위험을 헤지하기 위해 국채선물시장에 참가한다. 보유한 현물채권을 미래 일정시점에 일정가격으로 매도하기를 원하면 매도헤지거래(short hedge)를, 이와는 반대로 미래 일정시점에 일정가격으로 현물채권을 매입하고자 할 때는 매수헤지거래(long hedge)를 취하게 된다. 구체적인 매도헤지거래 절차는 다음과 같다.

■ 1단계: 헤지여부 결정

투자자는 100억원의 국채를 보유하고 있으며 1개월 후에 매각하려 한다. 그런데 시장금리가 상승할 것으로 전망하여 3년국채선물을 이용하여 금리상승 위험을 헤지하기로 결정하였다. 헤지하고자 하는 현물채권의 내용은 아래와 같으며 헤지시점 현재 2016년 9월 만기 3년국채선물가격은 110.58이고 선물의 듀레이션은 2.81이라 가정하자.

〈표 5-12〉 보유 현물채권 내용

발행일	만기일	매입수익률	채권가격[1]	순가격 (채권단가-경과이자)	듀레이션
2016.6.10	2019.6.9	1.35	100.83	100.30	2.65

주: 1) 채권가격은 일반적으로 백억원을 10,000원으로 환산하여 표시하나 여기서는 선물가격과 동일시키기 위해 100원 기준으로 환산하여 표시

■ 2단계: 헤지비율 산출

먼저 투자자는 헤지에 필요한 선물계약수를 구하기 위해 헤지비율을 산출한 후 필요 선물계약수를 산출한다.

• 헤지비율 = $\frac{\text{채권순가격} \times \text{현물듀레이션}}{\text{선물가격} \times \text{선물듀레이션}} = \frac{100.30 \times 2.65}{110.58 \times 2.81} = 0.86$

• 선물계약수 = $\frac{\text{헤지비율} \times \text{현물보유금액}}{\text{선물계약거래단위}} = \frac{0.86 \times 100\text{억원}}{1\text{억원}} = 86$

■ 3단계: 국채선물 매도계약 체결

헤지에 필요한 선물계약수(86계약)만큼 3년국채선물 매도계약을 체결한다.

■ 4단계: 선물계약의 청산

1개월 후 수익률은 투자자의 예상대로 2%로 상승하였고 선물가격은 110.58에서 108.75로 하락하였다고 가정하자.

투자자는 보유한 국채를 단가 99.26(2.00%)에 매각하고 3년국채선물을 108.75에 반대매매하여 청산하였다. 그 결과 투자자는 현물거래의 손실액을 선물거래 이익으로 상쇄하여 손실을 입지 않고 보유국채를 매각할 수 있게 된다.

현물거래손익 −157,000,000원 (= 9,926,000,000원 − 10,083,000,000원)
+
선물거래손익 157,380,000원 (= (110.58 − 108.75) × 86계약 × 1,000,000원)

= 순손익 380,000원

만약 국채선물로 헤지거래를 하지 않았다면 1개월전 국채가격에 비해 1억 5천 7백만원 낮은 가격으로 매도하여 손실을 입게 되었을 것이다.

라. 미국, 일본 및 유로지역의 금리선물시장

(1) 미국

개요

미국의 금리선물시장은 1975년 10월에 시카고상품거래소(CBOT)에서 최초로 미국정부 주택저당채권증서(GNMA mortgage cerifiicates)를 대상으로 한 금리선물이 거래되면서 비롯되었다. 그러나 본격적인 금리선물시장은 1977년 8월 시카고상품거래소에 상장된 장기국채선물이 성공적으로 거래되면서 형성되었다. 또한 1981년 12월에는 시카고상업거래소(CME)에서 3개월유로달러금리선물이 거래되면서 단기금리선물도 크게 활성화되었다. 미국의 금리선물시장은 단기금리선물거래가 활발한 시카고상업거래소와 장기금리선물 위주의 시카고상품거래소로 양분되어 있다.

〈표 5-13〉 미국의 주요 금리선물 상품[1)]

거래소	금리선물 상품	계약당 거래금액	도입시기	2015년중 거래량 (계약수)
시카고상품거래소 (CBOT)	30일페더럴펀드금리선물	500만달러	1988년 10월	20,247,761
	2년국채(T-note)선물	20만달러	1990년 6월	83,040,660
	5년국채(T-note)선물	10만달러	1988녀 5월	190,707,727
	10년국채(T-note)선물	10만달러	1982년 5월	328,341,066
	30년국채(T-bond)선물	10만달러	1982년 5월	71,901,544
	초장기국채(Ultra T-bond) 선물[2)]	10만달러	2010년 1월	29,133,162
시카고상업거래소 (CME)	1개월리보선물	300만달러	1990년 4월	63,422
	3개월유로달러금리선물	100만달러	1981년 12월	586,913,126

주: 1) 2015년말 현재

2) 30년국채선물은 잔존만기가 15~25년인 T-bond를 기초자산으로 하는 반면, 초장기국채선물의 경우 잔존만기가 25년 이상인 T-bond를 기초자산으로 함

시카고상업거래소(CME)에 상장된 3개월유로달러금리선물의 거래규모는 2015년중 5억 5천만여 계약에 달해 전세계 거래소에 상장된 금리선물 상품중 단일품목으로는 최대를 기록하였다. 한편 시카고상품거래소(CBOT)에 상장된 국채선물은 10년물이 가장 활발하게 거래되어 2015년에는 거래규모가 약 3.3억 계약에 이르고 있다. 미국 금리선물시장은 세계에서 가장 오랜 역사를 가지고 있으며 전세계 선물거래량의 약 49.8%를 차지하고 있다.

국채선물

국채선물은 만기별로 2년물, 3년물, 5년물, 10년물, 30년물 및 초장기물이 있는데 이 가운데 10년국채선물(10-Year Treasury Note Futures)의 거래가 가장 활발하다. 10년국채선물의 거래대상은 액면금액이 10만달러, 표면금리가 6.0%, 만기가 10년인 국채이다.

10년국채선물의 가격표시는 액면금액 10만달러를 100으로 환산하여 나타내므로 1포인트의 가치는 1천달러이다. 또한 최소가격변동(tick)의 크기는 1/64이므로 1tick의 가치는 계약당 15.625달러($100,000/100 × 1/64 = $15.625)이다.

단기금리선물

단기금리선물은 3개월국채금리선물(Treasury Bill Futures), 3개월유로달러금리선물(Eurodollar Futures)과 초단기금리선물인 30일페더럴펀드금리선물(Federal Funds Futures) 등이 있다. 도입시기로 보면 3개월국채금리선물이 먼저 상장되었으나 현재 거래가 전무하여 단기금리선물이라 하면 3개월유로달러금리선물이 대표적이다.

3개월유로달러금리선물은 LIBOR에 의존하는 90일 만기 유로달러정기예금을 거래대상으로 하는 금리선물로서 거래금액(명목금액)은 1백만달러이며 가격표시는 100－90일물LIBOR로 한다. 따라서 90일물 LIBOR가 2.0%라면 3개월유로달러금리선물의 가격은 98.00으로 표시된다. 한편 3개월유로달러금리선물의 최소가격변동단위(tick)는 0.5bp(=0.00005)로 1tick의 가치는 12.50달러이다. 결제방식에 있어 3개월유로달러금리선물은 현금결제방식을 따른다. 즉 최종결제일에 90일물LIBOR를 이용하여 최종결제가격(=100－90일물LIBOR)을 산출한 다음 이 최종결제가격과 당초 거래한 매매가격과의 차이에 12.50달러를 곱한 금액으로 정산한다. 상장종목수에 있어서도 최장 10년에 이르기까지 총 44개의 종목이 상장되어 있다.

한편 초단기금리선물로는 페더럴펀드금리(Federal Funds Rate)를 대상으로 하는 30일 페더럴펀드금리선물(Federal Funds Futures)이 있다. 페더럴펀드금리란 미국 페더럴펀드시장(Federal Funds Market)에서 은행간에 익일물 자금거래를 할 때 적용되는 금리(overnight rate)로 여타 단기금리의 기준이 되고 있다. 동 금리선물의 가격은 100-R으로 표시한다. 이 경우 R은 FRB New York에서 고시하는 익일물 Federal Funds Rate(연 %)를 결제월(만기는 해당월의 마지막 영업일)동안 단순평균한 금리이다. 거래단위는 500만달러이며 최소가격변동단위(tick)는 최근월물의 경우 0.25bp (=0.000025)로 1tick의 가치는 10.4175달러이고, 그 외의 계약은 0.5bp (=0.00005)로 1tick의 가치는 20.835달러이다.

(2) 일본

개요

일본의 금리선물시장은 1985년 10월 동경증권거래소에 10년국채선물이 상장되면서 시작되었다. 일본 금리선물시장은 여타 선진국에 비해 역사가 짧고 거래되는 금리선물의 종류와 거래량이 많지 않은 편이다. 이후 2013년 1월 동경증권거래소(Tokyo Stock Exchange)와 오사카증권거래소(Osaka Securities Exchange)가 합병하여 일본거래소그룹(Japan Exchange Group)이 설립되었다.

또한 선물거래를 규제하는 법률이 상품별로 「유가증권거래법」, 「금융선물거래법」, 「상품거래소법」 등으로 나누어져 있으며 이들 상품을 거래하는 거래소도 각각 다르다. 즉 채권이나 주식 등 유가증권과 관련된 선물거래는 일본거래소그룹에서, 외환 및 단기금융상품과 관련된 선물거래는 동경금융선물거래소(Tokyo Financial Exchange)에서 각각 취급한다. 따라서 국채선물은 일본거래소그룹에서, 3개월유로엔금리선물 등 단기금리선물은 동경금융선물거래소에서 각각 거래된다.

국채선물

10년국채선물의 거래대상은 만기 10년, 액면금액 1억엔, 표면금리 6%인 일본국채이다. 결제방법은 현물결제방식으로 선물매도자는 최종결제일 현재 잔존만기 7년 이상~11년 미만의 국채를 인도하게 된다. 선물가격의 표시는 액면금액 1억엔을 100.00으로 환산하여 표시하며 선물가격의 최소가격변동단위(tick)는 1bp로 1tick의 가치는 1만엔(¥100,000,000 × 0.0001 = ¥10,000)이다.

단기금리선물

단기금리선물로는 현재 3개월유로엔금리선물, 6개월유로엔LIBOR금리선물, 익일물콜금리선물이 있다. 이 중에서는 3개월유로엔금리선물의 거래가 주로 이루어지고 있으며 6개월유로엔LIBOR금리선물 및 익일물콜금리선물의 경우에는 거래량이 극히 미미한 상황이다.

3개월유로엔선물의 경우 TIBOR(Tokyo Inter-Bank Offered Rate)를 기준으로 하고 있으며 거래단위는 1억엔이고 가격표시는 100 – R(3개월물 유로엔TIBOR)로 표시한다. TIBOR선물의 최소가격변동단위(tick)는 0.5bp이므로 1tick의 가치는 1,250엔 [¥100,000,000 × 0.00005 × (90/360) = ¥1,250]이 된다. 그리고 3개월물 TIBOR 유로엔선물의 결제는 국채선물과는 달리 현금결제방식을 따른다.

(3) 유로지역

개요

유로지역 금리선물시장은 금리선물의 종류가 다양하고 거래규모도 미국에 이어 두 번째로 클 정도로 거래가 활발하다. 거래소별로는 프랑크푸르트에 소재한 EUREX 선물거래소에서는 장기 국채선물이 주로 거래되는 반면 ICE (Intercontinental Exchange) 그룹의 선물거래소에서는 3개월 Euribor선물 등 단기금리선물이 주로 거래된다.

국채선물

국채선물은 영국 국채(Gilts)선물의 경우만 ICE 선물거래소에 상장되어 거래되고 있으며 나머지의 경우 EUREX 거래소에 상장되어 있다. 여기서는 EUREX 거래소에 상장되어 있는 유로화 표시 국채선물을 위주로 살펴보기로 한다. 현재 독일 국채를 기초자산으로 한 EURO-Schatz Futures(2년물), Euro-Bobl Futures(5년물), Euro-Bund Futures(10년물), Euro-Buxl® Futures(30년물)와 이탈리아 국채를 기초자산으로 한 Short-term(3년물), Mid-term(5년물), Long-term(10년물) Euro-OAT Futures, 스페인 국채를 기초자산으로 한 Euro-Bono Futures(10년물), 그리고 스위스 국채를 기초자산으로 한 CONF Futures(10년물)가 EUREX에 상장되어 거래되고 있다. 이 가운데 Euro-Bund Futures가 2015년중 전체 거래의 41%를 차지하여 거래가 가장 활발하다. 동 선물의 기초자산은 만기 10년, 액면금액 10만유로, 표면금리 6%의 독일 국채이다. 선물가격의 표시는 액면금액을 100.00으로 환산하여 표시하며 최소가격변동단위(tick)는 1bp로 1tick의 가치는 10유로(EUR100,000 × 0.0001 = EUR10)이다.

단기금리선물

유로지역 단기금리선물은 기초자산의 종류에 따라 Euribor선물, Sterling선물, Gilts선물 등으로 구분되는데, 모두 3개월물이며 이 중에서 Euribor선물과 Sterling선물이 주로 거래된다. 2015년중 Euribor선물이 전체 거래의 38.4%, Sterling선물이 46.5%를 차지하고 있다.

2. 금리스왑시장

가. 의의

금리스왑(IRS; Interest Rate Swaps)은 차입금에 대한 금리변동 위험의 헤시(hedge)나 차입비용의 절감을 위하여 두 차입자가 각자의 채무에 대한 이자지급의무를 상호간에 교환하는 계약으로서 일반적으로 변동(고정)금리를 고정(변동)금리로 전환하는 형식을 취한다.

금리스왑거래는 통화, 원금 및 만기가 같은 부채구조를 가지고 있는 두 당사자간의 거래가 대부분으로 통화스왑거래와는 달리 계약당사자간에 이자지급 의무만 있고 원금상환 의무가 없다. 자금의 흐름도 원금의 교환없이 이자차액만 주고 받는 것으로 당초의 자금조달과는 관계가 없는 별도의 계약에 의해 거래가 성립된다. 금리스왑은 원금을 교환하지 않기 때문에 채권투자 등에 비해 자금부담과 신용위험(credit risk)이 낮다.

일반적으로 금리스왑시장의 가장 중요한 기능은 금리변동 위험을 헤지할 수 있는 수단을 제공해 주는 것이다. 즉 고정금리부 자산과 부채의 듀레이션

(duration) 불일치로 인하여 발생하는 금리변동 위험을 헤지하기 위해 금리스왑 거래가 이용된다. 예를 들어 고정금리부 자산이 부채보다 많은(적은) 경우 금리 스왑거래에서는 채권매도(매수)와 같은 효과를 갖는 고정금리 지급부(수취부) 거래를 실시하면 금리변동 위험이 감소된다.

〈표 5-14〉 보유 자산 및 부채의 금리변동위험 헤지를 위한 거래

고정금리부 자산 및 부채의 듀레이션	금리스왑거래		효과
	변동금리	고정금리	
자산 > 부채	수취	지급	금리변동 위험 감소
자산 < 부채	지급	수취	금리변동 위험 감소

채권 현·선물과 금리스왑시장간의 가격 차이를 이용한 거래를 통해 이익을 획득할 수도 있다. 즉 저평가된 채권의 현물 또는 선물을 매입함과 동시에 고정금리지급부 금리스왑을 거래하거나 고평가된 채권의 현물 또는 선물을 매도함과 동시에 고정금리수취부 금리스왑을 거래함으로써 거래차익을 획득할 수 있다.

〈표 5-15〉 현·선물 및 금리스왑간 차익획득 목적 거래

채권 현·선물		금리스왑거래		효과
평가	거래	변동금리	고정금리	
저평가	매입	수취	지급	차익 획득
고평가	매도	지급	수취	차익 획득

향후 금리전망을 바탕으로 금리스왑을 할 경우 투기적인 이익을 실현할 수 있다. 즉 금리 상승이 예상되는 경우에는 고정금리지급 스왑포지션을, 반대로 금리 하락이 예상되는 경우에는 고정금리수취 스왑포지션을 취하는 것이 이익을 얻을 수 있는 방법이다. 다만 금리전망이 틀릴 경우에는 손실을 감수하여야 한다.

〈표 5-16〉 금리전망에 따른 투기적 거래

금리 전망	금리스왑거래		효 과
	변동금리	고정금리	
상승 예상	수취	지급	변동금리와 고정금리간 차익 획득 가능
하락 예상	지급	수취	고정금리와 변동금리간 차익 획득 가능

참고 두 차입자의 금리스왑거래 필요성(예시)

두 차입자가 각각 상대 차입자보다 유리한 변동금리 또는 고정금리 조건으로 자금을 조달할 수 있을 경우 각각 유리한 시장에서 차입하고 차입금리 지급의무를 상호간에 교환한다. 예컨대 A, B의 변동금리시장에서의 차입금리 차이는 2%포인트이고 고정금리 시장에서의 차입금리 차이는 4%포인트라고 가정하자. 이 경우 A가 B보다 두 금융시장에서 절대적으로 유리한 조건으로 차입이 가능하나 동 금융시장에 신용도가 다르게 반영되어 A는 고정금리시장에서, B는 변동금리시장에서 차입하는 것이 각각 비교우위가 있다.

	A	B	신용도 차이
변동금리시장	LIBOR	LIBOR + 2%	2%포인트
고정금리시장	6%	10%	4%포인트

A는 자신이 비교우위에 있는 고정금리시장에서 6%로 차입하고 B는 변동금리시장에서 LIBOR+2%로 차입한 후 금리정산일에 A와 B가 각각 LIBOR와 7%를 서로에게 지급하기로 하면 A의 최종 차입비용은 LIBOR – 1%*, B는 9%**로 확정되어 금리스왑거래를 통해 상호 이익을 실현할 수 있다.

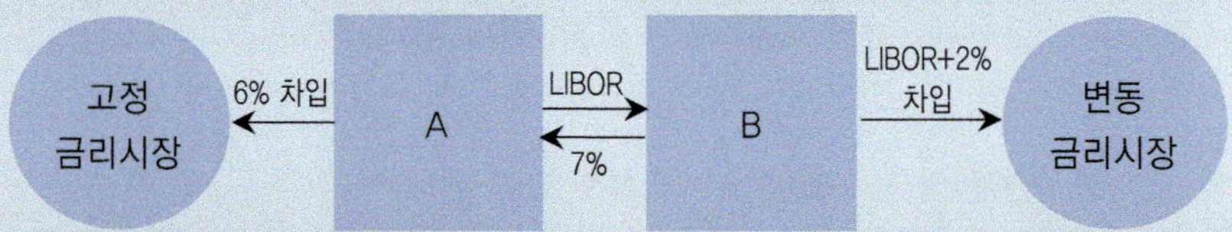

* A는 금리정산일에 B로부터 7%를 받아 6%를 지급하여 1%를 절약하는 동시에 B에게 LBOR를 지급하므로 LIBOR–1%의 금리비용이 발생한다.

** B는 A에게서 LIBOR를 수취한 후 2%를 붙여서 'LIBOR+2%'의 금리를 지급하는 동시에 A에게 7%를 지급하므로 9%의 금리비용이 발생한다.

나. 거래조건 및 참가기관

(1) 거래조건

금리스왑의 거래만기는 3개월부터 20년물까지 다양하나 1~5년물이 주로 거래된다. 일반적으로 최소거래단위금액은 100억원이며 100억원 단위로 추가된다. 고정금리와 변동금리는 3개월마다 교환되며 동 변동금리는 금융투자협회가 발표하는 최종호가수익률 기준 CD(91일물)금리를 주로 이용한다.

한편 금리스왑시장에서는 변동금리와 교환되는 고정금리를 스왑금리(swap rate)

라고 하는데 우리나라에서는 자금중개회사가 발표[13)]하는 offer금리와 bid금리를 평균하여 사용하고 있다. 여기서 offer금리는 스왑시장 조성은행(market maker)이 고객(market user)에게 변동금리를 주는 대신 받고자 하는 고정금리를 의미하여 bid금리는 스왑시장 조성은행이 변동금리를 받는 대신 지급하고자 하는 고정금리를 말한다.

또한 금리스왑시장에서 금리스왑 스프레드라는 용어도 자주 사용되는데 이는 스왑금리와 무위험채권수익률간의 차이를 의미한다. 금리스왑 스프레드는 현재 3개월만기 스왑금리와 3년만기 국고채수익률간의 차이가 주로 이용되고 있는데 1, 2, 5, 10년 만기 스왑금리와 1,2년 만기 통화안정증권 및 5, 10년 만기 국고채수익률과의 차이가 이용되기도 한다.

이러한 금리스왑시장에서의 스왑금리 및 스프레드는 금리전망, 거래상대방의 신용위험, 국채 및 스왑시장의 수급 등 다양한 요인에 의해 변동된다. 예를 들어 스왑시장 조성은행이 시장금리가 하락할 것으로 예상하여 변동금리를 지급하고 그 대신 고정금리를 받고자 할 경우 고정금리수취 스왑수요 증가로 스왑시장 조성은행이 받고자 하는 고정금리가 떨어지면서 국고채수익률과의 스왑스프레드가 축소된다.

(2) 참가기관

금리스왑시장은 크게 대고객시장 및 은행간 시장으로 구분된다. 대고객시장은 자산운용회사, 보험회사, 연기금 및 신용도가 높은 기업 등 고객들이 스왑시장 조성은행, 즉 산업은행, 국민은행 등 신용도가 높은 국내은행이나 Deutsche, UBS, HSBC, JP Morgan Chase 등 외국은행 국내지점 등과 사전계약을 통해 스왑거래 한도를 설정한다. 그리고 고객이 금리변동 위험을 헤지하기 위해 스왑시장 조성은행 앞으로 금리스왑 거래계약을 요청하고 동 은행이 이를 수용하면서 거래가 성사된다.

---

13) 부가가치통신망인 인포맥스(infomax)는 자금중개회사인 한국자금중개 및 서울외국환중개의 호가를 게시하고 있으며 로이터(Reuters)는 Tullet Prebon Korea, ICAP, Traditon, 한국자금중개 등의 호가를 제공하고 있다. 블룸버그(Bloomberg)는 Tullet Prebon Korea, ICAP, Traditon, 한국자금중개, 서울외국환중개 등 국내외 중개회사 및 은행의 호가와 평균치를 게시하고 있다.

한편 스왑시장 조성은행은 대고객거래에서 발생한 금리스왑 포지션 변동 상쇄 또는 자기보유 자산의 헤지 및 투기 등을 위해 포지션을 조정할 필요성을 갖게 된다. 이를 위해 동 은행은 새로운 고객과의 반대방향 거래(offset transaction)를 하거나 은행간시장에서 포지션조정을 하게 된다. 이러한 은행간거래에서는 직접거래보다는 상호간의 탐색비용(searching cost)을 줄이기 위해 중개거래를 주로 하고 있는데 중개기관으로는 서울외국환중개, 한국자금중개, Tullet Prebon Korea 등 국내중개회사 및 Tradition, GFI, ICAP 등 외국계 중개회사가 주로 이용되고 있다. 이들 중개회사는 금리변동 위험을 부담하지 않기 위해 단순중개방식으로 거래를 주선하고 있다.

다. 미국, 일본 및 유로지역의 금리스왑시장

(1) 미국

미국의 금리스왑시장은 금융기관 등이 MBS나 회사채 등의 보유에 따른 헤지 수단으로 미국 국채(T-notes)대신 금리스왑을 선호하면서 거래규모가 급속히 증가하였다. 금리스왑에서 변동금리는 주로 6개월 LIBOR가 사용되나 때로는 3개월 LIBOR가 사용되기도 한다. 금리스왑시장의 주된 참가자는 상업은행 등 스왑딜러이며 이외에도 금융기관, 기업, World Bank와 같은 국제기구, 정부투자기관, 채권딜러, 헤지펀드 등이 적극 참가하고 있다.

2016년 4월중 미국의 금리스왑시장의 일평균 거래액은 8,983억달러로 서베이 대상국 중 가장 많은 거래량을 기록하고 있다. 거래당사자별로 보면 기타 금융기관 62.4%, 상업은행 등 딜러 20.5%, 비금융기관 17.1%의 순이다.

(2) 일본

일본의 금리스왑시장은 금리스왑이 금융기관의 자산부채종합관리(ALM; Asset and Liability Management)에 활용되면서 크게 확대된 바 있다. 금리스왑에서 변동금리는 은행간시장의 경우 주로 6개월 엔화 LIBOR가, 대고객시장은 6개월 TIBOR가 주로 이용되고 있다.

2016년 4월중 일본의 금리스왑시장의 일평균 거래액은 474억달러이며 거래기관별로는 은행 등 딜러가 58.8%로 가장 높으며 기타 금융기관 37.3%, 비금융기관 3.9%의 순이다.

(3) 유로지역

유로지역의 금리스왑시장은 RP시장 다음으로 거래가 활발하며, EONIA스왑(overnight indexed 스왑)시장과 기타 금리스왑시장으로 구분된다. 이 중 EONIA스왑시장이 전체 거래의 52%(2011년 기준)를 차지하고 있으며 주로 3개월 이내의 단기거래에 활용되고 있다. 금리스왑시장에서 고정금리와 교환되는 변동금리는 EONIA가 주로 이용되고 있다.

2016년 4월중 유로지역의 금리스왑시장은 영국이 가장 큰 거래규모를 차지하고 있는 가운데 일평균 거래액이 8,747억달러로 미국 스왑시장과 비슷한 규모를 보이고 있다. 거래 당사자별로 보면 기타 금융기관이 54.8%, 상업은행 등 딜러가 42.4%, 비금융기관이 2.9%,를 차지하고 있다.

제4절 파생결합증권시장

1. 개요

파생결합증권은 기초자산의 가격, 이자율, 지표, 단위 또는 이를 기초로 하는 지수 등의 변동과 연계하여 미리 정해진 방법에 따라 지급하거나 회수하는 금전 등이 결정되는 권리가 표시된 증권이다. 파생결합증권은 투자자의 투자손익이 기초자산의 가격변화 등에 연계되어 결정된다는 점에서는 파생상품의 성격을, 최대 손실가능규모가 투자원금으로 한정된다는 점에서는 증권의 성격을 보유하고 있다. 이러한 이유로 「자본시장과 금융투자업에 관한 법률」(이하 '자본시장법')에서는 파생결합증권을 발행할 수 있는 주체를 증권 및 장외파생상품의 투자매매업 인가를 받은 금융투자업자로 한정하고 있다.

투자자 입장에서 파생결합증권은 예금에 비해 기대수익률은 높으면서도 주식 등 개별 기초자산에 비해서는 위험성이 낮은 이른바 '중위험·중수익' 상품으로, 기초자산과 손익구조도 다양해 투자선호에 맞는 투자가 가능하다는 장점이 있다. 그러나 경우에 따라서는 투자원금 전체가 손실될 수도 있고, 별도의 담보나 보증이 없기 때문에 발행기관의 신용위험에 노출된다는 단점도 있다.

발행기관 입장에서 파생결합증권은 다른 금융상품에 비해 상대적으로 높은 판매수수료와 헤지운용수익 등을 통해 수익성 개선을 도모할 수 있다는 이점이 있다. 그러나 시장여건 및 자금 운용능력에 따라 상환손실이 발생할 수 있고 대량 환매발생 시 유동성 위험에 처하게 되는 리스크 관리 측면에서 부담으로 작용한다.

파생결합증권은 주식시장의 중장기 발전 및 증권산업의 규제완화 등 정부의 금융정책차원에서 국내에 도입되었다. 정부는 2003년 2월과 2005년 9월 두 차례에 걸쳐 구(舊)「증권거래법 시행령」과 「증권거래법 시행규칙」을 개정하여 주가를 기초로 하는 증권과 주식 이외의 증권, 통화, 일반상품 및 신용위험을 기초로 하는 증권의 발행을 순차적으로 허용하였다. 2009년 2월에는 「자본시장법」이 시행되면서 파생결합증권의 기초자산의 범위가 합리적이고 적정한 방법으로 평가 가능한 자연적·환경적·경제적 현상으로까지 대폭 확대되었다. 한편 2011년 4월 「상법」 개정으로 일반회사의 파생결합사채 발행이 허용됨에 따라, 「자본시장법」에서도 2013년 5월 기존 파생결합증권에 포함되었던 원금보장성 상품을 채무증권으로 분류하는 법률 개정이 이루어졌다.

현재 국내 파생결합증권시장에서는 주식워런트증권(ELW; Equity-Linked Warrant), 주가연계증권(ELS; Equity-Linked Security), 기타파생결합증권(DLS; Derivatives-Linked Security) 및 상장지수증권(ETN; Exchange-Traded Note)이 주로 발행되어 거래되고 있다.

2. 종류

가. 주식워런트증권(ELW)시장

주식워런트증권(ELW)은 특정주권의 가격이나 주가지수의 변동과 연계하여 미리 정해진 방법에 따라 그 주권의 매매나 금전을 수수하는 거래를 성립시킬 수 있는 권리(option)가 표시된 파생결합증권이다. 특정주권을 미리 정해진 가격으로 구입할 수 있는 권리가 부여된 워런트(warrant)의 일종이지만, 발행인이 해당 주권발행인과 다른 제3자라는 점에서 신주인수권증권 등 다른 워런트와는 구별된다. ELW는 경제적 기능, 위험 및 손익구조 등 경제적 실질 측면에서 파생상품인 주식옵션이나 주가지수옵션과 동일하다. 다만 ELW는 옵션의 매수포지션만을 증권화한 것이므로 최대 손실이 투자원금으로 한정되며 거래소에 상장되는 경우 장내 옵션거래에 비해 증거금예탁 등의 복잡한 절차에 구애받지 않고 소액투자가 가능하다는 점, 종목별로 유동성공급자(LP; Liquidity Provider)가 선정되어 있어 옵션에 비해 유동성이 높다는 점 등에서 차이가 있다.

〈표 5-17〉 장내ELW와 주식옵션의 비교

	장내 ELW	장내 주식옵션
법적형태	파생결합증권	파생상품
발행주체	파생결합증권 발행 인가를 받은 적격[1] 투자매매업자	옵션매도자(불특정 다수)
거래시장	유가증권시장	파생상품시장
신용위험	발행자의 신용위험에 노출	거래소가 결제이행 보증
계약기간	3개월~3년	결제월 제도에 따름
유동성 보완장치	유동성공급자(LP) 선정 의무화	없음
기본예탁금 증거금	기본예탁금 있음, 증거금 없음	기본예탁금 있음, 증거금 있음
투자가능형태	투자자는 매수만 가능	투자자가 매수/매도 모두 가능
결제일	T+2(주식과 동일)	T+1일

주: 1) 영업용순자본비율(NCR) 100% 이상

ELW는 기초자산에 대한 권리유형에 따라 매수 권리인 콜(Call) ELW와 매도 권리인 풋(Put) ELW로 구분된다. 손익구조에 따라서는 단순 풋옵션과 콜옵션의 구조를 갖는 기본형(plain vanilla) ELW, 그리고 디지털옵션 및 베리어옵션 구조를 갖는 이색형(exotic) ELW로 구분된다. 또한 기초자산의 종류에 따라 단일 주식을 기초로 하는 주식형 ELW, 복수의 주식을 기초로 하는 바스켓 ELW 및 주가지수를 기초로 하는 지수형 ELW로도 구분할 수 있는데, 국내에서는 바스켓 ELW도 주식형 ELW로 분류하고 있다.

제도 도입초기 국내 ELW시장은 기관투자자의 개별 수요에 맞춘 주문형 상품(trailor-made)으로 사모(私募)로만 발행되어 거래가 활발히 이루어지지 못하였다. 그러나 2005년 12월 한국거래소가 ELW의 유통시장을 개설함에 따라 공모(公募) 발행 및 상장거래 중심의 시장으로 빠르게 재편되었고, 이후 일반 투자자의 시장참가가 크게 늘어나면서 2010년 중 일평균 거래규모가 1.6조원에 달하는 세계 제2위의 시장으로 급성장하였다.

한편 이처럼 단기간에 시장이 급성장하는 과정에서 과도한 투기성, 투자자 손실 확대, 유동성공급자(LP) 및 스캘퍼 등 전문투자자의 불공정거래 가능성 등에 대한 우려가 꾸준히 제기되었다. 이에 금융감독당국은 2010년 11월, 2011년 5월 및 11월 세 차례에 걸쳐 투자자교육 의무화, 기본예탁금제도 도입, 지수

ELW의 발행조건 표준화, LP의 임의적 호가제출 제한 등 ELW시장의 건전화 방안을 마련하여 시행하였다. 또한 2014년 6월에는 파생상품시장 발전방안의 일환으로 주식ELW 발행조건의 표준화 계획을 발표하고 이를 추진하기에 이르렀다. 이러한 조치 등에 힘입어 주식워런트증권시장의 과열분위기가 점차 안정화되었으나 전체 거래규모는 일평균 859억원 수준(2016년 상반기중)으로 크게 위축되었다.

ELW는 대부분 공모(모집과 매출)로 발행되어 한국거래소의 유가증권 시장에 상장되어 거래되고 있다. 기초자산별로 보면, 지수형 상품이 주식형 상품보다 발행규모는 작지만 거래는 훨씬 활발하게 이루어지고 있다. 2010년 9월 조기종료 ELW가 거래소에 도입되기도 하였으나 현재까지 발행 및 유통되는 상품의 대부분은 만기에만 행사가능(유럽형)한 기본구조형 상품이다.

나. 주가연계증권(ELS)시장

주가연계증권(ELS)은 특정주권이나 주가지수의 가격변동에 연계하여 사전에 약정된 조건에 따라 투자손익이 결정되는 파생결합증권이다. ELS는 투자손익이 주가변동에 연계되어 결정된다는 점에서 주가연계펀드(ELF; Equity-Linked Fund), 주가연계신탁(ELT; Equity-Linked Trust) 또는 주가연계예금(ELD; Equity-Linked Deposit) 등과 유사하지만 투자자의 손익이 발행기관의 발행대금 운용성과와는 무관하게 사전에 약정된 방식에 따라 결정되며, 투자 원리금이 예금보호 대상이 아니라는 점 등에서 다른 상품들과는 구별된다.

〈표 5-18〉 주가연계상품비교

	주가연계증권 (ELS)	주가연계펀드 (ELF)	주가연계신탁 (ELT)	주가연계예금 (ELD)
발행기관	투자매매업자 (증권사)	집합투자업자 (자산운용사)	신탁업자 (증권사, 은행)	은행
근거법률	「자본시장법」	「자본시장법」	「자본시장법」	은행법
법적형태	파생결합증권	증권집합투자기구	특정금전신탁	예금
예금보호	없음	없음	없음	있음
손익구조	사전에 약정한 수익률	운영성과에 따른 실적배당	운영성과에 따른 실적배당	사전에 약정한 수익률 (원금보장)

ELS는 2003년 3월에 처음 발행되었으며, 이후 투자자에게는 중위험-중수익 금융투자상품으로, 발행기관에게는 신규 수익원으로 인식되면서 발행 및 거래 규모가 빠르게 성장하였다. 2014년 이후 저금리기조가 지속되면서 시장의 성장 속도는 더욱 가팔라졌으나 2015년 하반기 이후 홍콩 등 주요국 증시의 급락으로 관련 ELS의 손실발생 우려가 커짐에 따라 신규 발행규모는 크게 위축되었다. 2016년 6월말 현재 국내 ELS의 시장규모(발행 잔액 기준)는 53.4조원에 달하고 있다.

국내에서 발행되는 ELS는 주가지수를 기초자산으로 하는 지수형 상품이 대부분을 차지하고 있다. 지수형 상품의 기초자산으로 KOSPI200이 주로 이용되어 왔으나, 최근에는 HSCEI, EURO STOXX50 등 해외지수의 사용도 크게 늘어났으며 여러 개의 지수를 함께 사용하는 경우도 증가하고 있다.

ELS의 손익구조는 디지털형, 클리켓형, 유러피언형, 베리어형, 조기상환형 등으로 매우 다양한데, 최근에는 조기상환형 손익구조상품의 일종인 스텝다운(Step-Down)형 ELS가 주로 발행되고 있다.

〈표 5-19〉 ELS유형별 주요 손익구조

유형	손익구조
디지털 (digital)	만기시점에서의 최종 기준가격이 일정 구간에 도달해 있는지의 여부에 따라 수익률이 둘 중 하나로 결정(예: digital call, digital put, range digital)
클리켓 (cliquet)	사전에 정한 산식으로 계산된 기초자산의 월별(분기별) 수익률의 누적 값에 따라 수익률이 비례적으로 결정(예: cliquet, lookback cliquet, cliquet-down)
유러피언 (European)	만기시점에서의 최종 기준가격에 따라 수익률이 상승하거나 하락. 단 최대 수익률은 일정 수준으로 고정(예: bull spread, reverse convertible 등)
베리어 (barrier)	기준가격이 일정 구간 내에서 상승(하락)하면 수익률도 상승. 단 만기까지 한 번이라도 상한(하한)을 벗어난 경우 수익률은 고정(예: knock-out call, knock-out put,straddle)
조기상환 (auto callable)	발행 이후 기초가산 가격이 한계가격 미만으로 하락(knock-in)한 적이 없고 조기상환일의 평가가격이 일정 수준이상이면 약정 수익률로 상환. 만기까지 조기 상환되지 않은 경우 만기 평가가격에 따라 수익률이 결정(예: Hi-Five, Step-Down, Jump)

스텝다운형 ELS는 발행 이후 모든 기초자산이 최저 한계가격 미만으로 하락(Knock-in)한 적이 없고, 매 조기상환일(통상 6개월 단위) 현재 최저 성과를 보인 기초자산의 평가가격이 일정 수준(매 조기상환시점마다 계단식으로 하락) 이상이면 약정 수익률로 조기 상환된다. 조기상환되지 못할 경우에는 만기시점에서의 최종 평가가격에 따라 투자손익이 결정된다.

〈표 5-20〉 스텝다운형 ELS의 손익구조(예시)

Knock-in 여부[1]	기초자산[1]가격 조건(최초 기준가격 대비)	수익률
발행일 이후 기초자산의 가격이 최초 기준가격의 55% 이상을 유지	① 1차 조기상환일(6개월): 85% 이상 ② 2차 조기상환일(12개월): 80% 이상 ③ 3차 조기상환일(18개월): 75% 이상 ④ 4차 조기상환일(24개월): 70% 이상 ⑤ 5차 조기상환일(30개월): 65% 이상 ⑥ 만기일(36개월): 55% 이상~60% 미만	연 10%
발행일 이후 기초자산의 가격이 최초 기준가격의 55% 미만을 하회한 경우	⑦ 만기일(36개월 후): 60%미만	연 10%
	⑧ 만기일(36개월 후): 60%미만	기초자산[1] 가격의 최종하락률

주: 1) 각 시점에서 최저 성과를 보인 기초자산(worst performer)을 기준으로 평가

다. 기타 파생결합증권(DLS)시장

기타 파생결합증권(DLS)은 특정주권의 가격이나 주가지수를 제외하고 금리, 환율, 일반상품의 가격 및 신용위험 지표 등의 변동과 연계된 파생결합증권으로, 기초자산의 차이를 제외하고는 ELS와 실질적으로 동일한 특성과 구조를 지니고 있다.

DLS는 기초자산이 다양하여 분산투자효과는 크지만 상품구조가 다소 복잡하다. 이러한 이유 때문에 기관투자자를 대상으로 한 사모발행이 주를 이루고 있으며, 시장규모도 ELS에 비해 현저히 작은 편이다. 기초자산별로 보면, 금리 연계상품이 주를 이루는 DLB와 대조적으로 DLS는 신용연계상품과 혼합기초자산(기타) 상품이 가장 활발하게 발행되고 있다. DLB(기타파생결합사채)는 투자매매업자가 발행하는 채무증권으로 원금이 보장되면서 DLS와 유사한 손익구조를 갖는다.

DLS의 손익구조 유형은 ELS의 경우와 대동소이하다. 대표적인 신용연계상품인 CLN(Credit Linked Note)형 DLS는 디지털 유형의 손익구조를 따르는 상품이다.

신용사건 관찰기간 중 준거기업, 준거채무, 준거기업의 지정채무에 대하여 파산, 지급불이행 또는 채무재조정 등 신용사건이 발행하지 않는 경우에는 약정 수익률로 상환되지만 신용사건이 발생한 경우에는 투자금 전액이 손실된다.

조건[1]	상환일자	수익률[2]
신용사건 발생	신용사건 발생일 $+\alpha$	−100%
신용사건 미발생	증권 만기일	2%×(N/365)

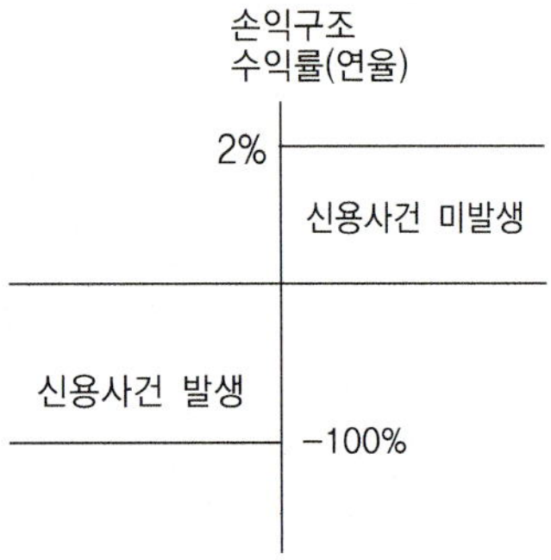

주: 1) 신용사건: 준거기업, 준거채무, 준거기업 지정채무의 파산, 지급불이행 또는 채무재조정
2) N: 신용사건 관찰기간

[그림 5-1] CLN형 DLS의 손익구조 예시

라. 상장지수증권(ETN)시장

상장지수증권(ETN)은 투자의 손익이 기초지수의 변동에 연동되도록 구조화된 장내 파생결합증권이다. 기초지수는 개별 ETN의 손익을 연동시킨 기초자산의 가격, 이자율, 지표, 단위 또는 이를 기초로 하는 지수 등을 의미한다. ETN을 상장하기 위해서는 기초지수 정보가 실시간으로 투자자에게 공표되어 이용될 수 있도록 발행회사가 거래소 또는 해당 지수에 관한 법적 권한을 가진 자와 이용계약을 체결해야 한다. ELW가 옵션 상품이고 ELS와 DLS가 기초자산의 가치 변화에 따른 손익구조가 사전에 약정된 조건부 확정수익 상품이라면, ETN은 발행당시 목표(target)로 정해진 기초지수의 누적 수익률이 곧바로 투자수익률이 되는 지수 연동(인덱스)상품이라는 점에서 다른 파생결합증권과 구별된다. 국내 ETN의 기초지수가 되기 위해서는 기초자산의 가격 및 지수 구성종목이 국내외 거래소시장 등에서 거래(KOSPI200 등 시장대표 지수, 섹터지수 제외)되어야 한다. 특

히 기초지수에 증권이 포함된 경우에는 최소 5종목 이상, 동일 종목 30% 이내로 분산되어야 한다.(단 국채, 통안증권, 지방채 등으로만 구성된 경우 3종목 이상이면 가능하고, 분산요건도 적용하지 않음)

한편 ETN은 지수 연동상품으로 거래소에 상장되어 별도의 중도상환 절차없이 실시간 매매를 통해 수익 확정이 가능하다는 점에서 집합투자업자(자산운용사)가 발행하는 상장지수펀드(ETF; Exchange-Traded Fund)와 매우 유사하다. 그러나 ETF가 보유자산을 신탁재산으로 별도 보관함에 따라 신용위험에 노출되지 않고 별도의 만기도 없는 것과는 달리, ETN은 발행기관의 신용위험에 노출되고 만기도 1~20년 사이에서 정해져 있다는 차이가 있다. 또한 ETF는 보유 자산의 운용을 통해 기초지수를 추적하는 과정에서 부분 복제 등으로 인한 추적오차(포트폴리오의 가치변화와 기초지수 가격변동 간의 차이)가 발생할 수 있지만, ETN은 발행기관이 기초지수와 연계한 약정수익의 지급을 보장하기 때문에 추적오차에서 자유롭다는 점 등의 차이도 있다.

〈표 5-21〉 ETN과 ETF의 비교

	ETN	ETF
법직성격	파생결합증권	집합투자증권
발행주체	파생결합증권 발행 인가를 받은 적격[1] 투자매매업자(증권사)	집합투자업자(자산운용사)
신용위험	있음	없음(신탁재산으로 보관)
손익구조	발행기관이 기초지수에 연계해 사전에 정한 수익을 제공	운용성과에 따른 실적배당
추적오차	없음	발생 가능
만기	1년 ~ 20년	없음
LP 제도 유무	있음	있음

주: 1) 자기자본 1조원 이상, 신용등급 AA-이상, NCR 200% 이상, 최근 2년간 감사의견 적정

국내 ETN 시장은 2003년 11월 정부가 자본시장의 중위험, 중수익 투자상품의 확충을 통한 금융업의 경쟁력 강화방안의 일환으로 도입을 결정한 이후 준비과정을 거쳐 2014년 11월에 개설되었다. 개장 당시 총 10개 종목, 4700억원 규모였으나 이후 상품구성이 다양해지고 투자자들의 인지도가 높아짐에 따라 2016년 6월

말 현재 상장 종목 106개, 시가총액 2.6조원 규모의 시장으로 성장하였다.

기초시장별로 보면 국내지수를 기초로 하는 상품이 해외지수를 기초로 하는 상품보다 더 많이 발행되고 있다. 기초자산별로는 주식과 원자재 관련 지수가 많이 활용되고 있는 가운데, 주식파생상품, 혼합자산 및 통화관련 지수도 점차 늘어나고 있다.

참고 **파생결합증권 발행기관의 헤지운용 방식 및 관련 위험**

특정 시점에서 투자자가 회수할 수 있는 금액을 나타내는 파생결합증권의 공정가치는 발행 액면가액에 발행 이후 누적된 평가손익이 가감된 것으로, 발행기관 입장에서는 투자자에게 지급하여야 하는 부채의 평가액에 해당된다. 파생결합증권의 평가손익은 기초자산의 가격 수준뿐만 아니라 기초자산의 변동성, 기초자산간의 상관관계 및 금리 등에 따라 지속적으로 변화하므로 발행기관은 이와 같은 요인에 의해 부채의 규모가 수시로 변화하는 위험을 차단할 필요가 있다. 이에 따라 파생결합증권의 발행기관은 증권 발행대금의 운용을 통해 파생결합증권의 가치 변동에 따른 위험을 제거해 나가는데, 이를 헤지운용이라 하며 크게 '백투백(Back-to-Back)헤지'와 '자체 헤지'로 구분하고 있다.

백투백 헤지는 발행기관이 자사 발행 파생결합증권과 동일한 손익구조의 증권을 국내외 금융기관으로부터 매입(fully funded swap)하거나, 이들 금융기관들과 동일한 손익구조의 파생상품거래 등을 체결(unfunded swap)하는 방식으로 이루어진다. 이와 같은 백투백 헤지는 파생결합증권의 가치 변화에 따른 위험이 완전히 제거된다는 장점이 있으나 거래상대방의 파산 등에 따른 채무불이행 위험(신용위험)에는 노출된다는 단점이 있다.

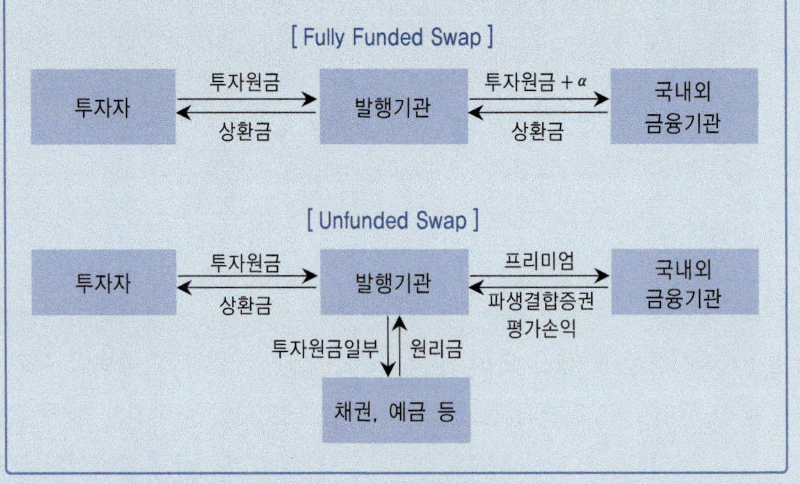

[그림 5-2] 백투백 헤지구조

자체 헤지는 발행기관이 직접 주식, 채권, 예금 및 장내외파생상품 등의 매매를 통해 투자자의 수익구조를 복제함으로써 파생결합증권의 가치변화 위험을 상쇄해나가는 방식이다. 발행기관 입장에서는 일정 수준의 중개수수료 수익만 획득할 수 있는 백투백 헤지와 달리, 자체 헤지는 파생결합증권의 판매수수료는 물론 헤지운용수익까지 추가로 기대할 수 있다는 장점이 있다. 다만, 기초자산의 가격 및 변동성이 급변하는 상황 등에서 완전한 헤지가 이루어지지 못하는 경우에는 손익 변동성이 오히려 크게 확대될 수 있다는 문제점이 있다.

일반적으로 자체 헤지는 변동성 등 발행 증권의 가치에 영향을 미칠 수 있는 변수들의 추정치를 이용하여 발행가격을 산정하거나 헤지포지션을 구축하고, 이후 기초자산 가격 등의 변화에 따라 헤지운영자산의 규모와 구성을 연속적으로 조정해나가는 방식을 취하고 있다. 그러나 동 과정에서 추정한 변수들의 값이 실제 실현된 값과 완벽히 일치하는 경우란 상정하기 어렵고, 유동성 사정 등 시장여건에 따라 헤지포트폴리오의 조정도 원활하게 이루어지지 못할 수도 있기 때문에 헤지 과정상 일정 정도의 손익 변동성은 불가피한 측면이 있다. 특히 이러한 손익 변동성은 기초자산가격의 급락 등으로 발행된 증권의 상당수가 조기 상환되지 않는 경우에는 헤지운용기간의 연장으로 관련 거래비용도 증가할 수 있다.

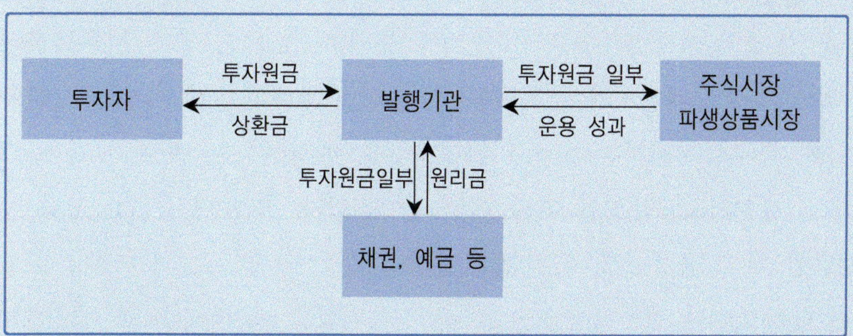

[그림 5-3] 자체 헤지구조

2003년 파생결합증권의 도입 이후 국내 파생결합증권 발행사들은 외국계 금융회사와의 백투백 헤지를 통해 위험을 관리하는 것이 일반적이었다. 그러나 국내 발행기관의 헤지운영능력이 점차 제고되면서 자체 헤지규모도 꾸준히 증가하여 최근 백투백 헤지규모와 비등한 수준을 보이고 있다. 이처럼 자체 헤지규모가 크게 증대된 상황에서 2015년 하반기 이후 홍콩 등 주요국 증시가 급락함에 따라 주요 파생결합증권 발행기관들은 자체 헤지로부터 상당 규모의 운용 손실을 기록하였다.

마. 합성담보부증권

합성담보부증권(합성CDO; Synthetic Collateralized Debt Obligations)은 보장매입자의 기초자산에 내재된 신용위험을 특수목적회사(SPV)가 이전받아 이를 기초로 발행한 선·후순위 채권이다.

특수목적회사(SPV; special purpose vehicle)는 합성CDO 발행에 따라 이자를 지급하여야 하는데 이때 신용위험을 이전받는 대가로 수입한 프리미엄과 합성CDO 발행대금으로 매입한 국채 등 저위험자산의 이자를 그 재원으로 한다. 한편 국채 등 저위험자산은 합성CDO의 원리금 지급을 위한 담보역할도 하게 된다.

합성CDO는 대출 및 채권 등 기초자산의 신용위험을 관리하는 신용파생상품의 특성과 다수의 대출 및 채권을 유동화하는 전통적 CDO를 결합한 특성을 가지고 있다. 발행되는 증권은 CLO(Collateralized Loan Obligations), CBO(Collateralized Bond Obligations) 등의 형태로 신용도에 따라 1~3종 증권(senior, junior, mezzanine)의 경우 대개 AAA~BB- 수준이지만 4종 증권(first loss)의 경우 신용등급이 부여되지 않으며 보장매입자가 보유하는 것이 일반적이다. 계약기간 중 신용사건이 발생하면 특수목적회사(SPV)는 무위험자산을 매각한 자금으로 보장매입자에게 손실분을 보전하고, 약정에 따라 손실 중 일정수준은 4종 증권(first loss)에서 우선 부담한 후 신용등급별 순위대로 손실을 부담한다.

한편 합성CDO와 신용연계증권(CLN)은 신용위험을 헤지하기 위해 증권형태로 발행된다는 점에서는 유사하나 신용연계증권(CLN)은 단일 증권으로 발행되는 반면, 합성CDO는 신용등급에 따라 다수의 증권이 발행된다는 점에서 차이가 있다.[14]

14) 신용연계증권(CLN)에 대해서는 '제6장 외환시장'의 '제4절 외환파생상품시장'에서 설명하기로 한다.

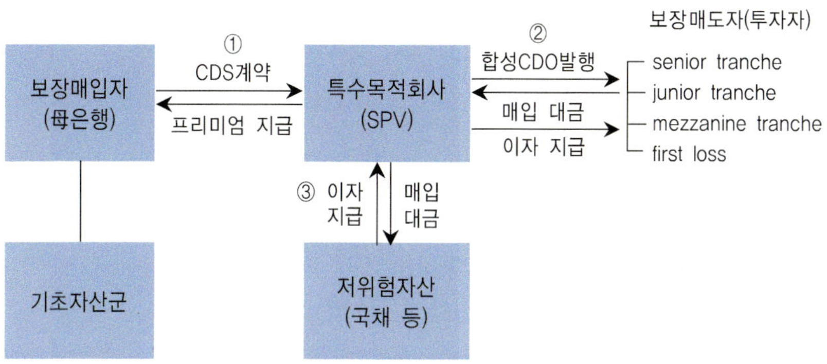

① 모(母)은행은 특수목적회사(SPV)와 기초자산군에 내재된 신용위험을 이전하는 CDS계약을 체결하고 특수목적회사에게 프리미엄을 지급한다.
② 특수목적회사는 기초자산군의 신용위험 정도 등을 기초로 합성CDO를 발행하여 투자자(보장 매도자)에게 매각하고 약정이자를 지급한다.
③ 특수목적회사는 채권 발행대금으로 신용도 및 유동성이 높은 저위험자산(국채 등)을 매입한다.

[그림 5-4] 전형적인 합성CDO 거래구조

〈부록 1〉 주가지수 선물가격

주가지수선물 이론가격(기본모형) = S×[1+(r−d)× T/365]

여기에서 S: 기초자산의 현재가격, r: 차입이자율(연율),
d: 기초자산의 배당수익률(연율), T: 만기일까지 잔존 일수

〈부록 2〉 옵션가치평가

1. 옵션가격결정 기본모형 1

| 가정 |

행사가격(E)이 10만 5천원, 만기가 1년인 콜옵션 가정. 현재 주가는 10만원이며, 무위험금리는 20%. 미래(만기시) 주가는 11만원이나 13만원. 그러나 미래주가가 그렇게 될 확률은 모름. 행사가격이 10만 5천원이므로 내가격으로 끝나는 콜옵션임.

주가	무위험자산가치 + 콜옵션가치 = 계		
11만원	10만 5천원	5천원	11만원
13만원	10만 5천원	2만5천원	13만원

(1) 기본적인 접근법

주식의 수익을 복제할 수 있는 방법 = 옵션과 무위험자산의 결합

1년 후 무위험자산의 가치 = 87,500원×1.20 = 10,5000원

1년 후 콜옵션가치 = 5,000원 또는 25,000원

현재 주가가 10만원이므로 다음의 식이 성립해야 함.

10만원 = 87,500원 + C_0

따라서 콜옵션가격 C_0 = 12,500원

87,500원 = $E/(1+R_f)$ = 105,000원/1.20

▶ 일반화하면,

$S_0 = C_0 + E/(1+R_f)$

$C_0 = S_0 - E/(1+R_f)$

(2) 일반적인 방법

1년 후 미래주가 = S_1

무위험자산에 87,500원을 투자, 동시에 콜옵션 1개 매입 포트폴리오투자 전략.

▶ 무위험자산 가치 = 10만 5천원, 옵션가치 = S_1 - 10만 5천원

▶ 1년 후 포트폴리오 가치 = 무위험자산가치 + 옵션가치

= 10만 5천원 + (S_1 - 10만 5천원)

= S_1

즉, 주식 1주 매입의 수익 = 포트폴리오(옵션행사가격의 현재가치를 무위험자산에 투자 + 콜옵션 1개 매입)의 수익

(3) 옵션가격 결정 요인 4가지

〈사례〉 콜옵션 가격

$C_0 = S_0 - E/(1+R_f)^t$

단, 옵션의 만기가 t기간 후라고 가정.

1) 현재 주가(S_0)가 높을수록 콜옵션 가격이 높아짐

2) 행사가격(E)이 높을수록 콜옵션 가격이 낮아짐

3) 만기까지의 기간(t)이 길수록 콜옵션 가격이 높아짐

4) 무위험금리(R_f)가 높을수록 콜옵션 가격이 높아짐

2. 옵션가격결정 기본모형 2

→ 앞의 기본모형 1과는 달리 옵션이 외가격 상태에서 만기가 될 가능성을 고려함.

(1) 콜옵션가격 계산 사례

| 가정 |

행사가격을 10만 5천원 대신 12만원으로 가정함. 따라서 주가가 11만원으로 끝나면 콜옵션가치는 0, 주가가 13만원으로 끝날 경우는 콜옵션가치는 10,000원임.

〈해법〉

▶ 낮은 주가(11만원)의 현재가치를 무위험자산에 투자하면 11만원의 수익이 보장됨.

▶ 주가가 11만원이 되어 콜옵션 가치가 0이 되더라도 11만원의 수익이 보장됨.

▶ 주가가 13만원이 될 경우 콜옵션 가치는 10,000원. 무위험자산의 가치는 11만원이므로 20,000(13만 - 11만)원 부족.

콜옵션의 개당 가치가 10,000원이므로 주식 1주의 수익을 복제하려면 두 개의 콜옵션을 매입하면 됨.

→ S_0 = 10만원 = 2 * C_0 + 11만원/(1 + R_f)

2 * C_0 = 10만원 - 11만원/(1.20)

C_0 = 4,170원

(2) 옵션가격 결정요인: 5번째 요인

| 가정 |

미래주가가 11만원이나 13만원 가정 대신, 10만 5천원이나 13만 5천원이 된다고 가정.

이 경우 주가의 변동성이 증가함. 행사가격은 12만원임.

따라서 포트폴리오 가치 = 10만 5천원 + 2×1만 5천원 = 13만 5천원.

즉 주식의 수익을 복제하려면 2개의 콜옵션 매입 필요.

(S_1 − E = 13만 5천원 − 12만원 = 1만 5천원)

S_0 = 10만원 = 2×C_0 + 10만 5천원 / (1 + R_f)

C_0 = 6,250원.

콜옵션의 가치가 4,170원에서 6,250원으로 상승함. 즉, 옵션의 기초자산인 주가의 변동성이 커질수록 옵션의 가치가 상승함.

(3) 옵션가격 결정요인 5가지

요 인	영향의 방향 콜옵션	영향의 방향 풋옵션
1) 기초자산의 현재가격	+	−
2) 옵션의 행사가격	−	+
3) 옵션의 잔존만기	+	+
4) 무위험금리	+	−
5) 기초자산가격의 변동성	+	+

제6장 외환시장

Chapter 06 외환시장

제1절 외환시장 개요

1. 의의

외환시장(foreign exchange market)은 기본적으로 외환의 수요와 공급이 연결되는 장소를 의미하지만, 보다 넓은 의미에서는 이러한 장소적 개념뿐만 아니라 외환거래의 형성, 결제 등 외환을 매개로 한 모든 거래와 관련된 메커니즘(mechanism)을 포함하는 개념이다. 또한 외환시장은 가격변수인 환율을 매개변수로 하여 서로 다른 통화간의 매매가 이루어진다는 점에서, 금리를 매개변수로 하여 외환의 대차거래가 이루어지는 외화자금시장(foreign currency money market)과는 구별되지만, 보다 넓은 의미에서 보면 외환시장은 외화자금시장을 포함하는 것으로 볼 수 있다.

외환시장은 다음과 같은 역할을 수행한다. 먼저, 외환시장은 한 나라의 통화로부터 다른 나라의 통화로의 구매력이 이전하는 것을 가능하게 한다. 예를 들어, 수출업자가 수출대금으로 받은 외화를 외환시장을 통하여 자국통화로 환전하면 외화의 형태로 가지고 있던 구매력이 자국통화로 바뀌게 된다. 다음으로, 외환시장은 무역 등 대외거래에서 발생하는 외환의 수요와 공급을 청산하는 역할을 한다. 즉 외환의 수요자인 수입업자와 외환의 공급자인 수출업자는 환율을 매개로 외환시장을 통하여, 대외거래에 따른 결제를 하게 된다. 따라서 외환시장의 대외결제 기능은 국가간 무역거래 및 자본거래 등 대외거래를 원활하게 해 준다. 한편, 변동환율제도에서는 환율이 외환의 수급 상황에 따라 변동함으로써 국제수지의 조절기능을 수행하게 된다. 즉 국제수지가 흑자를 보이면 외환의 초과공급이 발생하므로 자국통화의 가치가 상승(환율 하락)하는데, 이 경우 수출상품의 가격경쟁력이 약화되어 국제수지 흑자가 줄어들어 국제수지 불균형이 해소될 수 있다. 마지막으로, 외환시장은 각 경제주체들에게 환율변동에 따른 위험을 회피(hedge)할 수 있는 수단을 제공한다. 즉 각 경제주체들은 외환시장에서 거래되는 선물환, 통화선물, 통화옵션 등 다양한 파생금융상품 거래를 통하여 환위험을 회피할 수 있다. 물론, 외환시장에서는 투기적 거래도 이루어지는데, 이러한 거래를 통하여 환율 변동에 따른 이득을 얻거나 손해를 볼 수 있다.

2. 외환시장의 구조

가. 외환시장 참가자

외환시장에는 기업이나 개인 등 고객, 외국환은행, 외환중개인 및 중앙은행 등이 여러 가지 목적을 위하여 참가하고 있다. 먼저 고객은 수출입거래나 금융거래를 하는 기업과 해외여행을 하는 개인 등 재화 및 서비스 거래를 목적으로 외환시장에 참가하는 자를 말한다. 예를 들어, 수출기업은 외환의 공급자 역할을 하는 반면, 수입업체는 외환의 수요자에 해당된다. 또한 해외여행자가 자국통화를 외국통화로 환전할 경우 외환시장에서 외환의 수요자가 된다. 수출기업이나 해외여행자는 환율변동에 따른 환차익을 획득하기 위해 외환거래를 하기보다는 무역거래나 해외송금, 여행 등 경제활동의 필요에 의해 외환의 공급자와 수요자 역할을 하므로 외환의 실수요자라고 할 수 있다. 한편 환차익을 획득하기 위한 투기적 거래(speculative transaction)를 주로 하는 헤지펀드(hedge funds)도 외환시장의 고객에 포함된다고 볼 수 있다.

다음으로 외국환은행은 외환시장에서 중추적인 역할을 한다. 이들은 고객과의 외환거래에서 거래 상대방의 역할을 할 뿐만 아니라, 고객과의 거래로부터 발생하는 외국환은행 자체의 외환 포지션(외화자산-외화부채) 변동을 은행간시장을 통하여 조정하는 과정에서 외환거래를 하게 된다. 또한 외국환은행은 환율 전망을 바탕으로 환차익을 얻기 위한 외환거래도 적극적으로 수행하고 있다. 특히 대형은행은 외환시장에서 시장조성자(market maker)로서의 역할을 하는데, 전세계 외환시장에서 주요 통화에 대한 매입가격과 매도가격을 동시에 제시(two-way quote)하면서 24시간 외환매매를 수행하고 있다. 이들이 제시하는 외환의 매도가격과 매입가격의 차이인 스프레드(매도가격-매입가격)는 은행들의 수입원이 되는 동시에 외환시장의 가격인 환율을 결정하는 선도적인 역할을 하고 있다.

한편, 외환 중개인(foreign exchange broker)은 중개수수료를 받고 은행간 거래를 중개해주는 역할을 담당한다. 외환의 매매거래를 수행하는 은행들은 전세계 외환시장에서 시시각각 형성되는 매도 및 매수 가격을 파악하는 데에 시간과 비용이 많이 드는 데다, 한 은행이 특정 거래상대방과 직접거래를 할 경우 자기 은행의 포지션이 거래상대방에게 노출될 수 있다. 따라서 은행들은 중개수수료를 지불하고 중개회사에서 제공하는 시장정보를 바탕으로 외환매매 거래를 하게 된다. 외환중개인은 은행들이 제시하는 매입환율과 매도환율을 다른 은행에 실시간으로 제공하는 중개업무만을 담당하고 외환의 매매거래를 직접 수행하지 않기 때문에 환위험에 노출되지 않으며 중개에 따른 수수료 수입만을 얻는다는 점에서 은행과 구별된다.

마지막으로 중앙은행은 정부와 함께 외환당국으로서 외환시장의 안정을 위해 노력한다. 또한 외환시장의 안정을 위해 필요할 경우에는 외환시장 참가자의 일원으로 외환시장에서 외환을 매매하기도 한다. 예를 들어, 중앙은행은 외환시장에서 환율이 지나치게 빠른 속도로 하락(상승)할 경우에는 외환시장의 안정을 위하여 외환을 매입(매도)한다.

나. 외환시장의 구분

외환시장은 거래 당사자에 따라 은행간시장과 대고객시장으로 구분된다. 은행간시장은 좁은 의미에서의 외환시장으로서 도매시장의 성격을 갖는다. 일반적으로 은행간시장에서의 거래는 외환중개인을 통하는 경우와 그렇지 않은 경우로 나누어 볼 수 있다. 외환중개인을 통하는 것과는 관계없이 외환이 거래되는 장소에 따라 외환거래가 거래소(exchanges)에서 이루어지는 장내거래와 그렇지 않은 장외거래(OTC; over-the-counter)로 구분할 수 있는데, 외환거래는 통화선물이나 통화옵션 등 일부 거래를 제외하고는 대부분 장외거래의 형태로 이루어지고 있다.

대고객시장은 소매시장 성격을 가지며, 개인 및 기업 등 고객과 외국환은행 간의 외환거래가 이루어지는 시장을 의미한다. 대고객거래를 수행하는 과정에서 외국환은행들은 외환 포지션의 변동이 발생하며, 외국환은행들이 은행간시장을 통해 이를 조정하는 과정에서 대고객시장과 은행간시장이 상호 연결된다. 예를 들어, 기업이 수출대금으로 1억달러를 해외로부터 수취하였다고 가정해 보자. 이 기업은 수출대금을 국내에서 운전자금 등으로 사용하기 위해 대고객시장에서 외화를 외국환은행에 매도하고 원화를 수취하게 된다. 이 경우 은행은 외화자산이 1억달러 늘어나게 되므로 외환 포지션이 플러스(+)의 방향으로

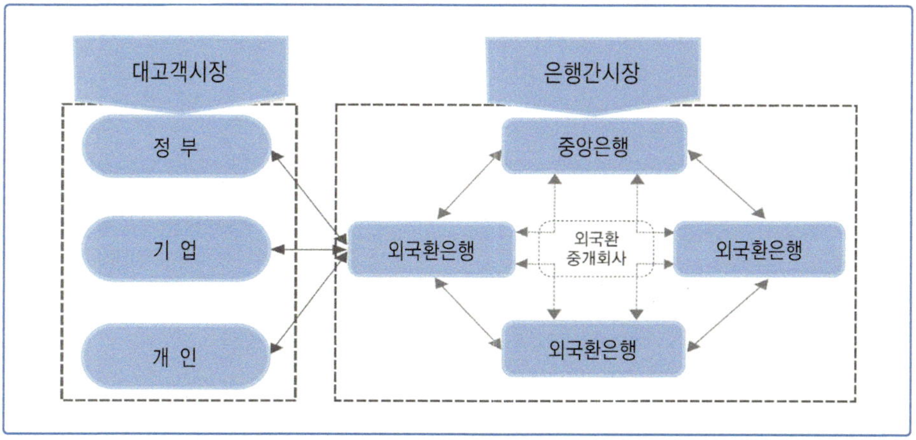

[그림 6-1] 외환시장 참가자 및 외환시장 구분

증가하여 매입초과 포지션(over-bought position) 상태가 된다. 만약 원화가치가 상승(환율 하락)하면 환차손을 입게 되므로 은행은 외환 포지션이 일정 한도 이상으로 증가하지 않도록 외환 포지션을 조정하는데, 은행간시장에서 보유하고 있는 외화자산을 매도함으로써 외환 포지션 변동에 따른 환위험을 최소화한다.

다. 외환시장의 분류

외환시장은 거래 상품에 따라 현물환시장 및 선물환시장, 외환스왑 및 통화스왑 등을 포함한 외화자금시장, 통화선물, 통화옵션, 신용파생상품 등을 포함한 외환파생상품시장 등으로 분류할 수 있다. 이들 시장에 대해서는 다음 장에서 자세히 다루기로 한다.

한편, 외환시장은 거래 주체(내국인, 외국인)와 거래 통화(국내 통화, 외국 통화)를 기준으로 역내시장(on-shore market 또는 foreign market)과 역외시장(off-shore market 또는 external market) 등으로 분류할 수 있다. 먼저 역내시장은 내국인과 외국인 간의 거래가 국내 통화로 이루어지는 경우를 말한다. 그리고 역외시장은 내국인과 외국인 사이의 거래가 외국 통화로 이루어지는 것을 말하며, 이를 유로시장(euro market)이라고 한다. 이 경우 유로(euro)란 말은 달러화가 미국 밖에서는 초기에 런던을 중심으로 한 유럽에서 주로 거래된 데 기인한다. 오늘날에는 유로시장이 유럽 지역뿐만 아니라 전 세계적으로 확산되어 있고, 거래 표시 통화도 미국 달러 이외에 엔화, 파운드화 등이 있어 초기보다 넓은 의미로 사용된다.

〈표 6-1〉 외환시장의 분류

		거래 상대방	
		내국인	외국인
거래 통화	국내 통화	국내시장(A)	역내시장(B)
	외국 통화	역외시장(C)	역외시장(D)

주: 국경간시장cross-border market)은 B+D, 유로시장(euro market)은 C+D ,
국제시장(international market)은 B+C+D임

제2절 현물환시장과 선물환시장

1. 현물환시장

가. 의의

현물환 거래(spot foreign exchange transaction)는 일반적으로 외환거래 계약일로부터 2영업일 이내에 외환의 인수·인도와 결제가 이루어지는 거래를 말한다. 계약일(transaction date)은 거래 당사자간 거래금액, 만기, 계약통화 등 거래조건이 결정되는 일자를 말하며, 결제일(value date 또는 settlement date)은 거래계약 후 실제로 외환의 인수·인도와 결제가 일어나는 일자를 의미한다. 현물환거래는 외환시장의 가장 일반적인 거래형태로서 모든 거래의 기본이 된다. 아울러 현물환거래에 적용되는 현물환율은 외환시장의 기본적인 환율로 다양한 종류의 환율을 산출하는 기준이 된다.

현물환의 거래과정을 살펴보면 다음과 같다. 예를 들어, 2018년 1월 2일(화요일)에 A은행이 B은행으로부터 1백만달러를 원/달러 현물환율 1,000원에 거래발생일로부터 제2영업일 결제기준으로 매입하기로 하였다고 하자. 그러면 2영업일 후인 1월 4일(목요일)에 B은행은 A은행 계정(해외소재 은행)에 1백만달러를 이체하고, A은행은 B은행 계정(한국은행 당좌계정)에 원화 10억원(1,000원×1,000,000달러)을 이체함으로써 현물환거래는 종결된다.

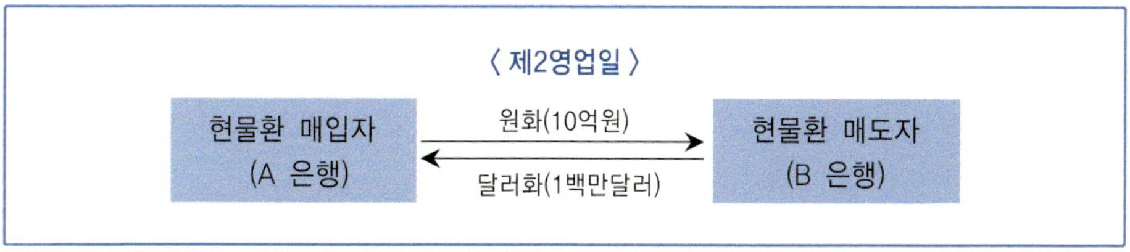

[그림 6-2] 현물환 거래(예시)

현물환의 거래동기는 실수요 매매, 투기적(speculative) 목적 및 환리스크 관리(hedging) 등으로 나누어 볼 수 있다. 먼저 실수요 매매 목적의 현물환 거래는 기업, 개인 등 고객들이 수출입, 해외송금 및 해외투자 등에 따라 수취하거나 지급할 외환을 외국환은행에 매각하거나 외국환은행으로부터 매입하는 것을 말한다. 예를 들어, 수출기업이 미달러화나 유로화 등으로 수출대금을 수취하는 경우 외국환은행에 수출대금인 외화를 매각하고 원화를 수취하게 된다. 이와 같이 고객들의 현물환거래는 대부분 실수요 매매 목적으로 이루어진다.

투기적 목적의 현물환 거래는 미래의 환율에 대한 예상을 바탕으로 외환의 매매를 통해 차익을 추구하는 거래라고 볼 수 있다. 즉 환율 상승이 예상되는 경우 외환을 매입하고 환율 하락이 예상되는 경우 외환을 매도한 후, 반대거래를 통해 차익을 실현하는 것을 말한다. 그러나 외국환은행은 외환포지션에 노출되면 환 리스크에 직면하므로 외환 포지션을 대체로 중립(square position)으로 유지하는 것이 일반적이다. 우리나라의 경우 「외국환거래규정」에서 은행경영의 건전성 유지를 위해 외국환은행이 외환 포지션을 매입초과(over-bought position) 또는 매도초과(over-sold position) 상태로 노출시킬 수 있는 규모를 제한하고 있다. 따라서 투기적 목적의 거래에서는 외환 포지션을 노출된 상태로 유지하기도 하지만 낮은 환율로 외환을 메입한 후 동일 영업일에 높은 환율로 외환을 매도하거나 높은 환율로 외환을 매도한 후 동일 영업일에 낮은 환율로 외환을 매입함으로써 외환 포지션을 다음 영업일까지 노출하지 않으면서 거래차익을 추구하는 일중거래(intra-day trading)도 이루어진다.

이 밖에 현물환 거래는 환리스크 관리 목적, 즉 외환 포지션을 조정하기 위한 목적으로도 이루어진다. 외국환은행은 고객과의 외환매매를 통해 매입초과 또는 매도초과 포지션이 발생하는데, 매입초과 포지션이 발생할 경우 은행간시장에서의 외환매도를 통해, 매도초과 포지션이 발생할 경우 은행간시장에서의 외환매입을 통해 포지션 과부족을 조정함으로써 환리스크를 회피할 수 있다.

참고 외환 포지션의 개념

외환 포지션은 일정 시점에서 외국환은행 및 기업 등이 보유하고 있는 외화표시 자산과 부채의 차액을 말하며 다음과 같이 구분된다.

① 매입초과 포지션(over-bought position 또는 long position) : 외화자산 > 외화부채
② 매도초과 포지션(over-sold position 또는 short position) : 외화자산 < 외화부채
③ 스퀘어 포지션(square position) : 외화자산 = 외화부채

한편 외환 포지션은 외환거래의 종류에 따라 현물환 포지션(현물자산-현물부채), 외환파생상품 포지션(외환파생상품자산-외환파생상품부채), 그리고 현물환 포지션과 외환파생상품 포지션을 합산한 종합 포지션으로 구분된다.

나. 거래 메커니즘

현물환시장은 은행간시장 및 대고객시장으로 구분되는데, 은행간시장에서는 외국환중개회사를 경유한 거래가 일반적인 형태이다. 우리나라의 경우 외국환중개회사를 통한 은행간 현물환거래의 메커니즘을 살펴보면 다음과 같다.

먼저 각 외국환은행이 외국환중개회사에 전화 또는 전자중개시스템을 이용하여 매매주문하면 외국환중개회사는 이들 중 최고 매입환율(best bid rate)과 최저 매도환율(best offer rate)을 참가 금융기관의 컴퓨터 화면에 제시한다. 이때 실제 외환시장에서의 매매주문은 딜러(외국환은행)간 혹은 딜러와 브로커(외국환중개회사)간에 간단명료한 용어를 사용하여 이루어진다. 예를 들어, 직전 원/달러 환율이 1,000원으로 거래가 체결된 상황에서 한 딜러가 브로커에게 '30 bid 100'이라고 주문을 내면 이는 1달러당 1,000.30원에 100만달러를 매입하겠다는 주문을 의미하며, 다른 딜러가 '50 offer 200'이라고 하면 1달러당 1,000.50원에 200만달러를 매도하겠다는 주문을 의미한다.

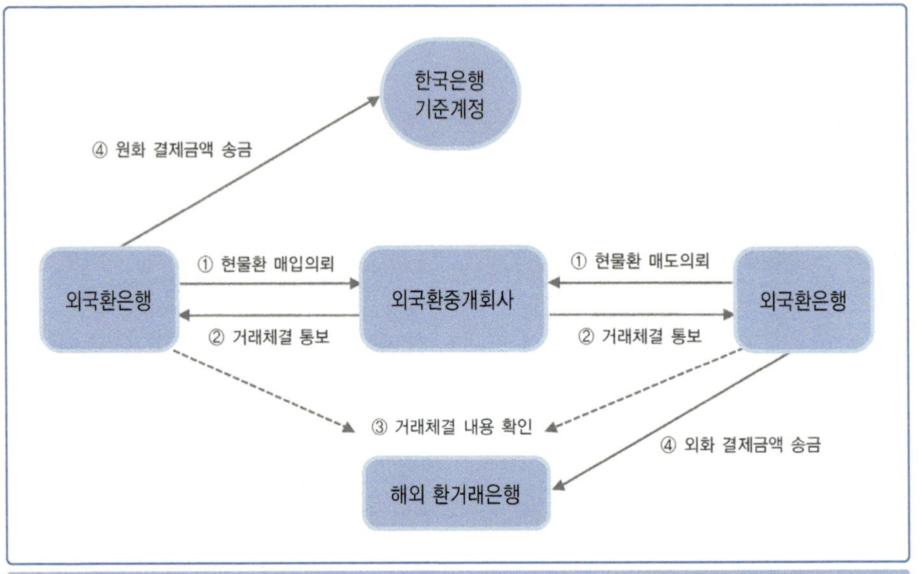

[그림 6-3] 은행간시장의 거래 메커니즘

이러한 거래주문 내용으로 거래가 체결되면 외국환은행은 외국환중개회사로부터 거래체결 통보를 받고 거래상대방에게 거래성립 확인 및 결제를 함으로써 거래가 종결된다. 이때 결제가 이루어지는 계좌는 원화의 경우 한국은행 지준계좌(BOK-Wire)를 통해서, 외화의 경우 대부분 해외의 환거래은행(correspondent bank, 주로 뉴욕 소재) 계좌를 통하여 이루어진다.

다. 현물환거래의 결제일

현물환 거래의 결제방식은 거래 계약일에 결제가 이루어지는 당일 결제(value today), 거래 계약 후 1영업일에 결제가 되는 익영업일 결제(value tomorrow), 거래 계약 후 2영업일에 결제가 되는 익익영업일 결제(value spot)가 있다. 한국의 경우 2002년 8월부터 국제거래 관행에 맞추어 은행간시장에서의 현물환 거래 결제방식이 익익영업일 결제로 통일됨에 따라 현재는 중개회사를 통한 거래의 경우 익익영업일 결제 방식으로만 현물환 거래가 이루어지고 있다. 반면 외국환중개회사를 통하지 않는 은행간 직접거래 또는 은행과 대고객간의 거래에 있어서는 거래 당사자간의 계약에 따라 당일 결제 또는 익영업일 결제로 현물환이 거래되기도 한다.

참고 한국의 은행간시장* 현물환거래 결제일 변화 추이

1994년 10월 이전	당일 결제(value today) 방식으로만 거래
1994년 11월	익영업일 결제(value tomorrow) 방식 추가 (당일 결제, 익영업일 결제)
1996년 2월	익익영업일 결제(value spot) 방식 추가 (당일 결제, 익영업일 결제, 익익영업일 결제)
2002년 8월	익익영업일 결제(value spot) 방식으로 통일 (당일 결제 및 익영업일 결제 방식 폐지)

* 외국환중개회사 경유 은행간 거래 기준

라. 현물환거래 결제일 결정방법

외환거래의 결제는 거래 당사자 상호간에 신용위험(credit risk)을 회피하기 위하여 동일한 일자에 상호결제가 이루어지는 것을 원칙으로 하고 있다. 그런데 결제가 이루어지는 은행의 소재국이 상이하고 각 국가의 영업일 또는 휴일이 다르기 때문에 결제일의 조정이 필요하게 된다.

참고 현물환거래 결제일(예시)

◇ 2015.10.9일(금요일)은 한국 휴일이고 10.12일(월요일)은 미국 휴일인 경우

(1) 10.7일(수요일) 원/달러 현물환거래 계약을 하면 결제일은 10.13일(화요일)이 됨

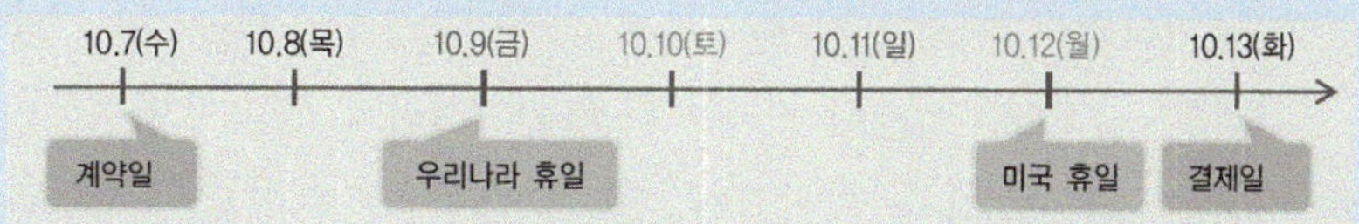

(2) 10.8일(목요일) 원/달러 현물환거래 계약을 하더라도 결제일은 10.13일(화요일)이 됨

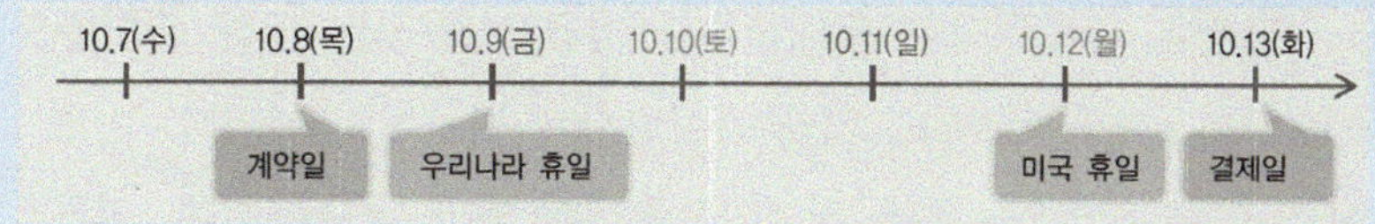

예를 들어, 원/달러 현물환거래 계약시 일반적으로 외화는 미국 소재 은행을 통해서, 원화는 한국에서 결제가 이루어지게 되므로, 양 국가의 휴일을 감안하여 결제일을 변경한다. 즉 원/달러 현물환거래를 계약한 이후 결제일 이전에 한국의 휴일이 있을 경우 휴일을 영업일에서 제외하는 반면, 미국의 휴일은 영업일로 산입한다. 다만 한국에서의 결제일이 미국 휴일과 겹칠 경우에는 다음 영업일로 순연된다.

2. 선물환시장

가. 일반 선물환시장

(1) 의의

선물환 거래(forward foreign exchange transaction)는 계약일로부터 2영업일이 경과한 후 특정일(만기일)에 외환의 인수·인도와 결제가 이루어지는 거래를 말한다. 선물환 거래는 현재시점에서 약정한 가격으로 미래시점에 결제하게 되므로, 선물환 계약을 체결하면 약정된 결제일까지 매매 쌍방의 결제가 이연된다는 점에서 현물환 거래와 구별된다.

선물환 거래는 일방적인 선물환 매입 또는 매도 거래만 발생하는 outright forward 거래와 선물환 거래가 외환스왑거래(foreign exchange swap transaction)의 일부분을 구성하면서 현물환 거래와 함께 일어나는 swap forward 거래로 구분된다.[1)] 그리고 outright forward 거래는 다시 만기시점에 실물의 인수·인도가 일어나는 일반 선물환거래와 만기시점에 실물의 인수·인도가 없이 차액만을 정산하는 차액결제 선물환(NDF; non-deliverable forward)거래로 나눌 수 있다.

한편 한국의 경우 은행간시장에서는 일반 선물환거래는 빈번하게 일어나지 않고, 외국은행 국내지점과 국내은행간 자금조달 등을 위한 외환스왑 거래의 일부분으로서 swap forward 거래가 활발하게 이루어지고 있다. 반면 대고객시장에서는 수출입기업과 국내 외국환은행간의 일반 선물환거래, 외환스왑 거래

---

1) 외환스왑 거래에 대해서는 외화자금시장에서 자세히 다루기로 한다.

의 일부분인 swap forward 거래, 그리고 비거주자와 국내 외국환은행간의 NDF 거래가 활발하게 일어나고 있다.

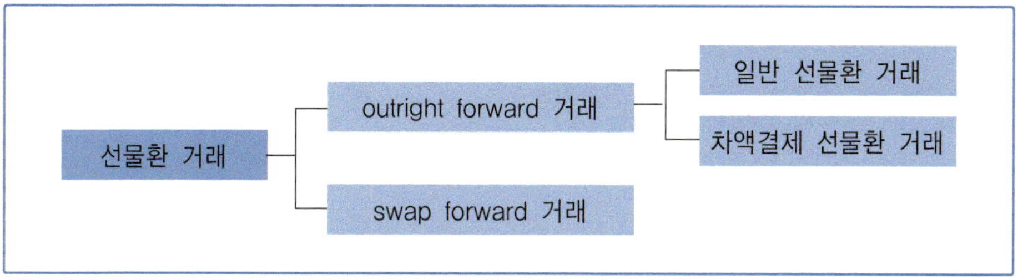

[그림 6-4] 선물환거래의 종류

일반 선물환거래가 이루어지는 과정을 살펴보면 다음과 같다. 예를 들어, 2018년 1월 5일(금요일) A은행이 B은행으로부터 1백만달러를 원/달러 선물환율 1,100원에 1개월 후 매입하기로 하는 계약을 체결하였다고 하자. 이 경우 결제일인 2월 9일(금요일)에 A은행은 B은행에 11억원(=1,100원×1,000,000달러)을 지급함과 동시에 1백만달러를 받고 B은행은 A은행에 1백만달러를 지급함과 동시에 11억원을 받으면 거래가 종결된다.

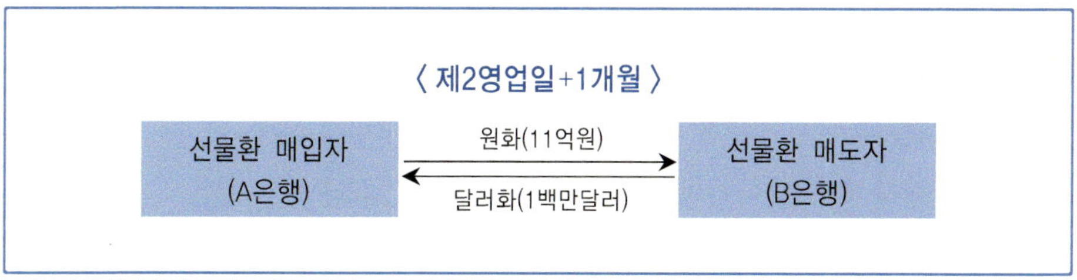

[그림 6-5] 일반 선물환 거래(예시)

선물환의 거래 동기는 환리스크 관리, 금리차익 획득 또는 투기적 목적 등으로 나누어 볼 수 있다. 먼저 환리스크 관리를 위한 선물환 거래는 주로 수출입업체가 무역거래에 따른 환리스크를 회피하기(hedge) 위하여 이용한다. 예를 들어, 수출업체가 1개월 후에 수출대금(미달러화)을 수취하기로 예정되어 있는 경우 현재 시점의 원/달러 선물환율인 1,100원에 선물환을 매도하는 계약을 체결하면

1개월 후에 현물환율이 어떻게 변화하더라도 계약환율인 1,100원에 달러화를 매도할 수 있다. 한편 선물환을 매도하는 거래를 하지 않으면 1개월 후에 현물환율이 1,100원을 상회할 경우 환차익을 얻을 수 있지만 1,100원을 하회하면 환차손을 입게 된다. 따라서 환리스크 관리를 위한 선물환거래는 장래 결제일에 적용할 환율(선물환율)을 계약시점에 확정함으로써 유리한 환율변동으로 인한 기회이익을 포기하는 대신 불리한 환율변동으로부터 초래되는 환리스크를 회피하기 위한 것이다.

또한 선물환거래는 금리차익(arbitrage profit)을 획득할 목적으로 이용된다. 선물환율과 현물환율간의 관계를 살펴보면, 자본의 이동이 자유로운 경제에서는 금리평가이론(covered interest rate parity)에 따라 선물환율이 현물환율과 국내금리 및 해외금리에 의해 결정된다. 즉 스왑레이트(swap rate)는 국내와 해외의 금리차와 같다고 할 수 있다.[2] 따라서 스왑레이트가 국내와 해외의 금리차로부터 괴리될 경우 선물환 거래를 활용한 금리차익 거래를 통해 환리스크 없이 이익을 획득할 수 있다.

한편 선물환거래는 투기적 목적을 위해 이용되기도 한다. 미래 환율에 대한 예측을 바탕으로, 환율이 상승할 것으로 예상될 경우에는 선물환 매입계약을 체결한 후 만기시점에 예상대로 환율이 상승하면 현물환시장에서 더 높은 가격으로 매도함으로써 거래차익을 획득한다. 반대로 환율이 하락할 것으로 예상될 경우에는 선물환 매도계약을 체결한 후 만기시점에 예상대로 환율이 하락하면 현물환시장에서 더 낮은 가격으로 매입함으로써 거래차익을 얻을 수 있다. 예를 들면, 현재 1개월 만기의 원/달러 선물환율이 1,100원이고 현물환율이 상승할 것으로 예상될 경우, 1개월 만기의 미달러화 선물환을 매입하는 계약을 체결한 후 만기시점에 원/달러 현물환율이 실제로 1,110원으로 상승하면 1,100원으로 매입한 미달러화를 현물환시장에서 1,110원에 매도함으로써 1달러당 10원

2) 선물환시장에서 선물환율은 절대 수준으로 표시할 수도 있으나, 일반적으로 '선물환율-현물환율'를 의미하는 스왑 포인트(swap point) 또는 '(선물환율-현물환율)/현물환율'을 의미하는 스왑 레이트(swap rate)로 표시한다. 한편 금리평가이론에 따라 스왑레이트가 국내와 해외의 금리차와 같아진다는 것은 '〈부록〉 환율의 기본개념과 환율결정'에서 '현물환율과 선물환율' 부분을 참고하기를 바란다.

의 차익을 얻게 된다. 그러나 예상대로 원/달러 현물환율이 상승하지 않고 1,100원 아래로 하락할 경우에는 손실을 입을 수도 있다.

참고 일반 선물환 거래를 통한 금리차익 거래(예시)

2015년 9월말 원/달러 현물환율이 1,190.0원, 3개월 원/달러 선물환율이 1,193.4원이고 우리나라의 통화안정증권(91일물) 금리가 연 1.55%, LIBOR(3개월물)가 연 0.30%일 경우 스왑 레이트는 연 1.14%(=1,193.4−1,190.0)/1,190.0×4×100)로 내외금리차인 연 1.25%를 하회하므로 다음과 같은 거래로 차익을 획득할 수 있다.

① 달러화 차입(차입금리 : 0.30%)
② 차입한 달러화를 현물환시장에서 매도하고 선물환을 매입
(선물환율이 현물환율보다 높으므로 스왑레이트(1.14%)만큼 비용 발생)
③ 현물환 매도를 통해 조달한 원화자금을 통화안정증권으로 운용
(운용수익 : 1.55%)
④ 선물환계약 만기시점에 인수한 달러화로 차입금 상환

⇒ 1.55%(운용수익)−(0.30%+1.14%)(조달비용) = 0.11%(재정거래 차익)
또는 (1.55% − 0.30%)(내외금리차)−1.14%(스왑 레이트) = 0.11%(재정거래 차익)

즉 스왑 레이트가 양 통화의 금리차를 하회하면 「① 외화 차입 → ② 달러화 현물환 매도 및 선물환 매입 → ③ 원화 운용」으로 차익을 얻게 되는 반면, 스왑 레이트가 양 통화의 금리차를 상회할 경우 「① 원화 차입 → ② 달러화 현물환 매입 및 선물환 매도 → ③ 외화 운용」으로 차익을 실현할 수 있다.

(2) 거래 메커니즘

은행간시장에서의 선물환의 거래 메커니즘은 기본적으로 현물환의 거래 메커니즘과 동일하다. 다만 만기가 계약일로부터 3영업일 이상이며, 거래주문시 제시가격은 선물환율의 절대수준이 아니라 선물환율과 현물환율의 차이인 스왑포인트(swap point)로 호가하고, 거래가 체결되면 직전에 체결된 현물환율을 기준으로 실제 거래된 선물환율이 결정된다는 점에서 차이가 있다. 예를 들어, 1개월 만기의 선물환거래가 3.0원에 체결되었다면 선물환율은 직전에 체결된 현물환율(1,100원으로 가정)에 3.0원을 가산한 1,103원으로 결정된다.

선물환거래의 결제일(또는 만기일)의 종류는 2영업일을 초과한 1주일, 1개월, 1년 등 표준적인 날을 결제일로 하는 표준 결제일(fixed date) 방식과 거래당사자간의

계약에 따라 주·월·년 단위가 아닌 특정일을 결제일(또는 만기일)로 정하는 비표준 결제일(odd date) 방식이 있다. 대고객거래 및 은행간직접거래 시장은 결제조건이 정형화되어 있지 않으나, 중개회사를 통한 은행간시장의 경우 거래의 원활화를 도모하기 위해 표준 결제일 방식으로 거래하는 것이 일반적이다. 우리나라의 경우 은행간시장에서 거래되고 있는 선물환거래의 결제일(또는 만기일)의 종류는 1주일, 2주일, 1개월, 2개월, 3개월, 6개월, 9개월, 1년 등이 있다.

선물환거래 결제일은 현물환 결제일(spot date)을 기준으로 기산하며, 여기에 선물환의 만기 기간을 더하여 해당월의 같은 날짜로 결정된다. 예를 들면, 2015년 10월 27일(화요일)에 1개월 만기 선물환거래가 이루어졌다면 기산일은 현물환거래의 결제일인 10월 29일(목요일)이 되고 1개월 만기 선물환거래의 결제일은 1개월 후인 11월 29일(일요일)이 되어야 하나 이 날이 휴일인 관계로 익영업일인 11월 30일(월요일)로 순연된다.

한편 선물환거래의 결제는 현물환거래와는 달리 결제 월을 바꾸지 못하는 원칙과 끝날거래(end to end)의 원칙이 적용된다. 예를 들어, 위의 거래에서 11월 30일이 휴일이라면 결제일이 순연되어 영업일 기준으로 12월 1일이 되어야 하나, 결제월을 바꾸지 못하는 원칙에 따라 선물환거래의 결제일은 11월말부터 역산하여 가장 가까운 첫 번째 영업일인 11월 27일(금요일)이 된다. 또한 끝날거래의 원칙을 적용할 경우 선물환거래의 기산일이 되는 현물환 결제일이 특정월의 최종영업일이면 선물환거래의 결제일도 해당월의 최종영업일이 된다. 예를 들어, 2015년 5월 27일(수요일)에 2개월 만기 선물환거래를 체결한 경우 현물환 결제일은 5월 29일(금요일)이 되는데, 만약 이 날이 5월의 최종 영업일이면 2개월 만기 선물환의 결제일은 7월 29일(수요일)이 아니라 7월의 마지막 영업일인 7월 31일(금요일)이 된다.

나. 차액결제 선물환시장

(1) 의의

차액결제 선물환(NDF; non-deliverable forward) 거래는 선물환의 만기일에 계약원금의 교환 없이 선물환율인 약정환율과 만기일의 현물환율인 지정환율(fixing rate)간의 차액만큼 거래 당사자간에 지정통화로 결제하는 거래를 말한다. 차액결제선물환 거래는 차액만 결제하기 때문에 일반 선물환거래에 비해 결제위험이 작고 적은 금액으로 거래가 가능하므로 레버리지(leverage) 효과가 크다는 특징이 있다. 아울러 차액결제선물환 거래의 경우 결제통화가 주로 미달러화로 이루어지고 있어서, 비거주자는 원화와 같이 국제화되지 않은 통화를 보유하거나 환전할 필요 없이 자유롭게 선물환거래를 할 수 있다는 장점이 있다.

원화와 미달러화간 차액결제선물환 거래는 1996년 홍콩, 싱가포르 등 역외시장에서 비거주자간에 시작되었으며, 1999년 4월부터는 외환자유화 조치와 함께 국내 외국환은행과 비거주자간 차액결제선물환 거래도 시작되었다.

한편 차액결제선물환의 거래동기는 일반 선물환거래와 마찬가지로 환리스크관리[3], 투기적 목적, 그리고 금리차익 획득 등이 있다.

(2) 거래 메커니즘

차액결제 선물환의 거래 메커니즘은 가격 고시방법, 결제일의 결정방법 등 기본 거래조건에서 일반 선물환거래와 동일하다. 다만 일반 선물환거래와 달리 만기일에 현물을 인수·인도하지 않고 계약환율인 선물환율과 지정환율(fixing rate)인 현물환율간의 차액만을 결제한다. 예를 들면, 차액결제선물환 매입(매도) 계약을 체결한 후 만기일에 지정환율인 현물환율이 계약환율을 상회하면 차액을 상대방으로부터 수취(지급)하고 반대로 만기일에 지정환율인 현물환율이 계약환율을 하회하면 차액을 상대방에게 지급(수취)한다.

차액결제선물환의 일반적인 거래조건을 살펴보면, 먼저 만기는 3영업일 이상 가능하지만 주로 정형화된 기간물(만기 1개월~3년)의 형태로 이루어지고 있다. 건별 거래금액은 제한이 없으나 관행상 1백만달러 단위로 거래하는 것이 일반적이다. 차액결제선물환 거래의 차액정산시 기준이 되는 지정환율(fixing rate)은 당사자간 협약에 의해 결정되는데 원/달러 차액결제 선물환거래의 경우 직전 영업일의 매매기준율을 지정환율로 정하고 있다. 그리고 차액정산시 교환되는 통화는 미달러화로 한다.

---

3) 국내 주식 및 채권에 투자하는 외국인투자자들은 원/달러 환율의 상승에 대비하여 차액결제 선물환(NDF; non-deliverable forward)을 매입함으로써 환리스크를 회피할 수 있다.

참고 **차액결제선물환 거래(예시)**

국내 외국환은행이 1,200원/달러의 계약환율로 1개월 후에 비거주자에게 1백만달러를 매도하는 차액결제 선물환(NDF; non-deliverable forward) 거래 계약을 체결하였다고 하자.

① 1개월 후 지정환율인 현물환율이 1,300원이 되었다면 국내 외국환은행은 계약환율과 지정환율의 차이에 해당하는 76,923달러를 비거주자에게 지급하게 된다.

$$(1{,}200-1{,}300) \times 1{,}000{,}000 \div 1{,}300 = -76{,}923$$

② 반대로 1개월 후 지정환율인 현물환율이 1,100원이 되었다면 국내 외국환은행은 계약환율과 지정환율의 차이에 해당하는 90,909달러를 비거주자로부터 수취하게 된다.

$$(1{,}200-1{,}100) \times 1{,}000{,}000 \div 1{,}100 = 90{,}909$$

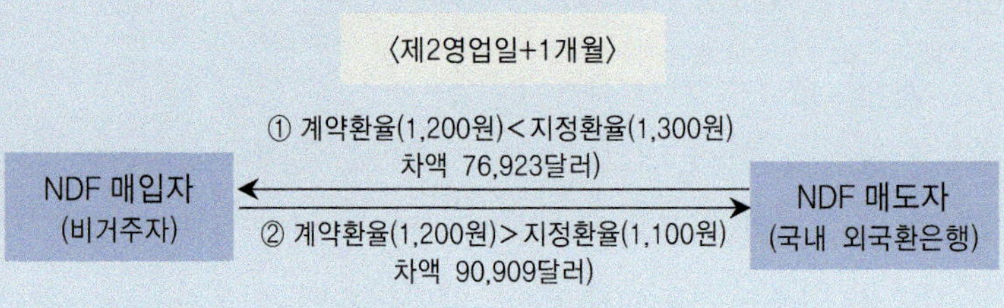

비거주자간의 원/달러 차액결제 선물환 거래의 경우 싱가포르, 홍콩, 런던, 뉴욕 등의 국제금융시장에서 활발하게 이루어지는데, 특히 뉴욕시장의 경우 미국 주식시장 및 엔/달러 환율변동 등 추가적인 시장정보가 반영된다. 따라서 전일 뉴욕시장의 원/달러 차액결제 선물환 거래의 종가(closing price)는 다음날 국내 외환시장의 원/달러 현물환율 시가(opening price)를 결정하는데 중요한 영향을 미친다.

제3절 외화자금시장

외화자금시장은 금리를 매개변수로 하여 외환의 대차거래가 이루어지는 시장을 말한다. 대표적인 외화자금시장으로는 외환스왑(foreign exchange swap) 및 통화스왑(currency swap) 등의 스왑시장(swap market)이 있다. 스왑거래의 경우 외환의 매매 형식을 취하고 있지만 실질적으로는 금리를 매개로 하여 여유통화를 담보로 필요통화를 환매 조건부로 차입한다는 점에서 외화자금의 대차거래라고 볼 수 있다. 이 밖에 은행간에 초단기로 외화의 차입 및 대여가 이루어지는 외화콜시장, 만기 1년 이내의 기간물 외화 대차거래가 이루어지는 외화 단기 대차시장 등이 외화자금시장의 범주에 속한다.

1. 스왑시장

가. 외환스왑시장

(1) 의의

외환스왑 거래는 금융기관간 또는 금융기관과 기업간 거래 당사자가 초기에 현재의 계약환율에 따라 일정 금액의 두 통화를 교환하고, 일정 기간이 경과한 후 만기에 계약환율에 따라 원금을 다시 교환하는 거래를 말한다. 따라서 외환스왑 거래는 동일한 거래 상대방간에 두 개의 외환거래가 결합된 거래이다. 즉 외환스왑 거래는 결합되는 거래의 형태에 따라 현물환 거래와 선물환 거래가 결합된 현물환과 선물환 스왑거래(spot-forward swap), 만기가 상이한 두 개의 선물환 거래가 결합된 선물환과 선물환 스왑거래(forward-forward swap), 두 가지 현물환 거래가 결합된 현물환과 현물환 스왑거래(spot-spot swap 또는 backward swap) 등으로 구분된다.[4)]

4) 외국환중개회사를 거치지 않는 현물환 거래의 결제방식으로는 당일 결제(value today), 익영업일 결제(value tomorrow), 익익영업일 결제(value spot) 등이 있으며, 현물환과 현물환 스왑거

외환스왑 거래에 있어 매입 및 매도는 결합된 두 개의 외환거래중에서 만기가 상대적으로 더 긴 원일물(deferred date) 거래를 기준으로 구분된다. 즉 외환스왑 매입은 근일물(nearby date) 외화를 매도하고 원일물 외화를 매입하는 sell & buy swap 거래를 말하며, 외환스왑 매도는 근일물 외화를 매입하고 원일물 외화를 매도하는 buy & sell swap 거래를 의미한다.

외환스왑 거래는 만기가 1년 이내의 단기 거래가 대부분이며, 교환되는 통화간 금리차가 만기 시점에 원금을 재교환하는 환율에 반영되므로 계약기간 동안 거래 상대방간에 이자 교환은 없다.

외환스왑의 거래 과정을 구체적으로 살펴보면 다음과 같다. 예를 들어, A은행이 B은행과 현물환율 1,200원, 만기 3개월의 선물환율 1,203원을 조건으로 1백만달러의 현물환 매도 및 선물환 매입(sell & buy)의 외환스왑 매입 계약을 체결하였다고 하자. A은행은 외환스왑 매입 계약 체결 후 제2영업일에 B은행에 1백만달러를 지급하는 대가로 B은행으로부터 12억원(1,200원×1,000,000달러)을 받게 된다. 이후 만기시점에 A은행은 B은행으로부터 1백만달러를 돌려 받고 12억3백만원(1,203원×1,000,000달러)을 지급함으로써 거래가 종결된다. 이 경우 외환스왑 거래를 통해 A은행은 단기적으로 원화유동성을, B은행은 외화유동성을 각각 확보할 수 있다.

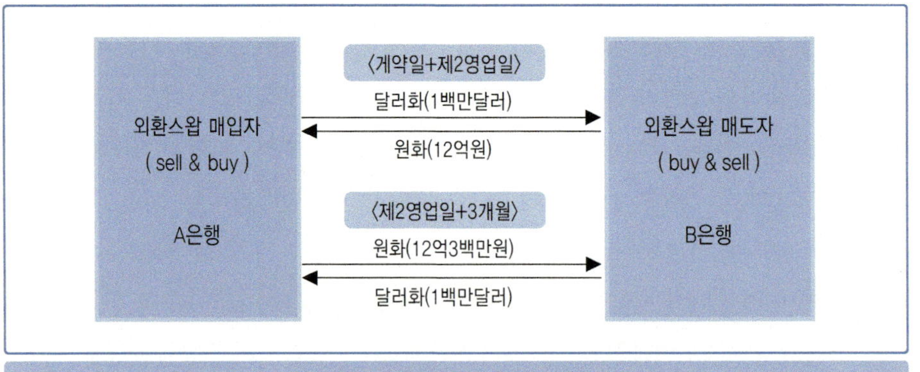

[그림 6-6] 외환스왑 거래(예시)

래(spot-spot swap 또는 backward swap)는 자금의 결제일을 1~2일 정도 조정하기 위한 방법으로 이용된다.

외환스왑의 거래 동기는 단기 자금조달, 환리스크 관리, 재정거래 차익(arbitrage profit) 획득 및 금리 변동을 이용한 투기적 거래 등의 목적으로 나누어 볼 수 있다.

먼저 단기 자금조달 목적의 외환스왑 거래는 현재 여유가 있는 통화를 빌려주는 대가로 필요한 통화를 조달함으로써 통화간 자금과부족을 조절하기 위해 이루어지는 거래를 말한다. 예를 들어, 외화자금에 여유가 있으나 원화자금이 필요한 외국은행 국내지점과 원화자금은 풍부하나 외화자금이 상대적으로 부족한 국내은행간에 일시적으로 필요한 통화를 조달하는 수단으로 외환스왑 거래가 이용되고 있다. 또한 외환스왑 거래는 기업과의 선물환 거래에 따른 외국환은행의 외환포지션 조정을 위한 자금조달을 위해서도 이용된다. 즉 외국환은행은 수출기업으로부터 선물환을 매입하면 외환 포지션을 조정하기 위해 현물환을 매도하게 되는데, 이때 현물환을 매도하기 위한 외화자금을 조달하는 방법으로 buy & sell 외환스왑 거래를 이용한다.

다음으로 외화자금의 흐름(cash flow)을 일치시키거나 외환거래 결제일을 연장 또는 단축함으로써 환리스크를 관리하기 위한 목적으로 외환스왑 거래가 이용된다. 예를 들면, 수출자금 유입과 수입대금 유출이 빈번하게 발생하는 기업의 경우 각 거래에 대해 개별적으로 환리스크를 관리하는 것보다는 자금의 공급시점 및 수요시점을 예상하여 결제시점의 차이 동안 외환스왑 거래를 하면 보다 용이하게 환리스크를 관리할 수 있다. 또한 당초 예상 결제일보다 자금이 조기 또는 지연 회수될 경우 외환스왑 거래를 통해 결제를 연장 또는 단축함으로써 결제일과 현금흐름(cash flow)의 시차문제를 해소할 수도 있다.

이외에 외환스왑 거래는 현재의 내외 금리차와 스왑 레이트의 차이를 이용하여 환리스크 없이 초과수익을 얻기 위한 재정거래 차익(arbitrage profit) 획득 목적, 미래의 내외 금리차 및 장단기 금리차의 변동을 이용하여 이익을 얻으려는 투기적 거래 목적으로도 활용된다. 예를 들면, 앞에서 언급한 것처럼 국내 은행이 수출기업 등으로부터 선물환을 매입하면 외환 포지션을 조정하기 위해 현물환을 매도해야 되는데, 이에 필요한 현물환을 외국은행 국내지점과의 외환스왑 거래를 통해 조달함으로써 국내 은행은 외환포지션을 조정하여 환위험을 회피할 수 있다. 반면, 외국은행 국내지점은 국내 은행과의 외환스왑 거래를 통해 수취한 원화 자금을 국내 채권에 투자하여 재정거래 차익을 획득할 수 있다.

참고 외환스왑 거래를 이용한 차익거래(예시)

통화안정증권 이자(3개월물)가 연 2.66%, LIBOR(3개월물)가 연 0.30%, 스왑 레이트 [(선물환율−현물환율)/현물환율]가 연 1.90%일 경우 외국인(또는 외국은행 국내지점)은 다음과 같은 외환스왑 거래를 통해 재정거래 차익을 획득할 수 있다.

① 외국인(또는 외국은행 국내지점)은 국제금융시장에서 미달러화 자금을 차입
② 외환스왑시장에서 국내은행과 만기 3개월의 sell & buy 외환스왑(현물환 매도 및 선물환 매입) 거래를 통해 미달러화 자금을 원화 자금으로 전환
③ 외환스왑 거래로 조달한 원화 자금으로 통화안정증권(3개월물)을 매입
④ 외국인(또는 외국은행 국내지점)은 통화안정증권 만기(3개월 후)에 원금과 이자(연 2.66%)를 수취함과 동시에, 당초 계약한 선물환율로 원화 자금을 미달러화 자금과 교환하여 미달러화 차입금을 상환하고, 차입금 이자(LIBOR, 연 0.30%)를 지급

즉 외국인(또는 외국은행 국내지점)은 외환스왑 거래를 통해 「통화안정증권 이자(연 2.66%) − LIBOR(연 0.30%) − 스왑 레이트(연 1.90%) = 연 0.46%」의 재정거래 차익을 얻게 된다.

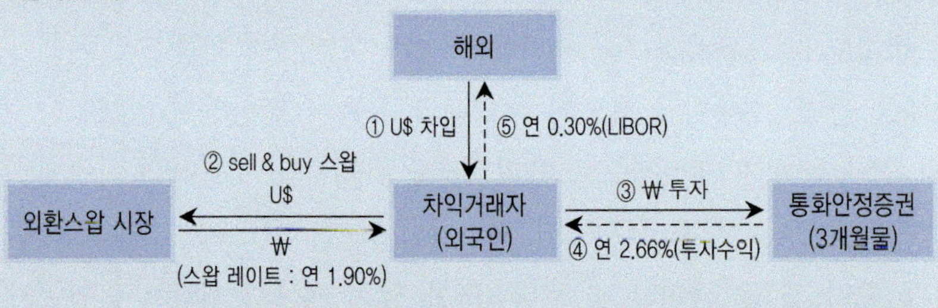

거래 차익 : 통화안정증권 이자(연 2.66%) − LIBOR(연 0.30%) − 스왑 레이트(1.90%) = 연 0.46%

(2) 거래 메커니즘

은행간시장에서의 외환스왑의 거래 메커니즘은 참가자, 거래단위, 거래시간 등의 기본조건이 현물환 및 일반 선물환 거래와 동일하다. 거래주문시 제시가격은 일반 선물환과 마찬가지로 스왑 포인트(선물환율-현물환율)로 호가하며, 거래가 체결되면 직전 체결된 현물환율을 기준으로 선물환율을 산출한다. 예를 들어, 현재 현물환율이 1,180원인 경우 한 딜러가 'FX swap, 1 month, 275/280'이라고 주문을 냈다면, 이는 현물환율 1,180원에 2.75원을 더한 1,182.75원에 계약기간이 1개월인 외환스왑을 매입(sell & buy swap)하고 1,180원에 2.80원을

가산한 1,182.80원에 계약기간이 1개월인 외환스왑을 매도(buy & sell swap)하겠다는 것을 의미한다.

외환스왑은 현물환과 현물환(spot-spot swap 또는 backward swap), 현물환과 선물환(spot-forward swap), 선물환과 선물환(forward-forward swap) 등의 거래가 가능하므로 결제일자는 현물환의 경우 현물환 결제일자, 선물환은 선물환 결제일자의 결정방법을 따른다. 우리나라의 경우 은행간시장에서 거래되는 외환스왑의 기일물의 종류는 overnight(O/N), tomorrow next(T/N), spot next(S/N), 주, 월, 년 등의 표준 결제일 방식과 비표준 결제일(odd date) 방식이 있으며, 이 중에서 O/N 등 단기물 외환스왑이 활발하게 거래되고 있다. 대고객시장에서의 외환스왑 거래는 거래당사자가 계약에 의해 거래조건을 자유롭게 정할 수 있으며, 기업과 은행간에는 기업의 신용도 등을 고려하여 스왑거래 한도를 사전에 설정해 놓고 거래한다.

(3) 스왑 레이트와 재정거래 유인

외환스왑시장의 가격변수인 스왑 레이트(swap rate)는 현물환율(스왑계약 체결일의 환율) 대비 선물환율(스왑계약 만기의 환율)과 현물환율의 차이[(선물환율－현물환율)/현물환율]를 연율(%)로 표시한 것으로, 이론적으로는 금리평가이론(interest rate parity)에 따라 두 통화간 금리 차이와 일치하게 된다. 이러한 스왑레이트는 금융기관의 외화유동성 사정을 나타내는 지표로 활용된다. 예를 들어, 국내 금융기관의 외화 자금사정이 악화되면 금융기관은 외화조달 방안으로 현물환을 매입하고 선물환을 매도하는 buy & sell 외환스왑을 이용하게 되는데, 이 경우 현물환 매입 증가로 현물환율은 상승하고 선물환 매도 증가로 선물환율은 하락하게 되어 스왑 레이트가 낮아진다. 반대로 금융기관의 원화 자금사정이 악화되면 원화 차입을 위해 현물환을 매도하고 선물환을 매입하는 sell & buy 외환스왑의 증가로 현물환율이 하락하고 선물환율은 상승하여 스왑 레이트가 올라간다.

이에 비추어 볼 때, 스왑 레이트가 내외 금리차를 하회(상회)하면 외화 자금사정의 악화(호전)를, 그리고 스왑 레이트가 내외 금리차를 상회(하회)하면 원화 자금사정의 악화(호전)를 의미하는 것으로 볼 수 있다.

만약 스왑 레이트가 내외금리차를 하회하면, 외화차입 후 현물환을 매도하고 선물환을 매입하는 sell & buy 외환스왑을 통해 원화를 조달한 다음, 이를 원화 자산에 투자함으로써 환리스크 없이 차익(arbitrage profit)을 획득할 수 있다. 따라서 '내외 금리차-스왑 레이트'를 차익거래의 유인으로 해석할 수 있다.

나. 통화스왑시장

(1) 의의

통화스왑이란 외환스왑과 마찬가지로 거래 당사자간에 서로 다른 통화를 교환하고 일정 기간이 경과한 후 원금을 재교환하기로 약정하는 거래를 말한다.[5)] 통화스왑 거래는 계약 시점과 만기 시점에 적용하는 환율은 동일하고, 계약 기간 동안 거래 당사자간에 이자를 서로 교환한다.

통화스왑 거래에 있어 계약 시점에 외화를 지급함과 동시에 국내 통화(예: 원화)를 받고, 만기 시점에 반대 거래를 하는 것을 통화스왑 pay(CRS pay)거래라고 한다. 이와는 반대로 계약 시점에 외화를 받음과 동시에 국내 통화(예: 원화)를 지급하고, 만기 시점에 반대 거래를 하는 것을 통화스왑 receive(CRS receive) 거래라고 한다. 따라서 통화스왑 pay 거래는 sell & buy 외환스왑 거래와, 통화스왑 receive 거래는 buy & sell 외환스왑 거래와 유사한 개념이라고 할 수 있다.

통화스왑은 환매 조건부 성격의 자금 대차거래라는 점에서 외환스왑과 동일하지만, 스왑 기간, 약정 환율, 이자지급 방법 등에서 외환스왑과 차이가 있다. 즉 외환스왑은 주로 만기가 1년 이하의 단기 계약으로 이루어지는 반면, 통화스왑은 만기가 1년 이상의 중장기 계약으로 이루어진다. 그리고 통화를 교환할 때 적용되는 환율은 외환스왑의 경우 교환 통화간의 금리 차이를 계약 기간을 감안하여 만기 시점의 환율(계약 시점의 선물환율)에 반영하기 때문에 초기와 만기의 약정 환율이 다르지만, 통화스왑의 경우에는 초기와 만기의 약정 환율이 동

---

5) 통화스왑의 종류로는 두 통화간 고정금리와 고정금리를 교환하는 currency swap, 두 통화간 고정금리와 변동금리를 교환하는 cross-currency coupon swap, 두 통화간 변동금리와 변동금리를 교환하는 cross-currency basis swap 등이 있다. 이중에서 cross-currency coupon swap이 일반적이다. 그리고 통화스왑은 금융시장에서 CRS로 통칭한다.

일하다. 한편 이자지급 방법은 외환스왑의 경우 만기 시점에 양 통화간의 금리 차이를 반영한 환율(계약시점의 선물환율)로 원금을 재교환하기 때문에 계약 기간 동안 해당 통화에 대해 이자를 교환하지 않는다. 그러나 통화스왑의 경우에는 계약 시점에 원금을 교환하면서 적용한 환율로 만기 시점에 원금을 다시 교환하기 때문에 6개월(또는 3개월)마다 이자를 교환한다.

원화(국내 통화)와 달러(외화)간 통화스왑의 경우, 통화스왑 가격(swap rate)은 지급 또는 수취할 원화 고정금리로 표시되는데, 이를 통화스왑 금리(CRS 금리)라고 한다. 통화스왑 pay 거래자는 통화스왑 receive 거래자에게 원화 고정금리(CRS 금리)를 지급하고 달러화 변동금리(예: 6개월물 LIBOR)를 받는다.

통화스왑의 거래과정을 구체적으로 살펴보면 다음과 같다. 예를 들어, A은행이 B은행과 현물환율 1,200원에 미달러화 1천만달러를 지급하고 원화를 수취한 후 만기 시점에 원금을 다시 교환하는 통화스왑 계약을 체결하였다고 하자. 계약 체결 후 제2영업일에 A은행은 B은행에 1천만달러를 지급하는 대가로 원화 120억원(1,200원×10,000,000달러)을 수취한다. 이후 계약 기간 동안 A은행은 일정

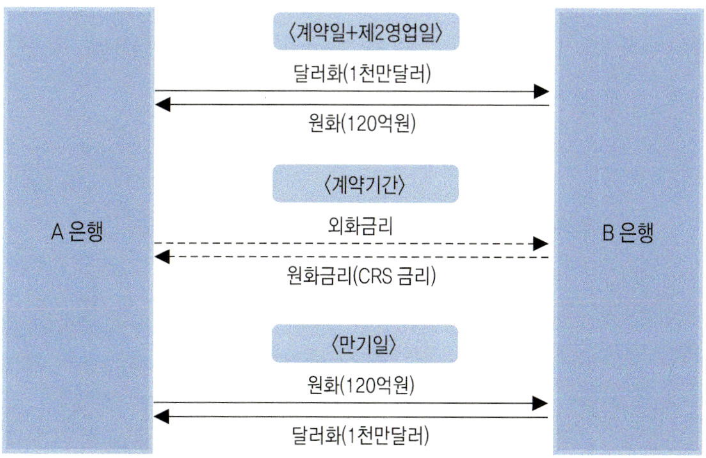

주 : 실선은 원금 흐름, 점선은 이자 흐름

[그림 6-7] 통화스왑거래(예시)

기간(예: 6개월)마다 원화 금리(CRS 금리)를 지급하고 미달러화 금리를 받게 된다. 만기 시점에 A은행은 B은행으로부터 1천만달러를 돌려받고 원화 120억원(1,200원×10,000,000달러)을 지급함으로써 거래가 종결된다.

통화스왑의 거래 동기는 장기 자금조달, 환리스크 관리, 금리 차익 및 금리 변동을 이용한 투기적 거래 등의 목적으로 나누어 볼 수 있다. 먼저 장기 자금 조달 목적의 통화스왑 거래는 외화자금이 필요한 국내 은행과 원화(국내 통화) 자금이 필요한 외국은행 국내지점이 장기 자금을 조달하기 위해 통화스왑 거래를 이용하는 경우를 말한다. 특히 수출기업인 조선・중공업체로부터 만기가 1년 이상인 선물환을 매입한 국내 은행의 경우 외환포지션 조정과 환위험 회피를 위해 외국은행 국내지점과의 통화스왑 거래를 이용한다. 또한 해외로부터 외화 장기차입이 어렵거나 조달 금리가 상승할 경우 외화 장기차입에 대한 대체 수단으로 통화스왑 거래를 이용한다.

환리스크 관리 목적의 통화스왑 거래는 특정 통화표시 자산이나 부채를 다른 통화표시 자산이나 부채로 전환함으로써 환리스크를 회피하는 것을 말한다. 예를 들어, 해외에서 중장기 외화 채권을 발행하여 달러화 자금을 조달하는 국내기업의 경우, 통화스왑 거래를 통해 달러화 자금을 원화 자금과 교환하여 사용한 후, 외화 채권 만기 시에 다시 원화 자금과 교환하는 달러화 자금으로 외화채권을 상환함으로써 환위험을 회피할 수 있다.

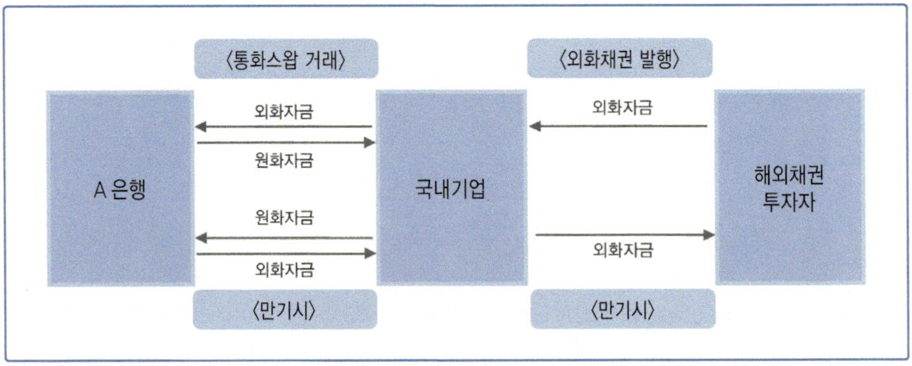

[그림 6-8] 외화 채권 발행 기업의 환리스크 관리를 위한 통화스왑 거래

금리 차익 목적의 통화스왑 거래는 통화스왑 금리(CRS 금리, 외화금리인 LIBOR와 교환되는 원화 고정금리)와 채권 수익률간에 차이가 날 때 이루어진다. 즉 특정 통화의 외화 자금을 조달하여 통화스왑 거래를 통해 다른 통화로 전환한 후 채권에 투자함으로써 차익을 획득하는 경우를 말한다.

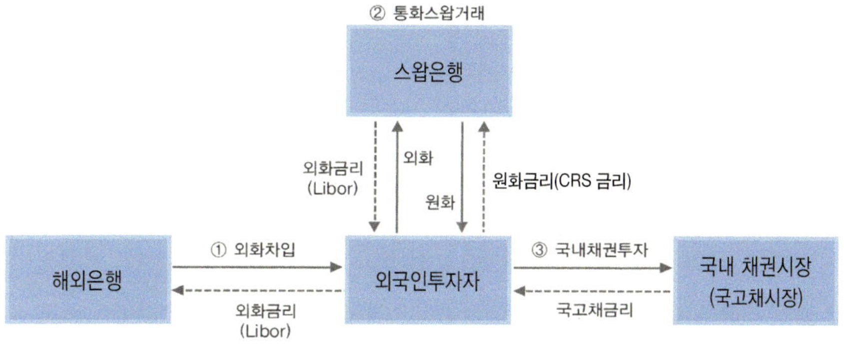

주 : 실선은 원금 흐름, 점선은 이자 흐름

[그림 6-9] 통화스왑 거래를 이용한 금리 차익거래

참고 통화스왑 거래를 이용한 금리 차익거래(예시)

2015년 9월말 현물환율이 1,200.0원, 국고채수익률(3년물)이 연 1.62%, 통화스왑 금리(3년물)가 연 1.03%일 경우, 다음과 같은 거래를 통해 재정거래 차익을 획득할 수있다.

① 국제금융시장에서 미달러화 차입
② 은행과 만기 3년의 통화스왑(CRS pay)계약을 맺어 미달러화를 원화로 교환
③ 통화스왑거래로 조달한 원화로 국고채 매입
④ 계약기간 중 국고채 투자로부터 연 1.62%의 이자를 수취하여 스왑계약을 맺은 은행에 연 1.03%의 통화스왑금리 지급
⑤ 스왑계약을 맺은 은행으로부터 변동금리(LIBOR)를 수취하여 차입금 이자로 지급
⑥ 만기에 보유채권을 상환받아 통화스왑계약에 따라 스왑은행에 원화를 지급하고 미달러화를 받아 차입금 상환

⇒ 1.62%(국고채금리) - 1.03%(통화스왑금리) = 0.59%(재정차익)

즉 국고채 금리가 통화스왑 금리를 상회하면, 「① 외화 차입 → ② 통화스왑으로 원화 조달 → ③ 원화 운용」을 통해 차익을 얻게 된다.

예를 들어, 해외에서 외화 자금을 조달한 후 통화스왑 거래를 이용하여 원화 자금으로 전환하는 데 발생하는 비용(통화스왑 금리)보다 원화 채권의 투자수익률이 높으면, '외화 차입 → 통화스왑 거래(외화 지급 및 원화 수취, CRS pay) → 원화 채권 투자'를 통해 '원화 채권 금리 − 통화스왑 금리 + 통화스왑 거래에 따른 수취 이자(LIBOR) − 외화 차입 금리(LIBOR)' 만큼의 차익, 즉 '원화 채권 금리 − 통화스왑 금리' 만큼의 차익을 획득하게 된다.

한편 투기적 목적의 통화스왑 거래는 향후 금리 전망에 따라 고정금리와 변동금리를 상호 교환하는 것을 의미한다. 예를 들어, 국고채 금리 등 원화 시장 금리의 상승이 예상되면, 통화스왑 거래를 통해 원화 고정금리(통화스왑 금리, CRS 금리)를 지급하고 외화 변동금리(LIBOR)를 수취함으로써 이익을 얻을 수 있다. 반면 국고채 금리 등 원화 시장금리의 하락이 예상되면, 통화스왑 거래를 통해 원화 고정금리(통화스왑 금리, CRS 금리)를 수취하고 외화 변동금리(LIBOR)를 지급함으로써 이익을 얻을 수 있다.

(2) 거래 메커니즘

통화스왑은 거래 당사자간의 직접 거래나 외국환중개회사를 통한 중개 거래 방식으로 이루어진다. 거래 당사자간 직접 거래는 해외채권 발행 등을 통한 외화조달이 많은 공기업, 신용카드 회사, 보유 중인 원화자금을 외화 채권으로 운용하는 보험회사 등과 국내 은행 또는 외국은행 국내지점간에 주로 일어나고 있다. 외국환중개회사를 통한 중개 거래는 거래 당사자간 직접 거래의 결과로 발생한 외환 포지션을 스왑은행간에 조정할 필요가 있거나 보유 자산의 환위험 회피 또는 투기적 목적을 위해 이용된다.

우리나라의 경우 1999년 9월에 외국환중개회사가 원/달러 통화스왑 거래를 처음으로 중개하기 시작하였다. 외국환중개회사를 통해 거래되는 원화와 미달러화간 통화스왑은 주로 원화 고정금리(CRS 금리)와 미달러화 변동금리(6개월물 LIBOR)가 교환되는 cross currency coupon swap 방식으로 거래된다. 원/달러 통화스왑 금리는 지급 또는 수취할 원화 고정금리로 표시되는데 원화 고정금리 수취(receive-fixed)를 매도(offer side)로, 원화 고정금리 지급(pay-fixed)을 매입(bid side)으로 고시하고 있으며, 거래 호가는 주로 1bp(basis point) 단위로 제시된다. 계약 기간으로는 1~10년이 가능하지만, 1~5년 만기의 거래가 대부분을 차지하고 있다. 거래 금액은 거래관행상 최소 거래 단위가 1천만달러, 추가 거래단위 역시 1천만달러가 일반적이다. 거래 당사자간 직접 거래는 거래 금액, 계약 기간 및 이자교환 방법 등의 거래 조건에 제한이 없으며 거래 당사자간의 계약에 따라 외화 고정금리와 원화 고정금리의 교환, 원금 분할상환(amortizing swap) 등 다양한 방식으로 거래가 이루어지고 있다.

2. 외화 콜시장

가. 의의

외화 콜(call) 시장이란 금융기관들이 일시적인 외화 자금 과부족을 조절하기 위하여 상호간에 초단기로 외화자금을 대여하거나 차입하는 시장을 의미한다. 외화 콜시장에서 이루어지는 거래의 만기는 일반적으로 90일 이내이다. 외화 콜을 대여하는 것을 외화 콜론(call loan)이라고 하며, 외화 콜을 차입하는 것을 외화 콜머니(call money)라 부른다. 은행들은 수출입대금 결제, 외화 대출 등의 대고객거래와 외환 매매, 외화증권 발행 및 상환 등으로 일시적으로 외화 자금의 과부족이 발생할 경우 외화 콜 시장에 참가한다. 이에 따라 외화 콜 거래는 주로 개별 은행의 외화 차입여건 및 일시적인 외화 자금사정에 따라 거래 규모가 좌우된다.

우리나라의 경우 외화 콜 시장은 1989년 12월 금융결제원 자금중개실을 중개기관으로 하는 미달러화 콜 시장을 개설하면서 시작되었다. 이후 대상 통화에 일본 엔화(1991년 3월), 영국 파운드화(1994년 11월), 유로화(1999년 3월) 등의 통화가 추가되었다.

나. 거래 메커니즘

외화 콜 거래는 외국환중개회사의 중개를 통한 중개거래와 외국환은행 당사자간의 직접 거래로 구분된다. 거래되는 기일물의 종류로는 overnight(O/N), tomorrow next(T/N), spot next(S/N), week, month 등이 있으며, 이 중에서 overnight 거래가 가장 활발히 이루어지고 있다. 거래 통화는 미달러화, 일본엔화, 유로화 및 영국 파운드화 등이 있다.

우리나라의 경우 외국환중개회사의 중개를 통한 외화 콜의 거래 메커니즘을 살펴보면, 은행들은 전화 통화를 통해 외화자금의 차입 또는 대여 주문을 내고 외국환중개회사는 그 중 거래조건이 맞는 거래를 찾아 중개한다. 외국환중개회사가 양 거래상대방에 주문 체결 사실을 통보하면 금융기관은 금액, 기간, 금리, 결제은행 등 계약조건을 확정한 후 거래를 실행한다. 외화 콜 거래는 담보가 없는 신용거래인 점을 고려하여, 중개거래에 참가하는 은행들은 콜머니 기관별로 신용한도(credit line)를 설정하여 신용도가 낮은 은행의 과도한 콜 차입이나 일부 은행의 콜 차입 독점을 억제하고 있다. 은행간 직접 거래의 경우 정형화된 방식은 없으며, 금리 등 계약조건은 당사자자간 협의에 의해 결정된다.

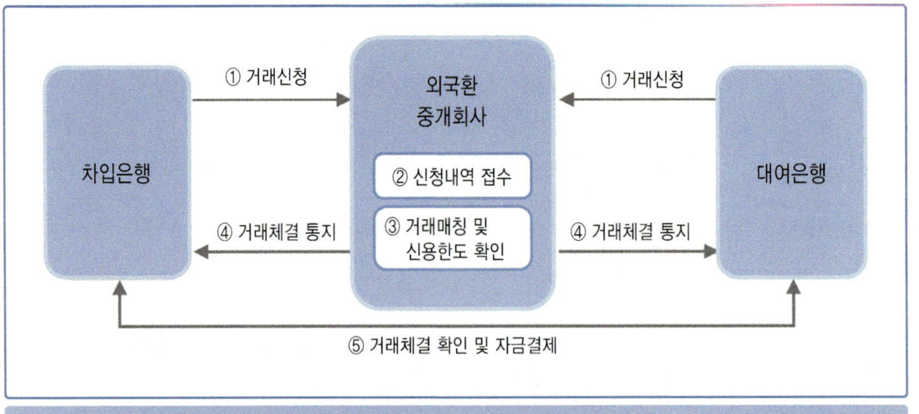

[그림 6-10] 외화 콜 거래의 절차

3. 단기 기간물 대차시장

가. 의의

외화 자금의 단기 기간물 대차시장이란 3개월 이상 1년 이내의 특정기간 동안 은행간에 외화를 대여하거나 차입하는 거래가 이루어지는 시장을 의미한다. 외화 단기 기간물 대차 거래는 스왑시장이나 외화 콜시장과 마찬가지로 은행들이 외화자금의 차입 및 운용, 수출입 대금 결제 등의 대고객거래에 따른 외화자금 과부족을 조정하기 위해 발생한다. 따라서 단기 기간물 대차 거래는 만기가 3개월 이상 1년 이내의 외화 대차 거래라는 점에서, 서로 다른 두 통화간의 교환을 수반하는 스왑거래나 만기가 3개월 이내의 초단기인 외화 콜 거래와 구분된다.

우리나라의 경우 외화 자금의 단기 기간물 대차거래는 은행의 일반적인 외환업무의 하나로서 거래선이 있는 은행에 거래 의향을 전달하고 금리 등 조건을 협의하여 거래 여부를 결정하는 방식으로 이루어진다. 과거에는 은행간 거래에 필요한 신용한도(credit line) 내에서 담보 없이 거래하는 신용거래가 대부분이었으나, 최근에는 환매조건부 매매(RP 또는 Repo; repurchase agreement)에 의한 대차거래가 많이 일어나고 있다. 이 경우 환매조건부 매매 거래는 미래의 특정시점에 특정가격으로 동일한 상품을 다시 매수 또는 매도할 것을 약정하고 이루어지는 거래를 말한다.

외화 자금의 단기 차입은 장기 차입에 비해 금리가 낮고 만기 도래시 차환(roll-over)을 계속할 경우 장기차입과 같은 효과를 거둘 수 있다는 점에서 차주은행 입장에서 선호할 수도 있으나, 만기가 짧기 때문에 안정적인 자금 조달원으로서는 다소 불안한 측면이 있다. 즉 국내외에서 신용 경색(credit crunch) 현상이 발생하거나 국가 위험도(sovereign risk)가 높아져 외국계 금융기관들이 신용공여 규모(exposure)를 급격히 축소할 경우, 국내은행들의 단기 외화 차입금 차환이 어려워지고 차입 가산금리가 일시에 급등하여 차입비용이 크게 늘어날 수 있다. 특히 이 같은 상황이 지속되면 국내 외화 자금시장의 외화 유동성 부족으로 이어질 수도 있다.

우리나라의 경우 1997년 외환위기, 2008년 글로벌 금융위기 등을 경험하면서 외화자금의 단기 조달 및 장기 운용에 따른 만기불일치(maturity mismatch) 문제를 해소하기 위해 은행들의 외화 유동성 관리를 강화하였다. 또한 은행 자체적으로도 리스크 관리 능력을 확충하도록 함으로써 은행의 단기 외화자금 조달 및 운용과 관련한 건전성 제고에 각별한 노력을 기울이고 있다.

나. 거래 메커니즘

우리나라의 경우 외화자금의 단기 기간물 대차거래는 외국은행 국내지점 및 외국 소재 은행이 외화자금의 대여자로, 그리고 국내은행이 외화자금의 차입자로 참여하는 경우가 대부분이다. 외국은행 국내지점은 본점으로부터의 외화 차입, 외화 콜머니 등을 통해 외화자금을 조달한 다음, 조달 금리에 가산 금리를 추가하여 국내 은행에 단기 신용을 제공한다.

신용에 의한 대차거래는 개별 은행간 신용공여 한도(credit line)를 설정한 다음 이 한도 내에서 차입 은행의 요청이 있으면 금리 조건을 협의한 후 대출을 실행하게 된다. 한편 환매조건부 매매(RP)에 의한 대차거래는 채권 매매의 형식이나 실제로는 채권을 담보로 한 대차거래의 성격을 가진다. 우리나라의 경우 국내 은행들의 RP거래의 대상 채권으로는 미국, 유럽의 국채 및 회사채, 우리나라 정부 및 국내기업이 해외에서 발행한 채권 등 외화 표시 채권이 주로 이용된다.

RP거래의 대상 채권은 담보의 성격을 띠고 있으므로 채권의 신용도에 따라 차입 금리가 영향을 받게 된다. 또한 RP거래는 은행마다 상대은행에 대한 신용공여 한도를 설정하는 것이 일반적이다. 또한 RP거래를 하기 위해서는 사전에 거래 당사자간에 계약서를 작성한다. 이 경우 계약서는 RP거래와 관련하여 국제적으로 통용되는 공통사항을 담은 주계약서로서의 국제표준계약서(global master repurchase agreement)와, 당사자간 합의에 의해 주계약서에 대한 수정, 추가, 삭제 등의 사항이나 거래통지문 양식, 대상채권 등의 특약을 포함하는 부속서(annex)

로 구성된다. RP거래는 최초 계약서 작성에 다소 시일이 소요되고 담보채권의 가액 변동이나 환율변동 등에 따라 증거금을 추가 납입하는 경우가 발생하므로 신용거래에 비해서는 거래절차가 다소 복잡하다.

한편 단기 기간물 대차거래에 적용되는 금리는 국제금융시장에서 단기금리의 기준이 되는 LIBOR에 가산 금리를 부가하는 형태로 이루어진다. 이 경우 가산 금리의 크기는 전반적인 외화유동성 사정, 차입기간(term risk), 차입은행의 신용도(credit risk) 및 국가위험도(sovereign risk) 등을 감안하여 결정된다. RP에 의한 대차거래는 담보가 있다는 점에서 동일한 조건의 신용에 의한 대차거래보다 금리가 다소 낮은 것이 일반적이다.

제4절 외환파생상품시장

1. 통화선물시장

가. 의의

통화선물(currency futures) 거래는 거래소에 상장되어 있는 특정통화에 대하여 시장 참가자간의 호가 방식에 의해 결정되는 선물환율로 일정 기간 후에 인수·인도할 것을 약정하는 거래를 말한다. 통화선물은 1972년 5월 시카고상업거래소(CME; Chicago Mercantile Exchange)의 부설시장인 국제통화시장(IMM; International Monetary Market)에서 최초로 거래가 시작되었다. 이후 영국(1982년 9월), 호주(1983년 10월), 캐나다(1984년 6월), 싱가포르(1984년 9월), 일본(1989년 6월)에 통화선물시장이 개설되었다.

우리나라의 경우 1999년 4월 한국선물거래소(현재 한국거래소)에 미달러화 선물이 처음 상장되었다. 이후 2006년 5월 엔화 선물과 유로화 선물이 상장되고 2015년 10월에는 위안화 선물도 상장되었다.

통화선물 거래는 계약 시점에 약정된 가격으로 미래의 일정 시점에 특정통화를 매입 또는 매도한다는 점에서 선물환 거래와 유사하다. 그러나 통화선물 거래는 선물환 거래와 달리 거래 단위, 계약 기간, 가격 변동폭의 제한 등 거래조건이 표준화되어 있다. 또한 통화선물 거래는 청산소(clearing house)가 거래 계약의 이행을 보증하며, 매일 거래대상 통화의 가격변동에 따라 손익을 정산하는 일일정산 제도(marking to market), 계약 불이행 위험에 대비하기 위한 이행보증금 성격의 증거금 예치제도(margin requirement) 등이 있다는 점에서 선물환 거래와 다르다. 선물환 거래는 만기일에 실물의 인수 및 인도가 이루어지지만, 통화선물 거래는 만기일에 실물을 인수·인도하거나 만기일 이전에 반대 거래를 통하여 차액을 정산함으로써 선물 포지션의 청산이 이루어진다.

〈표 6-2〉 통화선물과 선물환의 비교

	통화선물	선물환
거래장소	거래소(exchange)	장외(OTC; over-the-counter)
거래조건	표준화	거래당사자의 필요에 맞춤
거래방법	다수 거래당사자간의 공개호가 또는 전산거래	거래당사자들간의 직접거래
신용관리	청산소가 거래상대방의 입장에서 계약이행을 보증	계약이행을 전적으로 매매 쌍방의 신용에 의존하므로 대부분 신용도가 높은 거래 상대방과 계약을 체결
시장참가자	원칙적으로 제한이 없으며 선물환거래가 어려운 개인 또는 기업도 참가	신용도가 높은 금융기관 또는 기업
결제	대부분 만기 전에 반대매매에 의해 포지션을 청산	대부분 만기시 실물인수도에 의해 결제

나. 거래 메커니즘

통화선물 거래는 '선물 증거금 납입 → 매매 주문 → 거래계약 체결 → 일일정산 → 만기전 반대 거래(포지션 청산) 또는 최종 결제일에 실물 인수·인도'의 순서로 진행된다. 특히 통화선물 거래는 선물 증거금을 납입한 이후 통화선물의 계약가격과 시장가격을 비교하여 일일정산을 하는데, 손실이 발생할 경우 손실액은 증거금 잔액에서 차감된다. 증거금 잔액이 유지 증거금에 미달할 경우 최초 개시 증거금 수준까지 증거금을 추가로 납부해야 한다. 반면, 일일정산 과정에서 이익이 발생하여 증거금 잔액이 개시 증거금을 초과할 경우 초과 증거금은 현금으로 인출할 수 있다.

한편 환율 수준에 따라 만기일 이전에 반대 거래(통화선물을 매입한 경우 매도 거래, 통화선물을 매도한 경우 매입 거래)를 통해 통화선물 포지션을 청산하거나 만기일까지 보유한 후 최종 결제일에 실물을 인수·인도하는 방법으로 통화선물 거래는 종결된다.

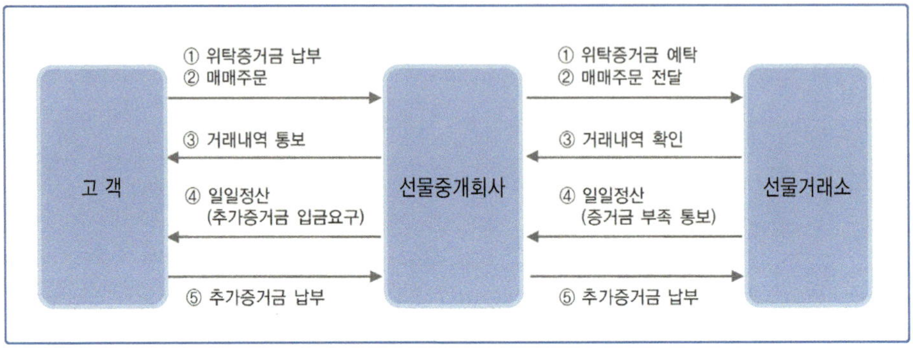

[그림 6-11] 통화선물의 거래 메커니즘

선물을 매매한 사람은 만기에 가서 선물가격(계약가격)으로 기초자산을 매매할 수 있으므로 선물가격(계약환율)과 만기일에서의 현물가격(시장환율)과의 차이에 따라 선물거래에 따른 손익이 결정된다. 즉 통화선물 거래는 시장환율의 변동에 따라 손익이 달라지는데 시장환율이 계약환율을 상회하면 통화선물 매입자는 이익을 얻게 된다. 반대로 시장환율이 계약환율을 하회하면 통화선물 매입자는 손실을 입게 된다. 이 경우 통화선물 거래의 매입 포지션과 매도 포지션에서 발생하는 손익은 정확하게 상쇄되므로 통화선물 거래는 제로섬 게임(zero-sum game)이라고 할 수 있다.

	시장환율 > 계약환율	시장환율 < 계약환율
매입자	이익 : 시장환율 - 계약환율	손실 : 계약환율 - 시장환율
매도자	손실 : 시장환율 - 계약환율	이익 : 계약환율 - 시장환율

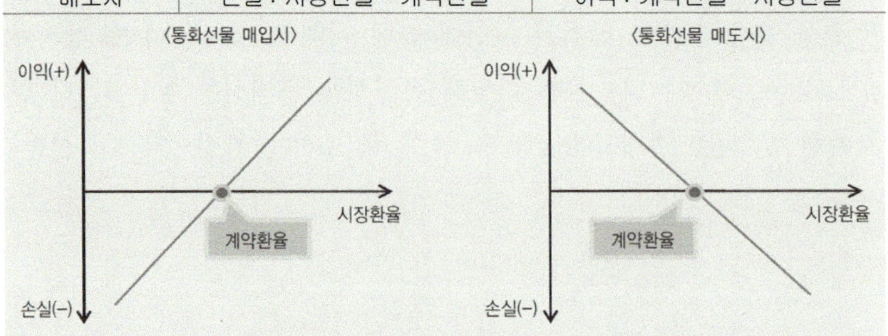

[그림 6-12] 통화선물 거래의 손익구조

한편 통화선물 거래는 환리스크 관리, 투기적 거래 및 차익 획득 등의 목적을 위해 이용된다. 먼저 환리스크 관리 목적 통화선물 거래는 현재 보유 중이거나 또는 앞으로 발생할 현물환 포지션과 반대방향으로 통화선물을 매입 또는 매도함으로써 환율변동에 따른 리스크를 회피하는 것을 말한다.

투기적 목적을 위한 통화선물 거래는 환율 상승이 예상될 경우 통화선물을 매입하고 환율 하락이 예상될 경우 통화선물을 매도함으로써 환율변동에 따른 시세 차익을 추구하는 거래이다. 그리고 차익 획득을 위한 거래는 환율의 변동방향과 상관없이 선물가격과 현물가격이 일시적으로 불균형 상태에 있을 경우 통화선물과 현물환 중에서 상대적으로 저평가된 것을 매입하고 고평가된 것을 매도한 후 현물환율과 선물환율의 차이가 축소되는 시점에서 반대거래를 통하여 환율변동 위험을 부담하지 않고 이익을 실현하는 거래를 말한다.

2. 통화옵션시장

가. 의의

통화옵션(currency options) 거래는 미래의 특정시점(만기일 또는 만기일 이전)에 특정통화(기초자산)를 미리 약정한 가격(행사가격)으로 살 수 있는 권리(call option)나 팔 수 있는 권리(put option)를 매매하는 거래를 말한다. 통화옵션 거래는 장내시장인 거래소 시장(exchanges)이나 장외시장(OTC; over-the-count)에서 거래된다. 거래소 시장의 경우 1980년대 초 필라델피아 증권거래소(PHLX; Philadelphia Stock Exchange)의 현물환 옵션이 최초이며, 이후 시카고상업거래소(CME; Chicago Mercantile Exchange)에서 통화옵션 거래가 본격적으로 이루어졌다.

우리나라의 경우 1999년 4월 한국선물거래소(현재 한국거래소)에 미달러화 옵션이 처음 상장되었으며, 상장 초기에는 선물회사들의 거래량 경쟁 때문에 거래가 활발하게 이루어지기도 하였으나 이후 대체로 부진한 모습을 보였다. 반면 장외시장에서는 거래소 시장에 비해 거래가 상대적으로 활발하게 이루어지고 있다.

통화옵션 거래시 통화옵션 매입자는 대상통화를 매매할 수 있는 권리를 사는 대가로 통화옵션 매도자에게 프리미엄(premium, 옵션가격)을 지급하며, 이후 환율 수준의 변화에 따라서 옵션을 행사하거나 행사하지 않을(권리 포기) 수 있다. 반면 통화옵션 매도자는 통화옵션 매입자가 권리를 행사할 경우 반드시 계약을 이행해야 하는 의무를 부담한다.

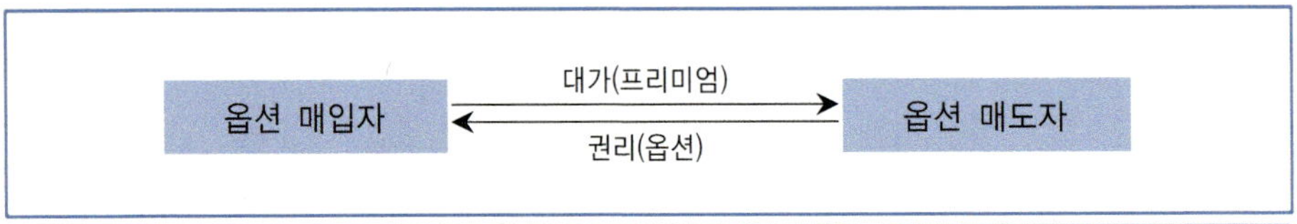

[그림 6-13] 통화옵션 거래 구조

통화옵션 거래는 선물환이나 통화선물과 달리 옵션 매입자가 시장환율인 현물환율이 자기에게 유리한 경우에만 옵션거래의 권리를 선택적으로 행사할 수 있다. 따라서 옵션 매입자의 손실은 프리미엄(옵션가격)에 국한되는 반면 이익은 환율 변동에 따라 커지는 비대칭적인 손익구조를 가진다. 통화옵션은 선물환이나 통화선물에 비해 거래비용이 적게 들고 여러 가지 옵션상품을 합성하여 고객의 환위험 회피 수요에 적합한 다양한 형태의 상품 개발이 가능하다는 장점이 있다.

〈표 6-3〉 통화옵션 거래와 통화선물 거래의 비교

	통화옵션거래	통화선물거래
거래내용	대상자산을 매도 또는 매입할 수 있는 권리에 대한 거래	대상자산의 인수·인도를 위한 거래
거래책임	매입자는 대상자산을 매도 또는 매입할 수 있는 권리를 가지며, 매도자는 매입자의 권리행사에 대한 의무를 부담	매입자와 매도자 모두 거래이행 책임을 부담
손실위험	매입자의 위험은 주문시 지불한 프리미엄에 한정되고 매도자의 위험은 무한정	매입자와 매도자 모두 위험이 무한정
거래증거금	매도자에게만 거래증거금 부과	매입자와 매도자 모두 거래증거금 부과
결제방법	반대매매에 의한 결제 또는 권리행사에 따른 현금 차액결제	반대매매에 의한 결제 또는 최종 결제일에 대상자산의 인수·인도

나. 거래 메커니즘

통화옵션 거래는 '옵션 증거금(또는 프리미엄) 납입 → 매매 주문 → 거래 체결 → 만기 전 반대거래(포지션 청산) 또는 만기일 옵션 행사(또는 옵션 행사 포기)'의 순서로 진행된다. 이러한 통화옵션의 거래 과정은 통화선물과 유사하나 일일정산제도가 없고, 증거금의 경우 상대방의 권리행사에 따라 의무를 부담하는 옵션 매도자는 향후 손실위험을 감안한 수준의 증거금을, 옵션 매입자는 옵션 매수 대금인 프리미엄을 납부하는 점이 다르다.

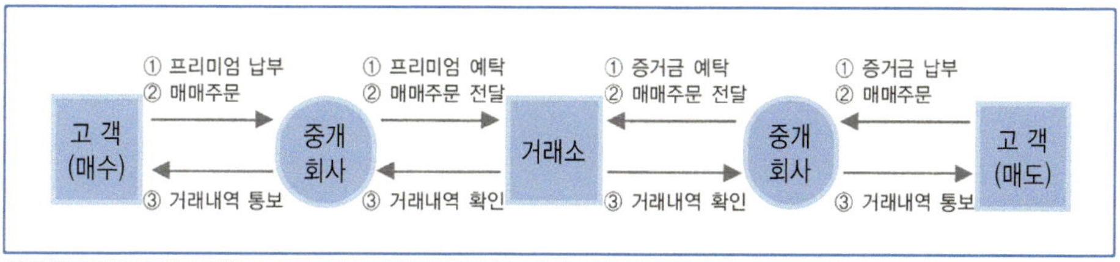

[그림 6-14] 통화옵션의 거래절차

통화옵션 거래는 권리의 내용에 따라 매입할 권리인 콜 옵션(call option)과 매도할 권리인 풋 옵션(put option)으로 구분된다. 콜 옵션 매입자는 기초자산의 시장가격(현물환율)이 행사가격을 상회하면 매입 권리를 행사하고 기초자산의 시장가격(현물환율)이 행사가격을 하회할 경우에는 지불한 프리미엄만 손실을 보고 옵션 행사의 권리를 포기한다. 반면 풋 옵션 매입자는 기초자산의 시장가격(현물환율)이 행사가격을 하회하면 매도 권리를 행사하고 기초자산의 시장가격(현물환율)이 행사가격을 상회할 경우에는 옵션 행사의 권리를 포기함으로써 지불한 프리미엄만큼의 손실을 부담한다.

		시장(현물)환율 > 행사가격	시장(현물)환율 < 행사가격
콜옵션	매입자	<권리 행사> 이익 : (시장환율-행사가격)-프리미엄	<권리 포기> 손실 : 프리미엄
	매도자	<의무 이행> 손실 : (시장환율-행사가격)-프리미엄	<의무 소멸> 이익 : 프리미엄
풋옵션	매입자	<권리 포기> 손실 : 프리미엄	<권리 행사> 이익 : (행사가격-시장환율)-프리미엄
	매도자	<의무 소멸> 이익 : 프리미엄	<의무 이행> 손실 : (행사가격-시장환율)-프리미엄

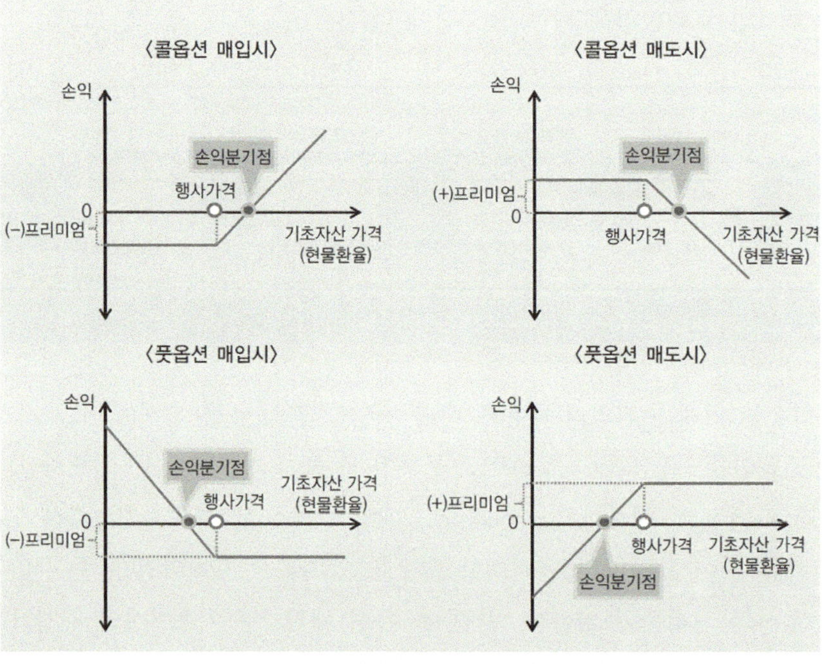

[그림 6-15] 통화옵션 거래의 손익구조

3. 신용파생상품시장

가. 의의

신용파생상품(credit derivatives)이란 채권, 대출금과 같이 차입자(또는 발행자)의 신용에 따라 가치가 변동하는 기초자산(underlying asset)의 신용위험(credit risk)을 분리하여 이를 거래 상대방에게 이전하고 그 대가로 수수료를 지급하는 금융상품을 말한다. 일반적으로 대출이나 채권 등의 금융자산은 금리, 환율 등 가격변수의 변동에 따라 자산가치가 변화하는 시장위험(market risk)과 차입자의 부도, 신용등급의 변동 등에 따라 자산가치가 변화하는 신용위험(credit risk)을 내포하고 있다. 이 경우 시장위험은 앞에서 설명한 선물(futures), 스왑(swaps), 옵션(options) 등의 거래를 통하여 대처할 수 있으며, 신용위험은 신용파생상품의 거래를 활용하여 그 위험을 회피(hedge)할 수 있다.

〈표 6-4〉 시장위험과 신용위험

구분	위험내용	회피(hedge) 수단
시장위험 (market risk)	금리, 환율 등 가격변수의 변동에 따른 자산가치 하락 위험	파생금융상품(derivatives) · 선물(futures) · 스왑(swaps) · 옵션(options) 등
신용위험 (credit risk)	차입자 또는 발행자의 부도, 신용등급 하락 등에 따른 자산가치 하락 위험	신용파생상품(credit derivatives) · 신용파산스왑(CDS) · 신용연계증권(CLN) · 총수익스왑(TRS) 등

신용파생상품을 거래하기 위해서는 신용위험이 실제 발생하였는지를 나타내는 신용사건(credit event)의 종류와 내용을 구체적으로 정의하는 것이 매우 중요하다. 신용사건의 종류와 내용에 대한 정의는 국제스왑파생금융상품협회(ISDA; International Swaps and Derivatives Association)가 마련한 5개 사항의 표준안[6]을 참고하여 거래 당사자가 매매 계약할 때 약정하게 된다.

일반적으로 신용파생상품은 기초자산을 이전함이 없이 신용위험만을 분리하여 거래하므로 신용위험에 대한 가격 산정의 적정성을 높여 신용위험을 다수의

---

6) 국제스왑파생금융상품협회(ISDA)가 마련한 표준안에서 규정한 신용사건은 다음과 같다.

종류	정의
① 도산(bankruptcy)	파산, 청산, 화의, 회사정리절차 신청 등
② 지급불능(failure to pay)	만기일에 채무를 상환하지 못하는 경우
③ 기한 이익 상실(obligation acceleration)	부도 등으로 기일 이전에 상환하여야 할 의무가 발생하는 경우
④ 모라토리엄(moratorium, repudiation)	지급정지 선언
⑤ 채무재조정(restructuring)	채권자와 채무자 사이에 채무원금, 이자, 지급시기 등이 재조정되는 경우

투자자에게 분산하는 기능을 제공한다.

신용파생상품 거래에서 신용위험을 회피하기 위해 신용위험을 이전하는 대신 수수료(premium)를 지급하는 거래자를 보장 매입자(protection buyer)라고 하며, 신용위험을 떠안고 그 대가로 수수료를 수취하는 거래자를 보장 매도자(protection seller)라고 한다. 따라서 보장 매입자는 보유하고 있는 금융자산의 신용위험 노출(credit risk exposure)을 해소하고 보유 포트폴리오의 만기 구조를 개선할 수 있는 반면, 보장 매도자는 수수료 수입을 통하여 수익 증대를 도모하고 투자 수단을 다양화할 수 있다.

선진 금융기관들이 이러한 신용파생상품을 신용위험의 관리수단과 새로운 수수료 수입원으로 적극 활용함에 따라 세계 신용파생상품시장이 급속히 성장하였으나, 글로벌 금융위기로 인해 거래 규모가 크게 위축되기도 하였다. 한국의 경우 증권사, 은행, 보험사를 중심으로 외국 금융기관과의 신용파생상품 거래가 꾸준히 증가해 왔으나 그 규모는 아직 미미한 수준이다.

한편 신용파생상품 거래는 기초자산[7], 이전하고자 하는 신용위험의 종류, 신용사건의 내용 등에 따라 신용파산스왑(CDS; credit default swap), 신용연계증권(CLN; credit linked note), 신용옵션(CSO; credit spread option), 총수익스왑(TRS; total return swap) 등으로 나눌 수 있다.

나. 거래 메커니즘

먼저 신용파산스왑(CDS; credit default swap)은 신용위험을 이전하고자 하는 보장 매입자(protection buyer)가 일정한 수수료(프리미엄)[8]를 지급하고 기초자산의 채무 불이행 등 신용사건(credit event)이 실제 발생할 경우 신용위험을 떠안은 보

7) 신용파생상품의 기초자산은 특정 채무를 이행할 의무를 부담하는 준거 단위(reference entity)의 신용상태(credit standing)로 정의할 수 있다. 예를 들어, A라는 준거 단위가 발행한 채권의 경우 신용파생상품의 기초자산은 A가 발행한 채권 자체가 아니라 A의 신용상태인 것이다. 준거 단위는 은행에서 대출을 받거나 회사채를 발행한 기업이 될 수도 있고 국채를 발행한 국가가 될 수도 있다.

8) 신용파산스왑의 프리미엄은 기초자산의 신용위험에 대한 가격을 수치화한 것으로 연율(annual rate)로 표시된다. 신용파산스왑의 프리미엄이 상승할 경우 기초자산의 신용위험이 증가함을 의미하며, 반대로 하락할 경우 신용위험이 감소함을 의미한다.

장 매도자(protection seller)로부터 손실액 또는 일정 금액을 보전받기로 약정하는 거래를 말한다. 신용파산스왑은 모든 신용파생상품의 근간을 이루는 가장 기본적인 형태의 상품으로서 기초자산에 대한 지급보증과 유사한 성격을 가지고 있으나 기존 계약자와의 거래 관계는 그대로 유지할 수 있는 특성이 있다.

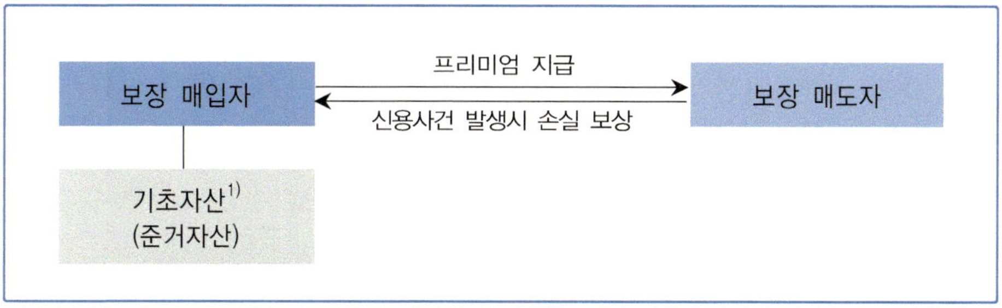

[그림 6-16] 신용파산스왑의 거래 구조

주 : 1) 기초자산(underlying assets)은 보장매입자가 신용파생상품 거래를 통해 신용위험을 헤지하고자 하는 대상 자산이다. 예를 들면, 은행의 특정 기업에 대한 대출금을 기초자산이라 할 수 있다. 준거자산(reference assets)은 신용파생상품 계약상 신용사건의 발생여부를 판단하는 기준이 되는 자산으로서, 기초자산이 그대로 이용되거나 기초자산과 밀접한 관련이 있는 다른 자산이 이용된다. 예를 들면, 은행이 특정 기업에 제공한 대출금의 신용위험을 헤지하고자 하는 경우 이 기업이 발행한 회사채를 신용파생상품 계약상 준거자산으로 할 수 있다.

일반적으로 신용사건이 발생하게 되면 실물인도 또는 현금결제에 의하여 신용파산스왑이 정산된다. 만약 계약조건이 실물인도를 요구하는 경우라면 보장 매입자는 기초자산을 보장 매도자에게 인도하고 기초자산의 액면가를 받는다.[9] 현금결제를 하는 경우라면 기초자산의 명목원금과 평균 시장가격과의 차이가 정산금액이 된다. 이때 기초자산의 평균 시장가격은 신용사건이 발생한 후 일정한 기간이 지난 시점에서 평가 대리인(calculation agent)이 문제가 된 채권 호가의 조사 또는 입찰을 통해 계산하게 된다.

신용파산스왑거래에서 프리미엄은 거래의 만기가 길어질수록, 기초자산의 신용등급이 낮을수록 높아지게 된다. 또한 보장 매도자의 신용등급이 높을수록 프리미엄이 높아지게 된다. 예를 들면 신용등급이 A인 기초자산의 신용위험을

9) 기초자산의 액면가는 통상 신용파산스왑 계약의 명목원금(notional principal)이 된다.

전가시키려는 보장 매입자의 입장에서는 신용등급이 BB인 보장 매도자와 계약을 맺는 것은 큰 의미가 없다. 왜냐하면 보장 매도자인 거래 상대방이 먼저 채무불이행 상태에 빠지면 계약을 이행할 수 없기 때문이다. 따라서 보장 매입자는 거래 상대방으로 신용등급이 자신보다 높은 보장 매도자를 선호하며 신용등급이 높을수록 프리미엄은 높아지게 된다. 또한 양자간 채무불이행의 상관관계가 낮을수록 프리미엄이 높아진다.

결론적으로 신용파산스왑 거래를 통해 보장 매입자는 기존 고객과의 관계를 그대로 유지하면서 신용위험을 회피(hedge)할 수 있게 된다. 보장 매도자는 투자자로서 자금부담 없이 신용위험을 이전받는 대가로 수수료 수입을 얻을 수 있다.

참고 **신용파산스왑 거래(예시)**

① 외국은행(protection buyer)은 보유하고 있는 한국기업 발행채권의 신용위험을 헤지하기 위하여 동 채권을 기초자산으로 한 신용파산스왑 계약을 국내 외은지점(protection seller)과 아래와 같이 체결한다.

- 기간 : 5년(2012년 8월 31일~2017년 8월 31일)
- 금액(notional amount) : 1천만달러
- 수수료(프리미엄) : 신용위험을 전가하는 외국은행이 국내 외은지점에 연 65bp 지급

② 신용파산스왑 계약기간 중에 국내기업이 지급불능 상태(신용사건 발생)에 빠지면 외국은행은 국내 외은지점으로부터 1천만달러를 지급받고 한국기업 발행채권(기초자산)을 인도한다.

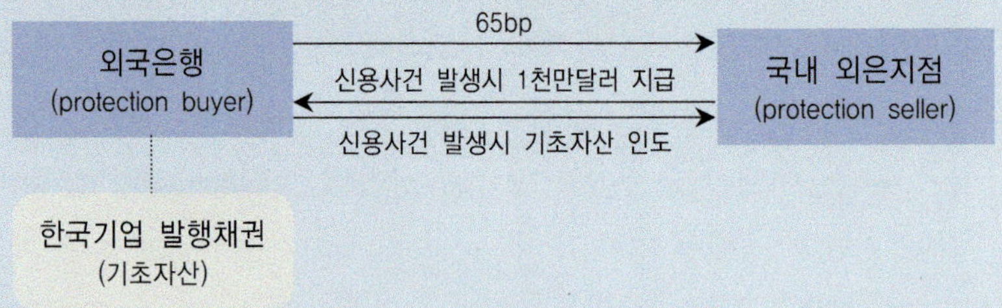

다음으로 신용연계증권(CLN; credit linked note)은 채권 등 보유하고 있는 기초자산의 신용위험을 이전하고자 하는 보장 매입자(CLN 매도자)가 기초자산을 바탕으로 하는 별도의 증권(신용연계증권)을 발행하여 이를 보장 매도자(CLN 매수자)

에게 매각한 다음, 신용사건이 발생하면 보장 매입자는 보장 매도자에게 증권(신용연계증권)을 상환하지 않고 해당 기초자산을 대신 인도하는 거래를 말한다. 이 경우 보장 매도자는 위험을 떠안은 대가로 높은 이자를 수취한다. 보장 매입자가 보유하는 기초자산은 1개 이상의 국내외 채권으로 구성되며, 채권의 개수 및 신용등급에 따라 이자가 달라진다. 따라서 신용연계증권은 앞에서 살펴본 신용파산스왑(CDS)을 증권화한 형태라고 할 수 있다.

신용연계증권 거래의 특징은 보장 매도자(CLN 매수자)가 지급하는 신용연계증권 매수대금이 신용사건 발생 시 보장 매도자가 부담하게 되는 손실의 담보 역할을 한다는 점이다. 즉 보장 매입자(CLN 매도자)는 신용연계증권 매도대금을 받아 국채 등과 같은 저위험자산을 매입하며, 이후 기초자산에 신용사건이 발생하는 경우 보장 매입자는 신용연계증권 매수대금에서 기초자산의 손실분을 차감하여 보장 매도자에게 돌려주거나, 기초자산을 보장 매도자에게 인도한다. 이와 같이 신용연계증권은 신용파산스왑(CDS)과는 달리 신용연계증권 대금이 담보 역할을 하고 있어 보장 매도자의 신용도는 문제가 되지 않는다.

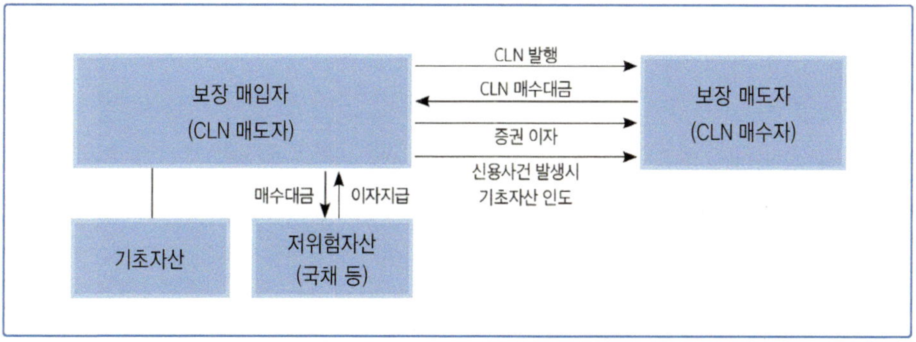

[그림 6-17] 신용연계증권의 거래 구조

참고 **신용연계증권 발행 및 거래(예시)**

① 외국은행(protection buyer)은 국내 4개 업체의 외환채권을 바스켓(기초자산)으로 하는 신용연계증권을 아래 조건으로 발행하여 국내 보험사(protection seller)에 매각한다.

- 기간 : 3년(2014년 9월 30일~2017년 9월 30일
- 금액(notional amount) : 3천만달러
- 신용연계증권 금리 : LIBOR(3개월만기)+275bp

② 계약기간 중 신용사건이 발생하면 외국은행은 3천만달러를 상환하지 않고 국내 보험사에 기초자산인 채권을 대신 인도한다.

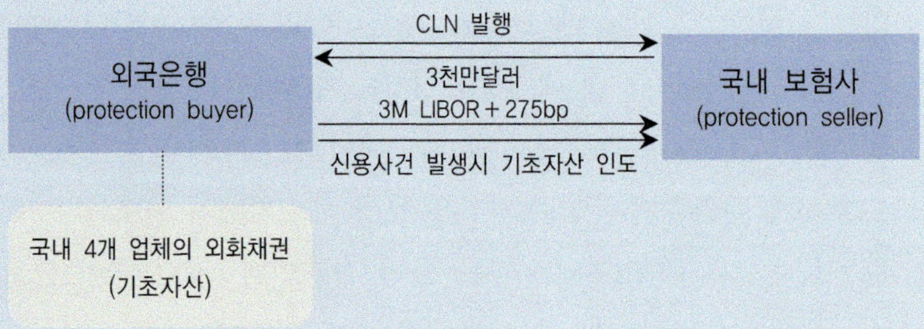

한편 신용옵션(CSO; credit spread option)은 옵션 매입자(보장 매입자)가 일정한 프리미엄을 옵션 매도자(보장 매도자)에게 지급하는 대신 약정된 가격(또는 신용 스프레드)으로 기초자산(또는 기초자산의 신용 스프레드)을 매입(콜 옵션)하거나 또는 매도(풋 옵션)할 수 있는 권리를 보유하는 거래를 말한다. 여기서 신용 스프레드는 일반적으로 채권 또는 대출의 금리에서 무위험 자산(예를 들어, 미국 국채) 금리를 차감한 값으로 계산된다. 예를 들면, 멕시코 정부가 발행한 미달러화 표시 채권에 투자한 투자자가 멕시코의 신용등급 하락으로 채권가격이 하락(신용 스프레드 확대)할 위험에 대비하여 멕시코의 채권 금리가 미국의 국채 금리를 500bp(basis point) 초과하면[10] 이익을 제공받는 옵션을 매입하였다고 하자. 옵션 매입자(보장 매입자)의 이익은 멕시코 채권의 시장가격과 스프레드가 500bp일 경우의 멕시코 채권의 시장가격 간의 차이로 계산될 수 있다. 이러한 유형의 신용옵션은 투자

10) 멕시코 채권금리 상승으로 채권가격이 하락하면서 채권투자에 따른 자본 손실(capital loss)이 발생한다.

자가 국가 신용도의 하락 위험에 과도하게 노출되는 것을 일정 범위 내로 제한하는 데 이용된다.

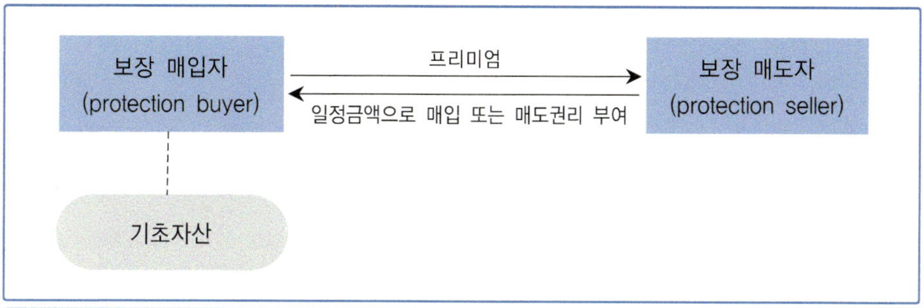

[그림 6-18] 신용옵션의 거래 구조

마지막으로 총수익스왑(TRS; total return swap)은 보장 매입자(TRS 지급자)가 기초자산의 보유에 따라 발생하는 이자, 자본 손익(capital gain · capital loss) 등 총수익을 보장 매도자(TRS 수취자)에게 지급하고 약정 이자(일반적으로 LIBOR+스프레드)를 수취하는 거래를 말한다. 이는 기초자산으로부터 발생하는 모든 현금흐름을 거래상대방에게 이전하기 때문에 해당 자산을 매각하는 것과 비슷한 효과가 있으며, 채무 불이행 등의 신용위험만을 전가하는 신용파산스왑과는 달리 기초자산의 신용위험뿐만 아니라 금리 및 환율 변동 등에 따른 시장위험도 이전한다. 즉 총수익스왑 거래를 통해 보장 매입자는 기초자산의 가격 변동에 따른 위험이 없으며 해당 자산을 매각하여 단기로 자금을 운용하는 것과 동일한 효과를 가진다. 그리고 보장 매도자는 자기자금의 부담 없이 수익을 획득할 수 있는 효과를 가진다.

총수익스왑 기간 동안의 현금 흐름은 다음과 같다. 우선 표면이자 지급일에 보장 매입자(TRS 지급자)는 채권 표면이자(coupon rate)를 지급하고, 보장 매도자(TRS 수취자)는 LIBOR + α 의 이자를 지급한다. 여기서 α 는 스프레드를 의미한다. 이후 총수익스왑 계약이 종료되는 시점에서는 이자 교환뿐만 아니라 채권가치의 변동에 따른 자본이득 또는 손실을 총수익스왑 계약 당사자간에 정산하여 교환하게 된다. 예를 들어, 액면가가 100억원인 채권을 기초자산으로 한 총수익스왑의 계약기간 동안 채권가격이 10% 상승하였다면 총수익스왑 지급자는 10억원을 지급하여야 한다. 반대로 채권가격이 10% 하락하였다면 총수익스왑 수취자가 10억원을 지급하게 된다. 총수익스왑 기간중 기초자산에서 채무불이행이 발생하면 일반적으로 총수익스왑 계약의 명목원금에서 기초자산의 시장가격을 차감한 만큼 보장 매도자가 부담한다.

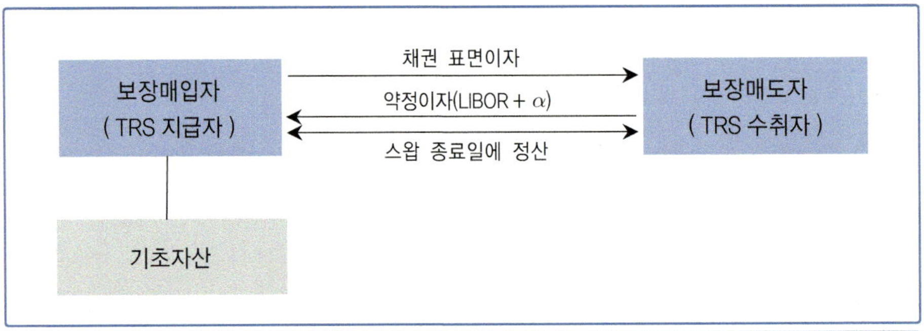

[그림 6-19] 총수익스왑 거래 구조

참고 총수익스왑 거래(예시)

① 외국 A은행 서울 지점(protection buyer)은 원화채권(액면 200억원)을 기초자산으로 A은행 싱가포르 지점(protection seller)과 아래와 같이 TRS(total return swap)를 체결하고, A은행 싱가포르 지점은 이를 헤지하기 위하여 외국 B은행과 정반대의 TRS 계약을 체결한다.

- 기간 : 1년(2016년 9월 30일~2017년 9월 30일)
- 이자교환 : A은행 서울 지점은 싱가포르 지점에 원화채권 이자를 지급하고 LIBOR (1년만기)+α의 이자를 수취
- 금액 : 2천만달러

② 계약기간 중 신용사건이 발생하면 A은행 서울 지점은 A은행 싱가포르 지점으로부터 2천만달러를 수취하고 원화채권(액면 200억원)을 인도한다.

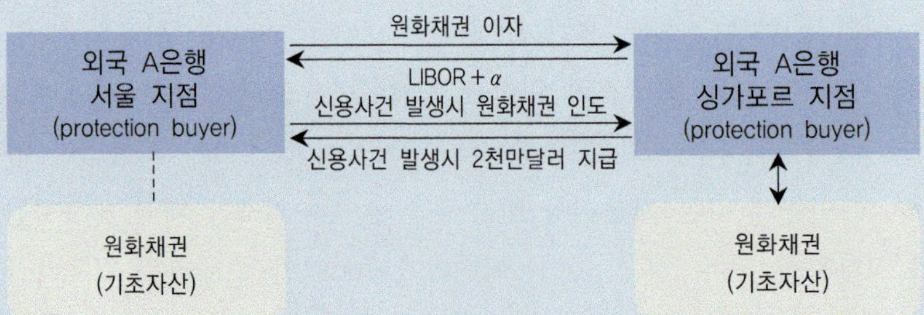

참고 신용파생상품의 문제점과 개선방안 관련 국제 논의

글로벌 금융위기를 계기로 신용파생상품에 내재된 다음과 같은 문제점들이 지적되었다. 첫째, 상품구조가 복잡하다는 점이다. 각종 신용파생상품들의 구조가 너무 복잡하여 최종투자자들이 이해하기 어려울 뿐 아니라 기초자산에 대한 정보가 부족하여 신용파생상품의 리스크 정도를 정확히 파악할 수 없다. 둘째, 신용파생상품 거래가 불투명한 점이다. 신용파생상품은 장외에서 거래되어 가격, 거래조건 등이 대부분 공개되지 않으며 시장 전반 및 상품별 거래규모 등에 대한 정보입수가 곤란하다. 셋째, 신용파생상품을 통한 금융거래가 서로 연결되어 있어 리스크가 전이된다는 점이다. 신용파생상품으로 긴밀하게 연결된 국제금융시장에서 복잡하게 얽힌 계약의 일부가 파기될 경우 전체 거래의 파기로 이어져 금융시장 전반의 시스템리스크로 확산될 가능성이 높다. 넷째, 신용파생상품에 대한 규제가 느슨하다는 점이다. 특히 헤지펀드 등은 감독기관의 규제범위 안에 있지 않기 때문에 고수익을 획득하기 위해 과도한 레버리지를 추구할 가능성이 높다.

이와 같은 문제점을 해결하기 위해 G-20 정상회의를 중심으로 글로벌 금융위기 이후 신용파생상품에 대한 감독과 규제를 강화하는 방향으로 기조를 전환하였다. 규제안의 핵심은 신용파생상품 거래와 관련된 인프라를 구축하여 시장동향을 파악하는 한편, 시스템 위험을 사전에 포착하여 대응할 수 있는 체계를 구축하는 것이다. 현재 논의되고 있는 주요 인프라로는 중앙청산소, 거래정보저장소, 전자거래플랫폼 등이 있으며, 우리나라도 이러한 흐름에 맞추어 관련 인프라 구축을 준비중이다. 한편 신용파생상품시장의 글로벌 성격과 복잡성 등으로 인해 개별 국가차원의 대응보다는 국제공조가 효과적이라는 데 인식을 같이 하고 G-20 정상회의와 FSB(Financial Stability Board), BCBS(Basel Committee on Banking Supervision) 등 국제협의체를 통해 신용파생상품시장의 건전성과 투명성을 제고하기 위한 개선방안에 합의하였으며, 원활한 국제공조를 위해 FSB로 하여금 각국의 이행상황을 확인하고 점검하도록 할 계획이다.

〈부록〉 환율의 기본개념과 환율결정

1. 의의

환율(exchange rate)이란 한 나라 통화와 다른 나라 통화간의 교환비율을 의미하며, 대외적 측면에서 두 나라 통화의 상대적 가치를 나타낸다. 즉 환율은 외국통화를 한 단위를 얻기 위해 자국통화를 몇 단위 지불해야 하는가를 나타내는 지표로서 자국통화로 표시하는 외국통화의 가격을 의미한다.

환율은 고정환율제도 하에서는 외환당국의 정책적 목적에 따라 특정 수준에 고정되는 반면, 변동환율제도 하에서는 외환시장에서의 수요와 공급의 원리에 따라 결정된다.[11] 예를 들어, 변동환율제도 하에서는 국제수지가 흑자인 경우 외환시장에서 외환의 공급이 수요보다 커짐에 따라 외환의 가치가 떨어져 환율이 하락한다. 반대로 국제수지가 적자를 보여서 외환의 수요가 공급보다 많아지면 외환의 가격인 환율이 상승한다. 또한, 환율은 통화의 상대가치에 영향을 미치는 여러 가지 요인들에 의해서도 변동한다. 즉, 장기적으로는 한 나라와 다른 나라의 물가변동에 따른 구매력의 변화, 생산성 및 교역조건의 변화, 경기변동의 영향을 받으며, 단기적으로는 시장 참가자들의 환율변동에 대한 기대나 각종 뉴스(news) 등에 따라 움직이게 된다.

환율 수준의 변화는 한 나라의 경제에 큰 영향을 미친다. 일반적으로 환율이 상승하면 그 나라의 수출이 증가하고 수입은 감소함에 따라 경상수지가 개선된다. 이는 수출기업이 수출대금으로 이전과 동일한 금액의 외환을 받더라도 국내 통화로 환산할 경우 더 많은 금액을 받을 수 있기 때문이다. 또한 환율이 상승하면 외환으로 표시하는 수출단가를 낮출 수 있는 여지가 생김에 따라 수출상품의 가격경쟁력이 향상됨으로써 더 많은 물량을 수출할 수 있기 때문이다. 반

11) 환율제도의 분류는 '3. 환율제도'에서 자세히 설명하기로 한다.

대로 수입기업은 환율이 상승하면 국내 통화로 지불해야 할 금액이 늘어나 수입을 줄이게 된다. 이처럼 환율이 상승하는 경우 수출이 증가하고 수입이 감소함에 따라, 국내 생산이 늘어나고 고용이 증대됨으로써 경제성장이 촉진된다.

그러나 환율 상승이 한 나라 경제에 긍정적인 영향만을 미치는 것이 아니라 부정적 영향을 초래할 수도 있다. 즉, 환율이 상승할 경우 원자재 등을 수입하는데 더 많은 국내 통화가 소요된다. 이로 인해 원유 등의 국내 가격이 상승하고 생산 제조비용이 증가함에 따라 국내 물가수준이 높아지게 된다. 또한 환율 상승으로 기업이나 금융기관의 외채상환 부담이 커질 수 있다. 왜냐 하면, 동일한 금액의 외채를 갚기 위해서 더 많은 금액의 국내 통화가 필요하기 때문이다.

2. 환율의 표시방법과 종류

가. 자국통화표시법과 외국통화표시법

환율은 두 나라의 통화간 교환비율을 의미하므로 어느 나라의 통화를 기준으로 계산하느냐에 따라 표시방법이 달라진다. 환율을 외국통화 한 단위당 자기나라 통화의 단위수로 표시하는 경우 이를 자국통화표시법 또는 직접표시법(direct quotation)이라고 한다. 반대로 자기나라 통화 한 단위당 외국통화의 단위수로 표시하는 경우 이를 외국통화표시법 또는 간접표시법(indirect quotation)이라고 한다. 예를 들어, 우리나라의 경우 자국통화표시법을 사용하므로 미달러화에 대한 원화환율이 $1=1,000원(1,000원/$)과 같은 형식으로 표시된다. 대부분의 국가는 자국통화표시법을 사용하여 자기나라 통화의 환율을 표시하고 있으나 영국, 유로지역, 호주 등 일부 국가에서는 외국통화표시법을 사용하고 있다.

나. 매입환율과 매도환율

외환시장에서는 환율은 일반적으로 매입환율(bid rate 또는 buying rate)과 매도환율(asked rate 또는 offered rate)의 두 가지 환율이 동시에 고시된다.[12] 매입환율

---

12) 매입가격과 매도가격을 동시에 고시하는 것을 양방향 호가(two-way quote) 방식이라고 한다.

이란 은행이 외환을 매입할 의사가 있는 가격(즉, 환율)을 뜻하며, 매도환율은 은행이 외환을 매도할 의사가 있는 가격을 의미한다. 예를 들어, 한 은행이 원/달러 환율을 1,000.00~1,000.50으로 제시하였다면 이는 미달러화에 대해 1달러당 1,000.00원에 매입할 의사가 있고 1달러당 1,000.50원에 매도할 의사가 있다는 것을 나타낸다.

매도환율과 매입환율의 차이는 매매율차(bid-ask spread)라고 불리며 거래비용의 성격을 띠고 있다. 따라서 매매율차는 거래통화의 유동성 상황이나 환율 전망, 거래 상대방 등에 따라 달라진다. 일반적으로 매매율차는 거래 빈도가 높은 국제화된 통화간에는 작게 나타나며 대고객 거래보다 은행간거래에서 더 작게 나타난다.

다. 대고객환율과 은행간환율

환율은 외국환은행과 고객간의 거래에 적용하는 대고객환율과 은행간 거래에 적용하는 은행간환율로 구분하여 고시된다. 일반적으로 외환시장에서 결정되는 환율은 은행간환율을 말한다. 은행간환율은 대고객환율보다 매매율차가 작은데 이는 은행간에는 거래가 대규모로 이루어져 단위당 거래비용이 상대적으로 적게 들기 때문이다.

대고객환율은 은행간환율을 고려하여 각 은행이 매일 매일 자율적으로 결정하여 고시하는데, 당일의 은행간환율의 변동이 심한 경우에는 실시간의 은행간환율 변동을 반영하여 당일 중에도 여러 차례에 걸쳐 대고객환율을 수정하여 고시하기도 한다.

은행간환율은 기본적으로 전신환매매율 한 가지밖에 없으나, 대고객환율은 외환의 결제방법에 따라 송금시 적용되는 전신환 매매율, 현찰 매매율, 여행자수표(T/C) 매매율 등 여러 가지 종류가 있다. 외환의 결제방법에 따른 대고객환율은 은행간시장에서 결정되는 은행간환율의 매매기준율에 일정률의 마진(margin)을 차감 또는 가산하여 매입환율과 매도환율이 고시된다. 이 경우 현찰의 매도율과 매입률 차이가 가장 크게 나타나는데, 이는 전신환이나 여행자수표에 비해 현찰이 보관 및 관리에 상대적으로 더 많은 비용이 들기 때문이다.

라. 교차환율과 재정환율

교차환율(cross rate)은 자기 나라 통화가 개재되지 않은 외국통화간의 환율을 의미한다. 한국에서는 엔/달러 환율이나 달러/유로 환율 등이 교차환율에 해당한다. 국제금융시장에서는 기축통화인 미달러화를 기준으로 하여 각 나라 통화의 환율을 표시하므로, 교차환율은 엔/유로 환율이나 위안/유로 환율 등 미달러화가 개재되지 않는 통화간의 환율을 의미한다.

한편 재정환율(arbitrage rate)은 원/엔 환율이나 원/유로 환율과 같이 국내 외환시장에서 직접 거래되지 않는 통화에 대한 환율을 계산할 때, 원/달러 환율과 국제금융시장에서 형성되는 엔/달러 환율 또는 달러/유로 환율을 이용하여 산출한 환율을 말한다. 예를 들어, 국내 외환시장에서 원/달러 환율이 1달러당 1,000원으로 형성되고 국제금융시장에서 교차환율인 엔/달러 환율이 1달러당 100엔으로 형성되어 있다면, 재정환율인 원/엔 환율은 100엔당 1,000원으로 산출된다.

마. 현물환율과 선물환율

현물환율(spot exchange rate)이란 외환거래 당사자가 매매계약을 체결한 후 2영업일 이내에 외환의 결제가 이루어지는 환율을 말한다.

반면 선물환율(forward exchange rate)은 외환의 매매계약 체결일로부터 2영업일 경과 후 장래의 특정일에 결제가 이루어지는 환율을 말한다. 선물환율은 금리평가이론(CIRP; covered interest rate parity)에 따라 두 나라 통화간의 금리차와 일치하게 되므로 다음 산식에 의해 이론 선물환율(theory-based forward exchange rate)이 계산된다.

자기 나라 통화의 한 단위를 국내와 해외에 투자할 경우 재정거래(arbitrage transaction)의 결과로 투자에 따른 수익이 같아진다는 금리평가이론(interest rate parity)에 의해 다음의 식이 성립한다.

$$1+i=\frac{F}{S}\times(1+i^*)$$

단, F: 선물환율, S: 현물환율, i: 국내금리, i^*: 해외금리

위 식을 정리하면, 선물환율 또는 스왑 레이트(swap rate)는 다음과 같이 표시된다.

$$F=S\times\frac{(1+i)}{(1+i^*)} \text{ 또는 } \frac{(F-S)}{S}\fallingdotseq i-i^*$$

단, $\frac{(F-S)}{S}$: 스왑레이트

여기서 국내금리가 해외금리보다 높으면 스왑레이트는 양(+)의 값을 가지며, 이 경우 미달러화는 원화에 대해 선물환 프리미엄(forward premium) 상태에 있다는 것을 의미한다. 반면 국내금리가 해외금리보다 낮아 선물환율이 현물환율을 하회하는 경우 미달러화는 원화에 대해 선물환 디스카운트(forward discount) 상태에 있다고 말한다.

바. 명목환율과 실질환율

명목환율(nominal exchange rate)은 국내와 외국의 물가 요인을 제거하지 않은 환율을 말하는데, 일반적으로 환율을 지칭할 때에는 명목환율을 의미한다. 앞에서 살펴 본 매입환율과 매도환율, 대고객환율과 은행간환율, 교차환율과 재정환율, 현물환율과 선물환율은 모두 명목환율 개념에 포함된다.

반면 실질환율(real exchange rate)은 명목환율에서 국내와 외국 등 두 나라의 물가요인을 제거한 환율을 말하며, 명목환율을 두 나라 물가수준의 상대적 비율로 나누어 구한다. 즉 실질환율은 외국통화에 대한 자기 나라 통화의 상대적인 구매력을 반영한 환율로서 구매력평가이론(PPP; purchasing power parity)[13)]을 이

13) 일물일가의 법칙(law of one price)은 동일한 상품의 경우 운송비 등 거래비용이 없다면 국내와 해외에서 똑 같은 가격으로 거래되어야 한다는 것을 의미한다. 이러한 개념을 모든 상품의 가격을 집계한 물가 수준에 적용한 것이 구매력평가이론이다. 따라서 구매력평가이론은 한나라 통화의 대외 가치인 환율과 대내 가치인 물가간의 관계를 나타내는 개념으로 절대적 구매력평가이론(absolute purchasing power parity)과 상대적 구매력평가이론(relative purchasing power parity)으로 구분된다. 즉 절대적 구매력평가이론은 일물일가의 법칙을 적용하면 환율이 국내 물가 수준과

론적 기초로 하고 있다. 예를 들어, 한국 물가가 미국 물가보다 더 크게 상승하면 같은 금액의 원화로 구매할 수 있는 재화의 양이 줄어들기 때문에 원화의 구매력이 상대적으로 더 떨어지게 된다. 만약 원/달러 환율(명목환율)이 한국과 미국간 물가상승률의 차이를 반영하지 못하여 과거와 동일한 수준에 머물러 있을 경우, 실질환율은 하락(원화 절상 또는 원화의 실질가치 상승)하게 된다. 즉 원화의 명목가치가 달러화에 비해 낮아졌음에도 불구하고 원화가 종전과 동일한 수준으로 달러화로 교환되기 때문에, 원화의 실질환율은 하락한다. 여기서 실질 개념은 명목가치를 두 나라의 물가로 조정한 것을 의미한다. 실질환율은 다음의 산식으로 표시할 수 있다.

$$r = S \times \frac{P^*}{P}$$

단, r: 실질환율, S: 명목환율, P: 국내 물가수준, P^*: 외국 물가수준

일반적으로 실질환율은 자기 나라의 수출경쟁력을 나타내는 지표로 활용된다. 즉 실질환율이 하락(자기나라 통화의 절상 또는 실질가치 상승)하면 해외시장에서 자기 나라 상품 가격이 상대적으로 비싸져서 가격경쟁력이 떨어진 것을 의미하고, 반대로 실질환율이 상승하면 자기 나라의 가격경쟁력이 높아졌음을 의미한다.

사. 명목실효환율과 실질실효환율

수출경쟁력을 판단할 수 있는 지표로는 위에서 언급한 실질환율 이외에 실효환율(effective exchange rate)이 있다. 지금까지 논의된 환율 개념은 교역상대국이 한 국가인 경우를 상정하고 있지만, 교역상대국이 다수의 국가인 경우가 일반적이라고 할 수 있으므로 한 나라의 수출경쟁력을 제대로 평가하는 데에는 한계가 있다. 예를 들어, 원/달러 환율에는 변화가 없는 상황에서 엔/달러 환율이 상승하였다면, 재정환율인 원/엔 환율(엔화 대비 원화 가치)은 하락(상승)하게 되어

외국의 물가 수준의 상대적 차이에 의해 결정된다고 보는 이론($P = S \times P^*$, P: 국내물가수준, S: 환율, P^* : 외국물가수준)이며, 상대적 구매력평가이론은 거래비용 등으로 일물일가의 법칙이 성립하지 않더라도 환율의 변화율이 국내와 외국의 물가상승률의 상대적 차이와 같아진다는 이론($\dot{P} = \dot{S} + \dot{P}^*$, $\dot{P}$: 국내물가 상승률, $\dot{S}$: 환율 변동률, $\dot{P}^*$: 외국물가상승률)이다.

한국 상품의 수출경쟁력이 일본 상품에 비해 떨어지게 된다. 실효환율은 이러한 점을 반영하여 자기 나라 통화와 주요 교역상대국 통화간의 환율을 자기 나라의 무역에서 각 교역상대국이 차지하는 비중(무역 비중)으로 가중 평균하여 산출한 값이다.

명목실효환율(NEER; nominal effective exchange rate)은 자기 나라와 교역상대국과의 명목환율을 무역비중으로 가중평균한 환율이며, 실질실효환율(REER; real effective exchange rate)은 명목실효환율에 자기 나라와 교역상대국간의 상대적인 물가수준의 변화를 반영한 환율이다. 다만 명목실효환율 및 실질실효환율은 명목환율의 절대적 수준이 통화별로 다르기 때문에 기준시점과의 비교를 통한 지수(index) 형태로 산출된다. 우리나라의 경우를 예로 들어 명목실효환율지수 및 실질실효환율지수를 산출하는 식을 나타내면 다음과 같다.

$$\text{실질실효환율지수} = \frac{\text{명목실효환율지수}}{\text{구매력평가지수}} \times 100$$

$$\text{명목실효환율지수} = \frac{\prod_{i=1}^{n}\left[\dfrac{ER_{it}}{ER_{io}}\right]^{w_{it}}}{\left[\dfrac{KER_t}{KER_o}\right]} \times 100 = \prod_{i=1}^{n}\left[\frac{WER_{it}}{WER_{io}}\right]^{w_{it}} \times 100$$

$$\text{구매력평가지수} = \frac{\prod_{i=1}^{n}\left[\dfrac{FPI_{it}}{FPI_{io}}\right]^{w_{it}}}{\left[\dfrac{KPI_t}{KPI_o}\right]} \times 100 = \prod_{i=1}^{n}\left[\frac{\dfrac{FPI_{it}}{KPI_t}}{\dfrac{FPI_{io}}{KPI_o}}\right]^{w_{it}} \times 100$$

단, ω_i : i국의 무역가중치, ER_i : i국 통화의 대미달러 환율,
WER_i : i국 통화의 대원화 환율, KER : 원화의 대미달러 환율,
FPI_i : i국의 물가지수, KPI : 한국 물가지수
하첨자 t 및 o는 비교시점 및 기준시점을 표시

명목실효환율지수 및 실질실효환율지수가 100보다 높으면 원화가 기준시점에 비해 고평가되어 있음을 의미하고, 100보다 낮으면 원화가 기준시점에 비해 저평가되어 있음을 나타낸다. 그리고 명목실효환율지수 및 실질실효환율지수가 100이면 원화가 기준시점과 균형을 이루는 수준에 있음을 의미한다.

실질실효환율지수는 구매력평가이론을 바탕으로 한 균형환율 수준을 판단하는 지표로 활용되고 있다. 그러나 구매력평가이론에 의한 균형환율은 장기 균형환율(long-run equilibrium exchange rate)로서 단기간에 성립하기 어려운 데다, 기준년도 및 물가지수의 선정, 국가별 가중치 산정방법 등에 따라 상이한 결과가 도출될 수 있다. 이러한 이유 때문에 기초경제여건 등을 감안한 기조적 균형환율(FEER; fundamental equilibrium exchange rate) 등 다양한 균형환율 이론이 도입되었다.

3. 환율 제도

환율 제도는 전통적인 페그 제도(conventional peg system)와 같이 자국의 통화가치가 특정 통화의 가치에 고정되어 있는 고정환율제도(fixed exchange rate system)와 환율이 시장의 수급 상황에 따라 자유롭게 변동하는 자유변동환율제도(free floating exchange rate system)를 양극단으로 하여 이를 절충하는 다양한 형태의 제도로 분류할 수 있다.

고정환율제도는 환율변동에 따른 충격을 완화하고 통화정책을 포함한 거시경제정책의 자율성을 어느 정도 확보할 수 있는 장점이 있으나, 이를 위해서는 자본 이동의 제약이 불가피하여 결과적으로 외화 유동성이 부족해질 가능성이 있다. 또한 국내 경제의 대외 불균형이 지속되거나 기초경제여건이 취약해지면 환투기 공격에 쉽게 노출되는 단점이 있다.

반면 변동환율제도의 경우 자본 이동이 자유롭게 이루어지므로 외화 유동성을 확보하기가 용이하고 외부 충격을 환율변동으로 흡수함으로써 통화정책 등 거시경제정책을 자율적으로 수행하는 것이 용이하다는 장점이 있다. 다만 외환시장의 거래 규모가 작고 외부 충격의 흡수 능력이 미약한 개발도상국은 환율의 변동성이 높아짐으로써 국내 경제의 안정을 제약하는 요인으로 작용할 가능성이 있다.

통화위원회제도(currency board system)는 국내통화를 미달러화 등 기축통화에 일정 비율로 고정시킴으로써 외화 유동성을 확보하고 환율변동에 따른 환위험을 방지할 수 있다. 그러나 외환의 공급에 비례하여 국내 통화가 자동적으로 공급 또는 환수됨으로써 통화정책의 자율성이 크게 제약될 수 있는 단점이 있다.

한편 한 나라가 어떠한 환율 제도를 선택하더라도 ① 통화정책의 자율성(monetary independence), ② 자본 자유화(financial integration), ③ 환율 안정(exchange rate stability) 등 세 가지의 정책목표를 동시에 달성하는 것은 불가능하다고 할 수 있는데, 이를 삼원체제 불가능 원칙(impossible trinity 또는 trilemma)이라고 한다.

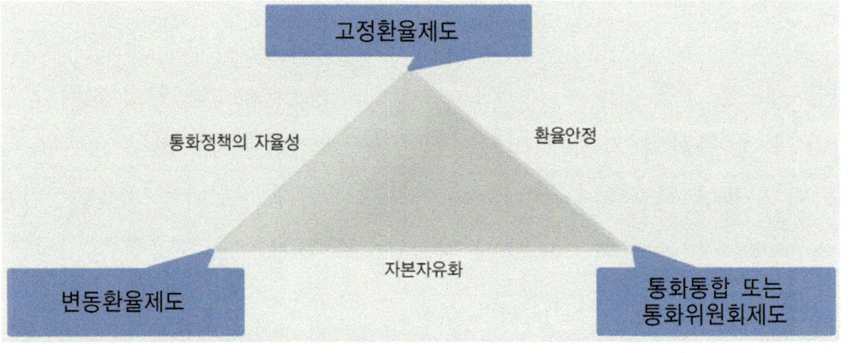

[그림 6-20] 환율제도

한편 국제통화기금(IMF; International Monetary Fund)은 환율 변동의 신축성 정도와 각 회원국의 환율 변동에 대한 대응 형태에 따라 환율 제도를 다음과 같이 9가지로 분류하고 있다.[14)]

① 국가 고유의 법정통화가 없는 경우(exchange arrangement with no separate legal tender): 미달러화 등 타국통화를 자국통화로 사용하는 제도로서 국내 통화정책에 대한 중앙은행의 통제가 불가능한 제도(에콰도르, 엘살바도르, 파나마 등 13개국)

---

14) IMF는 1950년 이후 매년 발간하고 있는 「환율제도 및 외환규제 연차보고서」(Annual Report on Exchange Arrangements and Exchange Restrictions)에서 회원국의 환율제도를 분류하고 있다. 각 환율제도별 국가는 2017년 10월 기준이다.

② 통화위원회 제도(currency board system): 자국통화의 환율을 특정 외국통화에 고정하는 제도로서 법적으로 자국화폐 소지자의 외환요구시 고정환율로 무제한 태환을 허용함에 따라 중앙은행의 독립적인 통화관리 수행이 불가능한 제도(홍콩, 불가리아, 브루나이 등 12개국)

③ 전통적 페그 제도(conventional peg): 자국의 통화가치를 외국의 기축통화나 여러 개의 통화 바스켓의 가치에 연동하여 고정환율을 유지하는 제도로서 외환당국은 직・간접 개입을 통해 시장환율이 기준환율 중심으로 좁은 범위(±1% 이내 또는 최소 6개월간 '최대-최소' 환율간 차이가 2% 이내)에서 움직이도록 관리하는 제도(카타르, 베네수엘라, 덴마크, 사우디아라비아, 쿠웨이트, 리비아, 네팔 등 44개국)

④ 안정적 환율제도(stabilized arrangement): 중앙은행 등 정책당국이 시장개입을 통해 환율을 6개월 이상 2% 이내에서 변동하도록 운영하는 제도(이라크, 카자흐스탄, 레바논, 싱가포르, 베트남 등 21개국)

⑤ 크롤링 페그 제도(crawling peg): 주요 교역 상대국과의 물가상승률 차이 등 양적 지표의 변화를 고려하여 고정환율을 미세하게 조정하는 제도(니카라과, 보츠와나 등 2개국)

⑥ 유사 크롤링 제도(crawl-like arrangement): 6개월 이상 기간 동안 환율의 통계적인 추세가 2% 이내에서 변동하며 최소 변동범위는 안정적 환율제도의 경우보다 더 큰 제도(자메이카, 크로아티아 등 15개국)

⑦ 수평 밴드 페그 제도(pegged exchange rate within horizontal bands): 시장환율이 기준환율로부터 최소 1% 범위 이내 또는 '최대-최소' 환율의 차이가 2% 범위에서 움직이도록 하는 제도(통가 1개국)

⑧ 변동환율제도(floating): 원칙적으로 환율이 신축적으로 변동하는 것을 허용하되 정책당국이 외환시장에 직・간접적으로 개입(intervention)하여 과도한 환율 변동을 완화하는 제도(한국, 뉴질랜드, 브라질, 우루과이, 우크라이나, 인도네시아, 콜롬비아, 터키, 필리핀, 인도, 잠비아 등 36개국)

⑨ 자유변동환율제도(free floating): 변동환율제도를 채택한 국가 중에서 외환당국의 시장개입이 시장교란 요인 제거 등 예외적인 상황에서 과거 6개월간 3회(매회 3영업일 이내) 이내로 이루어지고 개입 관련 정보가 외부에 공개되는 제도(호주, 캐나다, 멕시코, 칠레, 일본, 영국, 스웨덴, 미국, EMU 등 29개국)

4. 환율 변동 요인

변동환율제도하에서는 환율이 외환시장의 수요와 공급에 따라 결정된다. 즉 외환의 공급이 수요를 초과하면 환율은 하락(자국의 통화가치 상승)하고, 반대로 외환의 수요가 공급을 초과하면 환율이 상승(자국의 통화가치 하락)한다. 그러나 실제에 있어서는 환율이 국내외 경제여건, 시장의 기대 및 기술적 요인 등에 의해 복합적으로 영향을 받기 때문에 외환수급만으로 설명하는 데에는 한계가 있다. 우리나라의 경우를 예로 들면, 2000년 이후 대부분의 기간 동안 국제수지가 흑자를 기록함으로써 외환의 공급이 수요를 초과하였음에도 불구하고 환율이 지속적으로 하락하기보다는 상승과 하락을 반복하는 모습을 보였다. 만약 환율이 외환의 수급 요인에 의해서만 변동한다면 원/달러 환율은 추세적인 하락(원화의 절상)을 보였어야 할 것이다.

환율변동에 영향을 미치는 요인을 기초 경제여건과 밀접한 관련이 있는 중·장기 요인과, 시장의 기대나 국제금융시장 동향 등과 같은 단기 요인으로 구분하여 살펴보면 다음과 같다.

가. 중·장기 변동요인

각 나라의 물가수준이나 생산성 등 기초 경제여건의 변화는 장기적으로 한 나라의 통화가치에 영향을 미친다.

환율을 결정하는 가장 근본적인 요인으로는 해당 국가와 상대국의 물가수준 변동을 들 수 있다. 통화가치는 재화, 서비스, 자본에 대한 구매력의 척도이므로, 환율은 해당 국가와 상대국의 물가수준을 반영한 상대적 구매력에 의해 결정된다. 예를 들어, 한 나라의 물가가 상승하는 경우 그 나라 통화의 구매력이 떨어지므로 통화의 상대가격을 나타내는 환율은 상승(통화가치 하락)하게 된다.

국가간의 재화거래에서 관세나 운송비용 등과 같은 거래비용 요인이 없다면 구매력평가이론에서 가정하는 일물일가의 법칙(law of one price)에 따라 동일한 재화의 가격은 국가간에 같아야 한다. 즉 국가간에 동일한 재화의 가격이 차이를 보인다면 환율이 조정됨으로써 실질적인 가격은 동일해져야 한다. 그러나 현실적으로 재화시장에는 교역재와 비교역재를 포함한 무수한 재화가 존재하므로 환율이 한 재화의 가격만을 기준으로 움직이지 않는다. 또한 국가별로 각종 세금이나 거래비용이 상이하므로 일물일가의 법칙이 항상 성립하기는 어렵다. 다만 장기적으로는 구매력평가가 성립할 수도 있다는 일부 연구결과에 비추어 볼 때, 각국의 물가수준은 환율을 결정하는 중요한 요소로 볼 수 있다.

장기적으로 환율에 영향을 미치는 또 다른 요인으로는 생산성의 변화를 들 수 있다. 예를 들어, 한 나라의 생산성이 다른 나라보다 더 빠른 속도로 향상(악화)될 경우 자국통화는 절상(절하)된다. 이는 생산성이 향상될 경우 재화의 생산에 필요한 비용이 절감되어 보다 저렴한 가격으로 재화를 공급할 수 있기 때문이다. 이에 따라 물가가 하락하면서 통화가치는 올라가게 된다.

중기적 관점에서 환율에 영향을 미치는 요인으로는 대외거래를 들 수 있다. 상품·서비스 거래, 자본거래 등의 대외거래의 결과로 국제수지가 흑자를 보이면 외환의 공급이 늘어나므로 환율은 하락하게 된다. 반대로 국제수지가 적자를 보이면 외환에 대한 수요가 공급을 초과하여 환율은 상승하게 된다. 이러한 환율 상승(하락)은 다시 국제수지의 개선(악화) 요인으로 작용하여 국제수지가 균형을 회복하는 데 도움이 된다. 외환시장에서의 외환수급 상황은 국제수지(balance of payments)[15]를 이용하여 종합적으로 파악할 수 있다. 즉 경상수지와 금융계정(자본수지)의 합계에서 준비자산 증감을 제외한 값은 해당 기간 동안 외환시장의 초과공급 또는 초과수요 규모를 나타낸다고 볼 수 있다.

통화정책 등 거시경제정책 또한 환율에 큰 영향을 미친다. 통화정책을 긴축적으로 운영하면 통화공급이 감소하고 국내금리는 상승하게 된다. 이론적으로

15) 국제수지표는 일정 기간중 거주자와 비거주자간에 발생하는 모든 경제적 거래를 기록한 통계표이다.

외국의 통화량에 변화가 없는 상황에서 우리나라의 통화량이 감소하게 되면 시중에 원화의 상대적인 공급이 줄어들어 환율이 하락(원화 가치 상승)한다. 한편 국내금리의 상승은 내외금리차(국내금리-해외금리)를 확대시켜 주로 채권투자자금을 중심으로 자본의 유입을 증가시키므로 환율하락을 초래하게 된다. 그러나 국내금리 상승이 반드시 환율하락을 초래한다는 것에 대한 반론도 적지 않다. 왜냐하면 국내금리가 상승하면 경기가 위축되어 외국인 주식투자자금이 유출됨으로써 환율상승 요인으로 작용할 수도 있기 때문이다.

한편 통화정책 등 거시경제정책이 환율에 미치는 영향을 파악하기 위한 대표적인 이론으로는 자산시장 접근법(asset market approach)에 의한 환율결정이론을 들 수 있다. 다만 이 이론은 통화 이외의 다양한 금융자산이 존재하고 통화정책의 변화가 환율에 미치는 파급경로 등에 대한 가정이 단순하여 실제 환율의 변동을 만족스럽게 설명하는 데에는 한계가 있다.

아울러 중앙은행의 외환시장 개입은 환율 수준에 직접적인 영향을 미칠 수 있다. 대외충격에 의해 환율이 단기간에 큰 폭으로 상승(하락)할 경우 중앙은행이 외환시장에 개입하여 외환보유액을 매도(매입)하고 자국통화 유동성을 흡수(공급)함으로써 환율의 급격한 상승(하락)를 방지할 수 있는 것이다.

나. 단기 변동요인

앞서 설명한 중·장기 요인으로 매일 혹은 실시간의 환율변동을 설명하는 데에는 한계가 있다. 이는 환율이 단기적으로 외환시장 참가자들의 기대나 주요국의 환율 변동, 뉴스, 은행의 외환 포지션 변동 등의 영향을 받을 수 있기 때문이다.

시장 참가자들의 환율에 대한 기대가 다양한 요인들에 의해 변하게 되면 자기실현적(self-fulfilling) 거래에 의해 환율의 변동이 초래된다. 예를 들어, 대부분의 시장 참가자가 환율상승을 예상하는 경우 환율이 오르기 전에 미리 외환을 매입하면 이익을 볼 수 있으므로 외환에 대한 수요가 증가하게 되어 실제 환율이 상승하게 된다. 이와 같이 시장 참가자들의 환율상승(또는 하락) 기대가 같은 방향으로 형성될 경우 매입 또는 매도가 한 방향으로 집중되는 동반효과(bandwagon effect)가 나타나면서 환율이 급변동하고 외환시장이 불안정하게 된다.

주요국의 환율 변동 또한 자국통화의 가치에 영향을 주게 된다. 예를 들어, 수출경쟁국의 통화가 절하(환율 상승)될 경우 자국의 수출경쟁력 약화로 인해 외환공급이 감소할 것이라는 시장기대가 형성되면서 자국의 통화도 절하(환율 상승)된다. 우리나라 원화의 경우 주로 일본 엔화나 중국 위안화의 환율변동과 유사한 흐름을 보이는 경우가 많다고 할 수 있다. 이는 엔화 약세(강세)로 시장참가자들이 달러화의 강세(약세)를 예상함에 따라 원화가치 또한 달러화에 대해 약세(강세)를 보일 것으로 기대하기 때문이다.

또한 각종 뉴스는 시장참가자들의 기대 변화를 통해 단기적인 환율 변동에 영향을 미치게 된다. 이 경우 경제 관련 뉴스뿐만 아니라 정치 뉴스도 환율 변동에 영향을 미치게 되며, 국내 뉴스는 물론 해외 뉴스도 환율의 움직임에 영향을 줄 수 있다. 예를 들어, 미국 연준(Fed)의 연방공개시장위원회(FOMC; Federal Open Market Committee) 회의 결과 통화정책이 완화적(dovish)인 것으로 보도되면 원/달러 환율이 단기적으로 하락할 수 있으며, 북한의 핵실험 등으로 한반도의 지정학적 리스크가 부각되면 원/달러 환율이 급등할 수 있는 것이다.

은행의 외환 포지션 변동도 환율에 영향을 미치게 된다. 은행의 외환 포지션(외화자산-외화부채)이 매도초과 혹은 매입초과의 한 방향으로 크게 노출될 경우 환차손을 우려한 외환 포지션 조정을 위한 거래가 발생하면서 환율이 변동하게 된다. 예를 들어, 은행의 선물환 포지션이 큰 폭의 매도초과를 보일 경우 환율 변동에 따른 위험에 노출되지 않기 위해 현물환 매입수요를 늘림에 따라 환율이 상승하게 된다.

5. 환율결정이론

가. 환율결정이론의 분류

환율결정이론은 환율을 결정하는 외환의 수요와 공급에 영향을 미치는 여러 가지 요인들을 이론의 틀 안에서 체계적으로 모형화한 것이다. 국가간 교역의 확대, 자본이동의 증대, 금융자산의 다양화 등에 따라 이를 반영하는 방법의 일환으로 환율결정에 관한 다양한 이론들이 제시되었다.

환율결정이론은 유량 변수(flow variable)[16]인 국제수지의 균형에 기초한 국제수지 접근법(balance of payments approach)과, 저량 변수(stock variable)인 금융자산으로 구성되는 자산시장의 균형에 기초한 자산시장 접근법(asset market approach)으로 구분해 볼 수 있다.

국제수지 접근법에서는 환율이 국제수지가 균형을 이루는 수준에서 결정된다. 그리고 국제수지가 흑자를 보이는 경우에는 외환의 공급이 수요를 초과하여 환율이 하락(국내 통화가치 상승)하는 반면, 국제수지가 적자를 보이는 경우에는 외환에 대한 수요가 공급을 초과하여 환율이 상승(국내 통화가치 하락)한다는 것이다.

자산시장 접근법에서는 금융시장 참가자들이 자산 구성(portfolio)을 조정하는 과정에서 외환에 대한 수요와 공급이 발생한다는 데 초점을 맞추어 환율의 결정 원리를 설명한다. 즉 환율은 금융자산에 대한 수요와 공급이 일치하는 수준에서 결정되며, 금융시장 참가자들이 자산 구성을 변화시키면 외환에 대한 수요와 공급이 발생함에 따라 환율이 변동한다는 것이다.

한편 자산시장 접근법에는 투자자들이 보유하는 금융자산의 범위에 대한 가정에 따라 통화만을 대상으로 하는 통화적 접근법(monetary approach)과 통화뿐만 아니라 채권 등의 금융자산을 고려하는 포트폴리오 밸런스 접근법(portfolio balance approach)이 있다. 그리고 통화적 접근법은 물가 변동의 신축성(price flexibility) 여부에 따라 신축가격 이론인 통화론자 모형(monetarist model)과 경직가격(price stickiness) 이론인 오버슈팅 모형(overshooting model)으로 나누어 볼 수 있다.

---

16) 유량 변수(flow variable)는 값이 일정 기간 동안 측정되는 변수로서 국민소득, 소비, 투자, 경상수지, 자본수지 등을 들 수 있으며, 저량 변수(stock variable)는 값이 특정 시점에 측정되는 변수로서 통화량, 외환보유액, 재산, 채무 등을 들 수 있다.

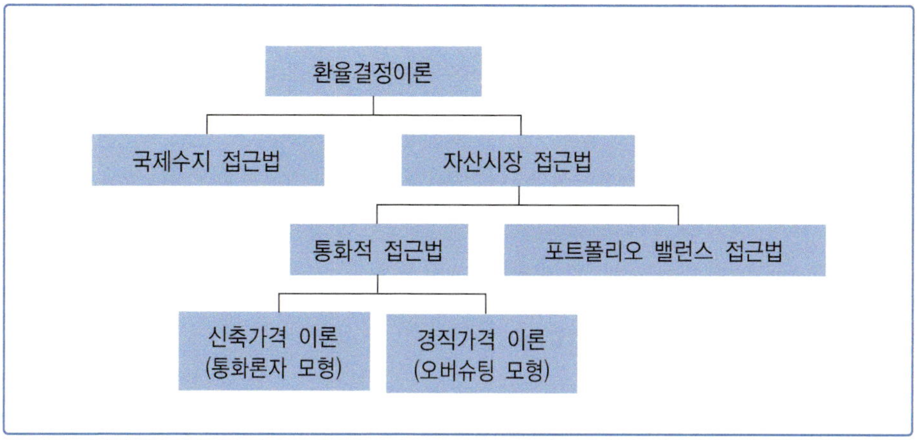

[그림 6-21] 환율결정이론의 체계

나. 국제수지 접근법

국제수지 접근법은 환율이 외환의 수요와 공급에 의해 결정된다고 보는 전통적인 유량 접근법(flow approach)으로서, 환율의 결정요인인 외환의 수요와 공급이 유량변수인 국제수지에 의하여 결정된다고 보는 환율의 국제수지 이론(balance of payment theory of exchange rates)이라고 할 수 있다. 즉 균형환율은 국제수지가 균형을 이루는 수준에서 결정되고, 국제수지가 흑자를 나타내면 외환의 공급이 수요를 초과하여 환율이 하락(국내 통화가치는 상승)하며, 반대로 국제수지가 적자를 나타내면 외환에 대한 수요가 공급을 초과하여 환율이 상승(국내 통화가치는 하락)한다. 따라서 국제수지 접근법으로 환율의 움직임을 설명하기 위해서는 경상수지와 자본수지(또는 금융수지)로 구성되는 국제수지의 흑자 또는 적자를 초래하는 요인을 파악하면 된다.

국제수지에 영향을 미치는 주요 요인으로는 물가, 소득, 금리 등이 있는데, 이들 요인이 환율에 미치는 영향은 다음과 같이 나타낼 수 있다.

$$\log S = \alpha + \beta(\log P - \log P^*) + \gamma(\log Y - \log Y^*) - \delta(i - i^*),\ \ \alpha, \beta, \gamma, \delta > 0$$

단, S: 환율, P: 국내 물가 수준, P^*: 외국 물가 수준, Y: 국내 실질소득,
Y^*: 외국의 실질소득, i: 국내 금리, i^*: 외국 금리,
α, β, γ: 상수 값, δ: 금리에 대한 자본 이동의 민감도

먼저 국내 물가가 상승하면 국산 상품의 대외경쟁력의 약화로 수출이 줄어들면서 경상수지는 악화된다. 이에 따라 외환의 공급보다 수요가 더 크게 늘어나게 되므로 환율은 상승(국내 통화가치 하락)하게 된다. 반면 외국의 물가가 상승하면 수출이 늘어나면서 경상수지가 개선되는데, 이에 따라 외환의 수요보다 공급이 더 크게 증가하면서 환율은 하락(국내통화가치 상승)하게 된다.

국내 소득이 증가하면 수입 수요의 증가로 경상수지가 악화되는데, 이에 따라 외환에 대한 수요가 증가함으로써 환율은 상승(국내 통화가치는 하락)한다. 반면 외국의 소득이 증가하면 수출의 증가로 경상수지가 개선되는데, 이에 따라 외환의 공급이 증가함으로써 환율은 하락(국내 통화가치 상승)한다.

국내 금리가 상승할 경우 국내 통화 표시 채권 등 국내 자산에 대한 수요의 증가로 외국 자본의 유입이 증가하는데, 그 결과 외환의 공급이 늘어나면서 환율은 하락(국내 통화가치 상승)하게 된다. 반면 외국 금리가 상승할 경우 외국 통화 표시 채권 등 외국 자산에 대한 수요의 증가로 국내 자본이 유출되는데, 이에 따라 외환에 대한 수요가 증가하면서 환율은 상승(국내 통화가치는 하락)하게 된다.

한편 국내 통화량이 증가하면 국내 금리가 하락함에 따라 국내 자본이 유출되면서 외환에 대한 수요의 증가로 환율은 상승(국내 통화가치 하락)한다. 또한 국내 통화량의 증가는 국내 물가의 상승을 초래하는 경로를 통해서도 환율을 상승(국내 통화가치 하락)시키는 요인으로 작용한다. 이는 국내 물가의 상승으로 대외경쟁력이 약화되면 수출이 감소하여 경상수지의 악화를 초래함에 따라 외환에 대한 수요가 증가하기 때문이다.

다. 자산시장 접근법

(1) 신축가격 통화론자 모형

신축가격 통화론자 모형은 상품시장의 가격이 신축적으로 움직이는 것으로 가정하고 금융자산 중에서 통화만을 고려하여, 국내와 외국의 상대적 통화수요와 상대적 통화공급이 일치하는 수준에서 환율이 결정된다는 이론이다. 이 이론에서는 상품시장의 가격이 신축적으로 움직이기 때문에 구매력평가이론이 항상 성립하게 된다.

물가가 신축적으로 조정되고 금융시장에 화폐자산만 존재한다는 가정 하에 통화수요를 소득과 금리의 함수로 정의하면 국내와 외국의 통화시장 균형조건으로부터 균형환율은 다음의 식으로 표현된다. 여기서 소득이 증가(감소)하면 통화수요는 증가(감소)하고, 금리가 상승(하락)하면 통화수요는 감소(증가)한다.

$$\log S = (\log M - \log M^{*}) - \alpha(\log Y - \log Y^{*}) + \beta(i - i^{*}), \quad \alpha, \beta > 0$$

단, S: 환율, M: 국내 통화 공급, M^{*}: 외국의 통화 공급, Y: 국내 실질소득,
Y^{*}: 외국의 실질소득, i: 국내 금리, i^{*}: 외국 금리,
α: 통화 수요의 소득 탄력성, β: 통화 수요의 금리 탄력성

이 식에서 알 수 있는 것처럼 신축가격 통화론자 모형에서는 환율이 통화량, 소득, 금리 등 국내와 외국의 통화시장 균형에 영향을 미치는 요인에 의하여 결정된다.

먼저 국내 통화량이 외국 통화량에 비해 상대적으로 더 크게 증가하면 환율은 상승(국내 통화가치 하락)하게 된다. 이는 환율이 국내와 외국 통화의 상대적 가치임에 비추어 볼 때 국내 통화량의 상대적 증가가 국내 통화가치의 하락을 의미하기 때문이다. 즉 한 나라의 중앙은행이 통화 공급을 늘리면 물가가 상승하거나 상승할 것으로 예상됨에 따라 자국 통화의 실질가치는 하락(환율 상승)하게 되는 것이다.

국내 소득이 외국에 비해 상대적으로 더 크게 증가하면 국내 통화에 대한 수요가 더 크게 늘어나면서 환율은 하락(국내 통화가치 상승)하게 된다. 이러한 결과는 국제수지 접근법에서 도출되는 것과 상반되는 것이다. 즉 국제수지 접근법에서는 국내 소득의 증가가 수입수요의 증가와 그에 따른 외환에 대한 수요의 증가를 가져와 환율의 상승(국내 통화가치 하락)을 초래한다고 본다.

한편 국내 금리가 외국 금리에 비해 상대적으로 더 높아지면 국내 통화에 대한 수요가 더 크게 감소하면서 환율은 상승(국내 통화가치 하락)한다. 이러한 결과는 국제수지 접근법에서 도출되는 것과 상반되는 것이다. 즉 국제수지 접근법

에서는 국내 금리의 상승이 해외로부터의 자본 유입 증가와 그에 따른 외환의 공급 증가를 가져와 환율의 하락(국내 통화가치 상승)을 초래한다고 본다.

(2) 오버슈팅 모형

오버슈팅(overshooting) 현상은 상품이나 금융자산의 가격이 일시적으로 균형가격에서 이탈하거나 또는 단기적으로 변동이 크게 나타나는 현상을 의미한다. 그리고 환율의 오버슈팅 현상은 환율이 일시적으로 균형환율을 이탈하는 경우를 말한다.

실제 환율의 움직임을 살펴보면, 환율은 일반적으로 다른 경제변수보다 변동이 훨씬 심한 것으로 나타난다. 즉 환율은 기초적인 경제변수들의 움직임보다 훨씬 크게 움직이는 오버슈팅 현상을 보이고 있는 것이다.

경직가격 이론인 오버슈팅 모형은 상품시장의 가격이 단기적으로 경직적으로 움직이는 것으로 가정하고, 신축가격 통화론자 모형과 같이 통화만을 고려하여 국내와 외국의 상대적 통화수요와 통화공급이 일치하는 수준에서 환율이 결정된다는 이론이다. 즉 가격이 단기적으로는 비탄력적이므로 구매력평가이론이 장기에만 성립한다고 보고 환율이 상품가격 등에 비해 상대적으로 더 크게 움직이는 오버슈팅(overshooting) 현상을 설명한다.

오버슈팅 모형은 상품가격의 단기적인 경직성 때문에 환율이 장기균형 수준으로 조정되는 과정에서 일시적으로 과도 반응(overshooting)을 나타낼 수 있다는 환율의 동태적인 조정 과정을 설명할 수 있다. 즉 실물 부문에서는 물가가 더디게 조정되는 반면 환율은 신속하고 민감하게 반응함에 따라 환율이 단기적으로 균형환율 수준보다 크게 움직이는 오버슈팅(overshooting) 현상을 보일 수 있는 것이다.

$$\log S = (\log M - \log M^*) - \alpha(\log Y - \log Y^*) - \frac{1}{\theta}(i - i^*), \ \alpha > 0, \ 0 < \theta < 1$$

단, S: 환율, M: 국내 통화 공급, M^*: 외국의 통화 공급, Y: 국내 실질소득,
Y^*: 외국의 실질소득, i: 국내 금리, i^*: 외국 금리,
α: 상수 값, θ: 조정속도

위 식에서 알 수 있는 것처럼 국내 금리가 해외금리보다 높으면 환율은 하락(국내 통화가치 상승)하고, 반대로 국내 금리가 해외금리보다 낮으면 환율은 상승(국내 통화가치 하락)한다. 이러한 결과는 국내 금리의 상승이 국내 통화에 대한 수요의 감소를 통해 환율 상승을 초래한다고 보는 신축가격 통화론자 모형과 상반되지만, 환율이 단기적으로 크게 변동하는 오버슈팅 현상을 설명하는 데 이론적 기초를 제공해 준다.

즉 국내 통화량이 증가하면 물가가 단기적으로 경직적인 상황에서 실질 통화량이 증가하게 되는데, 국내 통화시장의 균형을 위해서는 통화수요의 증가가 필요함에 따라 국내 금리는 하락하게 된다. 그런데 국내 통화량 증가는 국내 통화가치의 하락을 의미하기 때문에 그 자체가 환율을 상승(국내 통화가치 하락)시키는 요인일 뿐만 아니라, 국내 금리의 하락에 따른 자본유출을 초래하여 환율을 더욱 상승시키는 오버슈팅 현상을 가져온다.

그러나 시간이 경과함에 따라 물가가 점차 상승하기 시작하면 국내 실질 통화량은 줄어들고 국내 금리는 상승한다. 그 결과 단기적으로 급등한 환율은 점차 하락하여 최종적으로는 환율의 오버슈팅 부분은 사라지면서 신축가격 통화론자 모형에서의 국내 통화량 증가에 따른 균형환율 수준과 같아지게 된다.

(3) 포트폴리오 밸런스 접근법

포트폴리오 밸런스 접근법은 자본의 완전 대체성(perfect capital substitutability)을 가정하는 통화적 접근법과는 달리, 보다 현실에 부합하는 국내외 금융자산 사이의 불완전 대체성(imperfect capital substitutability)을 전제로 하여 환율의 결정 원리를 설명하는 이론이다. 또한 포트폴리오 밸런스 접근법에서는 통화적 접근법에서처럼 환율은 자산시장이 균형을 이루는 수준에서 결정되지만, 통화만을 대상으로 하는 통화적 접근법과는 달리 통화뿐만 아니라 증권 등 다른 금융자산도 고려하고 있다.

포트폴리오 밸런스 접근법에 따르면 투자자들은 국내외 투자 자산의 수익성과 위험성 등을 고려하여 최적의 포트폴리오를 구성한다. 즉 투자자들은 최적 포트폴리오를 구성하는 과정에서 국내 금융자산과 외국 금융자산의 상대적인 비중을 결정한다. 그리고 국내 금융자산과 외국 금융자산의 상대적인 가치를 나타내는 환율은 투자자들에 의한 최적 포트폴리오의 구성이 자산시장에서의 국내 및 외국 금융자산의 공급과 균형이 되도록 하는 수준에서 결정된다. 따라서 환율은 국내외 금융자산 규모의 상대적 크기, 국내외 투자수익률 차이를 나타내는 국내외 금리 차이 등 국내와 외국의 자산시장 균형에 영향을 미치는 요인에 의하여 결정되며, 다음과 같은 식으로 나타낼 수 있다.

$$\log S = \alpha + (\log B - \log B^{*}) - \beta(i - i^{*}),\ \beta > 0$$

단, S: 환율, B: 국내 금융자산 규모, B^{*}: 외국 금융자산 규모,
i: 국내 금리, i^{*}: 외국 금리
α, β: 상수 값

위 식에서 알 수 있는 바와 같이, 국내 금리가 상승하거나 외국의 증권 공급이 증가하면 환율은 하락(국내 통화가치 상승)하는 반면, 외국 금리가 상승하거나 국내 증권의 공급이 증가하면 환율은 상승(국내 통화가치 하락)하게 된다. 특히 국내 금리가 상승하면, 국내 통화 수요는 감소하는 반면, 국내 채권의 투자수익률이 상승함에 따라 국내 채권에 대한 수요는 증가하게 된다. 이 경우, 투자자의 입장에서는 통화보다는 채권 등 증권에 미치는 영향이 더 큰 것이 일반적인 현상이라고 할 수 있으므로, 국내 금리의 상승은 전체적으로 국내 금융자산(통화+증권)에 대한 수요를 증가시키는 요인으로 작용하게 된다. 따라서 국내 금리의 상승은 국내 금융자산에 대한 수요의 증대를 통해서 국내 통화가치의 상승(환율 하락)을 초래하게 된다.

이러한 결과는 금리가 환율에 미치는 영향은 신축가격 통화론자 모형 등 통화적 접근법에서 도출되는 것과 상반되는 것이다. 즉 통화적 접근법에서는 국내 금리의 상승이 국내 통화에 대한 수요를 감소시켜 환율의 상승(국내 통화가치 하락)을 초래한다고 본다.

한편 국내 통화 공급의 증가는 환율의 상승(국내 통화가치 하락)을 초래하게 된다. 이는 국내 통화량이 늘어나면 국내 금리가 하락함에 따라 국내 채권보다는 해외 채권에 대한 수요가 증가하여 외국 금융자산의 가치가 상승하기 때문이다.

6. 장기 균형환율과 기조적 균형환율

균형환율은 기본적으로 두 나라 통화의 상대적인 구매력을 일치시키는 수준에서 결정된다고 할 수 있다. 이 경우 통화의 구매력은 물가 수준에 반비례하므로, 두 나라 사이의 균형환율은 두 나라 물가 수준의 비율에 의해 결정된다. 이러한 두 나라 사이의 환율과 물가간의 관계를 나타내는 이론이 앞에서 설명한 구매력평가이론이며, 균형환율은 결국 외국 물가 수준에 대한 국내 물가 수준의 비율에 의해 결정된다고 할 수 있다. 이처럼 구매력평가이론을 바탕으로 하여 도출하는 균형환율을 장기 균형환율(long-run equilibrium exchange rate)이라고 한다. 이는 여러 가지 제약 요인들로 인해 구매력평가이론이 단기적으로는 성립하기가 어려워서 실제 환율이 균형환율 수준으로부터 이탈하는 현상이 발생할 수 있지만, 장기적으로 보면 실제 환율이 균형환율 수준으로 점차 수렴하는 경향이 있기 때문이다.

한편 균형환율에 대해서는 한 나라의 대내 균형(internal equilibrium)과 대외 균형(external equilibrium)이 동시에 달성되는 환율 수준으로 정의할 수도 있다.[17] 이러한 개념을 바탕으로 하여 도출하는 균형환율을 기조적 균형환율(FEER; fundamental equilibrium exchange rate)이라고 한다. 이 경우 대내 균형은 물가 상승을 가속화하지 않으면서 달성할 수 있는 최대의 성장 수준인 잠재 성장 수준의 생산 활동이 이루어지는 상태로 정의된다.[18] 그리고 대외 균형은 경상수지가 기조적 수준을 유지하는 상태로 정의된다. 여기서 경상수지가 기조적 수준을 유지한다는 것은 경상수지가 균형 수준(0인 상태)에 있거나 경상수지가 적자 상태에 있다 하더라도 그 적자 규모가 한 나라의 거시경제 상황에 비추어 그리 크지 않고 외국으로부터 자본의 순유입 등으로 뒷받침될 수 있는 지속 가능한(sustainable) 수준을 말한다.

---

17) Michael R. Rosenberg, *Currency Forecasting: A Guide to Fundamental and Technical Models of Exchange Rate Determination*, Irwin Professional Publishing, 1996을 참조하라.

18) 잠재 성장 수준은 잠재 국내총생산(potential GDP; potential gross domestic product)을 의미한다.

기조적 균형환율의 개념을 거시경제이론을 바탕으로 하여 설명하면 다음과 같다. 즉 국내총생산(GDP; gross domestic product)은 실질환율이 상승(자국통화의 실질가치 하락)하여 수출이 늘어나거나 소비 및 투자가 증가할 때 늘어나므로, 국내총생산이 잠재 성장 수준(대내 균형)을 달성하는 실질환율과 소비 및 투자의 조합을 나타내는 대내 균형곡선(YY 곡선)은 우하향 형태(downward slope)를 취한다. 왜냐하면 한 나라 경제가 대내 균형이 달성된 상태에서 실질환율의 상승으로 수출이 증가하면 국내총생산이 잠재 성장 수준을 초과하게 되므로 대내 균형을 회복하기 위해서는 소비 및 투자가 감소하여 국내총생산이 줄어들도록 해야 할 필요가 있기 때문이다. 따라서 대내 균형을 달성하기 위한 실질환율과 소비 및 투자간의 관계는 음(-)의 관계에 있다.

반면 실질환율이 상승하는 경우에는 수출 증가 등으로 경상수지가 개선되지만 소비 및 투자가 증가할 경우에는 국내 수입 수요의 증가 등으로 경상수지가 악화되므로, 경상수지 균형을 달성하는 실질환율과 소비 및 투자의 조합인 대외 균형곡선(BB 곡선)은 우상향하는 형태(upward slope)를 가지게 된다. 왜냐하면 한 나라 경제가 대외 균형이 달성된 상태에서 실질환율이 상승하면 수출이 증가하면서 경상수지 흑자가 기조적 수준을 초과하게 되므로 대외 균형을 회복하기 위해서는 소비 및 투자가 늘어남으로써 수입이 증가하여 경상수지 흑자 규모가 줄어들도록 해야 할 것이다. 따라서 대외 균형을 달성하기 위한 실질환율과 소비 및 투자간의 관계는 양(+)의 관계에 있다.

이렇게 도출된 대내 균형곡선과 대외 균형곡선을 실질환율(Y축)과 소비 및 투자(X축)의 좌표 평면에 그리면 다음과 같이 나타난다. 여기서 알 수 있는 것처럼 기조적 균형환율은 대내 균형곡선과 대외 균형곡선이 만나는 r* 수준에서 결정된다고 할 수 있다.

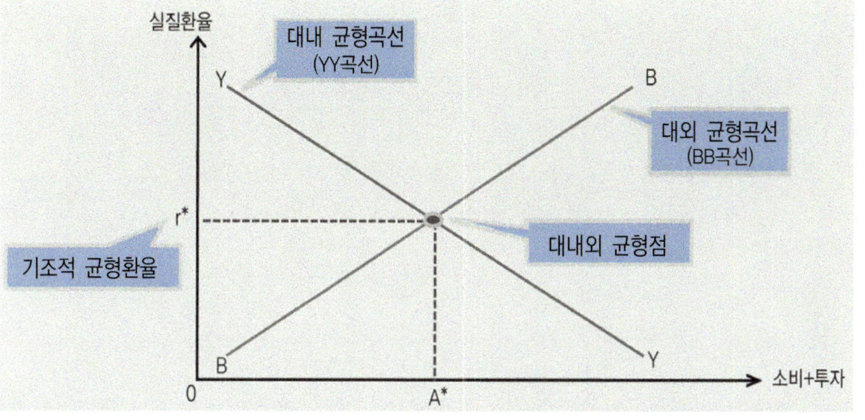

[그림 6-22] 대내 균형곡선 및 대외 균형곡선과 기조적 균형환율

참고문헌

국제금융연구회, 「글로벌 시대의 국제금융론」, 경문사, 2008.

김윤철 · 이명훈, "환율 및 금리의 변동이 기업 수익성에 미치는 영향 분석", 「금융지식연구」 제12권 제2호, 2014.

김윤철 · 이승호, "외환스왑시장의 불균형에 관한 분석 및 시사점", *Journal of the Korean Data Analysis Society*, Vol. 16(4B), 2014.

김인준 · 이영섭, 「국제금융론」, 율곡출판사, 2014.

김지수 · 정기웅, 「금융인을 위한 재무관리와 기업가치평가」, 한국금융연수원, 2012.

백운수 · 이상진 · 임승서 · 김중년 · 김민규 · 정기웅 · 윤창현 · 강철준 · 오기석, 「KBI 금융지식」, 한국금융연수원, 2011.

안병찬, 「글로벌 금융위기 이후 외환정책」, 한나래플러스, 2011.

윤창현 · 정기웅 · 김민규 · 양승서 · 오문성 · 김창수, 「KBI 금융상식」, 한국금융연수원, 2011.

이강남, 「국제금융론」, 법문사, 2005.

정기웅, 「주식투자론」, IB Book, 2010.

정운찬 · 김홍범, 「화폐와 금융시장」, 율곡출판사, 2012.

최성섭, 「금융시장론」, 도서출판 두남, 2014.

한국거래소, 「국채선물 · 미국달러선물의 이해」, 2005.

한국은행, 「한국의 금융시장」, 2016.

________, 「한국의 통화정책」, 2016.

________, 「한국의 외환제도와 외환시장」, 2016.

Aizenman, J., M. D. Chinn and H. Ito, "Assessing the Emerging Global Financial Architecture: Measuring the Trilemma' s Configurations over Time", *NBER Working Paper* 14533, 2008.

Baba, N. and F. Packer, "Interpreting Deviations from Covered Interest Parity during the Financial Market Turmoil of 2007-08", *Journal of Banking & Finance*, Vol. 33(11), 2009.

Baba, N., F. Packer and T. Nagano, "The Spillover of Money Market Turbulence to FX Swap and Cross-Currency Swap Markets", *BIS Quarterly Review*, March, 2008.

Becker, B. and V. Ivashina, "Reaching for Yield in the Bond Market", *Journal of*

Finance, Vol. 70, 2015.

Bernanke, B. and A. Blinder," Credit, Money, and Aggregate Demand," *American Economic Review*, Vol. 78, 1988.

Bernanke, B. and F. Mishkin, "Inflation Targeting: A New Framework for Monetary Policy?", *NBER Working Paper*, No. 5893, 1997.

Bernanke, B., T. Laubach, F. Mishkin and A. Posen, *Inflation Targeting: Lessons from the International Experiences*, Princeton University Press, 1999.

Biaggio, B., M. Sandeep and Z. Farah, "Financial Infrastructure, Group Interests and Capital Accumulation", *IMF Working paper*, No. 03/24, 2003.

Bilson, J. F. O, "Rational Expectations and the Exchange Rate", in Jacob A. Frenlel and H. Johnson (eds.), *The Economics of Exchange Rates*, Addison-Wesley, 1978.

Bruno, V. and H. Shin, "Capital Flows and the Risk-Taking Channel of Monetary Policy", *Journal of Monetary Economics*, Vol. 71, 2015.

Caglayan, M., O. Kocaaslan and K. Mouratidis, "Financial Depth and the Asymmetric Impact of Monetary Policy", *Oxford Bulletin of Economics and Statistics*, 2017.

Clark, T., "The Responses of Prices at Different Stages of Production to Monetary Policy Shocks", *The Review of Economics and Statistics*, Vol. 81, 1999.

Crockett, A., "The Theory and Practice of Financial Stability," *GEI Newsletter*, No. 6, 1997.

Dornbusch, R., "Expectations and Exchange Rate Dynamics", *Journal of Political Economy*, Vol. 84, 1976.

Edwards, S., "Exchange Rates and News: A Multicurrency Approach", *Journal of International Money and Finance*, Vol. 1, 1982.

Frankel, J. A., "On the Mark: A theory of Floating Exchange Rates Based on Real Interest Differentials", *American Economic Review*, Vol. 69, 1979.

Frenkel, Jacob A., "A Monetary Approach to the Exchange Rate: Doctrinal Aspects and Empirical Evidence", *Scandinavian Journal of Economics*, Vol. 78, 1976.

Goodhart, C., "Monetary Policy Transmission Lags and the Interest Rates", *FRB of St. Louis Review*, Vol. 83, 2001.

Gray, Simon and Runchana Pongsaparn, "Issuance of Central Bank Securities: International Experiences and Guidelines", *IMF Working Paper*, No.15/106, 2015.

Hooper, P. and J. E. Morton, "Fluctuations in the Dollar: A Model of Nominal and real

Exchange Rate Determination", *Journal of International Money and Finance*, Vol. 1, 1982

International Monetary Fund, *Annual Report on Exchange Arrangements and Exchange Restrictions*, 2017.

Kaminsky, G. L. and C. M. Reinhart, "The Twin Crises: the Causes of Banking and Balance-of-Payments Problems", *American Economic Review*, Vol. 89(3), 1999.

Kim, Yoon Chul and Myung Hoon Lee, "A Study on the Sudden Stop in Capital Flows and Foreign Exchange and Distribution Market Stability", *Journal of Distribution Science*, Vol. 14(12), 2016.

Kourie, P., "The Exchange Rate and the Balance of Payments in the Short Run and the Long Run: A monetary Approach", *Scandinavian Journal of Economics*, Vol. 78, 1976.

Krugman, P., "A Model of Balance-of-Payments Crises", *Journal of Money, Credit, and Banking*, Vol. 11(3), 1979.

Krugman, P. R., M. Obstfeld and M. Melitz, *International Economics: Theory and Policy*, Pearson, 2014.

Meese, R. A. and K. Rogoff, "Empirical Exchange Rate Models of the Seventies: Do They Fit out of Sample?", *Journal of International Economics*, Vol. 14, 1983.

Mishkin, F., "International Experiences with Different Monetary Policy Regimes", *Journal of Monetary Economics*, Vol. 43, 1999.

──────, *The Economics of Money, Banking and Financial Markets*, Pearson, 2012.

Obstfeld, M., "Floating Exchange Rates: Experience and Prospects", *Brookings Papers on Economic Activity*, 1985.

──────, "Models of Currency Crises with Self-Fulfilling Features". *European Economic Review*, Vol. 40, 1996.

Prasad, E., R. Rajan and A. Subramanian, "Foreign Capital and Economic Growth," *Brooking Papers on Economic Activity*, Vol 1, 2007.

Rosenberg, Michael R., *Currency Forecasting: A Guide to Fundamental and Technical Models of Exchange Rate Determination*, Irwin Professional Publishing, 1996.

Shin, Hyun Song and Kwanho Shin, "Non-Core Bank Liabilities and Financial Vulnerability," *IMF Working Paper*, 2011.

Stulz, R. M., "Asset Pricing and Expected Inflation", *Journal of Finance*, Vol. 41, 1986.

Williamson, J., *Estimating Equilibrium Exchange Rates*, Institute for International Economics, Washington, 1994.

부 표

1. 현재가치계수표

n기간 후 1원에 대한 현재 시점의 가치: $PVIF(r, n) = \dfrac{1}{(1+r)^n}$

기간	이자율									
	1%	2%	3%	4%	5%	6%	7%	8%	9%	10%
1	0.9901	0.9804	0.9709	0.9615	0.9524	0.9434	0.9346	0.9259	0.9174	0.9091
2	0.9803	0.9612	0.9426	0.9246	0.9070	0.8900	0.8734	0.8573	0.8417	0.8264
3	0.9706	0.9423	0.9151	0.8890	0.8638	0.8396	0.8163	0.7938	0.7722	0.7513
4	0.9610	0.9238	0.8885	0.8548	0.8227	0.7921	0.7629	0.7350	0.7084	0.6830
5	0.9515	0.9057	0.8626	0.8219	0.7835	0.7473	0.7130	0.6806	0.6499	0.6209
6	0.9420	0.8880	0.8375	0.7903	0.7462	0.7050	0.6663	0.6302	0.5963	0.5645
7	0.9327	0.8706	0.8131	0.7599	0.7107	0.6651	0.6227	0.5835	0.5470	0.5132
8	0.9235	0.8535	0.7894	0.7307	0.6768	0.6274	0.5820	0.5403	0.5019	0.4665
9	0.9143	0.8368	0.7664	0.7026	0.6446	0.5919	0.5439	0.5002	0.4604	0.4241
10	0.9053	0.8203	0.7441	0.6756	0.6139	0.5584	0.5083	0.4632	0.4224	0.3855
11	0.8963	0.8043	0.7224	0.6496	0.5847	0.5268	0.4751	0.4289	0.3875	0.3505
12	0.8874	0.7885	0.7014	0.6246	0.5568	0.4970	0.4440	0.3971	0.3555	0.3186
13	0.8787	0.7730	0.6810	0.6006	0.5303	0.4688	0.4150	0.3677	0.3262	0.2897
14	0.8700	0.7579	0.6611	0.5775	0.5051	0.4423	0.3878	0.3405	0.2992	0.2633
15	0.8613	0.7430	0.6419	0.5553	0.4810	0.4173	0.3624	0.3152	0.2745	0.2394
16	0.8528	0.7284	0.6232	0.5339	0.4581	0.3936	0.3387	0.2919	0.2519	0.2176
17	0.8444	0.7142	0.6050	0.5134	0.4363	0.3714	0.3166	0.2703	0.2311	0.1978
18	0.8360	0.7002	0.5874	0.4936	0.4155	0.3503	0.2959	0.2502	0.2120	0.1799
19	0.8277	0.6864	0.5703	0.4746	0.3957	0.3305	0.2765	0.2317	0.1945	0.1635
20	0.8195	0.6730	0.5537	0.4564	0.3769	0.3118	0.2584	0.2145	0.1784	0.1486
21	0.8114	0.6598	0.5375	0.4388	0.3589	0.2942	0.2415	0.1987	0.1637	0.1351
22	0.8034	0.6468	0.5219	0.4220	0.3418	0.2775	0.2257	0.1839	0.1502	0.1228
23	0.7954	0.6342	0.5067	0.4057	0.3256	0.2618	0.2109	0.1703	0.1378	0.1117
24	0.7876	0.6217	0.4919	0.3901	0.3101	0.2470	0.1971	0.1577	0.1264	0.1015
25	0.7798	0.6095	0.4776	0.3751	0.2953	0.2330	0.1842	0.1460	0.1160	0.0923
30	0.7419	0.5521	0.4120	0.3083	0.2314	0.1741	0.1314	0.0994	0.0754	0.0573
40	0.6717	0.4529	0.3066	0.2083	0.1420	0.0972	0.0668	0.0460	0.0318	0.0221
50	0.6080	0.3715	0.2281	0.1407	0.0872	0.0543	0.0339	0.0213	0.0134	0.0085

기간	이자율									
	12%	14%	15%	16%	18%	20%	24%	28%	32%	36%
1	0.8929	0.8772	0.8696	0.8621	0.8475	0.8333	0.8065	0.7813	0.7576	0.7353
2	0.7972	0.7695	0.7561	0.7432	0.7182	0.6944	0.6504	0.6104	0.5739	0.5407
3	0.7118	0.6750	0.6575	0.6407	0.6086	0.5787	0.5245	0.4768	0.4348	0.3975
4	0.6355	0.5921	0.5718	0.5523	0.5158	0.4823	0.4230	0.3725	0.3294	0.2923
5	0.5674	0.5194	0.4972	0.4761	0.4371	0.4019	0.3411	0.2910	0.2495	0.2149
6	0.5066	0.4556	0.4323	0.4104	0.3704	0.3349	0.2751	0.2274	0.1890	0.1580
7	0.4523	0.3996	0.3759	0.3538	0.3139	0.2791	0.2218	0.1776	0.1432	0.1162
8	0.4039	0.3506	0.3269	0.3050	0.2660	0.2326	0.1789	0.1388	0.1085	0.0854
9	0.3606	0.3075	0.2843	0.2630	0.2255	0.1938	0.1443	0.1084	0.0822	0.0628
10	0.3220	0.2697	0.2472	0.2267	0.1911	0.1615	0.1164	0.0847	0.0623	0.0462
11	0.2875	0.2366	0.2149	0.1954	0.1619	0.1346	0.0938	0.0662	0.0472	0.0340
12	0.2567	0.2076	0.1869	0.1685	0.1372	0.1122	0.0757	0.0517	0.0357	0.0250
13	0.2292	0.1821	0.1625	0.1452	0.1163	0.0935	0.0610	0.0404	0.0271	0.0184
14	0.2046	0.1597	0.1413	0.1252	0.0985	0.0779	0.0492	0.0316	0.0205	0.0135
15	0.1827	0.1401	0.1229	0.1079	0.0835	0.0649	0.0397	0.0247	0.0155	0.0099
16	0.1631	0.1229	0.1069	0.0930	0.0708	0.0541	0.0320	0.0193	0.0118	0.0073
17	0.1456	0.1078	0.0929	0.0802	0.0600	0.0451	0.0258	0.0150	0.0089	0.0054
18	0.1300	0.0946	0.0808	0.0691	0.0508	0.0376	0.0208	0.0118	0.0068	0.0039
19	0.1161	0.0829	0.0703	0.0596	0.0431	0.0313	0.0168	0.0092	0.0051	0.0029
20	0.1037	0.0728	0.0611	0.0514	0.0365	0.0261	0.0135	0.0072	0.0039	0.0021
21	0.0926	0.0638	0.0531	0.0443	0.0309	0.0217	0.0109	0.0056	0.0029	0.0016
22	0.0826	0.0560	0.0462	0.0382	0.0262	0.0181	0.0088	0.0044	0.0022	0.0012
23	0.0738	0.0491	0.0402	0.0329	0.0222	0.0151	0.0071	0.0034	0.0017	0.0008
24	0.0659	0.0431	0.0349	0.0284	0.0188	0.0126	0.0057	0.0027	0.0013	0.0006
25	0.0588	0.0378	0.0304	0.0245	0.0160	0.0105	0.0046	0.0021	0.0010	0.0005
30	0.0334	0.0196	0.0151	0.0116	0.0070	0.0042	0.0016	0.0006	0.0002	0.0001
40	0.0107	0.0053	0.0037	0.0026	0.0013	0.0007	0.0002	0.0001	*	*
50	0.0035	0.0014	0.0009	0.0006	0.0003	0.0001	*	*	*	*

2. 연금현재가치계수표

n기간 동안 매 기간마다 1원씩 지급하는 연금의 현재가치:

$$PVIFA(r,\ n) = \frac{(1+r)^n - 1}{r\ (1+r)^n}$$

기간	이자율									
	1%	2%	3%	4%	5%	6%	7%	8%	9%	10%
1	0.9901	0.9804	0.9709	0.9615	0.9524	0.9434	0.9346	0.9259	0.9174	0.9091
2	1.9704	1.9416	1.9135	1.8861	1.8594	1.8334	1.8080	1.7833	1.7591	1.7355
3	2.9410	2.8839	2.8286	2.7751	2.7232	2.6730	2.6243	2.5771	2.5313	2.4869
4	3.9020	3.8077	3.7171	3.6299	3.5460	3.4651	3.3872	3.3121	3.2397	3.1699
5	4.8534	4.7135	4.5797	4.4518	4.3295	4.2124	4.1002	3.9927	3.8897	3.7908
6	5.7955	5.6014	5.4172	5.2421	5.0757	4.9173	4.7665	4.6229	4.4859	4.3553
7	6.7282	6.4720	6.2303	6.0021	5.7864	5.5824	5.3893	5.2064	5.0330	4.8684
8	7.6517	7.3255	7.0197	6.7327	6.4632	6.2098	5.9713	5.7466	5.5348	5.3349
9	8.5660	8.1622	7.7861	7.4353	7.1078	6.8017	6.5152	6.2469	5.9952	5.7590
10	9.4713	8.9826	8.5302	8.1109	7.7217	7.3601	7.0236	6.7101	6.4177	6.1446
11	10.3676	9.7868	9.2526	8.7605	8.3064	7.8869	7.4987	7.1390	6.8052	6.4951
12	11.2551	10.5753	9.9540	9.3851	8.8633	8.3838	7.9427	7.5361	7.1607	6.8137
13	12.1337	11.3484	10.6350	9.9856	9.3936	8.8527	8.3577	7.9038	7.4869	7.1034
14	13.0037	12.1062	11.2961	10.5631	9.8986	9.2950	8.7455	8.2442	7.7862	7.3667
15	13.8651	12.8493	11.9379	11.1184	10.3797	9.7122	9.1079	8.5595	8.0607	7.6061
16	14.7179	13.5777	12.5611	11.6523	10.8378	10.1059	9.4466	8.8514	8.3126	7.8237
17	15.5623	14.2919	13.1661	12.1657	11.2741	10.4773	9.7632	9.1216	8.5436	8.0216
18	16.3983	14.9920	13.7535	12.6593	11.6896	10.8276	10.0591	9.3719	8.7556	8.2014
19	17.2260	15.6785	14.3238	13.1339	12.0853	11.1581	10.3356	9.6036	8.9501	8.3649
20	18.0456	16.3514	14.8775	13.5903	12.4622	11.4699	10.5940	9.8181	9.1285	8.5136
21	18.8570	17.0112	15.4150	14.0292	12.8212	11.7641	10.8355	10.0168	9.2922	8.6487
22	19.6604	17.6580	15.9369	14.4511	13.1630	12.0416	11.0612	10.2007	9.4424	8.7715
23	20.4558	18.2922	16.4436	14.8568	13.4886	12.3034	11.2722	10.3741	9.5802	8.8832
24	21.2434	18.9139	16.9355	15.2470	13.7986	12.5504	11.4693	10.5288	9.7066	8.9847
25	22.0232	19.5235	17.4131	15.6221	14.0939	12.7834	11.6536	10.6748	9.8226	9.0770
30	25.8077	22.3965	19.6004	17.2920	15.3725	13.7648	12.4090	11.2578	10.2737	9.4269
40	32.8347	27.3555	23.1148	19.7928	17.1591	15.0463	13.3317	11.9246	10.7574	9.7791
50	39.1961	31.4236	25.7298	21.4822	18.2559	15.7619	13.8007	12.2335	10.9617	9.9148

기간	이자율									
	12%	14%	15%	16%	18%	20%	24%	28%	32%	36%
1	0.8929	0.8772	0.8696	0.8621	0.8475	0.8333	0.8065	0.7813	0.7576	0.7353
2	1.6901	1.6467	1.6257	1.6052	1.5656	1.5278	1.4568	1.3916	1.3315	1.2760
3	2.4018	2.3216	2.2832	2.2459	2.1743	2.1065	1.9813	1.8684	1.7663	1.6735
4	3.0373	2.9137	2.8550	2.7982	2.6901	2.5887	2.4043	2.2410	2.0957	1.9658
5	3.6048	3.4331	3.3522	3.2743	3.1272	2.9906	2.7454	2.5320	2.3452	2.1807
6	4.1114	3.8887	3.7845	3.6847	3.4976	3.3255	3.0205	2.7594	2.5342	2.3388
7	4.5638	4.2883	4.1604	4.0386	3.8115	3.6046	3.2423	2.9370	2.6775	2.4550
8	4.9676	4.6389	4.4873	4.3436	4.0776	3.8372	3.4212	3.0758	2.7860	2.5404
9	5.3282	4.9464	4.7716	4.6065	4.3030	4.0310	3.5655	3.1842	2.8681	2.6033
10	5.6502	5.2161	5.0188	4.8332	4.4941	4.1925	3.6819	3.2689	2.9304	2.6495
11	5.9377	5.4527	5.2337	5.0286	4.6560	4.3271	3.7757	3.3351	2.9776	2.6834
12	6.1944	5.6603	5.4206	5.1971	4.7932	4.4392	3.8514	3.3868	3.0133	2.7084
13	6.4235	5.8424	5.5831	5.3423	4.9095	4.5327	3.9124	3.4272	3.0404	2.7268
14	6.6282	6.0021	5.7245	5.4675	5.0081	4.6106	3.9616	3.4587	3.0609	2.7403
15	6.8109	6.1422	5.8474	5.5755	5.0916	4.6755	4.0013	3.4834	3.0764	2.7502
16	6.9740	6.2651	5.9542	5.6685	5.1624	4.7296	4.0333	3.5026	3.0882	2.7575
17	7.1196	6.3729	6.0472	5.7487	5.2223	4.7746	4.0591	3.5177	3.0971	2.7629
18	7.2497	6.4674	6.1280	5.8178	5.2732	4.8122	4.0799	3.5294	3.1039	2.7668
19	7.3658	6.5504	6.1982	5.8775	5.3162	4.8435	4.0967	3.5386	3.1090	2.7697
20	7.4694	6.6231	6.2593	5.9288	5.3527	4.8696	4.1103	3.5458	3.1129	2.7718
21	7.5620	6.6870	6.3125	5.9731	5.3837	4.8913	4.1212	3.5514	3.1158	2.7734
22	7.6446	6.7429	6.3587	6.0113	5.4099	4.9094	4.1300	3.5558	3.1180	2.7746
23	7.7184	6.7921	6.3988	6.0442	5.4321	4.9245	4.1371	3.5592	3.1197	2.7754
24	7.7843	6.8351	6.4338	6.0726	5.4509	4.9371	4.1428	3.5619	3.1210	2.7760
25	7.8431	6.8729	6.4641	6.0971	5.4669	4.9476	4.1474	3.5640	3.1220	2.7765
30	8.0552	7.0027	6.5660	6.1772	5.5168	4.9789	4.1601	3.5693	3.1242	2.7775
40	8.2438	7.1050	6.6418	6.2335	5.5482	4.9966	4.1659	3.5712	3.1250	2.7778
50	8.3045	7.1327	6.6605	6.2463	5.5541	4.9995	4.1666	3.5714	3.1250	2.7778

찾아보기

ㅂ

ㅅ

ㅈ

ㅊ

ㅎ

□ 저자 약력 □

정기웅

연세대학교 경제학과 졸업(경제학사)
미국 New York 주립대학교(Albany) 졸업(경제학 박사)
한국은행, 쌍용투자증권 근무
현, 계명대학교 경영학과 교수
kiw2187@kmu.ac.kr

김윤철

서울대학교 경제학과 졸업(경제학사)
미국 New York 주립대학교(Albany) 졸업(경제학 박사)
한국은행 금융통화위원회 실장
현, 계명대학교 경제금융학과 교수
yunckim@kmu.ac.kr

저자와의
협의하에
인지생략

금융시장과 금융상품

2018년 3월 14일 1판 1쇄 발행
2022년 2월 20일 1판 2쇄 발행

저 자 정 기 웅 · 김 윤 철
발행인 김 광 식
조 판 아 람 기 획

07285
발행처 서울특별시 영등포구 선유로3길 10, 617호
도서출판 **탑 북 스**
등 록 2009.12.21 제 2016-000101 호
전 화 02)365-2223 팩스 02)365-2224

정가 25,000 원

ISBN 979-11-87343-87-5-93320